U0677539

光明社科文库
GUANGMING DAILY PRESS:
A SOCIAL SCIENCE SERIES

·教育与语言书系·

研究生教育资源配置有效性研究

——以研究型大学为视角

郑晖阁 | 著

光明日报出版社

图书在版编目（CIP）数据

研究生教育资源配置有效性研究：以研究型大学为视角 / 郑晖阁著 . -- 北京：光明日报出版社，2021.6
ISBN 978 - 7 - 5194 - 6002 - 0

Ⅰ.①研… Ⅱ.①郑… Ⅲ.①研究生教育—教育资源—资源配置—研究—中国 Ⅳ.①G643

中国版本图书馆 CIP 数据核字（2021）第 077951 号

研究生教育资源配置有效性研究：以研究型大学为视角
YANJIUSHENG JIAOYU ZIYUAN PEIZHI YOUXIAOXING YANJIU：YI YANJIUXING DAXUE WEI SHIJIAO

著　者：郑晖阁	
责任编辑：李　倩	责任校对：姚　红
封面设计：中联华文	责任印制：曹　诤

出版发行 光明日报出版社

地　　址：北京市西城区永安路 106 号，100050

电　　话：010 - 63169890（咨询），010 - 63131930（邮购）

传　　真：010 - 63131930

网　　址：http：//book. gmw. cn

E - mail：gmcbs@ gmw. cn

法律顾问：北京德恒律师事务所龚柳方律师

印　　刷：三河市华东印刷有限公司

装　　订：三河市华东印刷有限公司

本书如有破损、缺页、装订错误，请与本社联系调换，电话：010 - 63131930

开　本：170mm×240mm			
字　数：368 千字		印　张：20.5	
版　次：2021 年 6 月第 1 版		印　次：2021 年 6 月第 1 次印刷	
书　号：ISBN 978 - 7 - 5194 - 6002 - 0			

定　价：95.00 元

版权所有　翻印必究

前　言

党的十九大报告提出，要"加快一流大学和一流学科建设，实现高等教育内涵式发展"。不论是"双一流"建设还是实现高等教育内涵式发展都离不开有效配置教育资源。研究生教育作为高等教育的"塔尖"部分，不仅是"双一流"建设的重要依托，也是实现高等教育内涵式发展的重要组成部分。研究生教育资源配置有效性能够真实反映研究生教育资源配置活动的价值效益、行为效益和结果效益的特性，对研究生教育发展的成效有着十分重要而直接的影响。研究型大学作为我国研究生教育的主力军，能否优化研究生教育资源配置，提高研究生教育资源配置有效性，不仅关乎研究生教育质量，还关系"双一流"建设成效和高等教育内涵式发展目标能否实现，其研究的重要性不言而喻。

当前，我国研究型大学研究生教育资源配置中存在着财政资源配置不公平、经费使用效率不高、高校内部重复建设资源浪费严重、政府和高校等利益相关主体在研究生教育资源配置中的权责不相当不协调、招生和人才培养资源分配不公引发师生关系异化、考核评估结果未能与资源配置有效挂钩降低了资源配置的效果等突出问题。现实中缺乏从资源配置的系统和整体性角度去综合考虑这些问题，致使问题解决顾此失彼，效果欠佳。为此，本研究试图通过对研究型大学研究生教育资源配置有效性的研究，以寻求优化研究生教育资源配置的途径，解决当前研究生教育资源配置中效率低下等问题。

本研究在文献回顾述评的基础上，运用资源配置理论及有效性理论，采用文献研究、问卷调查、统计分析、文本分析和深度访谈等方法，对研究型大学研究生教育资源配置有效性问题进行全面、深入、系统的研究。主要内容分为六个部分。第一部分为文献回顾及述评。对国内外已有相关研究成果进行了梳理和评析。第二部分为理论基础及其运用。从多学科角度系统梳理和阐述资源配置理论和有效性理论，归纳并提炼出研究生教育资源配置有效性是由公平、效率、协调、效益四个维度组成的理论构想。第三部分为评价模型建构。主要通过问卷调查方式，收集了 10 所研究型大学 1488 份研究生教育资源配置的相关数据，从定量分析角度对理论构想进行检验，并建构了研究型大学研究生教育资源配置有效性的评价模型，目的是为客观评价我国研究型大学研究生教育资源配置的有效性提供新的思路和可行工具。第四部分为案例分析。对7所研究型大学进行现状调查，包括基于四个维度的有效性模型分析和基于2所代表性院校的深度访谈，目的是全面了解不同研究型大学有效性得分差异的深层次原因。第五部分为文本分析。通过对50所教育部直属研究型大学的《大学章程》的解读，从制度规范层面了解当前我国研究型大学研究生教育资源配置有效性的总体状况，并通过运用前述理论评价模型从四个维度分析当前我国研究型大学研究生教育资源配置存在的问题。第六部分为研究的主要结论及建议，在对我国研究型大学研究生教育资源配置有效性作出基本判断的基础上，从价值目标、政策体系、体制设置、协调机制等方面提出提高研究型大学研究生教育资源配置有效性的对策建议。

本研究的主要结论与发现如下：第一，高校研究生教育资源配置有效性由公平、效率、协调和效益四个维度组成，它们是一个有机的统一体。其中，公平维度对研究生教育资源配置有效性产生近五成的影响，影响最大，其次是效益变量、协调性变量，而影响度最小的是效率变量。第二，由实证分析结果可知，作为价值导向的公平维度，其受重视的程度极大影响着有效性的高低。公平对研究生教育资源配置有效性起着决定性的基础作用，如果缺乏公平，即使效率、协调和效益维度做得再好，也难以让师生感受到满意，难以发挥其在教育教学中的积极性和主动性，进而严重影响研究生教育资源配置的有效性，影响教育质量的提高。第三，当前我国研究型大学的研究生教育资源配置有效性状况表现为：公平性有长足进步，但效率要求被弱化，甚至被效益要求替代；高校内外部协调有较大改善，效益得到了提高；研究生教育资源配置体制缺乏系统设计，有效性四个维度未能在系统整体布局中得到综合考量，作用未能被充分发挥；制度上缺乏针对研究生教育资源配置的专门设计和实施。第四，高校研究生教育资源配置有效性的高低与其所属地域条件并没有必然联系，高校所属地域条件不是影响研究型大学研究生教育资源配置有效性的必要因素。第五，当前研究型大学普遍缺乏对研究生教育资源配置价值目标导向的正确理解，研究生教育资源配置不是坚持以人为本、公平导向的价值目标，而是以经费为导向，即以科研经费获取的量为研究生教育资源配置的核心，造成重科研不能带来对教学的重视、导师对教育资源自主支配权的被忽视甚至剥夺等问题，严重影响了研究生教育资源配置的公平、效率、协调和效益，降低研究生教育资源配置的有效性。

　　本研究的主要贡献在于四个方面：第一，使理论系统化。基于多学科的视角，系统综合梳理了资源配置理论、有效性理论，消除多种学科理念带来的片面化和碎片化，系统性地归纳、整合、拓展了资源配置有效性理论，并创新性地将其运用于研究生教育资源配置有效性问题研究。第二，归纳提炼出评价有效性的四个理论维度。通过理论假设、运用实证分析、统计验证的方法，归纳提炼出我国高校研究生教育资源配置有效性是由公平、效率、协调和效益四个维度组成的理论构想。该研究强调了柔性维度与刚性维度、价值评判与客观评判的平衡关系与重要性，填补了我国研究生教育资源配置有效性研究的空白，丰富了研究生教育资源配置的理论体系。第三，建构了研究生教育资源配置有效性的评价模型。通过对教育部直属的10所研究型大学进行问卷调查的实证分析，结合以上的理论假设，建构了我国研究型大学研究生教育资源配置有效性的评价模型，为客观评价研究型大学研究生教育资源配置的有效性提供新的思路和可行工具。第四，提出具有建设性的对策建议。运用研究型大学研究生教育资源配置有效性评价模型，针对存在的突出问题，从价值目标、政策体系、体制建构、协调机制等方面提出优化的对策建议。

　　本研究具有理论价值和现实意义。

目　录
CONTENTS

第一章　绪　论 ･･･ 1

第二章　文献综述 ･･･ 19
　第一节　国内相关研究成果和文献 ････････････････････････････ 19
　第二节　国外相关研究成果和文献 ････････････････････････････ 43
　第三节　本章小结 ･･･ 53

第三章　研究的理论基础及其运用 ･････････････････････････････ 56
　第一节　资源配置理论 ･･･････････････････････････････････････ 56
　第二节　有效性理论 ･･･ 60
　第三节　相关理论在研究生教育资源配置有效性中的运用和拓展 ･････ 85
　第四节　本章小结 ･･･ 104

第四章　研究型大学研究生教育资源配置有效性评价模型的建构 ･･･････ 106
　第一节　研究设计 ･･･ 106
　第二节　问卷量表的信效度检验 ･･････････････････････････････ 108
　第三节　建立研究型大学研究生教育资源配置有效性模型 ･･････ 112
　第四节　本章小结 ･･･ 144

第五章　案例分析：基于研究生教育资源配置有效性评价模型的调查分析
　･･･ 147
　第一节　基于有效性评价模型的个案分析 ････････････････････ 147
　第二节　对两所代表性院校的访谈分析 ･･････････････････････ 155
　第三节　本章小结 ･･･ 177

第六章 文本解读：基于研究生教育资源配置有效性评价模型的政策法规分析 ················· 179
  第一节 50 所研究型大学整体状况的文本分析 ················· 179
  第二节 各维度具体情况的文本分析 ················· 182
  第三节 本章小结 ················· 217

第七章 研究结论与对策建议 ················· 219
  第一节 本研究的主要结论 ················· 219
  第二节 提高研究型大学研究生教育资源配置有效性的对策 ················· 224
  第三节 本章小结 ················· 233

结　语 ················· 236

附　录 ················· 238
  附录一：三类调查问卷 ················· 238
  附录二：面向研究生导师的问卷量表的项目分析结果 ················· 252
  附录三：面向与研究生事务相关的行政管理人员的问卷量表的项目分析结果 ················· 265
  附录四：面向学生的问卷量表的项目分析结果 ················· 278
  附录五：三类问卷量表题项的共同性值 ················· 282
  附录六：《大学章程》文本分析涉及的 50 所教育部直属高校名单 ················· 288
  附录七：面向三类群体的访谈提纲 ················· 290

参考文献 ················· 293

后　记 ················· 315

第一章

绪　论

一、研究缘起与意义

（一）研究缘起

"研究生教育位于现代国民教育体系的顶层，是培养高水平创新型人才的主要途径，是为国家创新体系储备和输送高层次人才的核心力量。"① 20 世纪后半期，世界各国的研究生教育均取得了快速发展，如美国、英国、韩国、日本、印度、巴西等。"这些国家之所以不遗余力地增加研究生教育规模，关键就在于研究生教育是其国家创新体系人才支持的宝库和源泉。"②

我国研究生教育经历从无到有、从小到大的发展过程。新中国成立后，我国就开始实行研究生教育，培养高等学校师资和科学研究人才。当时，整个教育都还处于起步建设阶段，所以，研究生教育规模小，培养的研究生人数少。"文化大革命"使我国的研究生教育中断了 12 年。1978 年恢复研究生教育。研究生教育在我国教育改革发展的大背景下，40 年（至 2018 年）来得到很大发展，基本实现了立足国内自主培养高层次人才的国家战略目标。2009 年，我国在研究生培养规模上超越美国成为世界第一。截至 2017 年底，我国共有在校研究生 198.1 万人，应届毕业研究生数达 56.4 万人。2015 年 10 月 24 日，国务院印发《统筹推进世界一流大学和一流学科建设总体方案》，正式揭开我国高等教育"双一流"建设战略发展的序幕，计划到 2020 年，实现若干所大学和一批学科进入世界一流行列、若干学科进入世界一流学科前列的奋斗目标。2017 年 1月 24 日，教育部、财政部、国家发改委联合发布《统筹推进世界一流大学和一流学科建设实施办法（暂行）》，标志着"双一流"建设开始全面启动。2017 年

① 谢维和，王孙禺. 学位与研究生教育：战略与规划 [M]. 北京：教育科学出版社，2011：2.
② 谢维和，王孙禺. 学位与研究生教育：战略与规划 [M]. 北京：教育科学出版社，2011：2.

10 月 18 日，习近平总书记在党的十九大报告中明确提出"加快一流大学和一流学科建设，实现高等教育内涵式发展"的要求。这是对新时代高等教育发展方向的重要指引。在这"双一流"建设中，研究生教育作为人才培养与科研创新密切结合的教育阶段，自然成为"双一流"建设发展的重点。"高水平研究生教育是世界一流大学和一流学科的突出特征"。① 而研究生教育要获得内涵式发展的关键之一，是研究生教育资源配置体制机制改革。研究生教育资源配置状况的好坏，直接影响研究生教育的发展水平和成效。

当前，研究生教育资源配置中存在着一些突出问题，如在公平方面，因财政资源配置的不公平性加剧而导致经费使用的低效，客观上增加了高等教育的投入压力②；在效率方面，受传统教育体制的制约，研究生教育资源没有得到有效利用，效率不高；传统的重点建设工程（如"985""211"等已成获取多一些资源的"铁帽子"）导致研究生教育资源配置的僵化③；在协调方面，招生计划与社会需求出现不符合的情形；许多高校内部的基层单位存在重复建设的高耗低效的浪费现象④；政府在研究生教育资源配置中的角色错位，即过多参与高校内部的资源配置已影响到研究生培养单位的自我发展活力⑤；科研经费与招生、培养等资源分配挂钩的配置方式带来了研究生教育市场化的提高，使导师培养行为在缺乏监督的条件下极易引发师生关系的异化⑥。在效益方面，尚未建立有效的研究生教育质量监控系统，考核评估结果未能很好地与资源配置有效挂钩，影响了资源配置的效果⑦；研究生奖助体系改革总体上成效甚微⑧，存在扩大奖助范围还是扩大优劣生资助差距或者降低学生奖助额度的现

① 刘延东. 在国务院学位委员会第三十二次会议上的讲话 ［J］. 学位与研究生教育，2016（3）：6.

② 王成端. 试论高等教育资源配置与利用绩效评估 ［J］. 四川理工学院学报（社会科学版），2014，29（03）：25.

③ 盛明科，蔡振华. 面向"双一流"建设的研究生教育综合改革路径探析——以公共管理学科为例 ［J］. 研究生教育研究，2017（02）：57–61.

④ 张淑林，万明，裴旭. 我国研究生教育体制改革价值取向的思考 ［J］. 学位与研究生教育，2012（09）：1–4.

⑤ 张淑林，万明，裴旭. 我国研究生教育资源配置策略探讨 ［J］. 研究生教育研究，2011（01）：11–15.

⑥ 游蠡，张林. 研究生奖助体系改革实践与探索：资源配置的视角——以北京大学为例 ［J］. 大学（研究版），2017（06）：23–28.

⑦ 高磊，杜朝辉，刘明柱，高存功. 我国高校研究生教育管理的偏差及对策研究 ［J］. 中国高教研究，2007（1）：38–40.

⑧ 赵军，曾晓丽. 研究生培养机制改革成效与深化路径研究——基于研究生的问卷调查 ［J］. 研究生教育研究，2015（3）：15–21.

实矛盾；等等。这些在资源配置过程中产生的问题都不是孤立存在、对某一方面产生单一影响，而是纵横交错、彼此间相互影响、相互制约，由此使得研究生教育资源配置的整体效果常出现与规划预期不同，甚至某方面或多方面效果差的状况。然而，现实中，在资源配置方面常见的解决方法是头痛医头、脚痛医脚，针对某一方面的突出问题单独地去解决，缺乏把具体问题看作一个系统中的问题加以解决的思路，往往是解决了这头问题，那头问题又加剧，或是一个问题的解决引发了另一个问题或矛盾的激化。因此，有必要从系统整体的角度去看待研究生教育资源配置问题，从而达到真正解决资源配置中存在问题的目的。而要从系统整体的角度看待研究生教育资源配置中存在的问题，就必须知道：什么样的研究生教育资源配置算是有效的？这一有效性又该如何衡量和判别？又是什么因素影响着研究生教育资源配置的有效性？这些问题就是研究生教育资源配置的有效性问题。有效性问题在本质上是研究生教育资源配置的核心问题，对研究生教育资源配置有效性的不同认定结果，在事实上严重影响着研究生教育资源配置体制机制的改革方向和改革重点，进而影响研究生教育的方方面面。

总而言之，施行有效的研究生教育资源配置是高校朝着内涵式方向发展，保质保量完成"双一流"建设目标的重要环节和关键步骤。而怎样的研究生教育资源配置可以称为有效？又该如何衡量评价这个有效性？本研究拟通过理论分析与实证分析，尝试进行解答，提供解决问题的对策参考。

（二）研究意义

研究我国高校研究生教育资源配置有效性问题有如下重要意义。

第一，研究主题具有一定的开创性和理论价值，以资源配置理论、有效性理论为基础，一方面把理论系统化，提出研究生教育资源配置的有效性是由公平、效率、协调和效益四个维度组成的理论构想，另一方面运用文本分析、问卷调查及访谈等方法，建构了以公平、效率、协调和效益为判别维度的研究生教育资源配置有效性评价模型，这一研究充实和拓展了高等教育资源配置的理论体系。

在研究生教育资源配置上，究竟是公平重要，还是效率重要？效益是否是比效率更好的衡量维度？应该重教育教学还是重科研？应由谁来评价？研究生教育资源配置体制究竟应以什么样的价值导向进行设计建构？这些问题，都离不开一个核心的问题：什么样的研究生教育资源配置体系是有效的或最有效的？有效的标准是什么？只有解决这一核心问题，与研究生教育资源配置相关的各种问题才能够迎刃而解。然而在目前已有的研究中，并没有专门针对研究生教育资源配置有效性的课题研究，研究生教育资源配置也并未作为一个独立的体系被系统地进行理论分析和实践考察。因此，本课题研究具有填补空白的迫切需要和一定的开拓创新意义。

第二，本课题研究具有重要的战略意义。2016 年国务院学位委员会第 32 次会议上，国务院副总理刘延东强调，要使我国高水平大学建设取得新突破，就必须把建设一流的研究生教育体系放在重要位置。而要建设一流的研究生教育体系，内涵式发展和高效、公平、协调的研究生教育资源配置及评价就极为重要。高校是创建"双一流"的直接执行者和承载者。以往涉及研究生教育资源配置问题的研究，从纵向上看，多把关注点放在宏观层面，致力于解决政府行为与政策、政府与高校间的配置关系等问题。从横向上看，多把关注点放在某个专项上，致力于解决某一个具体问题，如研究生教育资源配置的主体、配置方式方法、公平与效率、绩效评价等，缺乏站在高校这一研究生教育资源配置的主场，把研究生教育资源配置的有效性作为一个整体进行系统性的分析研究；也缺乏对什么样的研究生教育资源配置才是有效的这样核心问题的研究。为解决好这一问题，本研究力求从资源配置理论与有效性理论出发，从分析当前高校研究生教育资源配置存在的问题入手，究其根源，建构我国高校研究生教育资源配置有效性的分析模型，提出提高我国高校研究生教育资源配置有效性的对策建议，为实现"双一流"建设目标添翼助力。

第三，本课题研究具有重要的现实意义和政策参考价值。当前，我国研究生教育无论在应对"双一流"建设目标要求，还是公众的教育质量要求上，都面临着供给侧结构性改革的紧迫性和重要性。习近平总书记指出，供给侧改革重在解决结构性问题，就是要在生产领域通过优化要素配置和调整生产结构，通过产权、企业劳动关系、内部治理关系以及竞争关系等方面的改革来提高供给体系的质量和效率，注重激发生产内在增长动力，推动社会生产力不断提高，以更好地满足人民日益增长的物质文化需要。[1] 具体来说，调结构—使结构更合理；提品质—让品质进一流；促融合—把资源尽其用；去库存—逼产能适需求；降成本—促利润大提升；补短板—修能力近全面这六项是供给侧结构改革的核心问题。据此，对研究生教育供给侧改革来说，研究生教育资源配置问题正是研究生教育供给侧改革的核心问题之一。要解决好研究生教育资源配置问题，就必须弄清什么是有效的研究生教育资源配置这一根本问题，在此基础上

---

① 白暴力，王胜利. 供给侧改革的理论和制度基础与创新［J］. 中国社会科学院研究生院学报，2017（02）：49 - 59.

有的放矢，才能真正达到有效优化研究生教育资源配置的目的，进而促进研究生教育的内涵式发展。本课题研究通过厘清研究生教育资源配置有效性的理论和实践问题，提供了研究生教育资源配置有效性的判定依据和方法，分析了当前研究生教育资源配置存在的问题和根源，建构了研究生教育资源配置有效性评价模型，对优化研究生教育资源配置体系、促进现行研究生教育供给侧改革的更好开展提出意见和建议，具有重要的现实意义和政策参考价值。

（三）研究目的

本研究的主要目的有四个方面。

第一，基于资源配置理论、有效性理论，系统地归纳、梳理出资源配置有效性理论，把理论系统化，充实和拓展高等教育资源配置理论体系。

第二，通过文本分析，从制度规范层面了解我国当前研究型大学研究生教育资源配置有效性的现状，考察当前存在的问题和不足。

第三，通过实证分析方法，建构研究型大学研究生教育资源配置有效性评价模型，提供评判我国高校研究生教育资源配置有效性的思路和方式。

第四，提出提高我国研究型大学研究生教育资源配置有效性的对策建议，为优化研究生教育资源配置、提高研究生教育资源配置有效性提供建议和政策参考。

二、核心概念及界定

（一）研究生教育资源配置

1. 研究生教育

研究生教育作为我国教育体系中最高层次的学历教育，是高等教育的一个重要组成部分。从教育层次上看，研究生教育包括硕士研究生教育和博士研究生教育两个层次；从教学安排形式上看，研究生教育包括全日制和非全日制（部分时间制）两种教育形式；从培养类型上看，研究生教育包括学术型研究生教育和专业型研究生教育两种类型。本文所指的研究生教育仅为全日制研究生教育，包括硕士、博士教育层次以及学术型与全日制专业型两类培养类型的研究生教育。

2. 研究生教育资源

（1）教育资源

什么是"教育资源"？《教育百科辞典》解释说：教育资源是指举办和发展教育事业，进行教育活动的人力、财力、物力的保证。教育的人力保证包含两方面的内容：教育部门教职员工队伍的来源以及学生来源。办教育要有一定的教职员工从事教育活动，同时也取决于求学者的多少，这些都和一个国家的人口结构密切相关。财力、物力的保证取决于国民经济的实力，经济的发展是教育发展的基本条件。一国的经济实力雄厚，则可为教育提供充足的经费，教育的发展就快，反之则慢。①

在教育的各种理论文献中，教育资源一词被广泛定义和使用。学界对教育资源的定义概括起来主要有两种：一是教育资源主要指教育过程中的所有人力、物力和财力资源的总和，因此，有学者认为教育资源也即"教育经济条件"，如顾明远、朱坚强（2005）②、江小惠（1996）③、尹晓岚等（2008）④、唐斌（2012）⑤ 等。二是教育资源不仅仅包括人力资源、物力资源和财力资源，还包括其他在教育过程中涉及的各类资源。如魏彬（2006）⑥ 认为，教育资源还包括信息资源；李祖超（1997）⑦、李从东等（1999）⑧ 认为，教育资源还包括信息资源和时间资源；康宁（2005）⑨ 认为，教育资源还包括信息资源、时空资源、制度资源等。许丽英（2007）⑩、李宜江（2013）⑪ 认为，教育资源还包括时空资源、信息资源，以及文化资源、权力资源、制度资源、政策资源、关系资源等非物质社会性资源。李宜江认为，非物质社会性资源是更关键的教育资源，这类资源分配的不均衡是"教育资源配置不均衡的更隐蔽方式"，是"教育发展失衡的深层根源"。张忠家（2014）⑫ 认为，教育资源不仅包括人、财、物

① 张念宏. 教育百科辞典 [M]. 北京：中国农业科技出版社，1988：402.
② 朱坚强. 教育经济学发凡 [M]. 北京：社会科学文献出版社，2005：92-93.
③ 江小惠. 试论我国高等教育资源配置在市场经济中的变革及抉择 [J]. 江苏理工大学学报，1996，17（1）：71.
④ 尹晓岚，刘惠林. 2008年黑龙江省教育经济发展报告 [M]. 哈尔滨：黑龙江人民出版社，2008：14.
⑤ 唐斌. 教育多元筹资问题研究——兼论第三部门在教育筹资中的作用 [M]. 武汉：华中师范大学出版社，2012：6.
⑥ 魏彬. 现代教育技术 [M]. 北京：科学出版社，2006：113.
⑦ 李祖超. 我国教育资源短缺简析 [J]. 高等教育研究，1997（6）：37-39.
⑧ 李从东，韩文秀，霍艳芳，等. 普通高校办学资源配置评价问题 [J]. 天津大学学报（社会科学版），1999，1（3）：193.
⑨ 康宁. 中国经济转型中高等教育资源配置的制度创新 [M]. 北京：教育科学出版社，2005.
⑩ 许丽英，袁桂林. 教育效率——一个需要重新审视的概念 [J]. 教育理论与实践，2007，27（1）：18-20.
⑪ 李宜江. 义务教育均衡发展的法律保障研究 [M]. 芜湖：安徽师范大学出版社，2013：38-39.
⑫ 张忠家. 大学教育资源优化配置研究 [M]. 武汉：武汉理工大学出版社，2014：36.

等以物质为基础的资源（即物质资源、物化资源），还包括在物化资源的基础上存在的一种无形的教育资源，如教育时间、信息和其他无形资产（即非物质资源、非物化资源）。教育资源是这两种资源的一个综合体，因而，教育资源也是一种组合资源。

本文认同教育资源的第二种定义，即教育资源不仅包括教育过程中的人力、财力和物力资源，而且包括在教育过程中所涉及的各类资源，如信息资源、时空资源、制度资源、政策资源以及文化资源等。

（2）研究生教育资源

有研究者解释说：研究生教育资源是指被用于研究生教育活动以实现教育目标的各种物质与非物质的手段和条件。它可以分为三种基本类型。①政策性教育资源，指掌握在政府有关部门手中，并由其进行权威性分配的教育资源，包括公共教育经费、招生指标、学位授予单位资格、学位授权学科专业、博士生指导教师资格、各种自主管理权、专业学位授予单位资格、以同等学力授予学位单位资格以及其他国有资产。除了公共教育经费、与生均拨款或学生学费结合的招生指标等少数物质性资源外，其他政策性资源主要是由国家提供而由大学分别使用的制度性公共教育资源。这些制度性资源实际上是大学用来提取和使用市场性教育资源和知识信息资源的行为规则。虽然这些制度本身是一种不可分的公共物品，但结合具体的使用主体，制度就具有了可分性，如50个博士学位授予单位、60个硕士入学考试自主划线单位等。这些物质或非物质的资源系统被划分为若干个资源单位后，由政策部门分配给不同的大学。②市场性教育资源，指存在于市场之中，通过交换行为才能获得的某些教育资源，如生源（入学权利）、教师、经费、硬件设施、社会声誉等。这些资源具有私人性或受聘于某个组织，学校只有通过市场交换方式获得，如为教师支付工资和提供其他待遇、为学生提供教育服务、为企业提供形象宣传等。③完全公共性的知识信息资源。一旦某种知识被公开发表，就成为研究生教育的公共资源。对于那些获得政策部门授权的大学来说，上述资源都是可以共同使用的公共资源，无论这种资源是属于国家（如公共经费和公共制度）所有，还是组织（如某种集体学术成果）或个体所有（如学生的入学权利）。①

本研究基本认同上述阐释。简言之，研究生教育资源，就是开展研究生教育活动所需要的人、财、物资源，包括硕士研究生、博士研究生指导教师数量，硕士生、博士生来源、数额，研究生教育经费来源、数额，研究生教育机构设

① 茶世俊．研究生教育制度渐进变迁［M］．北京：北京大学出版社，2010：67.

置、学位授予单位数、学科专业数、教育教学设备情况，以及相关的时空资源、信息资源、制度资源、文化资源和研究生教育政策资源等。后面几种资源具有隐性特征，一般不易直接察觉，对其进行配置也不是直接进行的。

3. 研究生教育资源配置

（1）教育资源配置

当利益主体对资源有分享需求时就产生配置的需求与可能。若资源不存在供求稀缺或并无时空上的差异，资源就不存在配置问题；而当资源在利益主体的分享上存在供求竞争性和排他性时，资源就存在选择一种最优或次优配置方式的可能与需求。王善迈（2000）① 认为，资源配置解决的是对稀缺资源使用的选择问题。吴立保（2011）② 则认为，从利益相关者的视角来看，资源配置的问题是各利益相关者使用稀缺资源的权力问题。

笔者认为，资源配置简单说就是在一定条件下，为达到一定的目的，配置主体对稀缺的社会资源按照一定的方式在不同主体、不同层级、不同使用方向等之间的分配和处置。

教育资源配置则是指不同主体在不同的范围内，将所获得的教育资源按照一定的方式在教育体系内部不同组织、不同用途间进行分配和处置，以期实现一定的教育发展目标。一般情况下，教育资源配置依据分配决策层面的不同，区分为宏观教育资源配置和微观教育资源配置。宏观教育资源配置即指国家决策层面上，教育资源在不同教育类型、不同教育层次、不同学校、不同用途等之间进行分配处置的行为过程。微观教育资源配置则是指学校决策层面上，教育资源在学校的不同组织部门、不同教育层次类型、不同用途等之间进行分配处置的行为过程。

（2）研究生教育资源配置

研究生教育资源配置是高等教育资源配置的一部分。目前，关于高等教育资源配置的定义有很多，而有关研究生教育资源配置的定义则较少。

从高等教育资源配置的定义来看，国内学者从不同角度给予不同的定义。潘懋元（2001）③ 从教育学的角度提出高等教育资源配置的定义：高等教育资源配置通常是指在教育资源数量一定的情况下，有限的人力、物力、财力等在

---

① 王善迈. 教育经济学简明教程 [M]. 北京：高等教育出版社，2000：12.
② 吴立保. 高等教育资源配置的多主体分析及优化策略 [J]. 研究生教育研究，2011（1）：20-24.
③ 潘懋元. 多学科观点的高等教育研究 [M]. 上海：上海教育出版社，2001：248.

高等教育系统间的分配，以期投入的资源能够得到充分与有效的利用，从而促进高等教育事业持续、协调、健康发展。他认为，高等教育资源配置有广义和狭义之分，广义的高等教育资源配置是指包括人力、物力、财力、时间、空间和信息等一切资源用于高等教育的配置；狭义的高等教育资源配置则是专指高等教育的财力资源配置。唐万宏（2007）① 则认为，高等教育资源配置是指社会投入的教育资源在各种不同使用方向上的分配。康宁（2005）② 从制度经济学的角度出发，提出高等教育资源配置是指社会投入高等教育事业中的人力、物力、财力在各种不同使用方向上的分配，实质上是一个与分享高等教育资源有关的利益主体间相互关系的规则。张海静（2008）③ 从公共选择理论角度，认为高等教育资源配置是一项公共抉择，高等教育资源配置与优化实质上就是一个群体决策（选择）的过程。张志勇（2008）④ 从经济学角度，认为高等教育资源配置是指在一定时期内，社会经济资源配置系统采取一定的方式，根据该时期社会经济发展水平，通过不同的渠道，把经济资源分配到高等教育系统中去，以实现社会生存和发展的特殊功能。

综上所述，研究生教育资源配置作为高等教育资源配置的一部分，具有高等教育资源配置的特点。因此，本研究认为，研究生教育资源配置指的是不同配置主体对投入研究生教育体系中的有限教育资源，依据一定的方式在体系内部不同组织、不同用途间进行分配和处置，以期实现所要求的教育发展目标。研究生教育资源配置有宏观、微观之区分，也有广义、狭义之区分。宏观层面主要是指国家决策层面上，研究生教育资源在不同高校、不同学科、不同用途等之间进行分配处置的行为过程。微观层面主要是指学校决策层面上，研究生教育资源在学校的不同组织部门、不同学历层次、不同培养类型、不同用途等之间进行分配处置的行为过程。广义上主要是指对一切投入研究生教育体系中的各种教育资源的配置；狭义上主要是指投入研究生教育体系中的财力资源的分配处置。

（二）研究生教育资源配置的有效性

依据现代汉语词典对"有效"一词的解释，"有效"指的是有效果、有

① 唐万宏. 以科学发展观优化配置高等学校教育资源［J］. 江苏高教，2007（1）：59.

② 康宁. 中国经济转型中高等教育资源配置的制度创新［M］. 北京：教育科学出版社，2005：20.

③ 张海静. 基于公共选择理论的高等教育资源宏观配置［J］. 宁波大学学报（教育科学版），2008，30（6）：87-90.

④ 张志勇. 中国高等教育资源配置改革的理论探讨［J］. 经济理论研究，2008：105-107.

作用。

因此，有效性通常用来作为人们判别事物作用与结果的评价标准。有效性评价用于不同的学科，就产生不同的概念和内涵。比如经济学的生产有效、管理学的管理有效、法学的法律有效、公共管理学的公共管理有效，以及教育学的教育有效，其内涵意义既有共性，又有自身特点所形成的差异，由此构成了不同的有效概念和内涵。①

本研究认为，研究生教育资源配置的有效性是指能够真实反映研究生教育资源配置活动的价值效益、行为效益和结果效益的特性，即衡量研究生教育资源配置好坏的程度。具体而言，有效的研究生教育资源配置，应是通过该配置活动，能够促使研究生教育资源公平地（价值效益）、有效率地最大限度投入生产环节（行为效益），实现人才培养、科学研究、文化传承、服务社会等各职能间的相互促进、协调发展（行为效益），实现研究生教育资源配置的目标要求，促进研究生教育的发展（结果效益）。

（三）研究型大学

由于研究生教育绝大多数都在研究型大学中，因此本研究中的高校，指的是教育部直属高校中的研究型大学。所谓研究型大学，具有三个显著特征：一是以知识的传播、生产和应用为中心；二是以产出高水平的科研成果和培养高层次创新人才为目标；三是在社会发展、经济文化建设、科教进步中发挥重要作用。②

三、研究思路与方法

（一）研究思路

本研究以微观层面、狭义的研究生教育资源配置有效性，即以投入研究型大学研究生教育体系中的财力资源分配与处置的有效性为主要研究对象，运用资源配置理论、有效性理论，厘清研究生教育资源配置有效性的理论与实践问题，尝试性地提出研究生教育资源配置有效性由公平、效率、协调、效益四个维度组成的理论假设，以此作为对研究生教育资源配置有效性问题进一步研究的理论分析依据。在此基础上，本研究运用问卷调查法、定性分析方法和统计分析等方法，通过问卷调查方式收集10所研究型大学研究生教育资源配置相关

---

① 有关内容在第三章的第一节"有效性理论"部分进行具体阐述。
② 王战军．什么是研究型大学——中国研究型大学建设基本问题研究（一）[J]．学位与研究生教育，2003（1）：9．

的数据，对研究生教育资源配置的有效性是否由公平、效率、协调和效益四个维度组成的理论假设进行验证，并进一步建构我国高校研究生教育资源配置有效性的评价分析模型，目的是为客观评价我国研究型大学研究生教育资源配置的有效性提供新的思路和可行工具。在这一分析模型的基础上，本研究一方面运用统计分析法和访谈法，选取 7 所研究型大学的调查数据了解研究型大学整体研究生教育资源配置有效性状况，并运用访谈法，通过对研究生教育资源配置有效性分析模型中得分最高和最低的两所高校进行深度访谈，进一步探讨有效性得分差异的深层次原因；另一方面运用文献研究法和统计分析法，通过对我国 50 所研究型大学的《大学章程》文本进行分析，从制度规范层面了解当前我国研究型大学研究生教育资源配置有效性的状况，并通过运用该分析模型分析当前我国研究型大学研究生教育资源配置存在的问题。最后，综合上述实证分析结果，本研究做出对研究型大学研究生教育资源配置有效性的基本判断，并针对存在的突出问题，从价值目标、政策体系、体制设置及协调机制等方面提出对策建议，为优化研究型大学研究生教育资源配置、提高其有效性提供建议和政策参考。具体详见图 1.1。

本研究围绕着什么样的研究生教育资源配置是有效的、如何判断和衡量研究生教育资源配置的有效性这一主线问题，从理论出发，通过实证研究来回答这一问题并提出优化研究生教育资源配置有效性的对策和建议。

首先，在已有研究成果的基础上，本研究从多学科的角度，系统综合梳理了研究生教育资源配置有效性的理论基础，确定研究生教育资源配置有效性的内涵和外延，提出研究生教育资源配置有效性由公平、效率、协调和效益四个维度组成的理论假设。

其次，本研究以问卷调查方式进行实证调研。选取 10 所教育部直属的研究型大学，以研究生导师、研究生事务相关的行政管理人员、研究生三类人群为调查对象，针对研究生教育经费配置问题进行数据收集和定量分析，验证了研究生教育资源配置有效性由公平、效率、协调和效益四个维度组成的理论假设的成立，建构研究型大学研究生教育资源配置有效性的评价模型，提出了判别和评价研究型大学研究生教育资源配置有效性的依据和可行工具。

再次，在这一评价模型的基础上，本研究从两个方面分别进一步探讨我国研究型大学研究生教育资源配置有效性存在差异的深层次原因及目前的整体状况。一方面，本研究采取统计分析方法，选取 7 所研究型大学的调查数据，利用研究生教育资源配置有效性评价模型，对 7 所高校的有效性得分情况进行分析，了解不同高校研究生教育资源配置有效性差异的状况和原因。再运用访谈

问题的提出	什么样的研究生教育资源配置是有效的？ 如何判别和衡量研究生教育资源配置的有效性？

已有研究成果和文献述评

理论来源与基础

资源配置理论	有效性理论

提出理论假设：
研究生教育资源配置有效性由公平、效率、协调、效益四个维度构成

模型建构　　　　　　　　　　问卷调查法

验证理论假设：
运用统计分析方法对10所研究型大学的问卷调查结果数据进行检验

统计分析法

建构研究型大学研究生教育资源配置有效性评价模型

实证研究

文本分析法　　　　　　　　　　　　　　统计分析法

从制度规范层面对各高校配置有效性现状进行了解：
对50所研究型大学《大学章程》文本内容进行深入分析

选取7所高校的调查数据代入有效性评价模型，了解7所高校的配置有效性差异情况

访谈法

有效性差异的深层原因探析：对在评价模型中有效性得分最高和最低的两所高校进行深度访谈

结论及对策

我国研究型大学研究生教育资源配置有效性的基本判断

提高我国研究型大学研究生教育资源配置有效性的对策建议

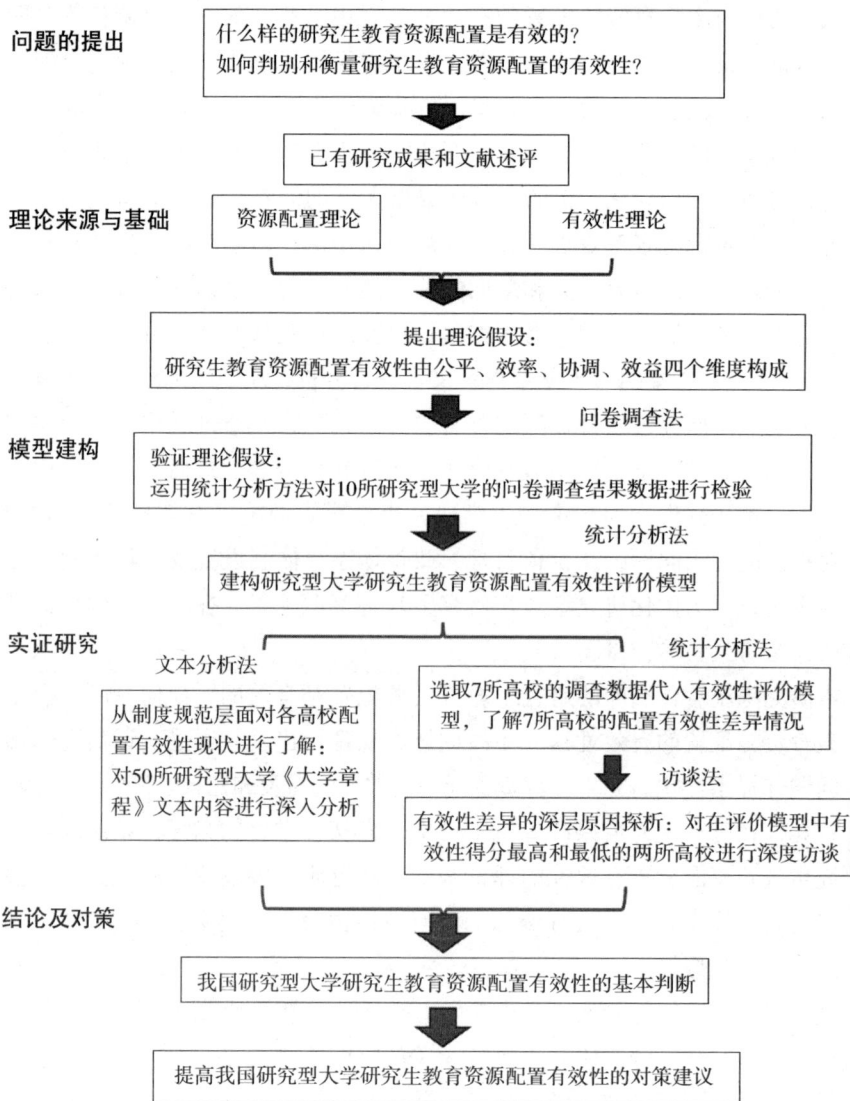

图1.1　研究思路图

法，选取在研究生教育资源配置有效性评价模型中，有效性得分最高和最低的两所高校作为访谈对象，采取深度访谈方式，进行个案研究，进一步探析高校研究生教育资源配置的有效性得分存在差异的深层次原因。另一方面，运用文本分析方法，从制度规范角度选取50所教育部直属高校（研究型大学）制定的《大学章程》的文本内容，针对其中与研究生教育资源配置有效性相关的文本规定进行详细分析，并运用研究生教育资源配置有效性评价模型，考察当前我国

研究型大学研究生教育资源配置有效性的总体状况。

最后，在上述层层递进的系统研究与分析后，本研究提出对我国研究型大学研究生教育资源配置有效性的基本判断，并针对存在的主要问题提出促进、完善我国研究型大学研究生教育资源配置有效性的构想和建议，为我国研究型大学提高研究生教育资源配置有效性提供参考建议。

（二）研究方法

本研究主要采用以下几种方法对核心问题进行深入考察、分析研究。

1. 文献研究法

文献研究法是通过搜集、鉴别和整理文献，研究文献，形成对事实的科学认识的方法。本研究通过查找相关文献资料，回顾已有学术成果，全面地正确地掌握研究生教育资源配置有效性问题的研究现状，梳理、归纳资源配置理论、有效性理论，系统阐述资源配置有效性理论，并将其运用于研究生教育资源配置领域，为本研究的深入开展做好前提准备和理论准备。

2. 问卷调查法

选取我国 10 所研究型大学（厦门大学、山东大学、同济大学、东南大学、华南理工大学、电子科技大学、华东师范大学、清华大学、南京大学、武汉大学 10 所，跨越 8 个省、市地区，均为教育部直属高校的研究型大学）的研究生导师、高校行政管理人员、研究生三类群体为研究对象，开展大规模的问卷调查研究以收集相关资料信息。通过对问卷调查获取的数据信息进行统计分析，对研究生教育资源配置有效性由公平、效率、协调和效益四个维度组成的理论设想进行验证，并通过线性回归分析方法建构我国研究型大学研究生教育资源配置的有效性评价模型，为高校研究生教育资源配置有效性评价提供新的思路和依据。

3. 统计分析法

本研究通过对问卷调查所获得的数据，利用 SPSS 统计软件以及 Excel 办公软件，运用独立样本 T 检验、因素分析、主成分分析、相关分析、交叉分析、结构分析等统计分析方法进行数据的分析处理，验证了研究生教育资源配置有效性可由公平、效率、协调和效益四个变量解释的假设是成立的，并通过回归分析方法建构研究型大学研究生教育资源配置有效性的评价模型。

此外，本研究也通过 Excel 办公软件，运用分组分析、分布分析、交叉分析等统计方法对我国 50 所教育部直属高校（研究型大学）的《大学章程》文本内容进行数据计量分析，获得对当前我国研究型大学研究生教育资源配置有效性状况的准确认识。

4. 文本分析法

文本分析法是指通过对文本内容的表示及其特征项的分析，把从文本中抽取出的特征词进行量化分析，以达到从文本表层深入文本深层，把握文本主体信息的目的。本研究通过文本分析法，考察、判断、归纳和对比分析我国50所教育部直属研究型大学的《大学章程》文本内容，以研究型大学研究生教育资源配置有效性分析模型为依据，通过对文本抽取与研究生教育资源配置有效性相关的表示及特征词，进行量化对比分析，结合相关的背景信息和时代特点等因素，从制度规范层面获取对研究型大学研究生教育资源配置有效性现状的认识。

5. 定性分析法

定性分析法是指通过逻辑推理、历史求证、哲学思辨、法规判断等思维方式，着重从质的方面分析研究事物的属性的研究方法。本研究通过运用归纳和演绎、分析、综合与概括等方法，对资源配置有效性理论、研究生教育资源配置有效性理论进行系统分析，确定研究生教育资源配置有效性的内涵和外延，准确把握研究对象。

定性分析方法贯穿于全文的研究中，除了主要用于理论基础的分析外，还大量用于《大学章程》的文本分析，以及访谈结果的分析等。

6. 深度访谈法

深度访谈法又称为深层访谈法，通过直接与受访者进行一对一的自由交谈，深入探讨，充分了解受访者对某一问题的看法、态度、潜在动机、信念等，以挖掘出深层次的信息。本研究选取在研究生教育资源配置有效性分析模型中得分最高的高校G和得分最低的高校A，以这两所高校的研究生导师、行政管理人员、研究生为访谈对象，以研究生教育经费为例，采取半结构式的访谈方式进行逐一访谈。访谈的主要内容包括他们所了解的本校的研究生教育经费配置状况、各相关利益主体在研究生教育经费配置中的决策权状况、对本校研究生教育资源配置工作的评价、对本校研究生教育工作的评价、对存在问题的看法及原因思考等。通过对访谈结果的分析，探究这两所高校研究生教育资源配置有效性存在差异的深层次原因。

（三）技术路径

本研究以研究型大学研究生教育资源配置有效性为切入点，对研究生教育资源配置有效性的内涵和外延、研究生教育资源配置有效性的评价、当前研究生教育资源配置有效性现状等进行深入探讨分析，并针对存在的突出问题提出优化研究生教育资源配置、提高资源配置有效性的对策建议。为实现这一研究目的，本研究选取了系统梳理理论、提出理论假设、运用统计验证、建构评价模型、实证分析、归纳总结、提出对策建议的五层次七环节的研究路径，运用前文所述的研究方法和技术手段，逐层深入探讨研究型大学研究生教育资源配置有效性问题。具体来说，有如下五个层次：

第一层次，理论系统化。在这一层次，从多学科视角出发，运用文献研究法，系统综合梳理资源配置理论、有效性理论，消除多种学科理念带来的片面性和碎片化，系统性地归纳、整合、拓展资源配置有效性理论，并将其创新性地运用于研究生教育资源配置的有效性问题研究。

第二层次，提出理论假设，运用统计进行验证。在理论系统化的基础上进行归纳提炼，提出研究生教育资源配置有效性是由公平、效率、协调和效益四个维度组成，构成一个有机的统一体的理论假设。通过对教育部直属的 10 所研究型大学的研究生导师、与研究生事务相关的行政管理人员、研究生三类群体共 1488 份的调查问卷数据进行统计分析，验证假设成立，研究生教育资源配置有效性能够由公平、效率、协调、效益四个维度来进行很好的解释和表达。

第三层次，建构评价模型。基于理论假设的四个维度，以教育部直属的 10 所研究型大学的问卷调查数据为分析对象，利用 SPSS 统计分析软件，通过回归分析建构研究型大学研究生教育资源配置有效性评价模型，强调柔性维度与刚性维度、价值评判与客观评判的平衡关系与重要性，为客观评价研究型大学研究生教育资源配置有效性提供新的思路和可行工具。

第四层次，实证分析，进行现状调查及存在差异的深层次原因分析，共包括两个部分的探析。一个部分是通过文本分析从制度规范层面进行的现状了解。通过对 50 所教育部直属研究型大学的《大学章程》，运用文本分析法和统计分析法进行研究型大学研究生教育资源配置总体状况的把握。另一部分是通过案例分析，对研究型大学研究生教育资源配置有效性存在差异的深层次原因探讨。分为两个环节，一是运用配置有效性评价模型，基于 7 所研究型大学的调查数据，计算出 7 所研究型大学的配置有效性得分，了解不同研究型大学差异的情况和存在差异的原因。二是选取前一环节中有效性得分最高和最低的两所研究型大学，进行深度访谈，挖掘和发现不同研究型大学有效性得分差异的深层次原因。

第五层次，归纳总结，提出对策建议。在前述各项分析的基础上，本研究作出对我国研究型大学研究生教育资源配置有效性的基本判断，并归纳总结出研究结论和发现，针对当前在研究型大学研究生教育资源配置有效性方面存在的突出问题，提出对策建议。

（四）研究内容与创新

1. 研究内容

本研究的主要内容包括八部分。

第一部分为绪论，具体说明研究的缘起、研究意义和目的，阐述研究思路、研究内容和主要研究方法，并对本研究相关核心概念进行界定。

第二部分为文献回顾及述评，考察、梳理本课题研究相关问题的文献资料、学术专著、期刊论文及其主要观点，并做总评分析。

第三部分为理论基础及其拓展研究。以资源配置理论和有效性理论为理论依据，归纳和梳理资源配置有效性理论，并将其运用到研究生教育资源配置中，厘清研究生教育资源配置有效性的理论和实践问题，提出研究生教育资源配置有效性由公平、效率、协调和效益四个维度组成的理论设想，为后面的分析提供理论依据。

第四部分为实证调查研究。从实证研究的角度，围绕研究生教育经费配置问题，针对研究生导师、研究生事务相关的行政管理人员、研究生三类人群，选取有代表性的 10 所研究型大学进行问卷调查，并对调查结果进行定量分析，验证研究生教育资源配置有效性由公平、效率、协调、效益四个维度组成的理论假设，并建构我国高校研究生教育资源配置有效性评价模型。

第五部分为案例调查分析。分为两个方面进行：一是基于研究型大学研究生教育资源配置有效性模型，计算出重点选取的 7 所研究型大学的资源配置有效性值，进行整体对比分析和数据对比分析，探讨目前研究型大学研究生教育资源配置有效性差异的状况及原因；二是选取研究生教育资源配置有效性得分最高和最低的两所高校，对研究生导师、研究生事务相关的行政管理人员、研究生三类群体进行深度访谈，通过对访谈结果的分析，进一步深入探讨研究型大学研究生教育资源配置有效性差异的深层次原因。

第六部分为文本资料研究。从文本资料分析的角度，选取 50 所教育部直属高校（研究型大学）制定的《大学章程》，对文本中与研究生教育资源配置相关的规定进行探讨分析，考察当前我国研究型大学研究生教育资源配置有效性在制度规范层面的总体状况。

第七部分为结论、构想、建议。在理论探讨、制度现状研究、实证分析、个案访谈的基础上，作出研究结论，对我国研究型大学研究生教育资源配置体制的有效性作出基本判断，并从研究型大学研究生教育资源配置的价值目标、政策体系、体制设置、协调机制等方面提出促进、完善研究型大学研究生教育资源配置有效性的构想，为研究型大学提升研究生教育资源配置有效性提出对策建议。

第八部分为结语。论述本研究的不足及后续研究展望。

2. 研究重点

（1）理论的系统化

多学科研究的视角常会带来不同学科理念聚集所产生的理论碎片化、无序化，给理论的跨学科运用带来片面性、说服力不够等问题。因此，把适用的理论系统化，提高理论运用的适切性显得尤为重要，这是本研究的研究重点之一。对此，本研究在综合梳理资源配置理论、有效性理论的基础上，系统性地归纳、整合、拓展了资源配置有效性理论，并创新性地将其运用于研究生教育资源配置的有效性问题研究，归纳提炼出本研究的理论构想，为后续模型建构、实证研究、文本分析等提供适切度高的理论分析框架。

（2）研究型大学研究生教育资源配置有效性评价模型的建立

基于理论分析框架，依据 10 所研究型大学问卷调查获得的数据所建构的配置有效性评价分析模型，是评判研究生教育资源配置有效性的可行工具和有效手段。建构的模型是否有效可靠，直接关系着后续研究的成效，是本研究的另一研究重点。

（3）实证研究部分

运用研究生教育资源配置有效性评价模型，一方面对 7 所研究型大学的配置有效性进行分析，并针对其中 2 所代表性院校进行访谈分析，探讨研究型大学研究生教育资源配置有效性的差异状况及存在差异的深层次原因；另一方面对 50 所研究型大学的《大学章程》进行文本分析，从制度规范层面了解当前我国研究生教育资源配置有效性的现状，是本研究能够对我国研究型大学研究生教育资源配置有效性作出可信有效的基本判断的关键。

3. 研究难点

本研究的难点有三点。

一是研究生教育资源配置有效性的理论分析及理论假设的提出。理论分析需要大量跨学科的文献搜集、归纳、整理与分析，以及较强的理论分析能力，这是一个很大的挑战。

二是高校《大学章程》的文本分析。本研究选取 50 所教育部直属高校的《大学章程》，存在着两方面的困难，一是资料的一一收集；二是庞大资料信息的整理、分类、归纳和统计分析，工作量很大。

三是基于问卷调查的高校研究生教育资源配置有效性评价模型的建构及个案访谈。这部分研究的困难在于三个方面。一是问卷发放的困难。本研究选取 10 所高校作为问卷发放对象，为确保受访者能够尽可能认真如实地填写，问卷舍弃网络答题方式，一律采用发放纸质问卷的方式进行，增加了问卷发放与回收的难度；二是数据分析与模型建构必须选取适宜的统计计量方法，并进行庞大数据的分析与模型建构，不仅工作量大，而且涉及的理论关键点需要逐一厘清和确认，有一定的难度。三是个案访谈。本研究选取两所高校的49名研究生导师、行政管理人员和研究生进行逐一面对面访谈，受访人员难以找寻，需要分析的数据量大，都是很难做的工作。

4. 研究的创新点

本研究的创新点有以下三个方面。

（1）研究的课题具有一定的开创性

本研究从多学科、理论发展的角度系统阐述资源配置理论和有效性理论，将不同学科理论去碎片化，系统性地归纳、整合、拓展了资源配置有效性理论，并创新性地将其运用于研究生教育资源配置有效性研究，提出研究生教育资源配置有效性由公平、效率、协调和效益四个维度构成的理论构想，由此建构了我国研究型大学研究生教育资源配置有效性评价模型。这一研究课题具有一定的开创性，填补了有关我国研究生教育资源配置有效性研究的空白，丰富了研究生教育资源配置的理论体系。

（2）研究的方式具有一定的创新性

本研究通过理论假设，运用实证分析、统计验证的方式，运用资源配置理论、有效性理论，以10所研究型大学1488份问卷数据为依托，归纳提炼出我国高校研究生教育资源配置有效性是由公平、效率、协调和效益四个维度组成的理论构想，建立了研究型大学研究生教育资源配置有效性评价模型，并运用该配置有效性评价模型，结合理论构想，一方面对7所研究型大学的配置有效性进行分析，并针对其中2所代表性院校进行深度访谈分析，探讨研究型大学研究生教育资源配置有效性的差异状况及存在差异的深层次原因；另一方面对50所研究型大学的《大学章程》进行文本分析，从制度规范层面了解当前我国研究生教育资源配置有效性的现状。在此基础上作出对我国研究型大学研究生教育资源配置有效性的基本判断。这一研究方式具有一定的创新性。

（3）研究的观点具有一定的创新性

本研究在把资源配置理论、有效性理论进行系统化梳理的基础上，提出了研究生教育资源配置有效性由公平、效率、协调和效益四个维度构成的理论构想，建立了研究型大学研究生教育资源配置有效性评价模型，并在统计分析、访谈、文本分析的基础上作出对我国研究型大学研究生教育资源配置有效性的基本判断，针对目前存在的突出问题，从价值目标、政策体系、体制建构、协调机制等方面提出优化研究生教育资源配置的对策建议，观点具有一定的创新性。

第二章

文献综述

研究生教育资源配置是高等教育资源配置的重要内容之一。因此，研究生教育资源配置研究与高等教育资源配置研究具有关联性，其基础理论、基本概念、经济依据、经济背景、可配置的教育资源，以及配置的方式方法、配置机制、配置效益评估、监管、相关政策和制度安排等，具有共通性，所以，相关研究成果和文献都有借鉴意义和参考价值。本课题研究正是在调查清楚已有研究成果的基础上作出立项的。回顾学术史，使本课题研究能够把握好切入点、着力点、创新点。有鉴于此，本课题研究的已有学术成果和文献回顾，不仅聚焦研究生教育资源配置的研究成果和文献，而且关注高等教育资源配置研究的相关研究成果和文献。下面分别就有关情况作尽量详细的考察、梳理和介绍，并作概要评析。

第一节　国内相关研究成果和文献

一、高等教育资源配置的相关研究

（一）研究成果和文献总体概况

改革开放 40 年来，我国高等教育取得了长足发展，有一大批研究成果和文献。围绕高等教育资源配置主题，本文区分书籍、期刊、学位论文三个文献类型进行研究成果概述。

1. 书籍类研究成果和文献情况

截至 2017 年 12 月 31 日，本文通过读秀学术搜索引擎对全部字段包含"高等教育资源配置"的图书进行检索，搜索到 4006 本书籍；按书名为"高等教育资源配置"的图书进行检索，则搜索到 19 本，具体时间分布如图 2.1 和图 2.2。

　　由图2.1和图2.2可见，有关高等教育资源配置问题的研究在2006年、2008年达到一个高峰值，而后逐渐回落。我国高等教育在1999年开始实行扩招政策，至2008年开始则逐渐控制高等教育的扩招比例，放缓规模的扩张，转而强调内涵式发展。文献出版数量的变化正好与高等教育这一阶段的发展变化相吻合：规模数量的急剧扩张带来了对高等教育质量、公平的担忧及效率的反思，学术研究也逐渐聚焦到高等教育资源配置这一影响高等教育发展的基础性研究上来。

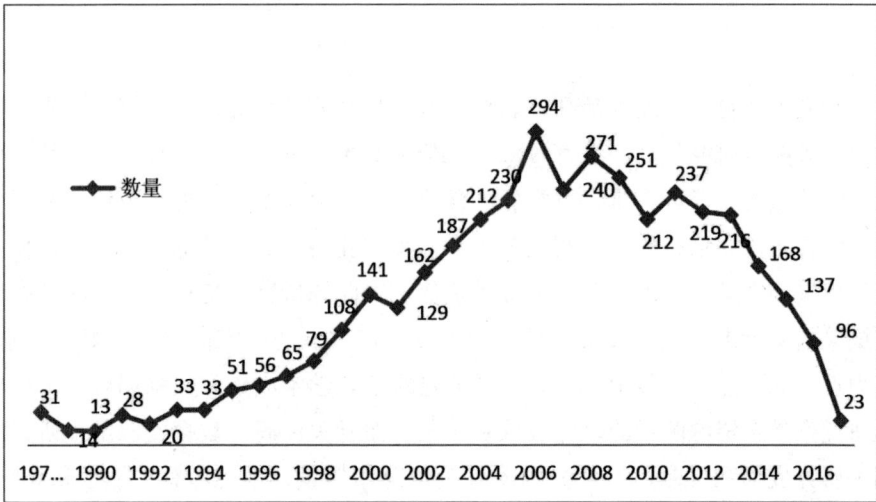

图2.1　字段包含高等教育资源配置的相关书籍文献出版的数量情况
（数据来源：依据读秀学术数据库检索得出）

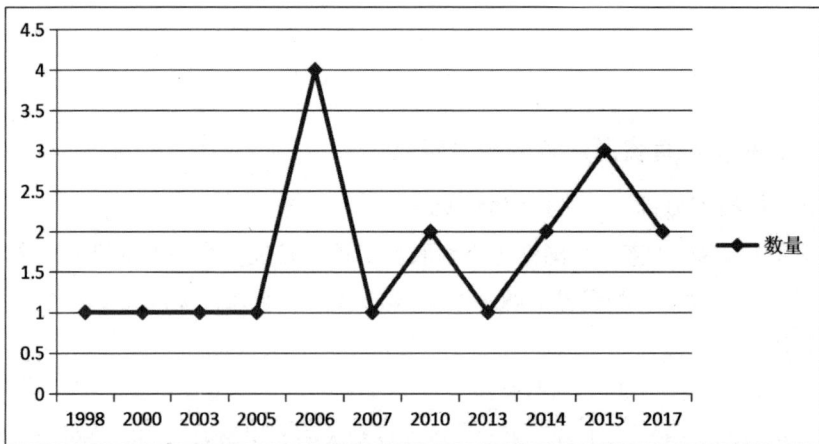

图2.2　书名包含"高等教育资源配置"相关书籍文献出版的数量情况
（数据来源：依据读秀学术数据库检索得出）

在书名包含"高等教育资源配置"的 19 本书籍中，有 9 本书籍研究的层面放在宏观层面，主要从政府、高校、市场三者作为资源配置主体间的相互关系，对高等教育资源配置的作用、职责与影响等方面加以深入研究，进而提出优化高等教育资源配置的策略与对策等；有 2 本书籍明确涉及对高等教育资源配置公平性的探讨；有 3 本书籍涉及高等教育资源配置评价（或转型程度）指标体系的建构；有 2 本书籍提及高等教育资源配置的市场化研究；有 2 本书籍涉及高等教育人力资源配置问题；有 1 本书籍涉及高等教育资源配置机制的探讨；有 1 本书籍涉及高等教育资源配置的均衡问题；有 1 本书籍涉及高等教育资源配置转型问题的研究。总体而言，书籍文献中以宏观角度的研究居多，从高等教育资源配置主体（政府、高校、市场）出发开展研究居多，关注高等教育资源配置方式的转变（从计划配置方式到市场配置方式的转变）居多。

由于对书籍包含的信息量较大，并不排除某本著作中包含了与高等教育资源配置有效性相关的研究内容，但通过检索，并未检索到以"高等教育资源配置有效性"为主题或主要内容或摘要内容的相关书籍文献。

2. 期刊类研究成果和文献情况

截至 2018 年 1 月 1 日，在中国知网（CNKI）按主题"高等教育资源配置"和"有效性"搜索期刊，仅搜索到 3 篇。1997 年 1 篇，2008 年 1 篇，2009 年 1 篇。其中，1 篇分析高校规模问题，1 篇研究公共教育资源配置的合理性与有效性标准，1 篇探讨省际高等教育科技资源配置效率评价。

具体来说，张桂春（1997）认为，高校规模是影响教育资源配置有效性的重要因素。他依据当时我国高校规模过小、高校类型单一等现实状况，指出扩大高校规模是实现资源合理配置以及提高办学整体效益的必由之路。高丽（2008）认为，合理性和有效性是判断教育资源配置状况的双重标准。在借鉴经济学的效用理论基础上，高丽指出，在非义务教育阶段实行受教育者成本分担和成本补偿是合理的，但由于非义务教育社会效益的存在，国家也应给予受教育者适当的补偿。此外，衡量非义务教育阶段的教育资源配置的有效性标准是"效率"，国家对教育经费的投入应该处理好重点和一般的关系。赵缜（2009）运用数据包络分析方法（EDA 方法），以教师数、其他教职工数、教授数、生均教育经费、生均公用经费、图书数量为输入指标（投入值），在校生数、科研项目数、发表文章数等为输出指标（产出值），建立分析模型，对黑龙江省的高等教育科技资源配置状况进行相对有效性评价分析。

按主题"高等教育资源配置"搜索期刊，搜索到 1299 篇。按年份进行统计，如图 2.3 所示，有关高等教育资源配置的专题研究检索到最早是从 1993 年开始，20 世纪 90 年代末因高等教育扩招，在 1999 年前后出现了一个小高峰，2002 年我国高等教育进入大众化阶段后，从 2004 年开始，高等教育资源配置的专题研究进入了一个快速递增、成果丰富的阶段。可见，随着高等教育的发展，高等教育资源配置问题越来越受到理论界的重视。

从内容分布上来看，如图 2.3 所示。从高等教育资源配置的构成要素来看，涉及高等教育资源配置方式方法的最多，共有 110 篇。其次是涉及高等教育资源配置模式的研究，有 88 篇。再次是对高等教育资源配置主体的探讨，有 62 篇，讨论高等教育资源配置路径的有 24 篇。此外，按主题词"改革"进行检索，有 189 篇；按主题词"体制"检索，有 183 篇；按主题词"机制"检索，有 176 篇。可见，凡是涉及对高等教育资源配置改革问题的探讨时，大部分关注对高等教育资源配置体制机制的研究讨论。

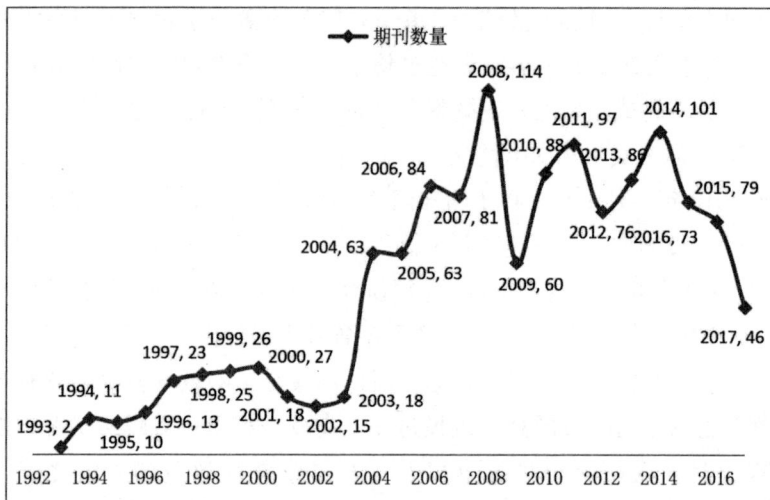

图 2.3　中国期刊网收录的主题为"高等教育资源配置"的期刊数量一览

（数据来源：依据中国知网期刊数据库检索得出）

从高等教育资源配置的主体来看，站在高校角度进行探讨的最多，有 814 篇；探讨市场或社会在高等教育资源配置中的机制作用或影响的，有 656 篇，涉及国家或者政府角色的有 501 篇。从评价角度来看，涉及高等教育资源配置公平问题的最多，有 210 篇；其次是涉及高等教育资源配置效率的文章，有 175 篇；再次是涉及效益的文章，有 74 篇，另有 23 篇涉及高等教育资源配置的协调方面。

若按主题词"评价"进行检索，则有 75 篇涉及高等教育资源配置的评价问题；按主题词"绩效"进行检索，有 30 篇；按主题词"权力"进行检索，有 50 篇；按主题词"关系"进行检索，则有 48 篇。如果从学术权力与行政权力的角度来看，按主题词"行政"进行检索，有 57 篇，按主题词"学术"进行检索，有 60 篇，大致相当。此外，已有的文献也重视对问题的研究，按主题词"问题"进行检索，有 117 篇。

从研究的具体内容来看，高等教育资源配置已有的研究成果如图 2.4 所示，内容丰富多样。

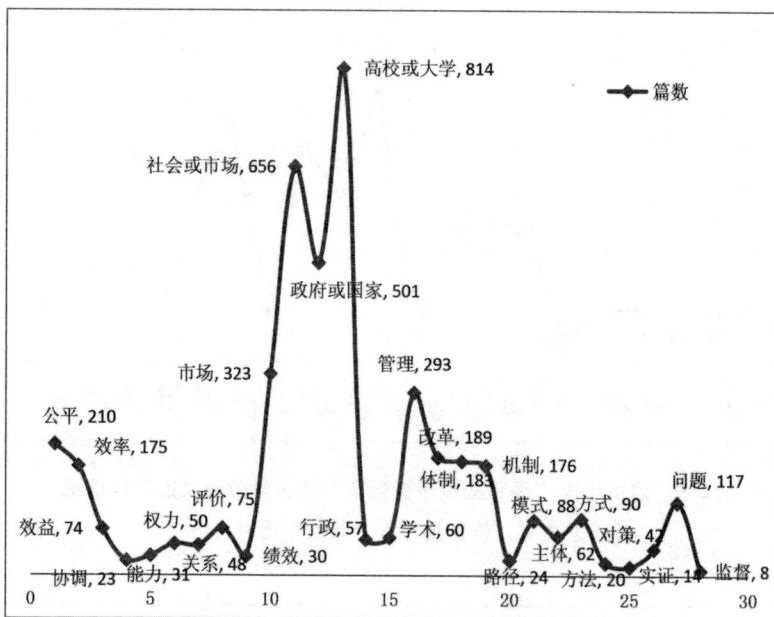

图 2.4　高等教育资源配置相关文献中按不同主题词检索的情况

（数据来源：依据中国知网期刊数据库检索得出）

3. 学位论文类研究成果和文献情况

截至 2017 年 12 月 31 日，本文通过读秀学术搜索引擎对题目包含"高等教育资源配置"的学位论文进行检索，检索到 79 篇学位论文，其中博士论文 12 篇，硕士论文 67 篇，高峰值出现在 2008 年、2012 年，如图 2.5 所示。

依托中国知网的优秀博硕士论文数据库，在关键词为"高等教育资源配置"的学位论文中，按照关键词分别为"有效性""公平""效率""效益""协调"进行检索，则"有效性""效益""协调"分别搜索出 0 篇；"公平""效率"分别搜索出 3 篇。按照主题词分别为"有效性""公平""效率""效益""协调"进行检索，搜索结果详见图 2.6。

如图 2.6 所示，在已有的高等教育资源配置相关的优秀博硕士学位论文中，涉及公平问题的研究最多，有 27 篇，其次是效率问题研究，有 25 篇，效益问题研究 13 篇，协调问题研究 7 篇，最少的是有效性相关研究，仅有 2 篇。而从有效性主题相关的 2 篇学位论文来看，一篇研究黑龙江省高等教育资源整合问题（那书博，2007），一篇研究中部地区普通高等教育资源配置的效率问题（张芬，2012），没有本文所定义的高等教育资源配置的有效性研究。

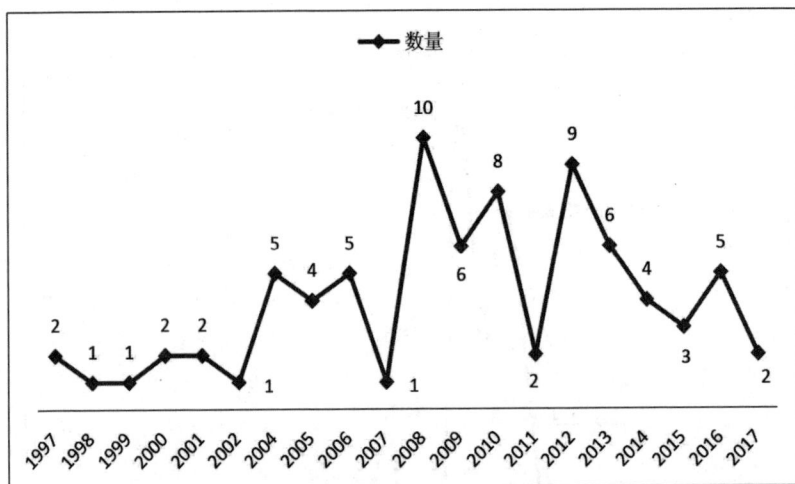

图 2.5　题目包含"高等教育资源配置"相关学位论文的数量情况
（数据来源：依据读秀学术数据库检索得出）

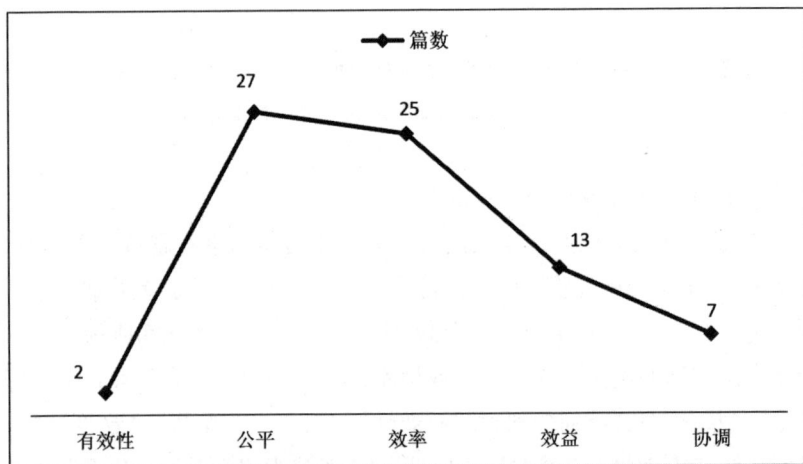

图 2.6　高等教育资源配置相关的学位论文中各主题词的研究情况
（数据来源：依据中国知网优秀硕博论文数据库检索得出）

（二）主要研究观点归纳

第一，关于高等教育资源的内涵解释。关于高等教育资源的内涵主要有两种观点。一种认为，主要指投入高等教育中的有形资源，包括人力资源、财力资源、物力资源。这是高等教育资源最本质的含义。另一种则认为，高等教育资源不仅包括有形资源，还包括学科与专业资源、信息资源、市场资源、声望资源等非有形资源。例如，段从宇、张雅博（2014）① 认为，高等教育资源就是维系高等学校主体职能发挥的各要素总和，共可分为财力资源、物力资源、人力资源、组织资源、信息资源、政策资源和其他资源这七大类资源。陈岩（2017）② 认为，高等教育资源包括人力资源、物力资源、财力资源、知识资源和科研资源等资源。岳武、靳英丽（2015）③ 认为高等教育资源包括了人力、财力、物力等资源以及制度、管理因素。彭勃（2008）④ 则把高等教育资源区分为人才资源、物力资源和文化资源三类。

对高等教育资源内涵的解释也适用于研究生教育资源的定义。段锐（2012）⑤ 认为，研究生教育资源主要是指人力资源、经费资源、平台资源等在研究生培养中起着关键作用的教育资源，还包括一些知识资源，例如团队合作精神、师门风气和研究经验等，这部分资源难以显性化。

第二，关于高等教育资源配置模式问题。高等教育资源配置模式是教育资源配置方式方法的统称，体现了资源分配的基本逻辑规则。大多数研究者普遍认同的高等教育资源配置模式主要有两种：由国家主管部门主导的配置模式（即政府干预的资源配置模式，有学者将其归为权力配置模式）和市场主导的配置模式。有不少研究者指出国家主管部门主导的配置模式存在的问题，主张转变政府职能，减少干预，实现放权或分权，更多发挥市场机制在高等教育资源配置中的调节作用，以提高教育资源配置效率或绩效。如夏丽萍（2007）⑥ 认

---

① 段从宇，张雅博. 高等教育资源的内涵阐释、配置过程、本质及实施 [J]. 黑龙江高教研究，2014，（9）：28 - 30.

② 陈岩. 高等教育资源配置现状评价与约束机制研究 [M]. 郑州：郑州大学出版社，2017.

③ 岳武，靳英丽. 中国高等教育资源配置改革问题及对策研究 [M]. 长春：东北师范大学出版社，2015.

④ 彭勃. 高等教育资源的生态化配置与培植 [D]. 徐州：中国矿业大学，2008.

⑤ 段锐. 研究型大学研究生教育资源配置过程中的博弈分析 [J]. 学位与研究生教育，2012，（5）.

⑥ 夏丽萍. 高等教育资源配置研究 [M]. 成都：四川大学出版社，2007：05.

为，教育资源配置方式从计划到市场的转变有其必然性。姚晓东（2006）① 认为，高等教育是一种特殊产业，存在依据投入—产出去追求效益的市场化属性。优化高等教育资源配置可通过高等教育资源配置市场化来实现。所谓高等教育资源配置的市场化，就是引入市场机制，把市场的若干因素带入高等教育的运行之中，市场化既不是绝对的传统公有化，也不是绝对的私有化，而是高等教育的运营具有竞争、选择、价格和分散决策等显著的市场特征。要实现高等教育资源配置市场化，就需要：一是变革政府的资助方式，以目标预算方式取代功能预算方式，使高校通过平等竞争来获取政府的拨款；二是政府要担当市场规则的仲裁人，通过立法建立高等教育市场运行规则；三是实行收费入学，鼓励高校通过竞争争取生源；四是改革聘任制，允许利用物质激励争夺优秀教师等。也有研究者认为，由于高等教育的公办、公益属性，市场化的高等教育资源配置会损害高等教育的公益属性，影响高等教育的公平性，因此高等教育资源配置必然要以国家主管部门主导，统筹规划、协调。方林佑（2013）② 认为，市场机制在高等教育资源配置中起基础性作用，市场机制存在于市场主体、政府和中介组织这三个关键点之中。为解决目前存在的高等教育市场主体"身份缺失"、政府"角色错位"、中介组织重大决策"不在场"和"缓冲器"功能残缺等问题，就需要使政府自觉向社会分权，培育完善高等教育市场体系。程瑛（2011）③ 认为，中国大学的竞争问题从形式上看属于资源限制问题，实质上却是权力控制的问题。作者认为，在大学资源竞争范畴内，政府推进权力配置让渡是必要和可能的。优化大学资源竞争，应加强"内部人"控制和行政审批制度改革，特别是加强对资源配置论证环节的公开和配置结果的解释，增加权力配置成本以达到约束权力的目的；资源增长和资源运转应以市场化为导向；采用分类式竞争规则以防止资源向优势大学过度集中；鼓励大学在高端技术市场的竞争、教育培训市场的竞争以及在竞争中保持适度宽容和合作等。

　　有的学者提出"双轨"制，认为政府与市场在资源配置中都发挥着同等的作用。如胡仁东（2006）④ 把政府行政权力影响、学术权力影响等涉及权力的

---

① 姚晓东．我国高等教育资源管理配置的市场化研究［M］．长春：吉林人民出版社，2006：05.

② 方林佑．主体身份、政府角色与中介组织地位——关于我国高等教育市场机制的研究［D］．长沙：湖南师范大学，2013.

③ 程瑛．社会转型期我国大学资源竞争研究［D］．武汉：华中科技大学，2011.

④ 胡仁东．权力与市场：两种高等教育资源配置模式［J］．高等工程教育研究，2006，（2）：17－21.

影响均归为权力配置模式，认为，高等教育资源的两种配置模式是权力配置模式和市场配置模式。目前我国高等教育资源配置模式已由原先单一的权力配置模式转变为权力配置和市场配置两种配置模式共存，市场的介入激活了教育资源的有效利用，并打破了权力配置资源的"垄断性"，增强了高等教育资源的供给能力。张端端（2016）① 认为，应改革学校内部的教育资源配置方式，改变原有的"行政权力主导型"配置模式为"教育规律主导型"配置模式。高健（2010）② 认为，高等教育资源配置应坚持公平优先原则，在配置方式上以政府适度干预为主。陈岩（2017）③ 认为，公共评价作为"第四种力量"已成为高等教育资源配置的主体，影响力逐渐凸显。因此，高等教育资源配置的约束机制包括两类：一类是外生性的约束机制（政府和学术），一类是内生性的约束机制（市场和公共评价），高等教育资源配置的优化需要从这两类约束机制四个方面（政府、学术、市场和公共评价）着手加以实现。

第三，高等教育资源配置效率问题。对高等教育资源配置效率的研究，主要包括两方面，一方面是高校教育资源配置效率的研究。阎凤桥、闵维方（1999）④ 利用经济学中的"木桶原理"来分析高等教育资源配置过程，认为投入高校教育生产环节的各类资源应该在数量上保持互相匹配，这样才能使高等教育资源配置做到均衡，提高资源的配置效率和利用率。通过采取生产要素替代或生产要素重组的办法，调整资源配置结构，可以提高资源配置的结构效益，提高资源的配置效率。王亚雄、王红悦、李洋波（2007）⑤ 采用 DEA（数据包络分析法）方法，以经费、固定资产、人员、设备和图书作为投入，学生和科研为产出，以教育部部属高校 2001 年和 2004 年的数据为样本，计算各高校的教育资源配置效率。大多数学者在研究高校教育资源配置效率的时候，主要基于投入与产出，采用 DEA 方法来进行分析和评价，在此不一一列举。

另一方面是区域高等教育资源配置的效率问题研究。这方面的研究有大量的研究成果。主要通过各类实证分析方法，包括通过 DEA 方法建立数学模型进

① 张端端. 中国高等教育管理的困境与出路 [J]. 吉林工程技术师范学院学报，2016，32（1）：4–6.
② 高健. 关于高等教育资源配置问题的研究 [D]. 南京：南京航空航天大学，2010.
③ 陈岩. 高等教育资源配置现状评价与约束机制研究 [M]. 郑州：郑州大学出版社，2017.
④ 阎凤娇，闵维方. 对于我国高等教育资源配置中存在的"木桶现象"的探讨 [J]. 教育与经济，1999，（2）：9–14.
⑤ 王亚雄，王红悦，李洋波. 高校教育资源配置效率的实证分析 [J]. 财经理论与实践（双月刊），2007，28（146）：113–116.

行分析，使用 Malmquist 指数、空间计量学经济方法等。韩海彬、李全生 (2010)① 采用非参数 Malmquist 指数方法对 1999—2006 年间的中国各省高等教育生产率的变动情况进行实证分析。研究结果显示，1999—2006 年间中国高等教育全要素生产率因高等教育技术进步的原因，在整体上呈现增长趋势。全国范围内，东部地区的高等教育全要素生产率的增长最快，其次中部、西部增长最慢，但东、中、西部的高等教育技术效率的增长差异正在逐渐缩小。

周妍巧 (2012)② 将我国区分为东、中、西和东北四大区域，运用新型非径向 DEA 方法 – SBM 模型对区域高等教育资源配置的效率进行测定，分析高等教育资源在四大区域间的配置对区域经济发展的影响差异。作者研究发现，我国区域间的高等教育资源配置呈现不均衡，区域的协调发展有待于资源的进一步优化配置。影响区域高等教育资源配置的主要因素是历史制度安排，现代信息技术为区域资源优化配置提供了可能性。

夏焰 (2015)③ 研究了高等教育资源在各地的分布结构和优化配置情况，即高等教育投入产出的空间组织。作者采用 DEA – Malmquist 全要素分析法和系统协调度分析法，计算出省域高等教育投入产出的生产率、与经济发展的协调性等，分析生产率和协调度的发展趋势和空间分布特点，验证了全要素生产率对区域高等教育投入产出的影响。研究结果发现，高等教育发展方式全面转入内涵式增长；高等教育资源空间非均衡特征显著；全要素生产率与协调度区域差异明显，教学生产率的分布状态为东高西低中部居中，科研生产率的分布状态则为西高中低东部居中；大部分省域的高等教育投入产出与经济发展的协调度处于低水平协调状态；高等教育投入产出与协调度存在显著的空间自相关性；教学科研全要素生产率与投入产出存在正比例增长关系。由此，作者提出，高校应主动适应经济社会发展的需求，建立"供给—需求"联合驱动的区域高等教育资源配置机制；应以"均衡、效率和协调兼顾"为区域资源配置原则，而非仅以"公平"为导向；区域互动策略从"区域竞争"转向"区域联动"；在区域高等教育资源配置过程中实行"反梯度"推动策略，打造区域增长极等。

总体来看，区域间的高等教育资源配置效率分析，大多是通过投入产出方法，进行区域高等教育资源配置的相对效率、规模效率分析。

---

① 韩海彬，李全生. 中国高等教育生产率变动分析：基于 Malmquist 指数 [J]. 复旦教育论坛，2010，8 (4)：58 – 62.
② 周妍巧. 区域高等教育资源积聚配置研究——区域协调发展、制度安排、技术支持视角 [D]. 重庆：重庆大学，2012.
③ 夏焰. 中国高等教育投入产出的空间组织研究 [D]. 苏州：苏州大学，2015.

还有的研究者把高等教育资源配置效率与公平放在一起进行分析，为不重复，本文在后面谈及研究生高等教育资源配置的公平问题时再作介绍。

第四，高等教育资源配置的公平问题。高等教育资源配置的公平问题颇受关注，但看法不尽相同，有研究者认为，当前高等教育资源配置过程中不应过分强调倾斜分配，而应重视公平。例如，叶澜主编的《中国教育学科年度发展报告·2005》[①]，在"教育经济学"的学科报告部分有关于教育资源配置问题的状况报告。报告指出，教育资源配置公平是被视为教育机会公平的重要指标之一，直接反映和影响教育机会公平和教育制度公平，对于构建和谐社会具有重要现实意义。报告还认为，高等教育资源配置不公平现象比比皆是，包括区域间配置不公平、高校间配置不公平等。区域不公平主要反映在优质高等教育资源的区域分配不公平。教育不公平是社会最大的不公平，应特别重视。高杨倩（2012）[②] 认为，我国高等教育资源配置的时代任务是促进公平，并提出建构多元高等教育体系、建立公平竞赛的制度环境、促进高等教育投入多元化等促进公平的措施。周炯、周奔波、陈为杰（2008）[③] 认为，目前高等教育的主要问题是高等教育资源配置的不公问题，优先发展高等教育公平，既是现实所需，也是实现效率的基础的条件。庞国斌（2008）[④] 认为，公平优先是公共高等教育资源配置的应然选择，是公共高等教育资源配置的主要价值取向。李江、关立新、赵春江（2009）[⑤] 认为，公共教育资源主要是政府教育经费的分配，应坚持公平优先、兼顾效率的原则。庞国彬、张利辉（2014）[⑥] 阐述我国高等教育公共资源配置的价值取向和政策思路，认为应建构以公平优先为主要价值取向的我国公共高等教育资源配置样式。高健（2010）[⑦] 认为，高等教育资源配置应坚持公平优先原则，在配置方式上以政府适度干预为主。

有研究者认为，高等教育资源配置应以效率优先，兼顾公平。例如，许士

① 叶澜. 中国教育学科年度发展报告·2005［M］. 上海：上海教育出版社，2007.
② 高杨倩. 促进公平：我国高等教育资源配置的时代任务［J］. 纺织服装教育，2012，27（5）：393 - 396.
③ 周炯，周奔波，陈为杰. 我国高等教育资源配置的公平与效率分析［J］. 宁夏大学学报（人文社会科学版），2008，30（2）：167 - 170.
④ 庞国斌. 我国公共高等教育资源配置的公平性研究［D］. 大连：辽宁师范大学，2008.
⑤ 李江，关立新，赵春江. 市场经济理论与实践［M］. 北京：中国物资出版社，2009.
⑥ 庞国彬，张利辉. 我国公共高等教育资源配置的公平性研究［M］. 长春：东北师范大学出版社，2014.
⑦ 高健. 关于高等教育资源配置问题的研究［D］. 南京：南京航空航天大学，2010.

荣（2010）① 认为，公平和效率在逻辑关系上不是一对矛盾，在根本上二者是统一、一致的。只有二者实现了统一，高等教育资源配置才能实现资源利用的最优化和效率的最大化。但教育资源的稀缺性决定了二者矛盾存在的现实性。不过，随着教育体制改革的深入，高等教育资源配置的理性选择必然是"效率优先、兼顾公平"，在资源配置方式上则是选择计划配置与市场调节手段相结合。刘周（2012）② 提出了实现我国高等教育资源配置公平的三个举措：一是在经济上加大对高等教育的支持力度，通过市场机制增加社会资金对高等教育的投入；二是政府应通过倾斜性的资源配置方式，将优先的资源投到高等教育基础能力的建构上，发挥基础保障和政策引导作用，建立和完善社会监督体系；三是建构高等教育资源配置公平的保障制度。

文艺（2009）③ 认为，人们渴望的是建立在高效率之上的公平，高等教育公平与效率是教育发展过程中追求的两大目标。该研究者认同效率优先的公平观。认为要实现公平与效率的共生共长，就应使市场成为高等教育资源配置的基础机制，让竞争成为调节公平与效率的基本手段；应建立一个完善的高等教育法规政策体系，建立合理的高等教育资源配置制度，实现高校的自我管理规范和发展。

侯怀银（2014）认为，高等教育政策的效率与公平取向，应以国情实际为依据进行抉择。作者从我国的基本国情出发，认为高等教育发展应坚持"效率优先，兼顾公平"的方针。

另有学者认为，公平与效率二者并重，不能偏废。例如，潘懋元④认为，公平与效率是教育改革的价值追求，公平与效率并非是一对矛盾的概念，二者相对互动，相得益彰。不过，在一定的时期，效率与公平两者不可兼得的时候，对于优先考虑公平或是优先考虑效率需要依据客观实际情况进行准确的判断。但不论作出怎样的优先判断，公平和效率都需要兼顾，这是基本原则。钟秉林（2015）⑤ 认为，优化高等教育资源配置的原则和主要任务之一，就是要坚持公

① 许士荣. 公平和效率：我国高等教育资源配置的两难选择 [J]. 高教与经济，2010，（2）：34–37.
② 刘周. 试论实现我国高等教育资源分配公平的措施 [J]. 荆楚理工学院学报，2012，27（6）：19–22.
③ 文艺. 公平与效率共生共长：我国高等教育发展途径探讨 [J]. 四川文化产业职业学院学报，2009，（1）：69–73.
④ 潘懋元，刘丽建，魏晓艳. 潘懋元高等教育论述精要 [M]. 福州：福建教育出版社，2015.
⑤ 钟秉林. 大学的走向 [M]. 北京：商务印书馆，2015.

平和效率目标兼顾，完善公正、充满活力的资源配置机制。刘旭东、傅松涛（2011）① 认为，高等教育的准公共品属性从根本上决定和要求了高等教育公平与效率的健康统一，片面强调或袒护其中一方，都是对这一实质属性的误解和扭曲。高等教育公平与效率只是分析问题的两个维度，没有主次轻重之分。教育公平主要涉及教育权利与计划的分配，而教育效率则主要涉及教育的生产过程。要实现和保障高等教育公平和效率的统一，就必须充分发挥政府和市场各自在资源配置中的优势和积极作用。高任连（2016）提出把公平效率"二合一"作为高等教育资源配置的价值取向，并通过引入市场化的配置机制，以建立政府宏观调控下的高等教育资源市场配置体制的方式来落实该价值取向。

也有学者认为，高等教育资源配置制度应强调以效益或均衡为主的原则。如曾羽（2015）② 认为，高等教育资源配置制度应遵循兼顾公平和效益，以效益为主的原则。高等教育资源配置仅强调效率是不够的，还必须体现公平和公益，高等教育资源配置必须以"公平与效率"目标并重是由高等教育自身特点决定的。夏焰（2015）③ 认为，应以"均衡、效率和协调兼顾"为区域资源配置原则，而非仅以"公平"为导向。

第五，高等教育资源配置的均衡问题。陈彬（2015）④ 认为，政府宏观调控不合理是高等教育资源配置不均衡的主要原因。要解决此问题，可以通过提高高等教育资源投入，实行以政府为主、市场为辅、全面参与的多元化的高等教育资源配置方式，及多元化健全教育法律体系等方法。鲍威（2014）⑤ 认为，我国高等教育资源配置的差异性表现在区域性配置差异、院校层次间配置差异、经费结构性配置差异三个层面。不同层面的差异相互叠加，构成高等教育资源配置不均衡现象的三大要素。

高建林（2017）⑥ 认为，我国高等教育资源配置在两个方面表现为不均衡：一是不同省域间教育资源配置不均衡；二是同一省域内不同隶属高校间的教育资源配置不均衡。要改变高等教育资源配置不均衡所带来的不公平状态，就要积极推行资源生态配置：高校应结合自己的特色和优势，明确自己的地位和角色，确

① 刘旭东，傅松涛. 公平与效率：高等教育资源配置中政府与市场的角色适位与融合[J]. 教育理论与实践，2011，31（4）：3-5.
② 曾羽. 中国高等教育制度变迁及创新研究［M］. 上海：复旦大学出版社，2015.
③ 夏焰. 中国高等教育投入产出的空间组织研究［D］. 苏州：苏州大学，2015.
④ 陈彬. 我国高等教育资源配置中公平和效率问题研究［J］. 商，2015，31：68-69.
⑤ 鲍威. 未完成的转型高等教育影响力与学生发展［M］. 北京：教育科学出版社，2014.
⑥ 高建林. 教育公平视阈下的高等教育资源生态配置研究［J］. 江苏高教，2017（5）.

定自己的"生态位",采用错位竞争方式;而政府在配置教育资源时则要以生态学理论和方法进行配置,充分体现和保证教育公平;高校内部资源配置则要强调生态系统内部竞争原则,对各学科、专业依据不同需要和发展趋势给予不同的配置。

二、研究生教育资源配置的相关研究

(一)研究成果和文献总体概况

关于研究生教育的研究成果很多,但专门针对研究生教育资源配置的研究成果却很少。

1. 书籍类研究成果和文献情况

截至 2017 年 12 月 31 日,本文通过读秀学术搜索引擎对书名包含"研究生教育资源配置"的图书进行检索,搜索到 0 本书籍;按主题为"研究生教育资源配置"的图书进行检索,搜索到 0 本。由此可见,专门的研究生教育资源配置相关研究专著空缺,研究生教育资源配置相关主题研究绝大多数是包含在研究生教育相关或者高等教育资源配置相关的专著中作为一个部分加以研究和阐述。

2. 期刊类研究成果和文献情况

截至 2018 年 1 月 1 日,在中国知网(CNKI)按主题"研究生教育资源配置"搜索期刊,搜索到 29 篇。从发表的时间来看,最早一篇出现在 2007 年,2011 年出现一次高峰值,随后逐年增加,目前仍处于增长势头。可见,研究生教育资源配置问题越来越受重视,特别是国家实施"双一流"建设战略以来,但数量从总体上看仍不多,详见图 2.7。

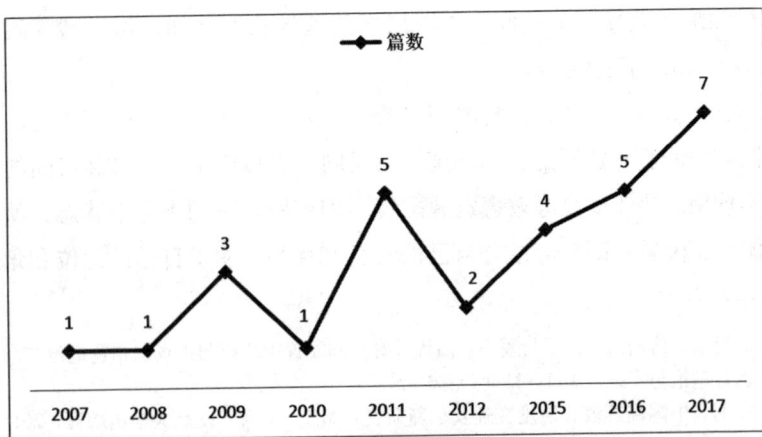

图 2.7　主题包含"研究生教育资源配置"相关期刊论文的数量情况
(数据来源:依据中国知网的期刊论文数据库检索得出)

从研究内容来看，在研究生教育资源配置相关的期刊论文中，研究内容多种多样，其中，涉及"培养""机制"主题的研究成果最多；其次是"资源共享""效率""科学研究""体制""优化"等相关主体的研究成果；没有论文涉及"效益""协调"和"有效性"相关主题的研究，详见图2.8。

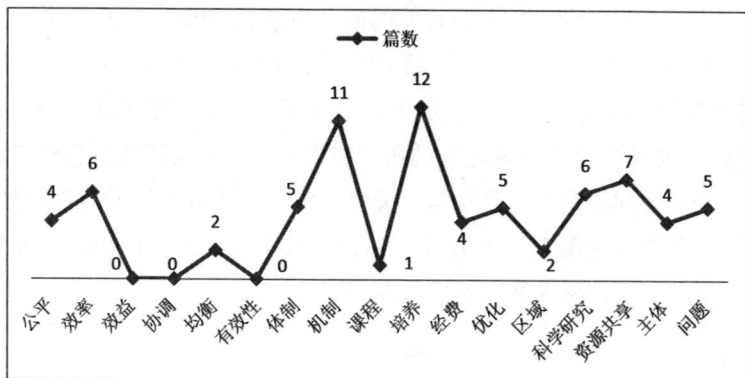

图2.8　研究生教育资源配置相关的期刊论文中各主题词的研究情况

（数据来源：依据中国知网的期刊论文数据库检索得出）

3. 学位论文类研究成果和文献情况

截至2017年12月31日，本文通过中国知网依托优秀硕博论文数据库，对主题包含"研究生教育资源配置"的学位论文进行检索，检索到56篇学位论文，其中博士论文24篇，硕士论文32篇，优秀论文最早出现于2003年，研究成果的高峰期出现在2005、2012—2013年，详见图2.9。

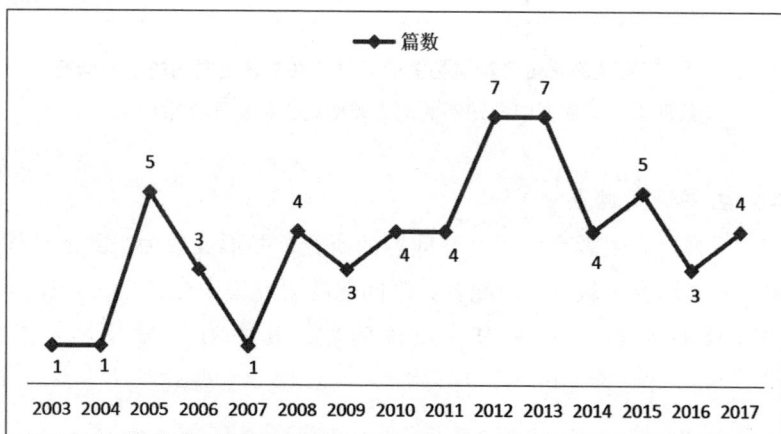

图2.9　主题包含"研究生教育资源配置"相关学位论文的数量情况

（数据来源：依据中国知网的优秀硕博论文数据库检索得出）

在主题包含"研究生教育资源配置"的学位论文中，按照主题词进行检索，得到各主题词的研究情况，如图2.10所示。从图2.10可看出，研究内容多样，分布广泛。其中，有关"培养""学位"主题的研究成果最多，在有关"培养"主题的研究中，"人才培养"主题相关的研究占了约38%；大多研究成果以问题为导向开展（主题包含"问题"的研究成果数量位列第三位），主题包括"质量""改革""机制""招生"等的研究也不少。从主题包含"公平""效率""协调""效益"和"有效性"的研究成果来看，涉及研究生教育资源配置公平、效率的研究成果最多，其次是有关研究生教育资源配置效益问题的论文，而涉及研究生教育资源配置"有效性"的论文仅1篇，主要内容为研究生全面收费政策与学业成就间的关系及影响机制探讨。

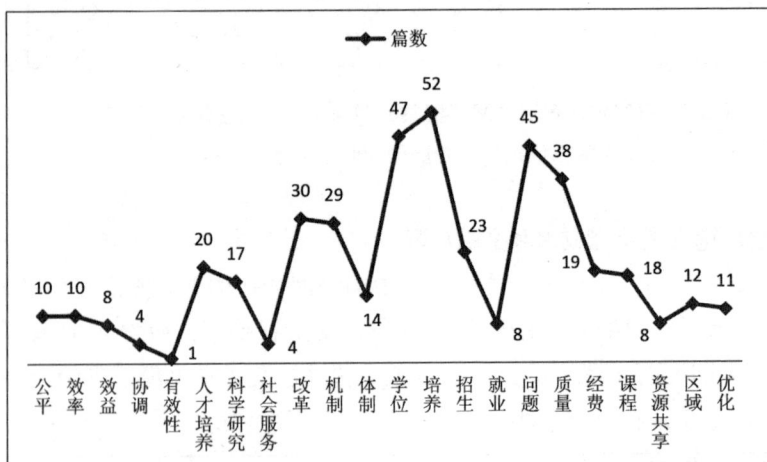

图2.10　研究生教育资源配置相关的学位论文中各主题词的研究情况
（数据来源：依据中国知网的优秀硕博论文数据库检索而来）

（二）主要研究观点

第一，重视研究生教育资源共享问题的研究，并形成较为一致的认识。从期刊文献来看，研究生教育资源配置共享问题的研究集中在2009—2010年。在2009—2010年的4篇文章中均涉及该问题，其中有3篇文章：王晓漫

（2009）①，西广明、杨晓江（2009）②，尹伟、董吉贺（2010）③，专门就研究生教育资源共享问题开展研究；另外还有 1 篇文章：常新华、贾黎明（2009）④，在论述解决问题的对策中重点提及。这些研究认为，应重视整合现有教育资源，实现教育资源共享是提高研究生教育效率和质量、提高教育资源利用率、解决研究生教育资源配置不合理问题、实现资源配置方式从管理向治理转变的有效手段。在 2011 年之后的文献中，仍有 4 篇文章，作者为：任增元、张丽莎（2016）⑤，吕津、孟婷婷、刘媛媛（2017）⑥，吴云勇（2017）⑦，李辉（2017）⑧，涉及研究生教育资源共享问题。还有其他一些文章在问题及对策中有所提及，在此不一一罗列。这些研究认为，建立区域高校间的教育资源共享联盟或共享机制，是研究生教育资源优化配置的路径选择。

陈岩、李毅、李博（2015）⑨ 认为，建立京津冀研究生教育协同和资源共享平台机制，应重点引导三地研究生的学科建设导向，从根本上提高三地研究生教育中关键性缺失环节，有针对性依据三地一体化总体规划方针和区域产业转型升级需求来合理规划发展布局，以规避研究生学科建设中优质资源的重复性浪费。

---

① 王晓漫. 效率视界的研究生教育资源共享问题研究 [J]. 黑龙江高教研究，2009（8）：84 - 89.
② 西广明，杨晓江. 评价视界的研究生教育质量与资源共享 [J]. 学位与研究生教育，2009（8）：56 - 60.
③ 尹伟，董吉贺. 开展跨学科研究生教育应构建资源共享机制 [J]. 中国高教研究，2010（6）：41 - 43.
④ 常新华，贾黎明. 研究生教育资源面临的困境与对策——以北京林业大学为例 [J]. 中国林业教育，2009（5）：46 - 50.
⑤ 任增元，张丽莎. 研究生区域协同培养的路径选择和动力机制 [J]. 中国高校科技，2016（10）：46 - 49.
⑥ 吕津，孟婷婷，刘媛媛. 研究生教育资源的多元主体配置及机制拓展 [J]. 黑龙江高教研究，2017（3）：98 - 100.
⑦ 吴云勇. 我国高校研究生教育资源优化配置路径选择 [J]. 党政干部学刊，2017（5）：48 - 50.
⑧ 李辉. "双一流"建设背景下研究生教育国际化研究 [J]. 中国成人教育，2017（7）：30 - 34.
⑨ 陈岩，李毅，李博. 京津冀研究生教育协同与资源共享：壁垒与机制设计 [G] //中国学位与研究生教育学会工科工作委员会，哈尔滨工业大学，清华大学. 工科研究生教育创新与改革探索 [M]. 哈尔滨：哈尔滨工业大学出版社，2015：465 - 470.

姚俭、罗尧成（2010）① 阐述了我国研究生教育优质资源共享的现状并提出优质资源共享的路径选择。作者提出，研究生教育优质资源共享的类型有三种：开放、合作、共建，每一类型又包括多种形式的合作项目；共享的运作模式包括四种：人力资源共享模式、物质资源共享模式、综合资源共享模式以及无形资源共享模式。作者认为，要实现研究生教育优质资源的共享，应首先重视确立起优质资源共享的理念，再通过建立和完善相关政策，积极探索多样化合作方式，开展资源共享品牌建设，实现扩大优质资源共享的效益和影响。

综上所述，已有的研究成果普遍认为，研究生教育资源，特别是研究生教育优质资源在区域高校间实现资源共享（通过建立教育协同和教育资源共享联盟或共享机制）是解决研究生教育资源配置优化问题的有效途径之一。

第二，研究生教育资源配置的主体问题。对这一问题的认识，已有的研究成果观点基本一致，仅表述略有差异。彭江（2008）② 认为，我国大学研究生教育资源配置的三个基本主体是政府、市场和大学。政府的角色定位应从管理控制转变为以服务为中心的治理，通过宏观调控手段发挥"掌舵"作用。通过建立和强化市场机制来加强市场在大学研究生教育资源配置中主体作用的发挥。而大学应通过办学自主权的掌握，以自身价值和教育规律作为配置的首要准则，配置过程充分考虑社会公益和国家价值，承担起应负的教育公平和民主的责任，发挥好研究生教育资源配置主体的作用。张淑林、万明、裴旭（2011）③ 认为，政府已不是研究生教育资源配置唯一的决策者，研究生教育资源配置的决策者因资源投资主体增多而形成了多主体参与的决策组织。李素芹（2011）④ 认为，我国研究生教育资源配置的主体包括各级政府、市场和高校等，研究生教育资源配置的方式属于"行政"主导式，政府（尤其是中央政府）掌握着最核心的配置权力，是资源配置的绝对主体。吴立保（2011）⑤ 认为，我国研究生教育资源配置的主体转变为多元主体，形成政府主导、市场调节并存的混合式资源

① 姚俭，罗尧成．优质资源共享与建设研究生教育强国的路径选择［C］//王小梅，庄华洁．遵循科学发展建设高等教育强国2009年高等教育国际论坛论文集．杭州：浙江大学出版社，2010：170－175.
② 彭江．我国研究生教育资源配置主体分析［J］．学位与研究生教育，2008（1）：49－53.
③ 张淑林，万明，裴旭．我国研究生教育资源配置策略探讨［J］．研究生教育研究，2011（1）：11－15.
④ 李素芹．地方高校研究生教育发展的制度障碍研究［M］．武汉：华中师范大学出版社，2011.
⑤ 吴立保．高等教育资源配置的多主体分析及优化策略［J］．研究生教育研究，2011（1）：20－24.

配置方式。李阿利、李荔（2016）① 认为，研究生教育资源配置的主体包括政府、市场、高校以及社会四个。吕津、孟婷婷、刘媛媛（2017）② 认为，研究生教育资源配置因多主体的存在而应建立多元主体性资源配置方案，其中三个主体性包括行政管理部门的主体性、研究生院的主体性以及资源配置竞争主体性。

第三，对研究生教育资源配置公平和效率的看法。有关研究生教育资源配置公平的研究方面，白丽新、彭莉君（2015）③ 把研究生教育资源区分为基础资源（包括研究生导师、研究生招生单位、科研经费等）和优质研究生教育资源（包括国家重点实验室、"985 工程"大学、"211 工程"大学、研究生院高校和国家一级学科等），作者选取 2003—2012 年的数据，通过计算教育基尼系数来衡量研究生教育资源在 31 个省（市、区）间配置的公平性状况。结果显示，基于受教者的视角，研究生教育资源在各个省（市、区）之间的配置比较公平；研究生教育基础资源配置的公平性高于优质资源配置的公平性；测试期间，基于在校生数和地区人口数的研究生教育资源配置表现出越来越公平的趋势，但以地区经济发展水平为基数测算的研究生教育资源配置的公平程度则呈现下降趋势。

王鑫（2016）④ 认为，研究生教育实行全面收费制度有利于教育资源配置的优化，有利于实行研究生教育的起点公平，但不同专业的奖助标准同一，造成不同群体研究生间资助比例的不合理；不同类型高校、不同地区高校间资助资源配置的不合理造成资助力度的不均衡，由此带来教育公平失位问题。作者认为，应实行差异性的收费标准和多元化的补助政策，整合社会资源，多渠道筹措资助资金，这些是推进教育公平的重要举措。

有关研究生教育资源配置效率的研究方面，赵敏祥、曹春霞、励立庆（2011）⑤ 利用 DEA 方法，以研究生导师数、政府拨款、教学/科研设备总资产为

---

① 李阿利，李荔. 农科研究生教育资源配置研究综述 [J]. 亚太教育，2016（1）：262 - 263.

② 吕津，孟婷婷，刘媛媛. 研究生教育资源的多元主体配置及机制拓展 [J]. 黑龙江高教研究，2017（3）：98 - 100.

③ 白丽新，彭莉君. 我国研究生教育资源配置公平性评测研究 [J]. 研究生教育研究，2015（3）：7 - 14.

④ 王鑫. 基于全面收费制度的研究生教育公平问题研究 [J]. 才智，2016（23）：42 - 43.

⑤ 赵敏祥，曹春霞，励立庆. 基于 DEA 的高校研究生教育资源配置效率研究——以浙江工业大学为例 [J]. 现代物业（中旬刊），2011（11）：158 - 160.

输入变量（投入），以论文数、专利数、在校生数为输出变量（产出），对浙江工业大学研究生教育资源配置效率进行建模分析，认为高校的研究生教育存在规模经济，研究生教育资源投入与研究生规模同比增长能够提高研究生教育资源配置效率；增加科研成果产出能够提升研究生教育资源配置的 DEA 有效程度。李阿利、李荔（2016）① 认为，研究生教育资源配置效率的研究，实质上就是对其投入与产出的对比研究。目前对研究生教育资源配置效率进行定量分析的方法主要有数据包络分析法、教育生产函数法、成本收益分析法、教育资源利用效率法等。

曹春霞（2012）② 分析了浙江省研究生教育资源类型和资源配置现状，应用 DEA 分析法，以浙江工业大学为例，对研究生教育资源配置效率进行分析，并从政府、市场、高校三个方面提出优化配置的对策。

张淑林、万明、裴旭（2012）③ 认为，当前我国研究生教育体制改革迫切需要解决的一个问题就是资源的有效利用和高效使用的问题，引入市场机制是解决资源利用效率的一个重要手段。

在研究生教育资源配置公平与效率二者关系方面，学者们普遍认为应遵循"效率优先、兼顾公平"的原则。例如，张淑林、万明、裴旭（2012）④ 认为，在我国研究生教育资源配置中，应采取效率优先、兼顾公平的策略。段锐（2012）⑤ 同样认为研究生教育资源的分配要注重公平，坚持"效率优先，兼顾公平"。他同时认为，研究生教育资源配置过程中，还要坚持"初次分配注重效率，再次分配注重公平"的原则和思路。刘贵华（2013）⑥ 认为，依据我国的实际情况，建立效率与公平兼顾的研究生教育资源配置机制，实行以效率优先、兼顾公平的策略，健全研究生教育投入机制（以政府投入为主、受教育者合理分担培养成本、研究生培养机构多渠道筹集经费），促进研究生教育的持续健康

---

① 李阿利，李荔．农科研究生教育资源配置研究综述［J］．亚太教育，2016（1）：262 - 263.

② 曹春霞．创新强省视野下浙江高校研究生教育资源配置研究［D］．杭州：浙江工业大学，2012.

③ 张淑林，万明，裴旭．我国研究生教育资源配置策略探讨［J］．研究生教育研究，2011（1）：11 - 15.

④ 张淑林，万明，裴旭．我国研究生教育资源配置策略探讨［J］．研究生教育研究，2011（1）：11 - 15.

⑤ 段锐．研究型大学研究生教育资源配置过程中的博弈分析［J］．学位与研究生教育，2012（5）.

⑥ 刘贵华．国情教育研究书系：中国研究生教育发展报告 2013［M］．北京：教育科学出版社，2015.

发展。此外，作者还认为，我国资源投入规模较大的高校，其研究生教育资源配置效率要低于那些资源投入规模相对较小的高校的研究生教育资源配置效率。盘美秀（2015）① 认为，研究生教育收费制度遵循了"效率优先，兼顾公平"的价值原则。

第四，研究生教育资源配置与经济发展间关系的实证研究。王任模、屠中华（2017）② 以生产函数的四要素模型为依据，通过对过去 30 年（1981—2013年）研究生教育发展情况与社会经济发展情况的建模分析，认为研究生教育对促进经济增长有较大的贡献，提出了适当扩大研究生教育规模、加大中西部地区研究生教育资源投入的建议。

第五，关于我国研究生教育体制机制改革价值取向的思考。张淑林、万明、裴旭（2012）③ 认为，我国研究生教育体制改革（包括研究生教育资源配置体制改革）的有效性主要取决于以下三方面关系是否能处理好。一是研究生教育体制中的集权与分权。作者认为，应增强分权意识，提高研究生培养单位的自主性。二是计划与市场的关系。作者认为，应适度降低研究生教育体制中的计划元素，研究生教育主管部门应变行政命令为宏观调控与政策引导，积极引入市场调节机制，提高研究生教育资源的利用效率。三是效率与公平的关系。作者认为，应正确处理公平与效率，适度增加公平性。

盘美秀（2015）④ 认为，我国研究生教育收费政策的价值目标是优化研究生教育资源配置，创新研究生教育机制，提高研究生的培养质量。收费不是目的而是手段，该政策的价值指向是质量的提升，特别是研究生科研能力和创新能力的提高。

第六，关于研究生教育规模问题的见解。在我国高等教育向大众化阶段跃进发展的阶段，研究者普遍认为研究生教育规模不足，难以满足国家、社会对高层次专门人才的需求，从提高研究生教育资源配置效率的角度，通过 DEA 方法（数据包络分析）等数理统计分析方法的运用，论证了扩大研究生教育规模

---

① 盘美秀. 我国研究生教育收费政策的价值分析［J］. 信阳师范学院学报，2015（1）：88－92.

② 王任模，屠中华. 研究生教育资源配置与经济发展实证研究［J］. 研究生教育研究，2017（4）：8－12.

③ 张淑林，万明，裴旭. 我国研究生教育资源配置策略探讨［J］. 研究生教育研究，2011（1）：11－15.

④ 盘美秀. 我国研究生教育收费政策的价值分析［J］. 信阳师范学院学报，2015（1）：88－92.

的合理性和必要性。袁本涛、王顶明、刘帆（2012）① 将中国大陆的研究生教育规模与美国、英国、中国台湾地区的研究生教育规模作比较研究，作者指出：从存量、增速、经济增长需求与支撑条件四个角度，比较 1970—2010 年间中国大陆、美国、英国、中国台湾地区的相关统计数据，结果表明：我国研究生学历人才的资源存量严重不足，与高层次人才需求不相适应；相对于我国人口规模和国民对高层次教育的需求，研究生教育规模依然不足；培养规模与国家经济发展水平还不匹配；但因支撑条件所限，培养规模难以快速扩大。因此，在条件改善、结构优化的前提下，我国研究生教育规模特别是硕士研究生规模应小幅稳步提高。

第七，关于研究生教育资源优化配置问题的观点。段锐（2012）② 以研究型大学中研究生院与学科院系为研究生教育资源配置博弈的二元主体，建立完全信息动态博弈模型，阐述研究生院与学科院系之间关于研究生教育资源配置的博弈关系，指出在研究生教育资源配置过程中，研究生院和学科院系双方均需寻求配置成本与收益的平衡点，达到资源配置的最优化。该研究者认为，研究生教育资源的优化配置是研究型大学发展的重要因素之一。他指出：研究生教育资源优化配置是指为最大限度减少宏观浪费和实现研究型大学效益最大化而对研究生教育资源的各种投入要素进行有机组合。在研究生教育管理方面，以学术权力为代表的是学科院系等基层教学科研单位，以行政权力为代表的是研究生院。虽然这两个机构之间也会有权力的渗透和交叉，但该研究者认为，学科院系和研究生院构成博弈中的二元权力结构，研究生院和学科院系是高校研究生教育资源配置中最为主要的博弈主体。在管理上，该研究者提出三点建议：①在研究生教育资源配置中建立和健全合理的竞争机制与激励机制；②研究生教育资源配置应该追求效益最优化的目标；③研究生教育管理者应树立正确的发展观。

第八，关于博士点的资源配置问题的看法。王振辉、赖扬华（2012）③ 认为，从效率角度来研究博士点的资源配置非常重要。作者认为，通过对博士点的投入产出效率研究，可以有效地为高校博士点的建设提供方向和依据。作者

---

① 袁本涛，王顶明，刘帆. 中国研究生教育规模究竟大不大——基于中、美、英、台湾地区的历史数据比较［J］. 高等教育研究，2012（8）.

② 段锐. 研究型大学研究生教育资源配置过程中的博弈分析［J］. 学位与研究生教育，2012（5）.

③ 王振辉，赖扬华. 我国高校博士点投入产出效率研究——基于 DEA 模型的分析［J］. 教育与经济，2012（1）.

指出：我国高校博士点在人财物投入方面，主要有博士生导师、教学及行政人员、博士点科研基金、其他科研经费、图书资源和教学科研设备等，相应的博士点的产出主要表现在学生培养产出、学术科研成果、学术科研地位及声誉等方面。根据教育部直属 29 所"985"高校的数据统计，在这些高校中，2008 年平均每所高校博士点有 665 个博导投入，6.45 亿科研经费投入，博士点产出的博士生平均有 653 人，发表的论文平均有 1491 篇，科技专著平均有 21 部，技术转让当年实际收入平均约 1699 万元，专利授权数平均约 43 项。现有的投入产出结构是否合理有效，直接关系到博士点能否健康发展。因此，从效率角度来测度博士点的投入产出显得非常重要，它是促进博士点的资源优化配置、提高我国博士点发展水平的关键。通过对博士点投入产出效率问题的研究，可以发现博士点资源利用存在的问题及其原因，从而有助于管理者改善管理，优化资源配置结构，挖掘投入资源的利用潜力，实现博士点资源合理配置，从而保证博士培养质量，提高博士生教育水平。该研究的投入指标从人力投入和物资投入两个角度共选择了四个指标（博导数、科研经费、图书馆藏书量、教学科研设备总值），产出指标从学生培养产出、科研成果、科研地位三个方面共选择了六个指标（博士毕业生数、全国百篇优秀博士论文数、博士点数、国家重点学科数、科技专著数、国外及全国性刊物发表论文数）。

三、已有相关研究成果评析

综合分析上述国内已有研究成果，其有如下主要特点和不足。

特点一，开拓性研究。改革开放以来，教育学、教育经济学、高等教育学研究取得了可喜成就和丰硕成果，许多研究具有开拓性，对学科建设和发展起了重要作用。教育经济学研究、教育资源配置研究、高等教育资源配置研究、研究生教育资源配置研究，也有不少成果具有开拓性，有较高研究水平，有较好学术价值和现实意义，为后人开展继续研究奠定了坚实基础，提供了宝贵的可资借鉴的优秀成果。

特点二，实用性研究。体现在两个方面。一是资料性年度调研报告成果丰富，有重要的现实参考意义和提供研究利用的价值。二是问题导向研究，针对高等教育领域、研究生教育领域现实存在问题进行研究，提出解决问题的对策和建议，实用性强。如教育成本研究、生均教育经费投入测算（包括本科生、硕士生、博士生），研究生奖助学金政策研究，研究生科研资助体制研究，研究生培养体制研究，高等教育拨款机制研究，高等教育资源配置研究，研究生教育资源配置研究，资源配置模式、方式方法研究，资源共享研究，资源配置效率研究等，都很有问题针对性和实际运用价值。

特点三，有广度、有深度。已有高等教育资源配置研究、研究生教育资源配置研究，都有相当广度和深度。如刘亚荣的中国高等教育资源配置机制研究①，就资源如何配置到组织、组织内部如何进行配置做了深入探讨。作者指出："市场是最好的资源配置机制"，资金是高等教育最重要的资源，资金或者收入的配置方式其实也代表了高等教育资源配置的基本方式。笔者认为，说到了点子上。康宁②研究高等教育资源配置转型程度，并尝试建立一个指标体系，以测量其转型程度。作者深入研究政府、市场、学术三种力量影响高等教育资源配置方式的性质、程度与方向，主张逐步使新资源配置方式替代旧有资源配置方式。作者指出：高等教育资源配置方式正在由传统计划模式向市场机制约束下的政府干预、市场配置及学术治理相制衡的方向过渡。不同利益主体对高等教育资源的获得、分享存在着供求竞争性和排他性，因此，高等教育资源配置方式存在着选择一种最优或次优（效率与公平的整合）的可能和需求。该文作者说得很在理。张忠家的《大学教育资源优化配置研究》③，认为大学教育资源优化配置的实质在于配置方式的选择，即选用何种方式能够使有限的资源利用得更加合理和充分，实现整体利益最大化。作者列举我国大学教育资源优化配置存在的问题，对大学教育资源配置模式的构建提出设想，并对大学教育资源优化配置提出建议。又如，"中国学位与研究生教育发展战略与规划研究"报告，研究者分析我国研究生教育发展中存在的主要问题，提出我国研究生教育未来发展的措施与建议。这是一份很有分量的报告。卢晓东④研究研究生学费定价与资助政策，认为应采取成本约束下收取学费与财政拨款互补的办法进行研究生教育经费配置。再如，《中国研究生教育体制改革研究》⑤，研究者对我国研究生教育体制中的招生制度、硕士和博士生资助机制、教育资源配置体制、培养质量与发展质量的评价和反馈机制四个方面进行研究，指出现有体制、机制存在的问题，并提出解决问题的意见和建议。该论文很有广度和深度。再如，

---

① 刘亚荣. 从双轨到和谐：中国高等教育资源配置机制的转轨［M］. 杭州：浙江大学出版社，2010.
② 康宁. 中国高等教育资源配置转型程度指标体系研究［M］. 北京：教育科学出版社，2010.
③ 张忠家. 大学教育资源优化配置研究［M］. 武汉：武汉理工大学出版社，2014.
④ 卢晓东. 谁为研究生教育买单［M］. 北京：经济科学出版社，2007.
⑤ "研究生教育体制改革研究"课题组. 中国研究生教育体制改革研究［M］. 北京：高等教育出版社，2013.

不少研究高等教育、研究生教育资源配置相关问题的论文，如研究资源配置主体问题、资源配置模式问题、资源配置效率与公平问题、资源配置均衡问题等，都有相当深度和水平。研究生教育资源配置问题研究是高等教育资源配置问题研究的分支以及研究的进一步深入和细化。所有这些研究为后来的研究，也为本课题研究奠定了很好的基础。

已有研究成果不足之一，高等教育资源配置相关问题研究成果较多，研究生教育资源配置相关研究成果偏少。尤其是专题、系统研究研究生教育资源配置有效性的论著还是空白，这也给本课题研究提出了目标和提供了契机，找到了切入点、着力点、创新点。

不足之二，研究角度大多处于宏观层面，立足于宏观层面的问题分析、对策建议，缺乏立足于高校层面，针对高校研究生教育资源配置问题的专题系统研究。

不足之三，有的研究虽然涉及对高校教育资源配置效率的实证分析，但是其研究没有剔除先天条件差异带来的效率结果影响。这使得其研究实证分析的结论大致相同，基本上都是发达地区的高等教育资源配置效率要高于欠发达地区的高等教育资源配置效率，或是经费等资源投入较多的高校的配置效率普遍高于资源投入较少的高校。这也从一方面说明，目前所用的投入产出的定量分析方法，大多无法剔除先天优势条件带来的效率影响，如高校数量集中的省份或地区，必然会呈现效率高于偏远西部省份或地区的情况。另一方面说明，数据包络分析方法中投入与产出指标设定的局限，使得其所体现的主要是规模的相对效率。这就使得办学规模大、增长快的高校或地区的结果值通常要高于规模小、增长慢的高校或地区，而高等教育资源配置效率并不等于规模效率，用规模效率来衡量高等教育资源配置效率，容易造成对高等教育资源配置效率的误判，特别是当高等教育内涵发展的要求被提出之后，效率常常会被用作效益的反面对比教材。所以，在如何客观公正评估高等教育资源配置，包括研究生教育资源配置效率问题上，还有待进一步研究探讨。

第二节　国外相关研究成果和文献

由于高等教育受各国不同的政治、经济、文化环境等的直接影响，因此，在外文文献中，对于高等教育资源配置问题的研究，不存在跨越国界的一般意义上的研究，均是基于具体国家、具体高校、具体区域等客观条件基础上开展的包含国别特点的高等教育资源配置问题研究。有些研究成果未必与我国实际情况相符合、相适用，但仍具有参考的价值和意义。

一、高等教育资源配置的相关研究

（一）高等教育资源配置对高等教育的影响

高等教育资源配置对高等教育具有影响作用是目前学界一致的看法，不同的文献针对具体的影响内容、影响范围、影响程度等进行了具体的研究。

1. 高校各类资源对研究成果产生密切影响

张亮、魏宝、孙亮（Zhang Liang，Wei Bao，Sun Liang，2016）[①] 通过利用随机前沿生产函数分析 2000 年至 2010 年多数中国研究型大学的一组面板数据，分析结果认为高校各类资源（包括人力资源、研究支出、研究设备等）与研究出版物之间存在着密切的关系。研究表明，科学工程类的研究出版物，特别是在国际期刊上发表的刊物，很大程度受各类资源的影响；非科学和工程的研究出版物，则主要受人力资源的影响。

2. 高等教育资源配置的形式对高校的学术行为和管理者的行为产生影响

恩格·列夫纳（Ingo Liefner，2003）认为，资源配置的形式影响着高等教育的学术行为和管理者的行为，特别是他们的活动水平、从事活动的类型以及处理风险的方式。以绩效为导向的资源配置会激励人们努力工作，但这个激励仅集中于学者为人所知的专长的领域。以绩效为导向的资源配置使得学者们更愿意待在自己熟悉的研究领域里，而不太可能冒改变研究领域而带来研究项目资金减少的风险；非绩效为导向的资源配置方式使学者们能够对可能存在很大失败概率的高风险项目进行研究。因此，完全以绩效为导向的资源配置将导致纯理论研究的减少，因为这类研究失败的风险相对较高。作者通过实证分析，认为资源配置形式的变化对学术活动的程度和类型有影响，但对大学长期的成功没有影响，大学长期的成功主要受学术人员素质这一因素的影响。

（二）高等教育资源配置的影响因素

1. 行政权力对高等教育资源配置产生影响

应千威、樊勇冒、罗当伦（Ying Qianwei，Fan Yongmao，Luo Danglun，

---

① ZHANG L, WEI B, SUN L. Resources and research production in higher education: A longitudinal analysis of Chinese universities, 2000—2010［J］. Research in Higher Education, 2016, 57（7）: 869 – 891.

2017)① 认为，虽然中国高等教育部门受到行政系统的高度影响，但行政系统是如何以及多大程度上影响着学术资源配置的问题仍没有得到解答。作者通过对 2003 至 2010 年中国优秀博士论文奖的数据进行分析，发现大学的博士生导师担任的不同职务对学术资源配置产生重要影响，尽管这些导师是有很高学术能力的教授。作者发现在对奖项的裁定产生影响方面，导师的职级与学生学术能力间有相互影响作用。

2. 高校排名对高等教育资源配置产生影响

金贞根（Kim Jeongeun, 2018)② 认为，大学排名已经成为高等教育的强大影响力。大学排名主要依据可量化计量的高校资源来进行，因此，已有研究也显示了大学排名的"功能"：排名越高，越能给高校带来录取结果、资源获取、未来声誉等方面的好处。大学排名与资源获取之间呈现正相关关系。排名促使大学花费更多资源，将资源从教育教学活动转向研究活动、设施和设备以及行政管理开支等方面。作者通过分析美国新闻和世界报道的最佳大学排名来考察大学排名体系对教育资源配置的影响。研究发现，数值型的大学排名导致了教育活动支出和非教育支出的扩张，包括扩增的学生和学术服务支出。为迎合排名系统的独特性质、数值排名和任意分组，教育支出领域成为大学改变资源配置的主要领域。

3. 政治因素对高等教育资源配置产生影响

达·卢西亚纳、李东宇（Dar Luciana, Lee Dong – Wook, 2014)③ 认为，党派偏见会影响国家高等教育政策的优先事项和支出；政治分化或失业人数的增加会对高等教育的国家资助产生不利影响。

4. 毕业生就业情况（包括教育经验所产生的智力、个人和社会发展的评估）对高等教育资源配置产生影响

赫纳德·拉菲·E.（Henard Ralph E, 1978)④ 认为，对大学毕业生的就业

① YING Q W, FAN Y M, LUO D L, et al. Resources allocation in Chinese universities: hierarchy, academic excellence, or both? [J]. Oxford Review of Education, 2017, 43 (6): 659 – 676.

② JEONGEUN K. The Functions and Dysfunctions of College Rankings: An Analysis of Institutional Expenditure [J]. Research in Higher Education, 2018, 59 (1): 54 – 87.

③ LUCIANA D, Lee D W. Partisanship, Political Polarization, and State Higher Education Budget Outcomes [J]. Journal of Higher Education, 2014, 85 (4): 469 – 498.

④ HENARD R E. The Use of Surveys of Graduates (Outcome Studies) for Accountability and Academic Planning [R]. Toronto, Ontario: the annual meeting of the American Educational Research Association, 1978.

情况和收入水平的调查满足了社会问责要求所需的信息，这些数据被用于学术规划、资源分配和高校的自我评估。作者通过两次对毕业生的大规模调查，认为教育经历为个人职业生涯发展、个人智力发展提供了有益的福利。对学术项目和培养学生结果的评估有利于学术规划的制订和资源分配。

（三）高等教育资源配置公平相关的文献

1. 在高等教育资源配置中实现公平时存在的问题

美国华盛顿应用系统研究所在 1983 年的一份报告①中指出，在国家层面的学生资助金额的分配中要实现公平存在着四个方面的问题：一是对什么是公平需要达成普遍共识；二是制定公平的操作定义；三是界定关键术语；四是减少资金转移状态之间产生的紧张关系。该报告认为，项目分配公式反映的是高校实现稳定的筹资模式的愿望，而不是为实现对学生更公平的资助。

2. 高校的内部支出影响学生对高校事务的参与度

约翰·F. 瑞恩（John F Ryan, 2005）② 认为，学生参与已成为衡量高等教育质量的一个评价工具，以提高学生的学习和发展。通过分析 14 所高校的数据后认为，高校行政支出与学生参与高校事务的程度呈现负相关。

3. 公平的分类

梁国、童园基、何·萨利娜·萧英（Leung Kwok, TONG Kwok – Kit, HO S Siu – Ying, 2004）③ 指出，正义（justice）有四个维度分类：分配的、程序的、人际的和信息的正义。作者认为，分配公平是指人们获得的结果的公平性；程序公平是指在决策过程中所使用的程序和过程的公平性；人际公平是指在决策制定过程中的人际待遇的公平性；信息公平是指信息的质量和收到的解释。

4. 公平来自对资源分配结果的满意感

小迈辛格·理查德·J.（Meisinger Richard J. Jr., 1994）④ 认为，预算作为

---

① Applied Systems Inst. Inc. Washington, DC. Overview of the State Allocation Process for Campus – Based Student Aid ［R］. Washington, DC: National Commission on Student Financial Assistance, 1983.

② JOHN F R. Institutional Expenditures and Student Engagement: a Role for Financial Resources in Enhancing Student Learning and Development? ［J］. Research in Higher Education, 2005, 46（2）: 235 – 249.

③ LEUNG K, Tong K K, Ho Salina S Y. Effects of Interactional Justice on Egocentric Bias in Resource Allocation Decisions ［J］. Journal of Applied Psychology, 2004, 89（3）, 405 – 415.

④ MEISINGER R J. Jr. College and University Budgeting: An Introduction for Faculty and Academic Administrators. ［M］. Second Edition. Washington, DC: National Association of College and University Business Officers, 1994.

谈判的过程，也是决定"公平份额"的一种手段。"公平份额"不是指分配的资源一定要按比例增加或减少，而是指预算过程的参与者即使没有收到尽可能多的资源，但分配过程让他们认为与其他参与者一样被公平地对待，就会对自己获得的份额感到满意。参与者认为他们获得公平份额的程度也是衡量资源分配过程合理性的尺度，更广泛地说，也是衡量整个决策过程合理性的尺度。

（四）高等教育资源配置效率相关的文献

1. 在高等教育内部实现资源的共享有利于提高高等教育综合效率

程刚、吴克明（Gang Cheng，Keming Wu，2008)[1] 认为，高等教育的综合效率（范围经济，economies of scope）对实现高等教育集约化发展非常重要。高等教育综合效率的研究很少。在高等教育内部效率的研究中，大多集中在大学规模（economies of scale），而很少关注高等教育内部运行效率的研究。作者通过实证分析发现，没有足够的资源分享，研究生培养的规模不经济程度是最高的。就教学与科研的质量来看，产出的规模不经济程度也很高。因此，作者认为，在制定高等教育管理政策的时候，相关决策部门应充分考虑在高等教育内部实现资源的共享。

2. 效率的影响因素

泰勒、哈瑞斯（Taylor B.，Harris G.，2002)[2] 认为，分析效率时，效率的重要影响因素包括学生人数、人力资源的质量和分配以及经常性支出的分配等。

（五）高等教育资源配置协调相关的文献

1. 不同类别规划和预算系统的比较研究

鲍文·弗兰基·M.（Bowen Frank M.，1975)[3] 通过定义、对比分析高等教育系统里的传统规划和预算系统（PPBS）与指令性强制规划（imperative planning），认为指令性强制规划相较于传统规划预算系统（PPBS），在高等教育中更容易实施。传统规划预算系统（PPBS）在美国高等教育资源相对充足的情况下被引入使用，而指令性强制规划则是高等教育系统对资源稀缺的回应措

① CHENG G，WU K M. The Internal Efficiency in Higher Education：An Analysis Based on Economies of Scope ［J］. Frontiers of Education in China，2008，3（1）：79 - 96.

② MEISINGER R J Jr. College and University Budgeting：An Introduction for Faculty and Academic Administrators. Second Edition ［M］. Washington，DC：National Association of College and University Business Officers，1994：5 - 6.

③ BOWEN F M. Making Decisions in a Time of Fiscal Stringency：The Longer - Term Implications ［DB/OL］. https：//eric. ed. gov/contentdelivery/servlet/ERICServlet？ accno = ED202282，1975.

施。指令性强制规划相较于传统规定预算系统更少依赖于定量分析。传统规划预算系统被看作是承诺为主管者和立法者通过国家预算中的资金再分配来实现其特定目的的机会。

2. 协调与效率的关系

小威廉姆斯·唐纳德·J.（Williams Donald T. Jr.，1980）① 认为，有一定数量的资源浪费是由于高等教育体系中有竞争关系的高校之间进行竞争造成的。1945 年之后，美国高等教育走向更集中的协调，这促进了高等教育的效率增进运动。

3. 不同层次的政府收入流对高等教育经费的影响

美国的联邦学术专项拨款与州高等教育拨款之间存在着相互影响关系。珍妮弗·A. 戴兰尼（Jennifer A. Delaney，2011）② 通过分析美国1990—2006 年的面板数据，得出结论：美国联邦政府对学术的专项拨款与州对高等教育的经费拨款之间存着积极的、显著的关系。高校收到的联邦学术专项拨款每增加 1 美元，其所在州对高等教育的拨款将增加1. 98 美元至4. 75 美元，具体金额取决于经费使用的量度。从同一个高校的角度来看，联邦专项资金和州拨款之间不存在替代效应，即联邦学术专项拨款增加了大学的资金来源，但这一资金来源具有政治性，存在争议。鲍文·鲍蒂斯·R.（Bowen Otis R.，1977）③ 谈及联邦政府对高等教育具有不同于州政府的责任作用。他认为，对教育来说，联邦政府具有两项责任：向贫困学生提供财政援助，确保不同性别学生进入大学机会的公平；支持在全国范围内开展私人资本不愿投入的应用性的纯理论研究。

（六）高等教育资源配置效益相关的文献

1. 测评产出相关的研究

瑞西·威廉姆·S.（Reece William S.，1978）④ 尝试建构一个测量教育产出的理论框架。作者认为，如果考虑了每一个学生个体对市场商品的偏好、在职消费的偏好、教育的职级效益的偏好等偏好参数，想依据均衡原则把有限的

---

① WILLIAMS D T Jr. Efficiency and the Rise of State Coordinating Boards for Higher Education 1905—1945 [R]，West Lafeyette：ASHE Annual Meeting 1980，1980.

② Delaney J A. Interactions Bewteen Federal Academic Earmarks and State Appropriations for Higher Education：An instrumental variables approach [J]. Journal of Education Finance，2011，37（1）：3－23.

③ Bowen O R. A Governor's View of Higher Education [R]. Kellogg Foundation，Battle Creek：MI，1977.

④ REECE W S. A Theoretical Framework for Educational Output Measurement [R]. Toronto，Ontario：the annual Association for Institutional Research Forum，1978.

资源集中配置到教育生产单位是无法实现的。

2. 高校的投入与产出

麦克尔·匹克福特（Michael Pickford，1975）① 从经济学的角度，把大学看作以学术人员和其他工作人员、建筑、设备和材料等资源为投入，连同学生的时间，产出受过教育的学生、研究（即新知识的发现）、学术（即重新发现和保存过去的知识），以及工作人员的专业服务和公共服务等成果。将投入进行组合以生产出产出结果的各种方式，一部分受到当下教育技术知识水平的支配，一部分则取决于这类知识的使用程度。作者认为，高等教育关注的焦点在于资源的增长数量要少于同比例的学生数量。很多高校的教职工认为这是对高等教育质量的真正威胁，除非在高等教育扩张过程中实现了资源的节约（经济）。实现资源的节约（经济）有两种途径，一是获得规模经济（economies of scale），实现对现有资源（建筑、员工的专业知识等）的充分利用，从而使资源使用量相较于同比例的学生数量小得多；二是使用新的教育技术，实现资本替代劳动力，使得对每一个学生的资源投入在总量上减少。

（七）高校绩效评价的相关研究

霍夫曼（Kaufman，1988）② 提出绩效指标评价被采用的五个组织要素：一是投入，是指原材料（如资源、政策、公共性质等）；二是流程，是指投入如何变成产品、产出和收益的过程（如教学过程）；三是产品，是反馈给系统以成为产出和收益的结果（如最终形成产出的所修的课程、授予的学位）；四是产出，是系统的总产品（如授予的学位、发表的论文）；五是收益，是产出的社会影响（如就业率、预期寿命、民主等）。在绩效评价的影响作用方面，波尔特和纽森（Polster & Newson，1998）③ 认为，绩效指标评价通过使学术活动进行外部评价，并将由此产生的判断与预算结果联系起来的方式来管理和控制学术工作。

---

① MICHAEL P. University Inputs, Outputs and Educational Technology［J］. British Journal of Educational Technology，1975，6（2）：61 - 70.

② BARNETSON B，CUTRIGHT M. Performance indicators as conceptual technologies［J］. Higher Education，2000，40（3）：278 - 279.

③ BARNETSON B，CUTRIGHT M. Performance indicators as conceptual technologies［J］. Higher Education，2000，40（3）：289 - 290.

（八）高等教育资源配置制度与政策相关的文献

1. 高等教育资源配置改革中政策调整需要注意的问题

梅奥·安德里亚（Mayo Andrea，2010）① 认为，每一次调整教育政策，都需要把握三个基本原则：资源必须重点分配给需要的学生；当地的学校和地区需要更灵活地把资源分配到需要的地方；政策需要支持持续的革新和改进。作者还认为，教育体制的革新涉及了四个关键领域：教学质量、评估和问责、大学和职业准备、教育筹资。

2. 有关政策工具和手段

鲍伯·巴尼森和马克·卡特里特（Bob Barnetson，Marc Cutright，2000）② 认为，绩效指标评价和绩效拨款是作为政策工具进行运作，即作为推动高校或个人实行在其他情况下无法实行或不能够采取行动的工具。绩效指标评价使知识通过量化而具有客观性。施奈德和英格拉姆（Schneider & Ingram，1990）③ 发现，政策目标无法被自动实施的原因在于缺乏权威、方向、激励、能力、政策的一致性、政策的通晓，或者发布的指令的理解这七个方面。作者概述了四种类型的政策工具：权威工具（Authority – based instruments），即能够授予许可、禁止或要求行动，包括决定改变系统中权威与权力的分配；刺激性工具（Incentive – based instruments），使用鼓励、制裁、收费或强制力来促进行动；能力建设工具（Capacity – building instruments），通过投资于智力、物质或人力资源等来实现行动；激励工具（Hortatory instruments），通过以信号表明价值观来指示优先次序并推动行动。作者认为，绩效拨款和绩效指标评价是用来推进行事议程的政策工具，绩效拨款是通过激励手段和刺激性方法相结合的方式来推行政策。

3. 有关预算制度的相关研究

小迈辛格·理查德·J.（Meisinger Richard J. Jr，1994）④ 认为，在资源无

① ANDREA M，Policy Analysis for California Education（PACE）. Reforming Education in California：A Guide for Candidates and Citizens［M］. California：Policy Analysis for California Education，2010.

② BARNETSON B，CUTRIGHT M. Performance indicators as conceptual technologies［J］. Higher Education，2000，40（3）：279.

③ BARNETSON B，CUTRIGHT M. Performance indicators as conceptual technologies［J］. Higher Education，2000，40（3）：279 – 280.

④ MEISINGER R J. Jr. College and University Budgeting：An Introduction for Faculty and Academic Administrators. Second Edition［M］. Washington，DC：National Association of College and University Business Officers，1994.

法满足现实所有需求的时候，预算是十分必要和重要的，是确定资源配置优先次序的机制和控制资源流动的机制，是高校的行动计划、风险衡量标准以及各部门机构协调沟通的工具之一，也是一种政治手段。

二、研究生教育资源配置的相关研究

外文文献中专门针对研究生教育资源配置的研究成果几乎没有，大多将研究生教育资源配置相关问题放入高等教育资源配置中进行研究和探讨，未见到将研究生教育资源配置作为一个系统进行分析和研究。

（一）与研究生教育资源配置公平相关的研究

1. 性别公平方面的研究

索娜·克瑞伯、斯图尔特·埃克伯格（Shona Crabb, Stuart Ekberg, 2014)[1] 认为，母亲身份与学术职业之间存在一定的不相容性，影响了女研究生对学术生涯的追求。

2. 研究生群体的公平性与多样性研究

哈维·安德鲁、安德烈沃塔·丽萨（Harvey Andrew, Andrewartha Lisa, 2013)[2] 认为，高校缺乏公平的入学机会对个人和更广泛的经济生产力和社会凝聚力是有害的。而来自社会经济和地区背景地位低的学生在澳大利亚高等教育中的代表性明显不足，高学历层次的学生代表性不足更甚。作者认为，研究生公平的重要性日益增加，但研究生准入的公平性问题仍很突出。管道效应（即制度分层和高校流动性低引起）、金融障碍（包括研究生学费过高、奖学金激励水平不足等）、有限的文化资本（低经济社会背景的学生在大学中积累文化资本的机会相对较少，从而影响他们对继续深造教育的选择）等是澳大利亚研究生入学机会不平等的主要原因。由此，作者建议在政策层面实行设置研究生参与的政府计划、大学生债务减免，以及增加研究生国家资助项目等措施。扩大研究生入学需求要求更大规模的金融和结构性激励措施。

（二）与研究生教育资源配置利益相关的研究

凯莉·玛瑞亚·沃尔德、玛瑞阿·埃斯特拉·扎拉特（Kelly Marie Ward,

① Crabbs S, EKBERG S. Retaining female postgraduates in academia: the role of gender and prospective parenthood [J]. Higher Education Research and Development, 2014, 33 (6): 1099 - 1112.

② ANDREW H, LISA A. Dr Who? Equity and diversity among university postgraduate and higher degree cohorts [J]. Journal of Higher Education Policy and Management, 2013, 35 (2): 112 - 123.

Maria Estela Zarate, 2015)① 探讨了校园种族环境与研究生对多样性利益的态度之间的关系。通过案例的实证分析,作者认为,校园种族环境影响学生对多样性利益的态度。

(三)与研究生教育资源配置制度相关的研究

辛迪·S. 库尔克(Cindy S. Volk, 2001)② 通过测试两种主要的高等教育资源配置模型后认为,以男性全职教师、研究生学位、助学金和合同为特征的部门,往往比以女性全职教师、高比例女性兼职教师和本科学分制度为特征的部门获得更多的资源。

三、已有相关研究成果评析

(一)相关研究成果的特点

第一,研究时间早,研究内容范围广泛,大多以具体问题为导向、以实证分析为主。从国外相关文献的时间可以看出,国外要比我国学术界更早关注高等教育资源配置的相关问题,研究内容范围较广泛,大多以访谈、问卷调查等实证分析为主要分析方法。

第二,研究成果大多集中于高等教育资源配置相关领域的某一具体问题,从单一角度对相关问题展开深度研究。如资源配置对研究成果的影响,配置行为对高校学生行为和管理者行为的影响,行政权力对学术资源配置的影响,高校排名对高校资源获取、配置的影响,党派偏见及政治分化对高等教育政策与资源配置的影响,毕业生就业情况对学术规划的制订和资源分配的影响等,又如高校内部支出影响学生对高校事务的参与度,资源配置参与者对获得公平份额的满意程度是衡量资源配置过程合理性的尺度,不同层次的政府收入流对高等教育经费存在影响等,都是从单个角度出发,以问题为导向开展的具体事项的深入研究。

第三,研究成果涉及高等教育资源配置的公平、效率、协调和效益等各方面。如果依据高等教育资源配置的公平、效率、协调和效益等维度对已有的文献进行归纳,则已有研究成果可以大致归入各个维度,体现了对某一维度某方

---

① WARD K M, ZARATE M E. The Influence of Campus Racial Climate on Graduate Student Attitudes About the Benefits of Diversity [J]. The Review of Higher Education, 2015, 38 (4): 589 – 617.

② VOLK C S. Models of Institutional Resource Allocation: Mission, Market, and Gender [J]. The Journal of Higher Education, 2001, 72 (4): 387 – 413.

面问题专门的深入研究。

（二）相关研究成果的不足

第一，缺乏对研究生教育资源配置系统的研究。研究生教育资源配置问题大多放入高等教育资源配置问题中加以研究，而把研究生教育资源配置问题作为一个系统研究对象的研究成果还没有。

第二，缺乏对研究生教育资源配置有效性问题的系统研究。大多研究成果集中于宏观或微观层面的某一个维度或某一维度中某方面具体问题的研究，而针对研究生教育资源配置有效性、如何有效衡量研究生教育资源配置的效果方面的系统研究成果空白。

第三，缺乏针对我国高校研究生教育资源配置问题以及研究生教育资源配置有效性问题的专门研究，缺乏把各个维度、各个环节紧密联系起来作为一个整体的研究，不能从整体上对我国研究生教育资源配置体系进行把握和合理评价，缺乏对这一整体性的系统理论研究成果。

第四，缺乏站在高校层面对研究生教育资源配置有效性进行系统评价。已有研究成果包括了对政府、高校、社会三个主体对教育资源配置的作用和影响分析、政府对高等教育资源配置的作用和影响分析、高校行政权力与学术权力间关系及对教育资源配置的作用和影响分析等，但缺乏从作为研究生教育资源配置实施者的高校角度，以高校的目标为依据，对研究生教育资源配置的有效性进行系统评价。

第三节　本章小结

本章对当前已有的，与高等教育资源配置、研究生教育资源配置主题相关的研究成果和文献，区分国内与国外两部分进行系统梳理。

从国内已有的相关研究成果和文献来看，高等教育资源配置相关主题的研究成果和文献较多，内容丰富，涉及面广泛；而研究生教育资源配置相关主题的研究成果和文献总体来看较少，不过近年来有逐渐增加的趋势，并随着国家"双一流"建设战略的提出而增长快速。

从内容上看，与高等教育资源配置主题相关的研究主要集中于探讨高等教育资源配置主体、配置模式与方式的选择、政府与市场的角色定位和作用、体制改革、公平与效率问题、区域协调问题等方面，与研究生教育资源配置主题相关的研究主要集中于探讨研究生教育资源配置主体、公平与效率问题、教育资源共享问题、体制机制改革的价值取向问题、资源配置优化、区域均衡问题等方面，产生了不少有广度、有深度的开拓性研究成果，为本文的研究提供了很好的理论参考和借鉴。

目前的相关研究存在三点不足。一是研究生教育资源配置相关研究成果偏少。尤其是专题、系统研究研究生教育资源配置有效性的论著还是空白，这也给本课题研究提出了目标和提供了契机，找到了切入点、着力点、创新点。

二是研究角度大多处于宏观层面，立足于宏观层面的问题分析、对策建议，缺乏站在高校层面，针对高校研究生教育资源配置问题的专题系统研究。

三是有的研究虽然涉及对高校教育资源配置效率的实证分析，但是其研究没有剔除先天条件差异带来的效率结果影响。有不少研究直接以实证分析得出的规模效率来衡量高等教育资源配置效率，由此容易产生对高等教育资源配置效率的误判，特别是当高等教育内涵发展的要求被提出之后，效率常常会被用作效益的反面对比教材。因此，在如何客观公正评估高等教育资源配置，包括研究生教育资源配置效率问题上，还有待进一步研究探讨。

从国外已有的相关研究成果和文献来看，由于高等教育受各国不同的政治、经济、文化环境等的直接影响，因此，在外文文献中，对于高等教育资源配置问题的研究，不存在跨越国界的一般意义上的研究，均是基于具体国家、具体高校、具体区域等客观条件基础上开展的包含国别特点的高等教育资源配置问题研究。有些研究成果未必与我国实际情况相符合、相适用，但仍具有参考的价值和意义。在外文文献中，与国内研究状况相似的是：与高等教育资源配置相关主题的研究成果和文献较多，与研究生教育资源配置相关主题的研究成果和文献缺少。在研究内容方面，涉及面较广，微观层面上的研究成果较多，研究有深度。

具体来说，国外已有的相关研究成果和文献具有三个特点。

第一，研究时间早，研究内容范围广泛，大多以具体问题为导向、以实证分析为主。从国外相关文献的时间可以看出，国外要比我国学术界更早关注高等教育资源配置的相关问题研究，研究内容范围广泛，大多以访谈、问卷调查等实证分析为主要分析方法。

第二，研究成果微观层面较多，国家的宏观层面较少，大多集中于高等教育资源配置相关领域的某一具体问题，从单一角度对相关问题展开深度研究。如资源配置对研究成果的影响，配置行为对高校学生行为和管理者行为的影响，行政权力对学术资源配置的影响，高校排名对高校资源获取、配置的影响，党派偏见及政治分化对高等教育政策与资源配置的影响，毕业生就业情况对学术规划的制订和资源分配的影响等，又如高校内部支出影响学生对高校事务的参与度，资源配置参与者对获得公平份额的满意程度是衡量资源配置过程合理性的尺度，不同层次的政府收入流对高等教育经费存在影响等，都是从微观层面、单个角度出发，以问题为导向开展的具体事项的深入研究。

第三，研究成果涉及高等教育资源配置的公平、效率、协调和效益等各方面。如果依据高等教育资源配置的公平、效率、协调和效益等维度对已有的文献进行归纳，则已有研究成果可以大致归入各个维度，体现了对某一维度某方面问题专门的深入研究。

国外已有的相关研究成果和文献存在以下四点不足。

第一，缺乏对研究生教育资源配置系统的研究。研究生教育资源配置问题大多放入高等教育资源配置问题中加以研究，而把研究生教育资源配置问题作为一个系统研究对象的研究成果还是空白。

第二，缺乏对研究生教育资源配置有效性问题的系统研究。大多研究成果集中于宏观、微观层面的某一个维度或某一维度中某方面具体问题的研究，而针对研究生教育资源配置有效性、如何有效衡量研究生教育资源配置的效果这些方面的系统研究成果是空白。

第三，缺乏针对我国高校研究生教育资源配置问题以及研究生教育资源配置有效性问题的国别专门研究，缺乏把各个维度、各个环节紧密联系起来作为一个整体的研究，不能从整体上对我国研究生教育资源配置体系进行把握和合理评价，缺乏对这一整体性的系统理论研究成果。

第四，缺乏站在高校层面对研究生教育资源配置有效性进行系统评价。已有研究成果包括政府、高校、社会三个主体对教育资源配置的作用和影响分析、政府对高等教育资源配置的作用和影响分析、高校行政权力与学术权力间关系及对教育资源配置的作用和影响分析等，但缺乏从作为研究生教育资源配置实施者的高校角度，以高校的目标为依据，对研究生教育资源配置的有效性进行系统评价。

综上所述，已有的国内外研究成果和文献给本文的研究课题起到了很好的参考作用，带来了很好的思路启发，也提供了丰富的理论借鉴依据。从已有的研究成果和文献中也可看出，本课题研究是对我国研究生教育资源配置系统研究的有益补充，填补了研究生教育资源配置有效性研究的空白，具有理论研究意义和现实应用价值。

第三章

研究的理论基础及其运用

第一节　资源配置理论

资源配置理论最早产生于新古典主义经济学研究。由于资源的有限性、相对稀缺性带来了对有限资源如何安排使用这一决策选择的需要和必要，因此有了经济学研究的开始。1776 年，亚当·斯密在《国民财富的性质和原因的研究》（即《国富论》）中对市场在稀缺资源配置中的机理和作用进行了论述，系统地提出了资源配置理论。1890 年，英国经济学家阿尔弗雷德·马歇尔提出了局部均衡价格理论，即考察单一市场的均衡状况。其中重要的一个原理即供求均衡原理，贯穿于他的价值理论和分配理论。他认为，市场价格是由市场供、需双方的力量均衡情况所决定的，供、需对市场价格的影响是同时起作用的。商品的价格主要由生产成本决定。生产成本由各种生产要素的供给价格确定，在供给和需求达到均衡状态时，产量和价格也达到均衡状态。马歇尔提供了实现最优化资源配置的均衡原则。19 世纪末，瑞士经济学家瓦尔拉斯提出了一般均衡理论，考察所有市场处于供求相等的均衡状况。一般均衡只是一种趋势。一般均衡理论为资源配置的最优化提出了一个必要条件。1897 年，意大利经济学家维弗雷多·帕累托提出了使资源配置处于最优状态的标准，认为在这一状态下，任何改变都不能使任何一个人的状况变好，也不能使其他任何人的状况变坏，这一状态被称为"帕累托最优"标准。

资源配置理论包括资源配置的原理、作用机制、资源配置优化等理论。

一、资源配置的基本原理

资源配置问题被看作经济学研究的逻辑起点，其核心问题是效率问题，而效率问题又是资源使用方式和使用结构问题。广义的资源配置指的是社会总产品的配置，而狭义的资源配置则是指生产要素的配置。通过各类资源的合理配置，以求获得经济效益的最大化。狭义的资源配置追求效率至上，不需要考虑人们收入分配的公平、社会宏观层面经济的稳定等；而广义的资源配置则不仅以效率为追求，也要求实现配置的公平、社会经济总体的稳定。

公共经济学则把政府如何促进社会资源配置的优化作为本学科的基本出发点，并将资源配置同样区分为狭义的资源配置和广义的资源配置。狭义的资源配置指的是有限的生产要素在各个使用方向或用途上的分配和使用，以期尽可能生产出更多符合人们偏好的产品和服务。广义的资源配置则是指各种资源在社会范围内各个使用方向或用途上的分配与使用，以期获得社会福利的最大化。狭义的资源配置只注重效率问题，并不考虑收入分配公平、宏观经济稳定等问题；而广义的资源配置评价则包括了效率、公平和稳定三个方面内容，即评价社会经济活动的三条基本原则。效率主要通过市场机制来实现，其衡量标准是帕累托最优标准（Pareto Efficiency）；公平主要是指收入分配的公平，以劳伦茨曲线和基尼系数为其衡量标准；稳定则是指宏观经济的有序运行和经济的可持续发展状态，常以物价稳定、充分就业、经济增长和国际收支平衡为其衡量的四大指标。[1]

概括地说，效率追求始终是资源配置的核心和根本问题，在此基础上，资源配置的评价拓展到了广义范畴，增加以实现配置公平、追求社会正向效果（稳定持续发展）为衡量标准。

管理学认为，所谓的资源配置，指的是有限的各种资源依据组织目标和产出物内存结构的要求，在生产过程的数量和质量等方面所进行的不同的配比。资源配置有两个重要要求：一是要有与产出物结构需要一致的资源配置结构；二是要及时关注资源的市场价格变化，对变化做出反应，在保持所需结构的同时随时进行资源配置的适当调整，使资源占用费用最小。一个组织如果为维持自己的生存和发展，在拥有一定资源的基础上，必须对有限的资源进行合理配置，以求达到最佳的使用效果，支持组织目标的实现。任何一个组织为了存续都至少需要五种类型的资源：人力资源、金融资源、物质资源、信息资源和关系资源。

资源配置的方式主要有三种：一是习惯方式，即依据社会习俗或长期形成并被共同接受的约定俗成的惯例来决定资源的配置；二是命令方式，即依据政

---

① 樊勇明. 公共经济学导引与案例 [M]. 上海：复旦大学出版社，2003：10.

府权限或掌权者的决策权来决定资源的配置；三是市场方式，即由价格竞争关系来决定资源的配置。

二、资源配置的作用机制

资源配置的作用机制主要有两种：行政（计划）机制和市场机制。管理学认为，组织内的资源配置主要依赖行政机制，利用科层制的行政官僚机构，以命令、执行、检查监督等手段来确保资源配置的有效性。资源配置过程中，人力资源起到了决定性的作用，组织内人员作出的努力程度和性质直接关系着组织效率的高低。资源配置也可以通过市场机制由市场价格机制来进行，特别是组织外的资源配置主要依赖市场机制进行，通过价格、供求关系、竞争等手段来发挥配置作用。由于市场在配置资源时存在交易费用（交易成本），因此，当一项配置通过"权威指令"来组织所产生的费用低于通过市场机制来组织所产生的费用时，这项配置行为将倾向于以"权威指令"方式来组织完成，即组织"内部化"。

三、资源配置的优化

资源配置的优化是以合理配置为前提，不断追求有限资源得到更合理的配置和更充分的利用，不断优化资源的配置，以最大限度满足自身生存和发展需要的行为过程。

配置优化问题涉及优化标准的问题，即什么样的配置状态是合理的、恰好的，以使社会福利最大化的标准衡量问题。经济学家帕累托提出了帕累托效率标准（Pareto Efficiency），认为当资源配置达到帕累托最优状态时，就是有效率的，实现社会福利的最大化。

资源配置的帕累托最优（Pareto Optimality），也称帕累托效率（Pareto efficiency）、经济效率，即资源配置的一般均衡状态。当经济体处于一般均衡时，即达到了所谓的帕累托最优，从而实现社会福利最大化。具体来说，帕累托最优指的是这样一种状态：生产要素的重新配置，已经不可能使任何一个人的境况变好，同时也不会使其他人的境况变坏。当资源配置未达到帕累托最优状态，则表示存在改变配置以增进效率的可能，这个追求帕累托最优的过程被称为帕累托改进（Pareto improvement），即当资源配置的调整改变在使得至少一个人的境况变好的同时，不会使其他任何人的境况变坏。

实现帕累托最优状态需要具备市场完全竞争且无外部性、交易费用为零的条件，在这一条件下，满足帕累托最优状态的资源配置，被认为是有效率的，资源达到最适度配置；而不满足帕累托最优状态的资源配置，则是缺乏经济效率的。不过经济学家布罗姆利（Bromley，1966）① 和张五常（Chueng，1974）② 均认为，帕累托效率并不能衡量经济制度的好坏，因为在市场经济中，帕累托最优状态受禀赋分配的起始状态的影响，而这一起始状态可能本身就是不公平、不平等的，相对于起始状态，只要任何一方的状况没有变坏，就可以被认为达到帕累托最优状态。因此，帕累托最优可能意味着极端的分配不公状态。张维迎（2015）认为，一个合意的（desirable）社会状态，需要把帕累托标准与公平、正义等其他标准结合起来进行判别。③

由于帕累托效率的实现需要完全竞争的市场环境及交易费用为零的条件，而这在现实中很难提供，使得帕累托效率的实现难以真正获得。因此，针对现实经济状态和公共政策的效率评价，经济学家约翰·希克斯提出了"卡尔多—希克斯效率"标准。卡尔多—希克斯效率也被称为潜在的帕累托效率，指的是资源配置改变的结果虽然使得某些人得利，其他人受损，但得利者的所得超过受损者的损失。达到这一结果的改变就是有效率的。希克斯认为，应从长期来观察和判断社会福利的标准。只要一项经济政策从长期来看是能够提高全社会的生产效率，尽管在短时间内有些人的利益会受损，但从长期来看，所有人的境况都会因为社会生产率的提高而自然而然地获得补偿。卡尔多—希克斯效率标准实际上就是社会总财富最大化标准。相较于帕累托效率标准，卡尔多—希克斯效率标准没有严格的实现条件，只要能够促使社会的整体收益增加，即总所得足以补偿所有受损者的损失，这一变革就可以认为是实现了卡尔多—希克斯效率。为达到卡尔多—希克斯效率而进行的变革努力，就称为卡尔多—希克斯改进。当事后补偿实际发生了，则卡尔多—希克斯效率（改进）就成为帕累托效率（改进）。

对于广义资源配置来说，资源配置的优化不仅包括效率的提高，也包括公平（人们收入分配的公平）、宏观经济整体稳定状况的改善等。

---

① 丹尼尔·W. 布罗姆利. 经济利益和经济制度：公共政策的理论基础［M］. 陈郁，等译. 上海：上海人民出版社，1996.

② Chueng Steven N. S. A theory of Price Control［J］. The Journal of Law and Economics，1974，17（1）：53 - 71.

③ 张维迎. 经济学原理［M］. 西安：西北大学出版社，2015：293.

第二节 有效性理论

有效性理论是关于质量程度和行为效果衡量的理论。有效性是对事物或行为的效果、功用、成果等的程度的一种衡量表述。

从字面上看,《现代汉语词典》中对"有效"的释义是:有效果、有作用;能实现预期目的。与"有效"对应的反义词"无效"的释义是:没有效力,没有效果。而"效果"指的是由某种力量、做法或因素产生的结果(多指好的)。从上述释义可知,凡是能够实现预期目标、获得好的结果的就是有效的,反之即为无效。

有效性,英文为 effectiveness,有的学术论著也翻译为"效能""效果""效益"。有效性作为判别人们行为作用与结果的评价标准,运用于不同的学科,就产生不同的概念和内涵,并与特定研究对象形成相应的有效性理论,如管理有效理论、市场有效理论、资本市场有效理论、政策有效理论、学习有效理论、低能有效理论(物理学)等。在此,本研究尽量抛开有特定研究对象的某个具体的有效性理论,仅对不同学科背景下有效性概念和内涵进行理论梳理和归纳,系统呈现有效性理论的基本原理。

一、有效性的基本原理

(一)经济学意义上的有效性

在经济学理论中,效率是资源配置的核心问题和根本追求。因此,从资源配置理论诞生开始,效率高低即代表着资源配置的有效程度,是决定资源配置是否需要优化的判别标准。效率表现为生产过程中成本耗费的节约、生产时间的缩短或产品产量的提高等方面。随着经济学的发展,资源配置从针对生产过程的狭义概念范畴拓展到了针对社会总产品的广义资源配置范畴,效率原则之外,增加了公平原则和稳定原则作为判别资源配置有效程度(即是否需要优化)的标准。

概括地说,有效性的判别标准除了效率,还有公平、稳定两个尺度。

(二)管理学意义上的有效性

从管理学角度看,当科学管理之父泰罗(F. W. Taylor)提出科学管理理论时,效率意味着有效性,科学管理的中心问题就是提高劳动生产率,实现生产和企业管理的有效性，提高企业效益。在很长一段时间里，有效性指的是效率，包括组织管理效率和生产效率等。如有学者就直接将 effectiveness 翻译为"效率，有效性"，而将 efficiency 翻译为"效率，效能"，二者等同。① 随着管理学理论及组织理论的发展，有效性的内涵和外延有了很大的扩展，不再局限于效率。如有学者认为，效率（Efficiency）着重的是成本，效能（Effectiveness）着重的是质量，效率是效能的一部分。组织效能相对于组织绩效（Performance）、组织效率而言，能够更好、更全面地衡量一个组织的能力。② 也有学者认为，管理有效性的外延概念是指"消除客观基础条件的优劣，真正反映人们由于经营管理而产生效益的一种行为特性"。而从内涵看，管理有效性的本质特征最终可归结为资源配置效率，分别可以用劳动生产率、资产值率和规模效益进行度量。③ 另有学者则从有效性作为管理绩效的评价标准（"好与坏"）角度，提出了有效性标准的两种类型：绝对性标准和相对性标准。所谓绝对性标准是指"不依赖现实结果就可以建立的效果评价标准"，相对性标准则是指"形成有效性标准的规则独立于观测结果而确定，但有效性标准必须依赖现实结果才能确定的有效性标准"。由此，依据不同的有效性标准，有效性可分为绝对有效性和相对有效性，即"将评价过程中采用绝对性标准而产生的有效性结果"定义为绝对有效性，"将评价过程中采用相对性标准而产生的有效性结果"定义为相对有效性。④

概括地说，有效性从最初仅以效率为评判标准，逐渐发展为效率、效益兼顾的评判标准，其内涵和外延均有很大的拓展。因此，有效性既可体现为行为的有效性（如生产过程成本的节约、产量的提高等效率表现形式），也可体现为结果、目标导向的有效性（如产出效益的增长）；既存在不依赖现实结果就能确定的绝对有效性，又存在须依赖现实结果才能确定的相对有效性。

（三）法学意义上的有效性

从法学角度看，陈义和（2014）⑤ 认为，"所谓有效也就是具有效力或者拘

---

① 〔美〕乔尔·G. 西格尔，〔美〕杰·K. 希姆. 会计辞典［M］. 3 版. 上海：上海财经大学出版社，2007：194.

② 霍海涛. 知识管理、企业文化与组织效能的相关性研究［M］. 长春：吉林大学出版社，2013：55–56.

③ 葛虹，冯英浚. 管理有效性与管理贡献率的测算［J］. 数学的实践与认识，2008，38（21）：11–12.

④ 孙佰清，董靖巍，唐坤，冯英浚. 相对动态绩效评价方法的思想和最新研究进展［J］. 中国软科学，2010（11）：164.

⑤ 陈义和. 行政行为公定力初论［J］. 云南行政学院学报，2014（4）：146–147.

束力"，即行为具有"法律后果或法律效果"，并从效力产生机制方面进一步定义法的有效性，认为"有效"与否的问题"必定出在效力产生机制上，而不是出在某项效力内容上"，同时依据现代汉语词典对"效力"的解释，"有效"还体现出结果与目的之间的比较。王建国（2005）[①]认为，法的有效性可以从社会学、伦理学、法律教义学的三种维度去理解，因此，法的有效性就包括了三方面的内容：社会学方面的"实然有效"，产生了"规范有效率问题"，"有效率的高低反映着社会对规范的承认程度和社会的有序程度"；伦理学方面的道德有效，即"良法善法才算是法"；法律教义学方面的"逻辑有效性"，即"内在的、形式的"有效，"只要是由一个合法的权力机关，按照大家认可的制定程序创立出来，并且与整个法律体系和谐一致，那它就是有效的"。

概括地说，法学意义上的有效性讲究价值追求和衡量，无论是效率层面还是制度层面，都以社会认可、价值评判为基准。因此，有效性具有三个原则标准：一是须体现在产生机制的有效上，即须体现在实然有效，规范规则受社会承认且起有效作用上；二是须体现在道德有效上，即符合社会与否、公平与否的价值判断上；三是须体现在逻辑有效上，即内在与形式的有效、个体与整体的和谐一致上。

（四）公共管理学意义上的有效性

公共管理强调管理的有效性，侧重于研究管理目标及其实现的有效性（即质量与效率问题）。公共管理的有效性常由效率和效能加以评判。西方公共管理理论认为，效能是4E组合体，即经济（Economy）、效率（Efficiency）、效益（Effectiveness）和公平（Equity），即以尽可能低的成本投入，做正确的事，高效率完成任务，实现公共服务的公平提供。[②]此外，有学者认为，公共管理的有效性有赖于政策制定者、政策执行者和政策目标群体间关系的互动协调，基于三者关系的文化互动融合机制的建构能保证管理有效性的提升。[③]

公共选择理论认为公共组织天生地低效率，这个根源于公共官员的权利垄断，因此，公共选择理论注重以效率和回应性作为评价政策有效性的标准。[④]这里的效率，并非由传统意义的两个变量（成本、产出数量）构成，而是由三个变量构成：成本、产出数量和产出质量。对公共管理改革的有效性评价必须

① 王建国. 论法的有效性［J］. 周口师范学院学报，2005，22（1）：71–72.
② 戴珩. 现代公共文化服务体系200问［M］. 南京：南京师范大学出版社，2015：09.
③ 胡平，汪日红. 公共管理有效性的文化融合机制［J］. 中国行政管理，2017（3）：15–20.
④ 〔英〕乔治·伯恩，凯瑟琳·约尔，珍妮·劳，等. 公共管理改革评价：理论与实践［M］. 张强，魏清华，韩莹莹，等译. 北京：清华大学出版社，2008：15.

包含这三个方面的变化，即选择具有更低成本、更多数量和更高质量综合的改革。对于回应性标准来说，公共选择理论强调应当从组织绩效的维度出发去回应公众的需求。此外，增加回应性的内部评价标准是十分重要的，这个标准不仅要包括成本支出和效率，而且还应包括产出、成果、诚实和成本效益等因素。①

概括地说，公共管理学意义上的有效性看重的是质量和效率，强调管理达成的结果，以及为达成结果而承担的责任，因此，公共管理学意义上的有效性也包含了公平、绩效、可达性以及公众的回应性等因素。

（五）教育学意义上的有效性

从教育教学角度看，程红、张天宝（1998）归纳了从古至今在教学方面对"有效性"要求的变化，即从"有效果"，发展至"有效率"，再至"有质量"，认为"有效性是一种价值属性"，"人的活动作为手段与活动目的的关系，集中地表现为这种活动的有效性（即活动的合目的性）"，"'有效'还意味着人们在实现目的的过程中的一切付出（包括时间、精力、财力等）要符合'经济原则'或'节约原则'"，而"合规律性"则是有效性的前提，由此从"合目的性"与"合规律性"两方面提出了教学有效性的概念。②

综合以上在各学科领域有关有效性内涵的阐述，本研究归纳出有效性理论的基本内涵：所谓有效性，指的是能够真实反映人的活动的价值效益、行为效益和结果效益的特性，它包含了价值有效、行为有效和结果有效三个方面的内涵。

价值有效是指人的活动要"有效"，须满足活动主体的活动目的、任务目标和主观期待（合目的性），须符合客观事物发展的规律要求（合规律性），须符合社会与人民大众的一般道德价值判别标准（合道德性）等。

行为有效是指人的活动要"有效"，须满足活动过程中的行为有效率（效率性），活动耗费资源的节约（经济性），活动过程中各方行为的默契配合，活动各环节、各部分的协调及整体的和谐一致（协调性）等。

结果有效是指人的活动要"有效"，须满足活动结果拥有可衡量或可评价的客观成果，即产出在数量规模、质量要求、整体水平等方面有明显效果（有效益）。

有效性的三方面内涵是辩证统一的，既相互影响又相互制约，共同构成事

---

① 〔英〕乔治·伯恩，凯瑟琳·约尔，珍妮·劳，等. 公共管理改革评价：理论与实践〔M〕. 张强，魏清华，韩莹莹，等译. 北京：清华大学出版社，2008：22 – 23.

② 程红，张天宝. 论教学的有效性及其提高策略〔J〕. 江西教育科研，1998 (5)：34 – 35.

物的质量程度和行动效果的衡量标准。

二、有效性的作用机制

有效性是用以衡量和评价行为、过程或结果"好与坏"的一种行动效果或质量程度标准。不同的学科领域关注的有效性不同，有效性的具体作用机理也不尽相同。从共性上看，有效性的作用机制主要体现在：通过其所衡量评价的对象依据目标实现要求所能采用的最优或最适合的措施行动，或所能达到的最优或最适合的结果来判别及衡量评价。

三、资源配置的有效性

由前文所述的资源配置理论可知，资源的有限性和需求的不断增长决定了资源配置行为的产生，以及对资源配置优化的不断追求。资源配置的优化过程中，优化成本的存在带来了当前资源配置是否有效、是否该进行优化的判别问题。而有效性理论正是有关事物质量程度和行为效果衡量的理论。因此，有效性理论同样适用于资源配置，与资源配置理论相结合形成资源配置有效性理论。所谓的资源配置有效性理论，是指用以判别有限的资源在各个使用方向或用途上进行配置的价值导向、行为质量和产出结果是否有效的理论。

由前文所述的有效性理论的内涵可知，有效性概念包括价值有效、行为有效和结果有效三个方面的内涵，因此，资源配置有效性即包含三个方面的内涵表述：价值有效、行为有效和结果有效。具体来说：从价值有效层面看，资源配置的价值有效性体现为资源配置评判价值的有效，即需满足合目的性、合规律性及合道德性三个特点；从行为有效层面看，资源配置的行为有效性体现为资源配置过程的行为的有效率和各方的互动协调，即需满足效率性、经济性、协调性的特点；从结果有效层面看，资源配置的有效性体现为资源配置结果的有效益，即需满足结果的可评价、结果有效益的特点。

结合资源配置自身的特点和目标追求来看，公平要求体现了资源配置的目标要求及道德追求，更是资源配置发展结果的必然要求。因此，可以说，资源配置的价值有效性即可体现为公平性要求。

从资源配置的行为过程来看，对效率的天然追求同时决定了对各方、各环节、各部分默契配合、协调一致的必然要求。因此，资源配置的行为有效即可看作效率要求和协调性要求。

从资源配置的结果来看，结果的可评价、产出在数量规模、质量要求、整体水平等方面具有明显效果是资源配置的结果要求。

因此，本文认为，资源配置有效性的内涵体现为资源配置的公平、效率、协调和效益四个方面的衡量。所以，本研究拟从资源配置的公平、效率、协调及效益四个维度来具体阐释资源配置的有效性。

（一）资源配置的公平

"公平"，从字面意义来看，《汉语词典》解释其有三个释义：公正，不偏不倚；对一切有关的人公正、平等地对待；合理。这个字面释义里既体现了对个人品性的价值判断，也体现了处理事情的价值要求，还包括了对事物本身的价值评判。

随着人类社会经济的发展与社会的不断进步，公平从最初作为个人的一种品德评价，逐渐成为"社会的公平"，被看作"评判社会制度的一种道德标准，被看作社会制度的首要价值"，体现着合目的性（满足和实现主体的价值目标或理想）与合规律性（社会存在和发展的规律）的统一。①

公平作为一种评判的价值标准，主要的认识分歧在于如何评价和衡量公平，即判别公平的原则的不同。

美国经济学家保罗·萨缪尔森在其《经济学》著作中提到了在现代税收体系中体现公平的两类原则：横向公平（horizontal equity）和纵向公平（vertical equity）。所谓的横向公平体现了"对同等者同等对待"的哲学观念，是指那些在实质上没有差别的人（处于相同条件下）应具有无差别的同等对待，即每个人都有权得到平等待遇的原则。而纵向公平则是指对不同收入水平差别的人们如何保证其具有公平的待遇，换而言之，经济地位不同的人享有不尽相同的纳税待遇是公平的，不考虑差异的完全一致的纳税待遇反而是不公平的。②公平的这两个原则不仅用于税收的公平问题考虑中，也已被扩展用以考察如公共支出、成本分摊等其他方面的公平问题。皮尔斯主编的《现代经济学词典》在对这两类原则进行解释时强调，在探讨横向公平与纵向公平时，判别相同的或相近的条件时，"相同"或"相近"必须以一些相关变量特征来具体定义清楚。③

乔治·伯恩等（2008）援引里·格兰德的观点，认为公共服务的公平性可以通过五个方面进行评价。一是支出。不过通过支出标准来评价公平性，其可

---

① 万斌，陈业欣. 公平概念的历史发展及当代意义 [J]. 浙江社会科学，2000（4）：88.
② 〔美〕萨缪尔森，〔美〕诺德豪斯. 经济学（第19版）[M]. 萧琛，主译. 北京：商务印书馆，2014：362-363.
③ 〔英〕皮尔斯. 现代经济学词典 [M]. 毕吉耀，谷爱俊，译. 北京：北京航空航天大学出版社，1992：239.

信度并不高。二是使用。使用的公平性体现了公共服务的公平性。三是可达性，包括空间、时间等能够得到公共服务的获取性，可达性是公共服务公平性的一个重要评价。四是效果。不同的服务，其效果的定义不同。五是最终收益，指"不同群体消费物质资源所产生的全部价值"，这一标准意味着把资源花费在穷人身上所产生的"最终收益"（包括私有资金收益和公共补助资金收益）比用在富人身上所产生的"最终收益"来得大，即公共服务的公平性意味着应让更多的穷人获取服务收益。①

美国政治哲学家约翰·罗尔斯在1971年出版的《正义论》一书中指出，正义即公平，社会正义原则的讨论是基于社会的基本结构，即社会的主要制度对于基本权利和义务以及分配社会合作的利益时所应该采取的方式。他提出了正义的两个原则。第一个原则：每个人都应有平等的权利去享有最广泛的、平等的基本自由权总体系，这个总体系与人人享有的类似的自由权体系相一致。第二个原则是，所作出的社会和经济不平等的安排应满足两个条件：①符合地位最不利的人的最大利益，符合正义的储蓄原则；②在公平的机会均等的条件下，官职和职务等向所有人开放。②罗尔斯认为，正义原则应按词汇序列进行安排，第一个原则是平等自由原则，"自由权优先"，适用于公民基本权利和义务的分配，这个原则优先于第二个原则，"自由权只有为了自由权本身才能受到限制"，即不能为了满足第二个原则而损害平等自由权。③第二个原则包括了差别原则和公平机会原则，按词汇序列，正义原则优先于"效率原则和最大限度提高利益总量的原则"，公平机会原则优先于差别原则，但"机会的不平等必须扩大具有较少机会的那些人的机会"。④第二个原则适用于社会和经济利益的分配，包括地位、收入、财富以及权力的分配，以及"利用权力和责任的组织机构或指挥系统的设计"，即制度安排的设计。现实社会中不存在绝对的公平，在收入和财富的分配领域难免存在权利与责任的不相等所造成的差距以及实际分配结果的不均等，在符合正义第一原则的前提下，保证了公平机会原则的条件下，在允许和承认社会地位和经济利益存在合理和必然差别的情况下，差别原则可用以保护社会中最少受惠者的最大利益，减少差距，扩大他们的公平机会。尽管罗尔斯的分配正义论被广泛运用于各种资源配置公平性的判断与评价中，但这一

---

① 〔英〕乔治·伯恩，凯瑟琳·约尔，珍妮·劳，等．公共管理改革评价：理论与实践[M]．张强，魏清华，韩莹莹，等译．北京：清华大学出版社，2008：27.

② 〔美〕罗尔斯．正义论[M]．谢廷光，译．上海：上海译文出版社，1991：330.

③ 〔美〕罗尔斯．正义论[M]．谢廷光，译．上海：上海译文出版社，1991：330.

④ 〔美〕罗尔斯．正义论[M]．谢廷光，译．上海：上海译文出版社，1991：330.

理论依然存在分歧和各种不同意见。

自罗尔斯的分配正义理论提出以来，西方哲学界围绕着罗尔斯的分配正义理论展开了各种各样的争论，并从罗尔斯理论的争议及不足之处发展出一些新的理论用以阐释公平的原则，如罗伯特·诺齐克（Robert Nozick）的资格正义论（也称持有正义论，主张最大的个人利益和最小政府，认为财产权是一种资格，社会公平就体现在公正地获取和转让财产权的过程），关系正义论，以罗纳德·德沃金（Ronald Dworkin）为代表的运气均等主义理论（Luck egalitarian）等。

资格正义论（也称持有正义论），包括"获取的正义"和"转让的正义"两部分内容，只要满足最初获取财物时符合正义的原则（起点的正义）、转让财物时符合正义的原则（过程的正义），就能确认这一分配结果是正义的，持有人拥有对所得财物的完全支配使用的权力。资格正义论反对罗尔斯的分配正义原则，特别是差别原则，其实质是强调个人拥有绝对的财产权，重视个体的所有权，体现了个人自由至上主义的观点。资格正义论与分配公平原则间的矛盾体现了个体自由至上与社会秩序平等间的矛盾。

关系正义论的支持者认为，罗尔斯的正义论只探讨了物品和资源分配方面的公平正义，并没有认识到关系的公平正义才是最实质的公平。关系正义论代表者之一的美国学者扬认为，"压迫"是当代社会不公平现象的根本原因，她提出了"压迫"的五个方面内容：剥削（一部分人的劳动和付出被他人控制用以谋取利益）、边缘化（一部分人被排斥在有意义的参与之外，被剥夺和灭绝物质上的分配享有权）、无权（劳工阶级丧失了参与决策自己的工作和生活的权利，无法获得与中产阶级一样的社会认可和尊重）、文化帝国主义（不占统治地位的群体的文化被社会主流文化排斥、漠视，使这一群体很难融入社会并被社会认可和尊重）、暴力（强制力的侵扰受害群体的各项利益）。在扬看来，要解决社会关系上的不公平，建立真正公正的社会制度就必须充分考虑两点：一是激发和发展每个人的能力，并有让个人有表达出自己感受的机会和权利；二是每一个人能够参与决策他自己的行动以及行动的条件。

"运气均等主义"（luck egalitarian）理论认为，罗尔斯正义理论的差异原则（始终要从结果最不利者的立场来考虑）从结果出发，给予结果不利者以补偿，而这极有可能造成用努力工作的人获得的成果去奖励那些游手好闲的人，即使他们也有工作能力。由此产生新的不公平，即没有考虑到个人因偏好和自由选择的不同而造成的结果差异不应该是一种不平等。因此，运气均等主义理论的代表人物罗纳德·德沃金（Ronald Dworkin）为分配正义引入了"选择"和"责任"，认为因个人选择因素造成的"福利"上的不平等应当被允许，并通过区分

"个人责任"（个人选择因素）和"集体责任"（非个人选择因素）来评判资源分配的公平问题。① 此外，德沃金以"选择运气"（option luck）和"原生运气"（brute luck）的概念来阐释分配公平中的责任问题，并认为这两种运气是造成分配不平等的重要因素。选择运气代表着个人理性选择后可能产生的风险可能，原生运气则代表着个人能力之外无法改变的风险可能，包括属于"集体责任"带来的风险可能。德沃金认为，在资源分配中，人们应对自己的选择和追求承担责任，即资源分配必须反映出人们因个人选择所产生的成本或收益，但与此同时，"不允许资源分配在任何时候反映天赋"，即人们不应该对无法控制的先天因素或环境因素承担责任。简言之，运气均等主义理论更多是从过程公平的角度出发，认为一个正义公平的社会或制度应该尽量消除"原生运气"因素（个人无法决定和改变）对不公平分配的影响，但应该允许"选择运气"因素（个人的选择和追求）的作用，即"不平等的结果应尽量反映居民的偏好和自愿选择"。②

综合借鉴上述对公平的各种观点的理论探讨、归纳和总结，本研究认为，公平具有主观性、相对性、历史性的特点，不仅包括物质及资源分配方面的公平，也包括了贯穿于社会生活方方面面的关系公平；公平是起点公平（规则制度、程序的公平）、过程公平（分配行为、激励措施的公平）以及结果公平（分享、评价的公平）的有机统一，在不同的环节和领域遵循着不同的公平原则，应具体问题具体分析。

公平问题是资源配置的关键问题，涉及资源配置的价值导向问题。资源配置行为、过程和结果如果不讲究公平性，就无法实现资源配置的目的，无法获得各方的认可，也无法获得整体的稳定发展，必然是失败的。可以说，公平是资源配置有效性的价值属性，也是资源配置的价值追求。

从上文对公平内涵的阐释，本研究认为，资源配置的公平具有公平概念的基本特点，是起点公平、过程公平和结果公平三方面公平的有机统一，是物质分配公平与关系公平的有机统一，是持有公平与发展公平的有机统一，缺一不可。为了分析的易懂和方便，下面，本研究依据资源配置的进程，区分起点公平、过程公平和结果公平三个方面对资源配置的公平进行具体分析。

1. 起点公平

资源配置的流程通常是制定配置规则、制度和程序，进行资源配置过程，

---

① 周金燕. 教育分配正义的理论述评［J］. 教育科学，2014，30（3）：9.
② 周金燕. 教育分配正义的理论述评［J］. 教育科学，2014，30（3）：9.

获得配置结果。资源配置规则、制度和程序是在资源配置行为开始前就需要确定的，因此，起点公平意味着制定配置规则、制度和程序的公平，从而有效规范配置行为的全过程，以期达到结果的公平①。本研究认为，资源配置起点的公平，即规则程序公平，应遵循平等自由原则、公平机会原则、关系公平原则及可达性原则四个公平原则。平等自由原则是基础原则，是指参与资源配置的利益相关者（每个人）都拥有平等的权利和义务，拥有自由平等的选择权。资源配置必须基于平等自由原则进行权利和义务的配置。公平机会原则即机会均等原则，是指资源的配置应不以分配对象原先持有的禀赋优劣为依据进行，而是依据机会均等原则进行。关系公平原则即资源配置的各利益相关者分配地位平等，拥有平等参与权、平等表达权、平等信息获取权、自由选择尊重权等关系的平等，在资源配置中权责相当，公平发展。可达性原则是指资源配置各方所拥有的公平权利是实际可操作、可获取的，而非纸上谈兵。

2. 过程公平

过程公平包括配置行为公平和激励措施的公平。资源配置不是一个时点的行为，而是一段时间的行为过程。在这个过程中，配置行为包括配置的利益相关各方获取和利用资源、监督彼此的配置行为等，激励措施则是指配置行为过程中，资源配置主体为优化配置和提高资源利用效率而采取的激励措施。

本研究认为，过程公平中，配置行为及激励措施须遵循关系公平原则、发展公平原则、运气均等原则和差别原则。关系公平原则包括两方面。一是关系平等原则。如前文所述，指的是资源配置的各利益相关者配置地位平等，拥有平等参与权、平等表达权、平等信息获取权、选择尊重权等关系的平等。二是权责相当原则。配置过程中，配置的利益相关各方所获得的权利应与其承担的责任相当，或者所承担的责任应与其获取的权利相当。

发展公平原则也称为发展机会公平原则，是指资源配置应能够使资源使用对象获得公平的发展机会。这里所说的发展公平，不是均等发展，而是指发展的机会均等，资源使用对象拥有公平的竞争环境。

运气均等原则是指资源配置过程中承认和允许个人后天努力及个人选择因素的存在，资源配置相关利益者由此获得的配置收益或产生的成本是合理的、

---

① 本研究将资源配置规则、制度和程序制定的公平性分析列入起点公平。但实质上规则程序的公平性原则作用于资源配置的全过程，对资源配置各环节各阶段的公平性起到基础性和决定性的规范。为了分析的完整和不重复，在探讨资源配置其他环节的公平性时，不再赘述规则与程序的公平性。

可接受和被承认的；但任何依据个人无法控制的先天因素或环境因素进行资源配置所产生的配置收益或成本则不是合理的、不可接受的，这部分收益和成本也是资源配置不公平的来源，应尽可能减少这部分收益和成本的产生。

差别原则是指配置过程中，在保证了公平机会原则的前提条件下，在允许和承认社会地位和经济利益存在合理和必然差别的情况下，配置行为应以保护社会中最少受惠者的最大利益，减少差距，扩大他们的公平机会为操作原则。

在这里，运气均等原则与差别原则不是矛盾的，而是互补的、有机统一的两个公平原则，是在资源配置过程中实现激励公平的两个重要原则。原因有如下两方面。一是广泛实现激励公平受益面的必然要求。激励公平并不意味着贫富差距的无限扩大是合理的，也非激励部分能力突出的人群即为公平，而是指对于资源配置中的所有利益相关者（每个人）都有公平的激励措施，以达到充分激发个人主观能动性，实现个人合理收益的增长。二是减少现实中"先天"不公平的必然要求。虽然合理收益差异是资源配置过程中必然客观存在的，但不符合运气均等原则的"先天"不公平现象和行为也是客观必然存在的，不可能完全消除。而且这两部分的配置成本和收益常是交织出现，难以具体精确区分。因此，在确保和承认合理收益获取的基础上，实行差别原则，适当缩小最少受惠者的利益差距，有利于确保资源配置行为实现最大多数人的公平。

3. 结果公平

资源配置的结果公平体现为资源配置结果的利益分享机会公平和评价公平。本研究认为，资源配置结果的利益分享公平包括三方面原则：分享机会均等原则、关系公平原则以及差别原则。

分享利益机会均等原则是指对于资源配置所产生的利益，利益相关各方均应有公平的分享机会。换而言之，利益分享公平并非均等、平均分配，而是指分享利益的机会是公平、均等的。

关系公平原则如上文所述，包括关系平等原则和权责相当原则。在结果公平中的关系平等原则，是指资源配置的利益相关者对资源配置的结果拥有平等的参与权、平等的表达权、平等的信息获取权及选择尊重权。权责相当原则是指资源配置的利益相关者所获得的利益应与其付出的成本相对应，或者其所负担的成本应与其获得的收益相对应，即不允许以强制力的方式多占利益或少负担成本。

差别原则也即差别补偿原则，是指在确保通过运气均等原则合理获得分配收益的基础上，使利益分享行为符合最小受惠者实现收益最大化。这个最大化是相对的最大化，是在承认合理差异基础之上的尽可能多，在确保机会均等基础上的尽可能多，而非无前提条件的最大化。

评价公平则须遵循关系公平原则。关系公平原则包括两个方面：

第一，关系平等原则。评价的相关各方拥有平等的评价地位，享有平等的参与权、表达权、信息获取权和选择尊重权。

第二，标准统一性原则。在进行同类别的评价时，对不同对象的评价，应有统一标准，而非因不同的利益相关者而采用不同的评价标准。在统一的标准下，对条件相同或相近的对象，应获得相同或相近的评价结果，而条件不同的对象，其所获得的评价结果应是体现公平性的有差别的评价结果。

（二）资源配置的效率

1. 概念辨析

从字面意义上看，《现代汉语词典》里对"效率"的释义是：单位时间内完成的工作量。《现代经济学辞典》里定义的配置效率（allocative efficiency），也即资源配置效率，是指"用最有效的投入组合生产出'最佳'或最优的产出组合"①，衡量的是在既定的投入条件下，通过优化资源组合或有效配置资源来促使产出效益的提高或最大化。

姜威（2013）认为，资源配置效率是指"在一定的技术水平条件下各投入要素在各产出主体上的分配所产生的效益"②。他认为，资源配置效率有广义（宏观）、中观和狭义（微观）区分，在广义（宏观）层面，资源配置效率指的是各类资源的产出效率；中观层面上的资源配置效率指的是资源的投入产出比；而狭义（微观）层面上的资源配置效率则是指资源的使用效率。

黄少安（1995）认为，资源配置效率也即经济效率，是指"对稀缺资源的使用量与使用所带来的收益量之间的对比关系"③，即成本与收益或效用之比。他认为，从这个意义上来说，资源配置效率是一种"技术关系——投入与产出的关系"，本身不包含资源量及其收益在不同主体之间分配的问题。

概括来说，对于资源配置效率的概念和内涵，不同的学科，甚至同一学科内部均有不同的认识，未达成共识。分歧主要有两个方面。

其一，因对资源配置所涵盖的范围定义不同而不同。对资源配置所涵盖的范围分歧主要有两种：一种观点认为，资源配置包括了对系统所持有资源的获

---

① 〔英〕皮尔斯. 现代经济学辞典［M］. 毕吉耀，谷爱俊，译. 北京：北京航空航天大学出版社，1992：17.

② 姜威. 资源整合模式与区域经济发展研究［M］. 北京：人民出版社，2013：59.

③ 黄少安. 资源配置效率标准的多元性与一致性原理——兼论帕累托效率标准［J］. 经济评论，1995（3）：45.

取、分配、使用，以及产出的分配等的决策过程；一种观点则认为，资源配置仅包括对系统所拥有的既定资源的分配的决策过程，即不包括系统所持有资源的获取、使用与产出的分配这三个阶段的决策过程。这一分歧决定了对资源配置效率的理解不同，主要分为两种观点：一种观点认为资源配置效率有外部与内部之分，外部效率指的是外界对系统投入的效率，包括对系统本身既定资源总量增加持有的效率，内部效率指的则是投入系统的资源在系统内部进行配置的效率；一种观点则认为资源配置效率仅指系统持有的既定资源在不同主体或方向上的分配，系统资源量是既定的，不涉及系统资源总量的增减问题。

其二，因对效率内涵的不同理解而不同。这一分歧决定了对资源配置效率的理解分歧主要有三类。

第一类分歧是产出效益与产出（生产产量）的分歧，即认为资源配置效率是产出效益与投入的比值，而非产出（生产产量）与投入成本的比值。只要生产出的产品符合生产目标的质量要求，即为合格产品，就构成了产出（生产产量）；而当产出的合格产品通过商品流通环节在市场的作用下转换为货币收入，实现利润时，利润的多少构成了产出的效益。二者计算出来的效率值有较大差别。

第二类分歧是效率衡量范围的分歧，即资源配置效率是否包括对生产过程的效率的考虑与衡量。这一分歧又包括两个层面的分歧。一是在定性分析中的定义分歧：一种观点认为，资源配置效率不同于生产效率、X 效率，资源配置效率即经济效率，体现的是对社会的效益，而非生产过程范畴的效率（生产效率），也非管理过程的效率问题（X 效率）；另一种观点则认为，资源的合理配置包含了资源运用效率（生产效率）和资源配置效率（经济制度效率）。二是定量分析与定性分析不一致的矛盾分歧，即概念定义与衡量指标不一致的矛盾分歧：不少研究在定性分析时明确区分资源配置效率与生产效率，甚至于其他各类效率的不同，但在定量分析时，采用的投入与产出之比的衡量指标让资源配置效率与生产效率的分析几乎没有差异。

第三类分歧则是是否涉及资源使用主体的分歧。有学者认为资源配置效率是一种技术关系，即投入与产出的关系，不直接涉及资源量及收益在不同主体间的分配，即不涉及“资源由谁使用”和“收益由谁获取”的问题;① 而有学者则认为资源配置效率涉及资源在不同主体间的分配问题。

---

① 黄少安. 资源配置效率标准的多元性与一致性原理——兼论帕累托效率标准［J］. 经济评论, 1995（3）：45.

综上所述，毋庸置疑，资源配置效率属于效率概念的范畴，遵循效率的基本内涵规定。此外，资源配置效率又有其自身的特点和延伸的内涵要求。本研究认为，资源配置效率指的是在一定的社会经济条件下，通过改变或优化所拥有的资源在不同主体、不同方向上的分配，促使资源的产出最大化，或更好地实现人们对产出的期望与目标。

第一，资源配置效率与生产效率、X 效率是评价重点不同的三类效率。三者间的关系既有相互影响和制约的一面，又有相对独立的一面。在相互影响和制约的关系中，一方面，这种相互影响和制约虽然彼此存在，影响作用却不是对称的：资源配置效率直接影响生产效率和 X 效率，但生产效率的提高或 X 效率的改善却不必然带来资源配置效率的提高；另一方面，由于资源的分配必然影响到资源的使用状况，特别是在生产环节中资源分配决策的改变将直接影响到产出结果，因此，在非生产环节的资源分配方案不变的情况下，一定程度上，资源配置效率可通过生产效率来间接体现；同样的，在非生产环节中，资源分配决策的改变将直接影响到 X 效率的高低，因此，在生产环节的资源分配方案不变的情况下，一定程度上，资源配置效率可通过管理环节的 X 效率来间接体现。换而言之，在上述约束条件下，一定程度上，资源配置效率可以通过生产效率和 X 效率的综合量化值来间接体现。

第二，资源配置效率衡量的是资源配置决策所造成的产出成果（生产产量）与其所对应的投入之间的对比关系。效率包含了对质量的要求，对质量的要求不等于对利润的要求，因此，只要是质量符合生产目标要求的产品，均应属于效率衡量的范畴，其能够充分体现资源配置决策的优劣；而产出效益则具有满足社会需求的有用性内涵，效益（利润）所代表的产出仅是全部合格产出的一部分，无法充分体现效率，存在低估效率的可能。

因此，本研究认为，资源配置效率是资源配置所引起的产出成果（生产产量）与其相应投入的对比关系，并不包含利润等体现社会需求满足的内涵。

第三，对于同一个评价主体，资源配置效率不包括产出成果及收益的分配与使用，但产出成果及收益的分配与使用情况能够部分反映资源配置效率的高低。例如，高校培养出的大学生，作为高等教育人才培养的成果，其就业情况并不属于高等教育资源配置范畴，即高等教育资源配置效率并不包括大学生的就业率，但大学生的就业率可以从一个侧面部分反映出高等教育资源配置效率的高低。

第四，从资源配置的行为来看，资源配置效率高低可从以下三个方面的影响因素进行衡量。一是资源配置的结构，即资源在各个环节、各个使用方向上的分配构成。本研究将资源配置的结构区分为资源分配的横向结构（部门结构）和纵向结构（层级结构）两个方面。二是资源的流转与效能转化状况，包括资源的到位情况（实际到位资源的数量、资源到位所用的时间等）、资源的流动情况（资源流动的速度、方向），以及资源的利用程度（到位资源的实际使用情况）三个方面。三是资源配置的目标完成情况。效率具有主观性，效率高低的判断一部分来自对目标完成程度的衡量，因此，资源配置的目标完成情况能够从一个方面体现资源配置效率的高低。资源配置的目标完成情况主要包括资源的投入、使用及产出三个环节的目标完成情况。各环节的目标完成情况可通过各环节实际资源投入、消耗与产出的情况分别与目标的比较进行衡量。

2. 结构效率

由前文可知，资源配置效率可体现为资源配置的结构效率、资源的转化效率及资源配置的目标完成率三方面的综合值，并可通过生产效率和 X 效率的综合量化值间接反映资源配置效率的情况。

有限的资源在不同区域、不同部门、不同层级、不同使用方向间的分配安排和组合，形成了一定的资源配置结构。具体而言，资源配置的结构可区分为纵向结构和横向结构。纵向结构是指资源在一定范围或系统内的不同组织层级、不同层次间的分配安排。横向结构则是指资源在一定范围或系统内的不同区域、不同主体、不同使用方向间的分配构成。资源投入结构中不同部门、层级、环节，形成不同的资源使用组合，对最终产出会产生不同的影响效果，由此形成不同的结构效率。

（1）纵向结构效率

纵向结构效率即层次结构效率，是指资源在系统不同分层、组织层级间的分配安排所形成的比例关系。

所谓组织层级结构，是指资源在配置流转过程中，资源投入资源最终使用之间存在的各层级的安排状况及资源的占用情况。资源配置中的组织层级结构具有两个特点。一是成本性的特点，即组织的每一个层级存在都会增加资源传输的阻力（成本）、延长资源传输的时间，因此，只有当组织层级的存在所获得的配置收益（如节约对资源使用的监督成本、沟通成本等）大于其耗费的成本，组织层级的存在才有价值，才能促进资源配置效率的提高。二是相对稳定性的特点，即组织层级结构一经确定后，会保持相对稳定的状态，不会出现频繁的变动。从这个角度来说，组织层级结构的每一次变动，都将会带来对资源配置效率的影响。换而言之，如果组织层级结构改变了，而资源配置的收益却没有改变，那么我们也可以说这个组织层级结构的调整是失败的，因为改革或调整都是有交易成本付出的。

（2）横向结构效率

资源配置的横向结构效率包括部门结构效率、类型结构效率、职能结构效率、区域结构效率等，指的是资源在不同部门间、类型间、职能间、区域间分配安排的比例关系。具体分析时包括哪些结构效率，则可依据具体情况进行设定和测量。

3. 转化效率

依据资源配置有效性理论，资源配置转化效率包括资源的到位效率、流动速率和利用效率三方面。

（1）资源的到位效率

资源的到位效率，是指资源到达最终使用者的情况。资源的到位效率，受到三个方面因素的影响：

①计划或规划情况

资源到位效率隐藏着一个核心含义——到位效率是一个比较值，没有比较就不存在到位情况，而是投入情况。这个比较，指的是相较于计划或规划，实际到位的情况。

②实际到位的资源数量情况

实际到位的资源数量情况，体现了资源在配置过程中的折耗情况，折耗越多，则资源配置的转化效率越低，从而对资源配置效率产生负面影响。

③实际到位的资源质量情况

效率包含成本、数量和质量三方面内涵，因此，资源的实际到位情况必须包含对质量的要求，从而完整体现资源的到位效率。

综上所述，资源的到位效率可从实际与计划的比较中，对数量和质量的综合评价来体现。

用公式可以表示为：资源的到位效率＝实际到位的资源量（符合质量要求的数量）/计划到位的资源量（符合质量要求的数量）。

（2）资源的流动速率

资源的流动状况直接影响着资源配置效率的高低。衡量资源的流动状况的指标即为资源的流动速率，是指资源从分配投入到最终使用这一配置过程的流动速度，即资源完成配置所占用的时间长短。因此，资源的流动速率可以通过资源实际到位所需耗费的时间、生产要素的短缺所占用的时间等进行衡量。

用公式可以表示为：资源的流动速率＝（资源实际到位耗费的时间＋生产要素短缺占用的时间）/实际到位的资源数量。

（3）资源的利用效率

在资源配置的过程中，总有一部分资源，在到达资源使用者手中时，并没有真正被利用，而是沉淀下来，成为沉淀成本，无法对产出效益起到正面作用，这是资源的一种浪费。

资源的利用效率包括两部分，一部分是指在资源配置过程中，资源转化为有效的生产要素前的实际利用程度；一部分是指转化为有效的生产要素后的资源，到形成产出效益的这一段过程的资源使用情况。前者即为本研究所要衡量的资源的利用效率，后者属于生产过程中的效率衡量，不在本研究探讨的范围之内。

综上所述，本研究定义的资源的利用效率即用来衡量资源在配置过程中实际被生产环节吸收利用的情况，可从资源的投入与资源的实际到位情况的比较中，分数量与质量两方面进行衡量。

用公式可以表示为：资源的利用效率＝实际转化为有效生产要素的资源/实际到位的资源量（符合质量要求的资源数量）。

4. 目标完成率

资源配置是一项具有事前规划性质的决策过程，因此，是否完成既定的目标任务也就成为资源配置效率的一个重要衡量指标。资源配置的目标完成率指的是相较于设定的资源配置目标，资源配置任务的实际完成程度。目标完成率依据资源在不同配置阶段的任务不同，可以划分为资源投入的目标完成率、资源使用的目标完成率以及资源产出的目标完成率三个部分，由此全面反映资源配置的目标完成情况。

用公式可以表示为：资源配置的目标完成率＝资源的实际完成量（符合质量要求的资源数量）/设定的目标完成量＝（资源投入的目标完成率＋资源使用的目标完成率＋资源产出的目标完成率）/3。

（三）资源配置的协调

1. 概念辨析

所谓协调（Coordinating），在《现代汉语词典》里的字面意思是"配合得当、和谐一致"。

在管理学文献中，最早明确定义"协调"的是现代经营管理之父、法国古典管理理论学家亨利·法约尔（Henri Fayol）。法约尔将管理活动分为计划、组织、指挥、协调和控制五大管理职能，提出"五职能说"。他认为，协调具有两个功能，一个就是"企业的一切都要和谐地配合"，以使企业的工作能够顺利地进行，并有利于企业获取成功；另一个功能是"使职能的社会组织机构和物质设备机构之间保存一定的比例”，这个比例要能够使每个机构高效、保质保量完成自己的任务，简言之，“协调的目的是事情和行为都有一个合适的比例”①。

法约尔把协调列为管理的五大职能之一，但以后的管理学者一般不再把协调视为一项单独的管理职能，他们认为协调寓于计划、组织、领导、控制等各项管理职能之中，是“管理的本质”②。

管理学界关于协调的定义很多，陈建华（2013）③ 将其综合，认为协调是指“为了实现组织目标，对组织内外各单位和个人的工作活动和人际关系进行调节，使之相互配合、相互适应的管理活动”。

此外，把协调问题作为重要研究对象的组织管理理论对协调的定义有大量的阐述。美国学者莫兰（Malone，1994）④ 把协调定义为对不同组织间活动的相互依赖性及冲突的管理行为。张子刚（2010）⑤ 则认为协调不仅具有技术性特点，而且具有社会性特点，即协调是指对活动间相互依赖性的合理处置以及主体间利益关联的动态均衡。从协调的目的和状态来看，均衡、和谐、适配以及默契等词常用来对协调进行分析。从协调的过程来看，调节、控制、匹配与治理等动态性词语常用来表征协调。程新章（2006）⑥ 在详细区分协调与协作、合作不同的基础上，认为协调是指以一种和谐的方式促使行为或条件或共同行动相互配合得体的过程。具体地说，协调相对于协作而言，是一种正式的关系，各方的目标和行为本来就是相互的、一致的和共同的，并不需要再次建立一个共同的权威，协调的目的是为了增进相互的利益。邓利斌、刘震宇（2007）⑦ 提出了协调的成本问题，认为协调活动并不都是有效的，会存在协调活动在有利于某一方的同时损害了另一方利益的情况，或者存在协调活动产生的费用过高，超过了部分协调对象所能承受的范围，导致组织关系中断的情况。

在公共管理学中，最具代表性的协调定义包括三个方面的内涵：一是为了一定的共同目标，对各方行为进行持续性规范、调节的过程；二是调节各方的

① 周欣，李霞，卢健，等. 世界古典管理学家管理法则全书［M］. 北京：中国社会出版社，1999：348.

② 陈建华. 管理学 = MANAGEMENT［M］. 郑州：河南大学出版社，2013：237.

③ 陈建华. 管理学 = MANAGEMENT［M］. 郑州：河南大学出版社，2013：237.

④ SCHULZ K A, ORLOWSKA M E. Facilitating cross – organizational workflows with a workflow view approach［J］. Date & Knowledge Engineering, 2004（51）：109 – 147.

⑤ 张子刚. 管理的历史逻辑与协调管理［J］. 企业经济，2010（5）：7.

⑥ 程新章. 组织理论关于协调问题的研究［J］. 科技管理研究，2006（10）：231 –232.

⑦ 邓利斌，刘震宇. 组织成员之间协调的有效性研究［J］. 科技进步与对策，2007，24（3）：180.

利益关系，使各方能够根据一定的时间要求及时运作起来，最大限度为管理目标的实现发挥作用；三是为了某一个共同目标，整合一个群体运动中的不同力量，实现各个主体功能的有机组合。简言之，协调是管理功能、行为和运作三者综合构造、统一、调和和整合的过程。①

综上所述，本研究采用的协调定义是基于有效的前提假设，包含四个特点。

一是协调是一种动态的均衡。由于资源的稀缺，为了提高资源利用的有效性，人的活动、活动与活动之间以及活动主体间利益关系的适配处理都离不开协调。从根本上说，协调的实现是相互关系的各方权力较量后达成的相对稳定均衡状态，时常伴随着某一方或某几方在价值或利益上的调整、妥协和让步，并随着各方力量的变化而变化。因此，协调不仅是某个时点上静态均衡的状态，更主要的是一种动态的均衡。

二是协调具有目标一致的特点。目标一致包含两层意思：一层是协调各方（包括各部门、各层次、资源各使用方向等）拥有一致的目标；另一层是协调的结果符合整体目标的要求，与整体目标要求一致。

三是协调具有行动协调的特点。有限的资源投入活动的各个环节或各个部门，就需要在整体目标要求下对各环节、各部门的资源占有、运行规模、行动执行等进行协调配比，以期提高活动整体的效率和效益。因此，所谓的行动协调包括了协调各方规模、资源占比等的动态均衡与配合得当。

四是协调具有关系和谐的特点。协调解决的是冲突和矛盾，冲突和矛盾主要包含价值冲突和利益冲突两种类型。因此，在一定程度上，协调的实现，不仅意味着公平与效率之间的平衡、平等与自由之间的平衡，而且意味着各方利益关系的和谐。关系有两个层面，系统内部关系和外部关系，因此关系的协调，也就包括了两个方面关系的协调：系统内部各方关系的协调、系统与外部各方关系的协调。

基于上述分析，本研究界定的协调性（Coordination）概念是指为实现一定的共同目标，人的活动及其相互关系彼此适应、配合得当、运作和谐，以及活动主体间的利益关系达成合理动态均衡的特性。协调性包括了目标一致、行动协调、关系和谐三个维度的衡量。

如前文所述，资源配置的协调指的是为实现一定的资源配置目标，资源在配置过程中，各环节、各方向上资源的分配活动彼此适应、配合得当、运作和谐，配置主体间的利益关系达成合理动态均衡的特性。资源配置的协调性越高，

---

① 何云峰，郑卒．公共管理导论［M］．上海：上海三联书店，1997：85.

配置过程中各环节、各方向及利益主体间的矛盾及由矛盾引起的消耗就越少，配置的有效性就越高。

资源配置的协调性可从目标一致性、行动协调、关系和谐三个维度进行衡量。

2. 目标一致性

目标是在行动开始之前制定的计划目标，是行动的指南，决定着行动的方向。目标通常具体表现为规划或计划中设定的业绩形式或任务方向。因此，目标实际上体现了各利益主体的利益关系在其中，不同的利益诉求导致了目标设定过程中的冲突和矛盾。在制订规划和计划时，往往占优势地位的利益相关方决定了目标的最终设定。

资源配置是一个过程，涉及众多的环节、层级和部门，每一个环节、层级和部门都会依据总目标制定每一个阶段各环节、层级、部门的局部目标，制定行为的激励措施，以期实现局部利益的最大化。全局目标的分解以及行为过程中环境因素的客观影响都不可避免地带来局部目标与全局目标要求的不一致，或是行为激励结果与全局目标不一致的状况，从而影响全局目标的实现。与此同时，当各类各级各部门的决策者（占优势地位的利益相关方）对系统整体目标的理解认识不一致，或为了追求部门利益或个人利益最大化，则制定出来的目标也有很大可能会偏离系统整体目标，进而与其他层次、部门、利益相关方的目标追求不相协调，无法形成合力作用，促进资源配置的优化。例如，在教育资源配置的实践中，常出现政府各级教育规划的目标不一致、各类教育规划的目标彼此不相适应或与整体教育目标的不一致、政府与学校规划的目标不一致、高校与院系的目标不一致、行政部门与教学科研部门的目标不一致、教师与学生的目标不一致、学校教育与社会需求的目标不一致等，进而导致教育资源配置效果的不理想。因此，作为行动与评价指南的规划，应严格遵循局部服从全局、各级各部门目标服从整体目标、与整体目标协调一致的原则进行目标的设定。

在资源配置过程中，目标一致性要求包括了两个方面。

（1）局部目标与全局目标要求的一致性

当对全局目标理解偏差，或是对环境研判有偏差，或是部门（层级）利益至上时，就会造成部门（层级）目标与全局目标要求不一致的情况。因此，关注各部门的目标是否与全局目标要求一致，有助于提高整体目标的协调性。在资源配置过程中，资源配置的每一级、每一个部门都有资源的更细化配置，由此，资源的次级配置目标不能与资源配置整体目标要求一致，则不仅影响资源配置整体目标的实现，更会增加资源配置过程中的成本消耗。

具体而言，局部目标（各类各级各部门规划）制定与系统整体目标要求的不一致通常有三种表现：一是规划制订中确定的目标明显与系统整体目标要求不一致；二是规划制订中确定的激励措施所能达到的结果与系统整体目标要求不一致；三是规划制订中确定的具体业绩要求与系统整体目标不一致。

因此，局部目标（各类各级规划制定）与系统整体目标的一致性可以从三个方面进行评价：目标制定的一致性、激励措施制定的一致性、业绩要求的一致性（即成果评价要求的一致性）。

（2）执行行为与目标的一致性

在局部目标（各类分级目标）与整体目标一致的情况下，在目标完成的过程中，仍会因为参与资源配置的人（或部门）因为对规划目标的认识不同，或为追求个人利益（部门利益）而出现与目标完成不相符的行为，导致目标无法完成或完成效果不理想。因此，执行行为是否与目标一致，成为影响资源配置中目标一致性的重要因素。

执行行为与目标是否一致，可从以下三个方面进行评价：执行力度、激励措施、监督反馈情况。

①执行力度

执行力度即是否在实践中去执行和落实完成目标需要的各项任务要求，也可以看成是计划完成情况，从计划执行和完成状况来评价执行力度。

②激励措施

各个组织、部门在完成目标的过程中，都会有各自的激励措施，用以有效发挥组织或部门的工作积极性。而这些激励措施的综合结果存在着与系统目标不一致的情况。因此，可从各组织、部门的激励措施结果与系统目标要求的激励措施进行对比，衡量激励措施的协调一致性。

③监督反馈情况

要实现执行行为与目标结果的一致性，需要一定的监督并不断地对执行中偏离目标的行为进行及时反馈沟通。换而言之，执行行为与目标的一致，就是一个"监督—反馈—调整—监督—再反馈—再调整"的不断螺旋式的前进完善过程，因此，是否存在有效畅通的监督反馈机制是执行行为与目标是否一致的重要影响因素之一，也是目标协调的重要手段之一。监督反馈情况可从是否设立监督反馈机制、"监督—反馈—调整"链的完整性、监督反馈效果三方面进行评价。

3. 行动协调

行动协调意味着教育资源配置过程中的动态协调，体现为资源配置过程中信息是否对称，各决策权限的配比协调性，投入的教育资源要素间在数量、时间上都是否配比协调等。

（1）资源配置中信息的对称性

资源配置中信息的不对称性包括两个阶段的信息不对称：一是制定目标时各利益相关方信息的不对称；二是执行过程中各方信息的不对称。信息是否获得充分、有效的流通影响着资源配置的目标一致性能否较好地实现。资源配置中信息的对称性受到三个因素的影响。

①信息的公开度

因各利益相关方对信息的把握不同而形成占据信息优势和占据信息弱势的两方。在信息公开度不够的情况下，信息的流通受到阻碍，容易造成占据信息优势的一方凭借优势而谋求对己方有利的目标制定或执行行为，而占据信息弱势的一方则因信息获取不足容易产生对目标认识的偏差或对目标的监督反馈能力不足等问题，影响目标的一致性。因此，信息的公开度越高，目标的一致性就越好，协调性也越高。信息的公开度受到公开的范围、公开的形式以及公开的对象三个方面的影响，由此，信息的公开度也可从这三个方面进行评价。

②信息获取的难易程度

当信息流通过程中经过的环节越多，限制的条件越多，信息的获取就越困难，信息的对称性也就越弱。信息获取的难易程度可从信息流通环节数、信息流通的限制条件这两个方面进行评价。

③信息的有用度

无用的信息包括虚假信息、不相关信息以及失效信息等。无用信息在信息流通中越多，则信息的有用度就越低，信息的对称性就越弱，从而影响着资源配置协调性的下降。信息的有用度可从信息的真实性、信息的相关性以及信息的时效性三个方面进行评价。

（2）各决策权限的配比协调性

在资源配置过程中，分配到不同层级、不同部门的权力权限不同，这些权力之间的配比平衡关系直接影响着行动的协调性。

资源配置过程离不开产权这一核心问题，委托—代理理论认为，只有使剩余索取权（对可能出现的未约定收益的要求权）与剩余控制权（对可能出现的未约定收益的决策权）相匹配，即两权配置给同一方，使风险承担者与风险控制者相对应，才能够减少契约不完备性带来的外部性，以达到行动的最优激励结果，促成行动的协调性。否则，容易产生激励扭曲，出现敲竹杠问题。当有剩余控制权而没有剩余索取权时，行动方就会失去追求最优产出的行动动力；

当有剩余收益权而没有剩余控制权时，行动方就会只顾追求个人收益结果的最大化而不关心资源的损耗情况，缺乏对资源损耗的成本控制动机。

因此，可以从是否明确规范剩余索取权、剩余控制权等各项权力间分配的原则，或者是否明确规范各级权力的界限范畴以及是否明确各项权力配比原则的规范要求等方面来评估行动的协调性。

（3）资源要素间的配比协调性

协调是为更好地实现目标服务的，因此，教育资源要素间的配比协调，并非指均等分配，而是让有限资源能够主要流向生产环节的同时协调好各环节间的资源分配，从而促进资源配置目标的实现。资源要素间的配比协调，包括数量上的配比协调、时间上的配比协调。例如，教育领域中，教学部门与行政部门间的配比协调，教室、实验器材等固定资产与教师职工数、学生数、经费投入等之间在数量、时间上的配比协调，可以最大限度提高资源的利用效率。

4. 关系和谐

资源配置的关系和谐包括两部分：组织系统内部的关系和谐和外部的关系和谐。这里所说的关系，指的是主体间或人与人之间的关系。

（1）内部关系和谐

内部关系和谐包括各级之间、部门之间以及各利益相关者之间的关系和谐情况。而关系和谐则包括决策权力的分配（权力结构）与资源配置目标相适应、权力与责任（义务）相当这两方面内涵。

（2）外部关系和谐

外部关系和谐则是指资源配置行为主体与其所处的外部环境、外部利益相关者之间的关系和谐情况。因此，外部关系和谐体现为两方面的关系和谐。

一是外部环境关系和谐。外部环境包括政治、经济、文化等方面，因此，外部环境关系和谐也指资源配置行为主体与其所处的政治、经济、文化等环境的适应、协调程度。

二是外部利益关系和谐。外部利益相关者通常包括公众、政府、企事业单位等利益相关方。资源配置行为主体与外部利益相关者的关系主要表现为利益关系，协调即意味着对存在矛盾冲突的利益关系的妥协调整、博弈较量等。因此，外部利益关系和谐即指资源配置行为主体与公众、政府及企事业单位等外部利益相关方之间的利益关系的调整与协调。

（四）资源配置的效益

1. 概念释义

从字面意义上看，《现代汉语词典》对"效益"一词的解释是：效果与利益。

管理学认为，效益是指有效产出与投入之间的一种比例关系，体现的是正的效果。①

牟成文（2005）② 认为，效益有科学合理与不科学合理之分，现代的"经济效益"应是科学合理的效益概念，是指通过科学投入（活劳动和物化劳动合理配置）而合理获取的符合人类、社会和自然发展需要（包括当下和长远需要）的最大化或最优化的产品与服务。

单东（2005）③ 在具体分析原有经济效益定义缺陷的基础上，给出了经济效益的公式：经济效益 =（劳动成果 – 劳动消耗）/劳动消耗。这里的劳动成果指的是符合社会需要的有用劳动成果；劳动消耗包括了消耗的活劳动和物化劳动；分子中的劳动消耗是指能带来有用劳动成果的那部分劳动消耗，不一定等于分母的劳动消耗，因此不适用于消除。

程水源、江军民、程瑶池（2014）④ 认为，效益是指满足社会需要的劳动成果产出与任何形式的劳动占有或消耗之间的对比关系，是对实践活动有效性和目的性的实现程度的评价。

柯佑祥（2009）⑤ 认为，效率与效益是两个不同的概念。效益是一个综合评价指标，表现形式多样，包括比率和绝对值、直接和间接等多种形式，而效率通常只能以比率或直接形式表示。

李波（2013）⑥ 认为，效益与效率虽然在形式上都表现为投入与产出的比较关系，但二者是有区别的。效益包含两层含义：一是体现为投入与产出的对比关系的数量规定；二是产出的劳动成果必须符合社会的需要，是效益对质的规定。而效率则不包括产出必须是符合社会需要这一规定。从这个角度来说，效益比效率具有更广的含义，效益是效率和有效劳动成果的统一，有效劳动成果是效益的核心。

综上所述，本研究认为效益指的是满足社会需求的劳动成果与所消耗的劳动投入之间的对比关系，在形式上表现为满足社会需要的有用产出收益（有用

---

① 管理效益［EB/OL］. MBA 智库百科. 2016 – 08 – 01.

② 牟成文. 树立科学的效益观——兼对传统"经济效益"定义的评析［J］. 湖北社会科学，2005（1）：66 – 68.

③ 单东. 经济理论与经济改革探索［M］. 太原：山西经济出版社，2005：26 – 27.

④ 程水源，江军民，程瑶池. 大学多元化投资体系与办学效益研究［M］. 北京：中国商业出版社，2014：111.

⑤ 柯佑祥. 教育经济学［M］. 武汉：华中科技大学出版社，2009：57.

⑥ 李波. 区域高等教育投资效益研究［M］. 济南：山东人民出版社，2013：79 – 80.

成果—劳动消耗）与投入的劳动消耗之间的对比关系。效益与效率定义最大的不同在于效益具有社会价值衡量的内涵，只有符合社会需要的有用劳动成果（产品通过商品流通环节可实际转化为货币收益）才是效益所要评价的，而效率反映的则是符合目标质量要求的产出成果（生产产量）与投入的比较，不具有社会价值的衡量内涵。

2. 资源配置的效益

从经济学角度看，资源配置的效益指的是资源配置的经济效益，是由于资源配置结构的变动所产生的产出成果。

马丹（2007）[1] 认为，资源配置效益问题有两层含义：一是社会资源配置效益，即广义的、宏观层次的资源配置效益；二是资源利用效率，是狭义的、微观层次的资源配置效益，可通过生产单位内部的生产管理和提高生产技术实现。

本研究认为，资源配置的效益指的是由资源分配决策所带来的满足社会需要的有用产出与其对应投入之间的对比关系，用公式表示为：资源配置效益 =（有用劳动成果—对应的劳动消耗）/劳动消耗。这里的有用劳动成果指的是由资源分配决策所带来的合格产品（商品）经过流通环节（市场的作用）转换成的货币收入，具有满足社会需求的有用性内涵。分子体现的是产出的利润收益，分母的劳动消耗包括投入的活劳动和物化劳动，指的是总投入的劳动消耗，包括了非有用劳动成果对应的那部分劳动消耗。

在实践中，如何判定属于资源配置决策所带来的有用劳动成果是一个难点。对此，实际评价中主要的做法是：以本系统产生的全部有用劳动成果来间接衡量资源配置决策所带来的有用劳动成果。该方法数据易于获取，不足之处在于存在高估资源配置效益的可能。

本研究认为，实践中除了采用上述方法间接衡量资源配置效益外，还可以通过以下方法进行衡量：资源配置效益 = 决策变动后的（本期）资源配置效益 – 决策变动前的（前期）资源配置效益 =（Δ 有用劳动成果 – Δ 对应的劳动消耗）/Δ 劳动消耗。

资源配置决策是一项相对稳定的决策，即在一定时间内（至少一个生产周期内）保持不变。因此，通过资源配置决策前后期的效益对比，也能够反映出该资源配置决策的有效性。

---

① 　马丹. 高等教育资源配置效益的重合度法研究［J］. 理工高教研究，2007，26（5）：29.

第三节 相关理论在研究生教育资源配置
有效性中的运用和拓展

一、相关理论在本研究中运用的适切性

（一）资源配置理论运用于研究生教育资源配置问题研究的适切性

研究生教育资源配置的配置特性决定了资源配置理论运用于研究生教育资源配置问题研究的适切性。资源配置理论是用以解释分析和指导有限的稀缺资源如何在各个使用方向和用途上进行分配以期实现效益最大化的理论。研究生教育资源配置是指投入研究生教育体系中的有限教育资源，依据一定的方式在体系内部不同组织、不同用途间进行分配和处置，以期实现所要求的教育发展目标，这是资源配置在研究生教育领域里的运用，符合资源配置的特性。所以运用资源配置理论分析研究生教育资源配置问题是合适且必要的。

具体来说，资源配置具有三方面特性：一是用于分配的资源具有多用途性和使用上的排他性；二是不同资源之间具有可替代性；三是生产什么、生产多少、如何生产、为谁生产是资源配置的基本问题。前两个特性决定了资源配置决策的重要性，不同的决策决定了不同的配置方式方法及配置结果和成效。因此，与决策相关的一系列选择问题构成了资源配置的基本问题。

而从研究生教育资源配置本身性质来看，研究生教育资源配置具有明显的配置特性：一是研究生教育资源具有多用途性和使用上的排他性。一项教育资源可被用于多个方向和多个用途，不限于一个，且用于某个方向或用途后，就无法再用于其他方面，具有使用上的排他性。二是不同资源之间具有可替代性，如用于教学的设备投入可以有多种不同型号类型的替代品选择，学生可选择不同的导师，或导师可以选择不同的学生等。三是生产什么、生产多少、如何生产、为谁生产同样是研究生教育资源配置的基本问题。如研究生教育培养什么样的学生、培养多少学生、怎样进行培养教育以及为谁培养学生，这些正是研究生教育的核心，也是研究生教育资源配置需要解决的基本问题。由此可见，研究生教育资源配置本身具有的资源配置特性决定了在分析研究生教育资源配置问题时运用资源配置理论分析的适切性。

（二）有效性理论运用于研究生教育资源配置有效性问题的适切性

研究生教育资源配置有效性问题的本质决定了运用有效性理论的适切性。

有效性理论阐述了事物或活动有效的内涵和判别标准，是价值有效、行为有效和结果有效三方面的有机统一，三者构成事物的质量程度和行动效果的衡量标准。

研究生教育资源配置有效性问题的本质正是要对研究生教育资源配置有效性的内涵、判别标准等问题进行研究，需要解决的基本问题包括依据什么、如何进行、结果怎样三方面。具体来说，即依据什么原则导向来进行研究生教育资源的分配与使用（分配原则是看重公平还是效率，或者其他）、如何分配使用（资源分配的布局与优先顺序应是什么）、结果好坏（该追求什么样的配置结果）等，在本质上分别体现了价值有效问题、行为有效问题和结果有效问题，这与有效性理论所要解决的核心问题是一致的。所以，运用有效性理论的原理和分析框架来分析解决研究生教育资源配置有效性问题是完全合适且必要的。

（三）研究生教育资源配置自身的特点决定了运用理论时的灵活性要求

虽然研究生教育资源配置有效性问题适合运用资源配置理论和有效性理论来进行分析，但由于研究生教育资源配置具有自身的教育属性和特点，因此，本研究在将资源配置理论和有效性理论运用于研究生教育资源配置有效性问题的分析时，将充分考虑问题本身的教育属性和教育特点，在以教育学理论作为根本指导的基础上，灵活运用，合理拓展，而不生搬硬套。

综上所述，本课题将以上述相关理论为依据，具体探讨研究生教育资源配置的有效性。研究生教育是最高层次的教育，是教育的一个组成部分，在符合教育的基本特点、内涵和要求的基础上，相较于其他阶段的教育来说，又具有自身显著特点，如公共产品性质的比重降低、私人服务性质的比重更高；科学研究与教育教学紧密关联等。因此，研究生教育资源配置一方面作为资源配置的一个子系统，资源配置有效性的内涵定义完全适用于研究生教育资源配置有效性的一般分析；另一方面则完全遵循着教育的基本特点和内涵要求，体现出与一般资源配置不同的特殊性，使其在具体衡量标准的判别上有所不同，这是由研究生教育的特点所决定。依据资源配置有效性理论，本研究认为，研究生教育资源配置有效性同样包括了价值有效、行为有效和结果有效三方面内涵，具体体现为公平、效率、协调和效益，是这四维度的有机组合。

二、研究生教育资源配置的公平

（一）概念释义

1. 教育公平

虽然教育学领域的公平满足公平概念的一般性内涵，但由于教育的特殊性，教育公平、教育资源配置的公平有其自身的特殊性，体现出独特的内涵，对研究生教育资源配置公平的内涵理解具有重要直接的影响和借鉴意义。

教育资源配置的公平首先体现为教育公平，是教育公平的重要体现之一，遵循着教育公平的要求。

对于教育公平的内涵，我国学者从多学科角度对教育公平的内涵进行了多维度的界定，不同角度有着不同的界定和理解。其中，被学界广泛接受和采用的教育公平的内涵是指教育公平包括了起点公平、过程公平和结果公平。如王善迈（2008）① 认为，起点公平是指"受教育者权力和受教育机会的公平"，过程公平是指"公共教育资源配置公平"，结果公平是指"教育质量公平"，并认为，"起点公平是教育公平的前提，过程公平是教育公平的条件和保证，结果公平是教育公平的目标"。刘亚敏等（2009）②在分析我国21世纪以来有关教育公平的基本理论时总结说：依据不同的判断角度，学界对教育公平的界定有三种类型，第一种是将教育公平视为事实判断（"是"或"不是"的判断），即视其为一种现实状态，指的是教育的公正、平等和合理性；第二种是将教育公平视为价值判断（"应该"或"不应该"的判断），视其为对现实状态的评价及一种理想的追求；第三种则是二者兼有之，即教育公平既是一种现实的状态，又是对现实状况的评价和理想的追求。章露红（2015）③ 在总结我国二十年来教育公平研究的学术进展时，归纳出学界对教育公平界定的三种认识取向：一是将教育公平视为教育发展的一种理想状态；二是将教育公平视为一种主观的价值判断；三是将教育公平视为一种基本价值理念和行为准则，认为这三种教育公平观都是教育公平内涵的重要内容。

尽管学者们对教育公平的理解和界定各不相同，但有三点认识基本达成共

① 王善迈. 教育公平的分析框架和评价指标［J］. 北京师范大学学报（社会科学版），2008（3）：94.
② 刘亚敏，师东海. 21世纪以来我国教育公平的基本理论研究探析［J］. 教育理论与实践，2009，29（19）：20-23.
③ 章露红. 二十年来我国教育公平研究的学术进展——基于1994—2014年间的文献分析［J］. 复旦教育论坛，2015，13（4）：40.

识：1. 教育公平不等于均等主义，不等于平均主义，不存在绝对的公平；2. 教育公平包括了起点公平、过程公平和结果公平；3. 政府宏观调控是教育公平实现的主要力量，不可缺少。上述三点共识也是本研究认同的基本观点。

此外，本研究也认同：1. 教育公平具有历史性的特点，对公平的判断必须与社会现实发展的条件和状况相结合才具有合理性和现实意义；2. 教育公平不仅是教育发展追求的目标之一，也是一种价值判断，是合乎教育目的和教育发展规律的统一；3. 教育公平不是虚无的、纯理性目标的，而是具有现实客观价值标准，是教育的基本价值理念和行为准则。

2. 教育资源配置公平

教育资源配置公平与教育公平既有相同的地方，存在相互关联；又存在差异，不能等同。教育资源配置在遵循教育公平要求的基础上，体现着自己作为资源配置行为对公平的特殊要求，是二者的综合体现。在目前已有的研究中，对于教育资源配置的公平，不同学者的界定不同。

宁本涛（2000）[①] 认为，所谓教育资源配置公平，指的是教育机会的公平，包括进入教育体系的机会均等、参与教育机会的均等、教育成效的均等以及教育对生活前景机会的影响均等四个方面的内容。

谷满意（2013）[②] 认为，教育资源配置的公平包括了教育资源筹集过程的公平（遵循能力原则筹集教育费用）以及教育资源分配方式的公平（遵循机会均等原则，即参与资源分配的个体拥有占有均等教育资源的机会）。

张琳（2015）[③] 认为，教育公平就是教育资源配置方面的公平，指的是"国家对教育资源进行配置时所依据的合理性的规范或原则，是指每个社会成员在享受公共教育资源时受到公正合理的对待"，体现为平等原则（追求平等）、差别原则（尊重差别）、补偿原则（补偿差距）的统一。

在教育资源配置的公平研究中，同样有不少学者引用美国哲学家约翰·罗尔斯（John Bordley Rawls）的分配正义二原则来衡量和评价教育资源配置的公平性，特别是宏观教育资源配置以及基础教育资源配置的公平性。也有不少学者从教育领域出发，应用、借鉴了部分西方学界在正义论相关讨论中新发展起来的理论，甚至创新发展了新理论来阐释教育分配领域里的公平问题。

---

① 宁本涛. 调整结构，明晰产权——对我国教育资源配置效率与公平问题的制度分析 [J]. 教育与经济，2000（3）：3 – 4.

② 谷满意. 当前我国教育资源配置的公平与效率 [J]. 天水行政学院学报，2013（1）：38.

③ 张琳. 教育公平概念的界定 [J]. 当代继续教育，2015，33（184）：77 – 78.

例如，钟景迅等（2009）① 认为，罗尔斯的第一个正义原则应是义务教育阶段的主要分配原则，而高等教育领域则因为教育市场的供小于求、不均等的分配不可避免以及高等教育具有较高的个人收益率等原因，主要适用的分配原则应该是机会的公正平等原则和差别原则。他还认为，罗尔斯的分配正义论关心的主体是社会物品的分配方式，而在社会物品分配领域之外，各种社会关系中独立存在着不公平和非正义的现象，并且这类不公平和非正义的现象不会因为社会物品、资源得到合理公平分配而自动相应地得到解决。② 因此，他认为，除了物质的分配正义，在教育制度内人际互动层面的关系正义问题也是需要重视解决的公平问题。而关系正义论适用于分析教育领域中的关系的不公平。借鉴关系正义论的观点，他认为在教育领域中，要在关系上实现公平的价值，"就必须要在学校的政策决策上容纳弱势群体……让他们有权在决策中发出自己的声音，并在其中体现他们的要求和立场"③。

蔡春（2010）④ 认为，社会财富分配中涉及教育的分配主要有两个层面：一个层面是社会元权力场域中的分配，在此场域里，教育政策是作为社会公共政策的教育，另一个层面是教育权力场域内部的分配，该场域是作为具体实践活动的场域，在此场域里，教育政策是其基本分配方式，即教育作为社会基本结构的重要组成部分，"既具有制度意义，也具有政策意义"。因此，分配正义适用于考察教育的公正问题，教育公正首先是制度公正和社会基本结构的公正。他认为，要实现教育中的实质公正，有赖于分配公正与关系公正二者的同时良性运行，分配正义适用于考察正式规则对公正所产生的影响，而关系正义则适用于考察非正式规则对教育公正所产生的影响，如"边缘化（权力分配）、文化帝国主义（知识分配）、社会资本（资本分配）等"，是分配正义的重要补充。⑤此外，蔡春（2010）还认为，作为实现教育分配基本方式的教育政策，其所遵循的分配原则的正义性是确保其合法性的前提。教育政策的公正包括教育过程政策的公正和教育秩序政策的公正两个方面。总体而言，教育公正的分配原则

① 钟景迅，曾荣光．从分配正义到关系正义——西方教育公平探讨的新视角［J］．清华大学教育研究，2009，30（5）：16.
② 钟景迅，曾荣光．从分配正义到关系正义——西方教育公平探讨的新视角［J］．清华大学教育研究，2009，30（5）：17.
③ 钟景迅，曾荣光．从分配正义到关系正义——西方教育公平探讨的新视角［J］．清华大学教育研究，2009，30（5）：20.
④ 蔡春．分配正义与教育公正［J］．教育研究，2010（10）：19.
⑤ 蔡春．分配正义与教育公正［J］．教育研究，2010（10）：20.

包括“补偿原则、需要原则和贡献原则等”。①

刘同舫（2012）② 则批判了罗尔斯正义论在教育领域应用中的“罗尔斯教育公正理论情结”，认为罗尔斯的正义论存在理论前提抽象和片面的问题，且其理论归宿（平均主义倾向）与教育的本质背道而驰。由此从教育的本质出发，他认为不应当采取一刀切的评价标准来衡量教育的公正性，衡量教育公正的重要标准是个体身心发展上的公正，而不是社会的公正。

高杭等（2010）③ 认为，公平（罗尔斯的首要原则）与自由（诺齐克的首要原则）是教育政策的固有冲突。他在充分借鉴罗尔斯正义理论与诺齐克理论中合理的部分后提出三点教育公平的内涵：一是“公平”不等于“平等”，教育分配的不平等必须有利于处境不利于学生，使其最终获得与他人同等的入学机会和成功机会；二是“教育公平”要与“教育自由”实现和谐统一，教育的公共政策领域应以“公平”为导向，特别是基础教育；而涉及私人教育资源相关的教育领域则应以“自由”为导向，特别是私立非基础教育；三是教育公平关注的核心应是“学生发展”，“公平发展”不等于“同质发展”。

周金燕（2014）④ 通过对应用于教育领域的分配正义理论进行梳理，并借鉴选择运气理论，认为教育领域的分配结果应当尽可能反映个体自愿选择和努力的结果，而不是他们根本无法控制的环境因素作用的结果。因此，教育资源分配领域应当区别对待原生运气和选择运气分别带来的教育不平等的结果。周金燕（2012）⑤ 通过运用中国健康与营养调查（CHNS）数据，以有工作收入的18—30 岁青年作为研究对象，利用路径分析（Path Analysis）方法进行建模实证分析。作者认为1991—2006 年学校教育分配受原生运气的影响趋于加强，从而使学校教育中促进收入非正义分配的作用得到加强，他认为要充分发挥学校教育中促进收入分配正义的作用，首先必须要保障学校教育自身的分配正义。

综上所述，结合教育公平与资源配置公平的特点，本研究认为，教育资源配置的公平是指教育资源在配置全过程中所具有的公正、平等的价值属性，包括教育资源配置的起点公平、过程公平与结果公平这三个方面的有机统一；遵

① 蔡春. 分配正义与教育公正［J］. 教育研究, 2010（10）: 20.
② 刘同舫. 罗尔斯教育公正理论情结及方法论原则批判［J］. 教育研究, 2012（1）: 44 - 45.
③ 高杭, 薛二勇. 教育公平的涵义变迁、发展困境及释义——基于制度转换与法理思潮的分析［J］. 教育理论与实践, 2010, 30（7）: 54.
④ 周金燕. 教育分配正义的理论述评［J］. 教育科学, 2014, 30（3）: 9.
⑤ 周金燕. 学校教育对收入分配正义的作用——基于运气均等主义的实证研究［J］. 北京大学教育评论, 2012（7）: 94.

循着平等自由原则、机会均等原则、关系公平原则、发展机会公平原则、差别补偿原则等公平性原则，并在不同的教育分配领域里依据不同类型的教育而具体侧重点不同。

3. 研究生教育资源配置公平

依据前文所述的教育资源配置公平的内涵及资源配置有效性理论，本研究将其应用和拓展于研究生教育资源配置领域，梳理和归纳出研究生教育资源配置的公平理论。

由前文的理论论述可推理和拓展出：研究生教育资源配置的公平同样包括了起点公平、过程公平和结果公平三方面的内容。研究生教育资源配置的起点公平即指规则、制度和程序的公平（简称规则公平），遵循着平等自由原则、机会均等原则、关系公平原则和可达性原则；研究生教育资源配置的过程包括了教育资源的配置行为及激励行为措施，其公平性主要遵循着关系公平原则、发展公平原则及差别原则；而研究生教育资源配置的结果则包括了利益分享与结果评价，其公平性主要遵循分享利益机会均等原则、关系公平原则及差别补偿原则等。

由此可见，除了起点的规则公平在资源配置过程中发挥着基础性作用、应用于研究生教育资源配置全过程外，关系公平也贯穿于资源配置的全过程；而在以人的教育为核心的教育资源配置过程中，激励行为措施极大地影响着教育资源配置行为的过程及结果，发展机会公平与差别补偿在教育资源配置过程中处于重要的位置；对于教育资源配置的结果，评价极大地影响着利益结果的分享。因此，为了更直观和深入的分析需要，也为了减少分析维度的重叠性，本研究拟从研究生教育资源配置的特点出发，分类归纳出规则公平、关系公平、激励公平和评价公平四个重要维度进行具体分析。

第一，研究生教育资源配置的规则和程序的公平决定着配置起点的公平，是研究生教育资源配置公平的基础，也是教育公平的重要体现之一。资源配置简单地说，就是资源分给谁，分到哪里，各获得多少，如何平衡，怎样达到目的这样一个资源的分配处置过程。公平价值的作用对象是人，这决定了资源配置从公平角度看就是不同时点资源在不同利益相关人之间的分配问题。而资源配置作为资源稀缺时的必然行为，其作用的对象是资源，由此带有天然的追求资源使用效率的本性，容易忽视公平性。作为公共服务之一的教育，其核心是人，这一特性决定了教育资源配置对效率的追求最终必然是为了实现更高水平的教育公平。正如乔治·伯恩等（2008）所言："如果公共选择改革降低了公共服务使用的公平性,那么改革也是不成功的"①,具有公共服务性质的教育,无论是进行改革还是设计资源配置,都必然顾及和重视公平性,以及以公平性为追求的价值目标,否则,必将遭到民众的反对而失败。

因此,研究生教育资源配置的规则和程序有必要融入公平性的价值理念,确保教育资源配置起点的公平,确保对教育资源配置效率的追求是在公平基础上的追求,从而保证教育改革与发展的被认可与支持。

第二,配置中各方关系的平等与被尊重是研究生教育资源配置公平的核心体现,没有关系的平等与被尊重,也就不可能真正实现教育资源在配置过程中的公平。关系的公平意味着资源配置中对各方利益得失的充分考虑、对权力与责任的对等处置、对信息的平等公开获取以及对弱势一方的尊重与权利的保证等。

第三,资源配置过程中设立奖优罚劣的公平激励机制是研究生教育资源配置过程中实现公平性的重要保证,是公平与效率的统一。低水平的均等不是真正的公平,遏制有潜力的人的发展以满足不努力的人的需要也不是真正的公平;而让每一个人拥有平等的发展机会,让每一个人都能够通过自身努力达到自身理想状态或更优状态,让通过自身努力达到自身理想状态或更优状态的人能够得到肯定和鼓励的激励机制则符合公平的实质意义,这样的公平激励机制是实现教育资源配置公平性的重要内容。

第四,合乎教育目标与教育规律的价值评价机制是研究生教育资源配置公平的结果体现。公平具有主观性,不同的利益群体对于同一事物或行为的公平性会有不同的判断,协调和满足不同利益群体的合理需求也就成为研究生教育资源配置的任务要求之一。研究生教育资源配置的目的是为了在现有资源条件下能够更有效地实现教育目标,而非为实现某一群体的利益或利益追求。因此,对研究生教育资源配置结果的公平性判断,应以是否合乎教育目标、是否合乎教育规律为首要判别标准,建立在此基础上的价值评价机制才能符合研究生教育资源配置的公平要求。

综上所述,研究生教育资源配置的公平是指研究生教育资源在配置的全过程中所具有的公平平等的价值属性,包括资源配置的规则和程序的公平(规则公平)、贯穿配置始终的各方关系的平等与被尊重(关系公平)、配置过程中奖优罚劣的公平激励机制(激励公平)、配置结果中合乎研究生教育目标与教育规

---

① 〔英〕乔治·伯恩,凯瑟琳·约尔,珍妮·劳,等. 公共管理改革评价:理论与实践 [M]. 张强,魏清华,韩莹莹,等译. 北京:清华大学出版社,2008:26.

律性的价值评价机制（评价公平）等方面，即研究生教育资源配置的公平是规则公平、关系公平、激励公平与评价公平四个方面公平的有机统一。

（二）规则公平

如前文所述，研究生教育资源配置的规则程序公平遵循着平等自由原则、公平机会原则、关系公平原则及可达性原则这四个公平原则。

1. 平等自由原则

参与研究生教育资源配置的利益相关者都拥有平等的权利和义务，拥有自由平等的选择权。因此，权利与义务的分配规则应严格遵照这一基础原则进行规范。

2. 公平机会原则

公平机会原则表现在两方面：一是指在制定研究生教育资源配置的规则、程序等制度时，各利益相关者享有公平的参与机会；二是制度规则的确定中，资源的配置应依据机会均等的原则进行教育资源的配置，而非以分配对象原先持有的禀赋优劣为依据进行分配。

3. 关系公平原则

在规则公平要求中的关系公平原则，首先指的是制定制度规则的过程中，相关利益各方地位是平等的：能够平等地表达意见和诉求，平等地获取相关信息、选择权的受尊重等。其次是指在规则程序等制度中，资源配置规则按照各方关系平等的原则加以确定。

4. 可达性原则

这一原则要求所确定的制度规则在实际操作中是可行的、可实现的。

（三）关系公平

关系公平原则包括两方面：关系平等原则和权责相当原则。

1. 关系平等原则

关系平等原则是指研究生教育资源配置的利益相关者拥有平等的分配地位，享有平等参与权、平等表达权、平等信息获取权、自由选择尊重权等关系的平等。关系平等原则贯穿于研究生教育资源配置的始终，从研究生教育资源配置的起点来看，关系平等原则不仅应体现在制订相关规则程序的过程中，也应体现在相关规则程序的制度中；从研究生教育资源配置的过程来看，关系平等原则体现在激励机制的作用过程中；从研究生教育资源配置的结果来看，关系平等原则体现在资源配置利益分享及评价的过程中。

在研究生教育资源配置过程中，依据关系平等原则，正确处理政府、高校、社会间的关系，行政权力与学术权力间的关系，高校、研究生导师、学生间的关系以及高校间、教师间、学生间等群体内部关系显得尤为重要。

2. 权责相当原则

权责相当原则要求配置规则制度应始终确保各利益相关者享有的权力与责任相当，权利与义务相当。

（四）激励公平

激励公平包括关系公平原则、发展公平原则、运气均等原则和差别原则。在研究生教育资源配置过程中，建立有效的奖惩体系、考核制度、资助体系，设立完整的"监督—反馈—调整"链，都需要综合考虑关系公平原则、发展公平原则、运气均等原则和差别原则，处理好公平与差异的关系，才能有效发挥激励的公平性，真正促进研究生教育资源配置效率的提高。

（五）评价公平

评价公平主要包括两个原则：关系公平原则和标准统一性原则。研究生教育资源配置的评价公平从研究生教育的职能来看，包括了人才培养结果的评价、科学研究结果的评价以及服务社会结果的评价三个方面的公平；从参与研究生教育资源配置的主体来看，包括了高校研究生教育的评价、教职工工作绩效的评价、学生学习成效的评价等方面的公平。无论是针对人或者事物的评价，均应遵循评价公平的两个原则。

三、研究生教育资源配置的效率

（一）概念释义

研究生教育作为最高学历层次的教育，在教育的特点、目标、手段与方法等方面均具有自身的特点，高层次性、研究性、创新性和开拓性是研究生教育的显著特点①，而比其他阶段的教育都更加重视人才培养与科学研究、服务社会的结合，这是研究生教育的特殊性体现。研究生教育的特点决定了研究生教育资源配置有区别于其他类型教育资源配置的特殊性，研究生教育资源配置效率的衡量也有其自身的特点和要求。

本研究认为，研究生教育资源配置效率是用以衡量研究生教育资源配置有效性的衡量指标之一，指的是在一定的社会经济条件下，通过改变或优化所拥有的研究生教育资源在不同主体、不同方向上的资源分配决策，能够促使研究生教育资源的产出效益最大化，或更好地实现人们对研究生教育的期望与需求。

---

① 杨德广，谢安邦. 高等教育学 ［M］. 北京：高等教育出版社，2009：403－404.

如前文所述，资源配置有效性理论适用于研究生教育资源配置效率的具体分析，不过在具体问题分析时需要充分考虑到研究生教育的特点，以保证分析的合理性及可信度。具体来说，研究生教育资源配置效率的含义包括两方面：

一方面，研究生教育资源配置效率反映了研究生教育资源在研究生教育领域里不同主体、不同方向上的分配状况，与研究生教育的生产效率、X 效率是关注点不同的三大效率之一；在一定的条件下，研究生教育资源配置效率能够通过研究生教育的生产效率、X 效率的综合评价来间接体现。

另一方面，研究生教育资源配置效率的主观性决定了研究生教育资源配置的目标完成率在一定程度上反映了研究生教育资源配置的效率。因此，研究生教育资源配置效率能够体现为研究生教育资源配置的结构效率、转化效率及目标完成率的综合评价。

（二）结构效率

研究生教育资源在不同主体、方向、层次上的分配安排和组合，形成了一定的资源配置结构。研究生教育资源配置的结构指的是在研究生教育资源配置过程中，研究生教育资源在教育系统的不同层次、不同主体、不同环节的分配安排。具体而言，研究生教育资源配置的结构可分为纵向结构和横向结构。研究生教育资源配置的纵向结构是指研究生教育资源在教育系统的不同组织层次、不同学历层次间的分配安排。研究生教育资源配置的横向结构则是指研究生教育资源在不同高校、不同学科、不同主体间的分配构成。

1. 研究生教育资源配置的纵向结构效率

从研究生教育系统的纵向看，研究生教育系统包括了学历层次结构和组织层级结构两部分。学历层次结构包括了硕士、博士两个学历层次；组织层级结构包括了教育主管部门、高校研究生院、学科院系三个层次。研究生教育资源配置从纵向上看，资源正是在这两个结构中进行分配、流转和使用。因此，研究生教育资源配置的纵向结构可以分为学历层次结构和组织层级结构两部分。

（1）学历层次结构效率

研究生教育的学历层次区分为硕士学历和博士学历，资源在两者间的分配安排构成了研究生教育资源配置纵向结构的一部分。硕士培养与博士培养是不同的两类培养，两者培养目标、培养方式、培养规模、培养要求等均有不同，而社会对硕、博士的需求也不相同，硕、博士培养对资源需求也不尽相同。因此，对硕、博士培养的资源配置结构是否合理、有效率，直接影响到研究生教育资源配置的效率。

学历层次结构效率可以从硕、博士学历层次的资源投入比与产出比的比较、产出比与社会需求比的比较两个方面来进行衡量。

（2）组织层级结构效率

研究生教育资源配置的过程中，资源从投入到最终使用，通常包括了各级教育主管部门、学校（研究生院）、学院、系、导师（组）这五个组织层次。在实际工作中，并非每一次、每一类资源的配置都需要经历完整的五个组织层次，而是会依据资源的类型、资源使用者的不同而有所不同。虽然组织层级结构的存在是为了更好地实现资源配置的目标，提高资源配置的效率，但究竟采用怎样的组织层级结构，在实际工作中还是会受到拥有资源支配权的组织层级对自身利益追求的影响，从而出现不利于提高资源配置效率的结构决策。

综上所述，组织层级结构效率受到层级数、层级管理幅度（资源控制权力幅度）的影响。因此，研究生教育资源配置的组织层级结构效率可以从组织层级数、各层级管理幅度对比两个方面进行衡量。

2. 研究生教育资源配置的横向结构效率

研究生教育资源配置的横向结构包括了部门结构、学位类型结构以及职能结构三部分，对应地，研究生教育资源配置的横向结构效率就体现为部门结构效率、学位类型结构效率以及职能结构效率的综合评价。

（1）部门结构效率

研究生教育资源配置体系中，部门结构指的是行政管理部门与教学科研部门间的资源配置构成。因此，研究生教育资源配置的部门结构效率即指资源在行政管理部门与教学科研部门间的构成状况，该资源构成状况越能促进教育生产效率提高，就越具有高的部门结构效率。

资源配置的实质就是对相对稀缺的资源在各种不同使用方向上如何进行分配的决策，以期以最少的资源耗费，获得收益的最大化或需求的最大满足。制度经济学认为，资源有限的情况下，非生产环节占用的资源越多，生产环节占用的资源就相对越少，也就越不利于产出效益的提高。换而言之，资源越集中、越多地集中于生产环节，越能带来产出效益的增多。因此，在研究生教育资源配置过程中，资源越多地投入到教学科研部门，越少地占用在行政管理部门，则教育的产出效益就越高。

综上所述，研究生教育资源配置的部门结构效率可通过行政管理部门与教学科研部门的资源占有量的比较来衡量。

用公式可以表示为：部门结构效率＝教学科研部门的资源占有量/行政管理部门的资源占有量

（2）学位类型结构效率

目前我国研究生学位教育分为两类：学术型学位教育与专业型学位教育。前者偏重学术能力的培养，后者偏重专业实践能力的培养。本研究所指的学位类型结构效率，即指资源在学术型研究生教育与专业型研究生教育间的资源配置构成。学位类型结构是否合理、有效率，受到学位教育的规模与其投入资源量是否配比的影响，因此，研究生教育资源配置的学位类型结构效率可通过衡量资源占有量与其教育规模是否配比来体现。

（3）职能结构效率

研究生教育具有培养人才、科学研究和服务社会三大基本职能，研究生教育资源配置不可避免地需要面对资源在三大基本职能间配置的结构性问题，而资源在培养人才、科学研究和服务社会这三大职能间的配置构成，则体现为研究生教育资源配置的职能结构效率。

教育最本质的职能是培养人才，作为教育一个分支的研究生教育也不例外。因此，人才培养是研究生教育的核心职能工作，是资源应优先配置的环节；科学研究是研究生教育的重要职能工作，同时作为研究生培养的手段与平台，是资源应重点配置的环节；而服务社会是研究生教育融入社会，把知识转化为现实生产力的一个重要职能，服务社会需要以人才培养和科学研究为前提基础才能更好地发挥作用。因此，研究生教育资源配置的职能结构效率可通过衡量资源在三大职能工作中的占有量与其工作规模、产出效益等的比较来评估。

（三）转化效率

在研究生教育过程中，研究生教育资源的流转、转化过程中的效率，即为研究生教育资源配置的转化效率。下面，拟从研究生教育资源的到位效率、流动速率和利用效率三方面对研究生教育资源配置的转化效率进行具体分析。

1. 研究生教育资源的到位效率

研究生教育资源的到位效率，是指资源到达最终使用者的情况。资源的到位效率，受到三个方面因素的影响：

（1）计划或规划情况

资源到位效率隐藏着一个核心含义——到位效率是一个比较值，没有比较就不存在到位情况，而是投入情况。而这个比较，指的是相较于计划或规划，实际到位的情况。

（2）实际到位的资源的数量情况

实际到位的资源数量情况，体现了资源在配置过程中的折耗情况。折耗越多，则资源配置的转化效率越低，从而对资源配置效率产生负面影响。

（3）实际到位的资源的质量情况

效率包含成本、数量和质量三方面内涵，因此，资源的实际到位情况必须包含对质量的要求，从而完整体现资源的到位效率。

综上所述，研究生教育资源的到位效率可从实际与计划的比较中，通过对数量和质量的综合评价来体现。

用公式可以表示为：研究生教育资源的到位效率＝实际到位的资源量（符合质量要求的数量）/计划到位的资源量（符合质量要求的数量）

2. 研究生教育资源的流动速率

资源的流动状况直接影响着资源配置效率的高低。衡量研究生教育资源的流动状况的指标即为研究生教育资源的流动速率，是指研究生教育资源从投入到最终使用这一配置过程的流动速度，即资源完成配置所占用的时间长短。因此，研究生教育资源的流动速率可以通过资源实际到位所需耗费的时间、生产要素的短缺所占用的时间等进行衡量。

用公式可以表示为：研究生教育资源的流动速率＝（资源实际到位耗费的时间＋生产要素短缺占用的时间）/实际到位的资源数量

3. 研究生教育资源的利用效率

在资源配置的过程中，总有一部分资源，在到达资源使用者手中时，并没有真正被利用，而是沉淀下来，成为沉淀成本，无法对产出效益起到正面作用，是资源的一种浪费。

资源的利用效率包括两部分：一部分是指在资源配置的过程中，资源转化为有效的生产要素前的实际利用程度；一部分是指转化为有效的生产要素后的资源，到形成产出效益的这一段过程的资源使用情况。前者即为本研究所要衡量的资源的利用效率，后者属于生产过程中的效率衡量，不在本研究探讨的范围之内。

综上所述，本研究定义的研究生教育资源的利用效率即是用来衡量资源在配置过程中实际被利用的情况，可从资源的投入与资源的实际到位情况的比较中，分数量与质量两方面进行衡量。

用公式可以表示为：研究生教育资源的利用效率＝实际转化为有效生产要素的资源/实际到位的资源量（符合质量要求的资源数量）

（四）目标完成率

教育资源配置是一个具有事前规划性质的决策过程，因此，是否完成既定的目标任务、满足教育需求目标也就成为教育资源配置效率的一个重要衡量指标。研究生教育资源配置的目标完成率指的是相较于设定的研究生教育资源配置目标，资源配置任务的实际完成程度。目标完成率依据资源在不同配置阶段的任务不同，可以划分为资源投入的目标完成率、资源使用的目标完成率以及资源产出的目标完成率三个部分，由此全面反映资源配置的目标完成情况。

1. 研究生教育资源的投入目标完成率

投入目标完成率可以从实际获得的资源量与年度计划投入的资源量的比值来体现。

用公式可以表示为：资源投入目标完成率 = 实际获得的资源量/年度计划投入的资源量

2. 研究生教育资源的使用目标完成率

使用目标完成率可以从年度实际投入使用的资源量与实际到位获得的资源量的比值来体现。

用公式可以表示为：资源使用的目标完成率 = 年度实际投入使用的资源量/实际获得的资源量

3. 研究生教育资源的产出目标完成率

产出目标完成率可以从年度实际产出量与计划完成的产出量间的比值来体现。

用公式可以表示为：资源的产出目标完成率 = 年度实际产出量（符合质量要求的产出数量）/计划完成的产出量

综上所述，研究生教育资源配置的目标完成率，用公式可以表示为：资源配置的目标完成率 = 资源的实际完成量（符合质量要求的资源数量）/设定的目标完成量 = （资源投入的目标完成率 + 资源使用的目标完成率 + 资源产出的目标完成率）/3。

四、研究生教育资源配置的协调

研究生教育资源配置的协调是指为了实现有限的研究生教育资源得到更有效的利用，从而有效提高研究生教育质量这一目标，投入研究生教育系统的各种资源之间、投入的各环节及各部门之间、资源配置行为与其他教育活动之间彼此适配、运作和谐，以及资源配置的主体间利益关系达成合理动态均衡的特性。依据资源配置有效性理论，下面，拟从协调的三个维度，即目标一致性、行动协调性以及关系和谐性三个方面对研究生教育资源配置的协调进行具体分析。

（一）目标一致性

1. 各级规划制定与系统整体目标的一致性

在研究生教育资源配置中，这一目标的一致性主要表现为两方面：

一方面是从纵向上看，不同管理层级或不同学历层次所确定的资源配置目标与其所在系统的整体资源配置目标保持一致。

另一方面是从横向上看，不同管理部门、不同职能或不同使用方向上所确定的资源配置目标与其所属系统的整体资源配置目标保持一致。

如前文所述，这一目标的一致性可以从三个方面进行评价：目标制定的一致性、激励措施制定的一致性、业绩要求的一致性（成果评价要求的一致性）。

2. 执行行为与目标的一致性

依据资源配置有效性理论，执行行为与目标是否一致，通常可从以下三个方面进行评价：执行力度、激励措施、监督反馈情况。

（二）行动协调性

1. 资源配置中信息的对称性

资源配置中信息的对称性受到三个因素的影响：

（1）信息的公开度

信息的公开度可以从信息公开的范围、公开的形式以及公开的对象三个方面进行评价。

（2）信息获取的难易程度

信息获取的难易程度可从信息流通环节数、信息流通的限制条件这两个方面进行评价。

（3）信息的有用度

信息的有用度可从信息的真实性、信息的相关性以及信息的时效性三个方面进行评价。

2. 各决策权限的配比协调性

在我国教育资源配置过程中，由于教育资源主要来源于政府部门的公共财政支出，因此所有权更普遍地被区分为事权、财权、财力等权力进行讨论和对待。所谓事权，指的是某一级政府部门或组织机构在公共事务和服务中所应承担的任务和职责。财权指的是某一级政府部门或组织机构所具有的筹集和获取收入的权力。财力指的是某一级政府部门或组织机构所拥有的、可供支配使用的收入。

事实上，从同一层面来看，如从学校层面或学院层面来看，行动的协调性要求事权（承担的支出责任）与财权（筹集收入的权力）相协调、匹配；而从上下层级来看，如学校与学院之间，事权（承担的支出责任）应与财力（拥有的资源数量）相协调、匹配，才能有效实现行动的协调性。因此，可以从是否明确规范事权、财权、财力间，或剩余索取权、剩余控制权等各项权力间分配的原则，或者是否明确规范各级权力的界限范畴以及是否明确各项权力配比原则的规范要求等方面来评估行动的协调性。

在研究生教育资源配置过程中，从组织结构上看，各决策权限的配比协调性表现为不同层级、不同部门的权力权限间的协调配比；从配置主体的角度看，表现为行政权力与学术权力间的协调配比；从所有权角度看，则表现为事权、财权、财力之间，或剩余控制权与剩余索取权之间的协调配比。

3. 资源要素间的配比协调性

在研究生教育资源配置过程中，资源要素间的配比协调性包括人、财、物投入时在数量、时间上的配比协调。

（三）关系和谐性

关系和谐包括研究生教育资源配置系统内部关系和谐、外部关系和谐两方面。在研究生教育资源配置过程中，无论内部关系还是外部关系，关系的和谐程度均可以从是否有明确的制度规范加以保障和谐的关系秩序、是否明确界定资源配置主体间的权责关系、是否具有解决矛盾冲突的协调机制、是否增加权力执行的公开与透明程度、是否具有完整的"监督—反馈—调整"机制、是否具有公正有效的问责制度等方面加以估量。

五、研究生教育资源配置的效益

教育资源配置效益的内涵定义要求完全适用于研究生教育资源配置的效益分析。研究生教育资源配置的效益指的是由研究生教育资源配置决策所带来的符合社会需求的有用产出收益与其投入的劳动消耗之间的对比关系。用公式可表示为：

研究生教育资源配置效益 =（有用劳动成果 – 对应的劳动消耗）/总投入的劳动消耗

实践中对研究生教育资源配置效益的评估可以通过两个方法同时进行。

方法一：以研究生教育的有用产出成果替代研究生教育资源配置的有用产出成果进行效益的衡量。这个方法具有数据容易收集、易操作的优点，不足之处就在于存在高估研究生教育资源配置效益的可能。

方法二：通过计算研究生教育资源配置决策前后期的变化量来评估研究生教育资源配置效益的优劣。公式为：

教育资源配置效益＝决策变动后的（本期）资源配置效益－决策变动前的（前期）资源配置效益＝（Δ有用劳动成果－Δ对应的劳动消耗）/总投入的劳动消耗（前期）

研究生教育资源配置效益可以从人才培养、科学研究、社会服务三大类型的产出成果进行分析。

高等教育的三大职能是人才培养、科学研究和社会服务，因此，研究生教育资源配置效益也应该由人才培养、科学研究、社会服务三大产出效益来综合体现。

（一）人才培养的产出效益分析

1. 人才培养上的有用产出收益的衡量

教育最核心的职能是培养人才，符合社会需求的人才是教育在人才培养上的有用产出，不同层次的教育对其人才培养的产出有不同的界定和衡量。从一般性意义上来看，通过教育培养出达到各级教育毕业要求的毕业生，是各级教育的产出成果，其中，符合社会需求或人们期望的那部分毕业生，则是各级教育的有用产出收益，有用产出收益等于或小于产出成果。例如，义务教育阶段在初中学业完成后，符合毕业要求的毕业生均是义务教育阶段的产出成果；由于我国《劳动法》规定年满16周岁即可参加工作，因此，除了继续求学（升学或出国求学）的毕业生外，那部分参加社会工作的毕业生也应作为义务教育阶段的有用产出收益。又如研究生教育阶段，符合毕业要求的毕业生均属于研究生教育阶段的产出成果，其中，就业、升学的毕业生属于研究生教育阶段的有用产出收益。

2. 人才培养投入的劳动消耗的衡量

如前文所述，劳动消耗包括活劳动和物化劳动，因此，人才培养投入的劳动消耗即教育教学过程中所发生的劳动消耗和劳动占用，包括教职人员的成本费用、教育过程所需的劳动消耗以及教育媒介所产生的劳动消耗。

3. 提高人才培养产出效益的资源配置安排

在人才培养过程中，重视人才培养质量是提高人才培养效益的核心，提高资源配置效率以有效降低成本是提高人才培养效益的重点。两者不是矛盾的，而是可以在教育资源配置过程中得到统合，共同促进研究生教育资源配置效益的提升。提高资源配置效率，增加教育资源对生产性环节（教育教学）的投入，并减少在非生产性环节（教育教学）的消耗，能够有效提高资源配置效率，让教育教学活动的资源需求得到优先保障，有利于提高人才培养的质量。反过来，对人才培养质量的重视，会促使教育资源配置结构产生调整的需求，使资源更多地向教育教学环节流动，进而减少在非生产性环节的投入，同时注重提高资源的配置效率，由此促进人才培养效益的提高。

简言之，重视人才培养的质量，优先满足教育教学活动的资源需求，尽可能减少非生产性环节的资源投入及消耗，是有效提高人才培养产出效益的资源配置安排。

（二）科学研究的产出效益分析

1. 科学研究的有用产出收益衡量

科学研究的产出成果通常包括教师和学生在相应的教育阶段所获得的科学研究成果，从形式上看包括了完成的课题项目、发表的论文著作、申报的专利项目等；其中，符合社会需求的有用产出收益是小于或等于有用产出结果。科学研究分为基础研究和应用研究，对于基础研究来说，由于其社会效益是长期的、基础性和隐性的，因此很难具体判断和区分某些基础研究成果是否符合社会需求，但基础研究是应用研究的基础，可以说，基础研究的社会效益从本质上来说远远大于应用研究，因此，本研究认为，属于基础研究的那部分科研成果可以归入有用产出收益部分。由此，科学研究的有用产出收益包括了完成的课题项目、发表的论文著作以及获取的专利项目等。

2. 科学研究投入的劳动消耗衡量

科学研究投入的劳动消耗指的是从事科学研究过程中所发生的劳动消耗。在实践中，科学研究投入与教育教学研究投入的区分是一个难点。本研究认为，作为教学目的的科研项目平台，其所发生的费用应在科学研究投入与教育教学研究投入两者间按比例分摊（能明确归属的费用）或者平摊（无法具体区分或共同发生的费用）。

3. 提高科学研究产出效益的资源配置安排

在研究生教育中，科学研究工作不仅是创新科研成果的重要环节，也是培养人才的重要载体和平台。要提高科学研究工作的产出效益，需要做好两方面的工作：一是提高师生投入科研工作的热情和积极性；二是为科研工作创造良好的条件和环境。因此，在研究生教育资源配置中，在确保教育教学活动的资源需求的基础上，重点保证科学研究工作对资源的合理需求，实行有效的激励机制、合理的工作绩效评价体系，以及有弹性的财务制度规范等，都是有利于提高科研产出效益的资源配置安排。

（三）社会服务的产出效益分析

1. 社会服务的有用产出收益衡量

教育的社会服务包括咨询服务、培训、科研力量支持等。由于教育的社会服务本身就是面向社会，因此，其产出成果也必然为产出收益，即产出收益等于产出成果。

2. 社会服务投入的劳动消耗衡量

社会服务投入的劳动消耗指的是从事社会服务过程中所发生的劳动消耗。由于社会服务的有用产出收益等于产出成果，故其对应的社会服务投入的劳动消耗也等于社会服务的产出成果所对应的劳动消耗。

3. 提高社会服务产出效益的资源配置安排

由上文的分析可知，要提高社会服务产出效益，只要增加社会服务的产出成果或降低提供社会服务所耗费的成本即可。因此，增加高校与所在社区、区域的合作与交流，加强产学研用体系建设，建立良好的对外协调机制和沟通渠道，实行高效的资源共享机制等，均可有效提高社会服务产出效益。

第四节　本章小结

本章具体阐述了本研究的理论基础——资源配置理论和有效性理论，探讨相关理论在研究生教育资源配置研究中的适切性；在此基础上，本章系统梳理、归纳论述资源配置有效性理论、资源配置有效性理论在教育领域的应用、在研究生教育资源配置理论和实践中的拓展。从资源配置的公平、效率、协调及效益四个维度全面阐释、解读资源配置的有效性和研究生教育资源配置的有效性，探讨、把握好研究生教育资源配置有效性的科学定义、内涵、评判的标准和依据等。

资源配置理论包括资源配置的原理、作用机制、资源配置优化等理论。广义的资源配置指的是社会总产品的配置，而狭义的资源配置则是指生产要素的配置。通过各类资源的合理配置，以求获得经济效益的最大化。狭义的资源配置追求效率至上；而广义的资源配置则不仅以效率为追求，也要求实现配置的公平、社会经济总体的稳定。

有效性理论是关于质量程度和行为效果衡量的理论。综合各学科领域有关有效性内涵的阐述，本研究归纳出有效性理论的基本内涵：所谓的有效性，指的是能够真实反映人的活动的价值效益、行为效益和结果效益的特性，它包含了价值有效、行为有效和结果有效三个方面的内涵。

根据资源配置理论和有效性理论，本章总结归纳、系统论述了资源配置有效性理论，并将其应用和拓展至研究生教育资源配置有效性理论的研究中。

研究生教育资源配置有效性由公平、效率、协调和效益四个维度组成。

公平具有主观性、相对性、历史性的特点，既包括物质及资源分配方面的公平，又包括贯穿于社会生活方方面面的关系公平，有起点公平（规则制度、程序的公平）、过程公平（分配行为、激励措施的公平）、结果公平（分享、评价的公平），三者有机统一，构成评估资源配置公平性的整体。

效率指的是在一定的社会经济条件下，通过改变或优化所拥有的资源在不同主体、不同方向上的分配，促使资源的产出最大化，或更好地实现人们对产出的期望与目标。资源配置效率可体现为资源配置的结构效率、资源的转化效率及目标完成率三方面的综合值，并通过生产效率和 X 效率的综合量化值间接反映资源配置效率的情况。

协调是一种动态的均衡，具有目标一致、行为协调、关系和谐的特点。所以，协调性包括目标一致、行为协调、关系和谐三个维度的衡量。

效益指的是满足社会需求的劳动成果与所消耗的劳动投入之间的对比关系，在形式上表现为满足社会需要的有用产出收益与投入的劳动消耗之间的对比关系。效益与效率是不同的概念，最大的不同在于劳动成果（即产品通过商品流通环节可实际转化为货币收益）才是效益所要评价的，而效率反映的则是符合目标质量要求的产出成果（生产产量）与投入的比较，不具有社会价值的衡量内涵。

研究生教育资源配置的特性决定了资源配置理论的适切性；研究生教育资源配置有效性问题的本质决定了有效性理论运用的适切性，因此，资源配置有效性理论完全适用于研究生教育资源配置有效性问题的分析与研究。

第四章

研究型大学研究生教育资源配置有效性评价模型的建构

综合前述的理论分析及已有的研究成果，从理论层面来看，研究生教育资源配置的有效性无法由单一的维度来充分体现，而是多维度共同作用的结果。经过理论分析，本研究认为，研究生教育资源配置的有效性是由公平、效率、效益和协调四个维度组成。因此，本研究拟以此为模型建构分析的理论假设，即研究生教育资源配置的有效性由公平、效率、协调和效益四个维度组成，通过定量分析方法对研究生教育资源配置有效性的四个维度加以验证，以建立研究型大学研究生教育资源配置有效性的评价模型，为今后更为准确地评价研究生教育资源配置有效性提供科学依据。

第一节　研究设计

研究生教育资源配置的有效性是否可衡量？又该如何衡量？前文阐述的研究生教育资源配置有效性理论为研究生教育资源配置有效性的衡量提供了理论基础，本章拟从实证分析的角度，采用问卷调查方法和数量统计的方法进行更深入研究，尝试建立起有效性的评价模型，一方面验证理论的可行性，另一方面为评价研究生教育资源配置的有效性提供切实可行的衡量评估方法。

一、研究目的

本研究拟以研究生教育资源配置有效性理论为基础，通过对教育部直属的研究型大学发放调查问卷，依据实际情况编制我国研究生公共教育资源配置情况调查问卷，获取高校研究生导师、与研究生事务相关的行政管理人员及研究生三类人群的调查数据，运用数理统计方法计算有效性四个维度的权重，建构我国研究型大学研究生教育资源配置有效性的评价模型，为评价我国研究型大学研究生教育资源配置的有效性提供衡量方法和科学依据。

本次问卷分为三大部分：第一部分为基本信息题，了解被调查者的基本信息情况；第二部分为态度评价题，了解被调查者对研究生教育公共资源，特别是研究生教育经费在配置过程中所体现出来的公平、效率、协调、效益等的感知认识以及被调查者对研究生教育经费配置有效性的满意度。该部分采用5点式李克特量表（Likert scale），选项分为5个回应等级，对应1—5分：1分——非常不认同/强烈反对；2分——不认同/不同意；3分——认同感一般/既不同意也不反对（无所谓）；4分——认同/同意；5分——非常认同/非常同意。针对研究生导师，此部分题量设计了43题；针对与研究生事务相关的行政管理人员设计了42题；由于学生对研究生教育经费配置过程的了解有限，此部分的题量仅保留11题。第三部分为描述评价题，作为第二部分的补充，目的在于了解调查对象在研究生教育培养过程中（学生则是在学习过程中）的日常做法及对研究生教育经费配置等的看法和评价。

二、研究方法

本研究主要采用问卷调查法与统计分析法相结合的研究方法，所用的问卷是依据研究生教育资源配置有效性理论、调研目标与对象特点自行设计，详见附录一。

问卷发放采取网络填写与纸质填写两种方式。在初期试调查阶段，采用网络填写、纸质填写与访谈填写相结合的方式。由于网络填写方式具有较强的随意性和身份的不确定性，而访谈填写则受限于小范围和较小的调查数量，因此，在正式调查阶段，问卷的发放全部采取纸质填写方式进行。

对问卷回收获得的数据，本研究利用SPSS统计软件以及EXCEL办公软件，运用独立样本T检验、因素分析、主成分分析、相关分析、回归分析等统计分析方法进行数据的分析处理，在样本数据可信、有效的判别基础上，尝试建立起研究型大学研究生教育资源配置有效性的评价模型，作为高校研究生教育资源配置有效性理论的佐证和有益补充，为实践中高校研究生教育资源配置体制的改革工作提供科学、可行的参考依据。

三、研究对象

在"双一流"建设中，研究型大学是主力，且在教育部直属高校中，研究型大学也是研究生培养的主体。因此，本研究的实证分析仅以研究型大学为对象进行研究。

　　为剔除先天资源禀赋差异对分析资源配置有效性的影响，此次问卷的调查范围仅面向教育部直属的研究型大学。根据2016年9月5日由中国科学评价研究中心、中国科教评价网（www. nseac. com）和武汉大学中国教育质量评价中心共同发布的2016年中国研究生教育综合排行榜，选取排名居于前段及中上段的高校为调查对象。同时，调查对象也考虑了地区的差异性，使问卷结果更具一般代表性。因此，问卷调查对象主要选取10所高校进行发放：厦门大学、山东大学、同济大学、东南大学、华南理工大学、电子科技大学、南京大学、北京大学、武汉大学、华东师范大学。这10所高校分布在北京市、上海市、山东省、江苏省、湖北省、福建省、广东省和四川省8个省、市地区，具有普遍的代表性，能够较好地反映研究型大学研究生教育资源配置的一般情况。

　　根据研究的需要，此次问卷的调查对象选取与研究生教育经费配置密切相关的三个利益关系主体：研究生导师、研究生事务相关的行政管理人员、研究生。

四、问卷预测试

　　依据研究生教育资源配置有效性理论、研究目的和调查对象特点编制出问卷后，本研究在2016年11月至12月进行了问卷预测试。问卷预测试采取网络填写问卷方式、访谈填写问卷方式以及纸质填写问卷方式进行。网络填写问卷依托问卷星网站进行，调查对象面向全国各高校，共收回问卷203份；访谈填写问卷及纸质填写问卷主要面向厦门大学，共收回问卷30份。依据问卷预测试的结果以及访谈结果进行问卷内容的修改和调整，修改一些晦涩难懂的题项表述，去除一些与研究目的无关的题项，增加一些原先忽视的、与现实问题密切相关、符合研究目的的题项等，并进一步确认问卷调查的范围、发放方式、发放对象，使其更符合研究目的的要求。

第二节　问卷量表的信效度检验

　　正式调查阶段的问卷共面向10所研究型大学：厦门大学、山东大学、同济大学、东南大学、华南理工大学、电子科技大学、南京大学、北京大学、武汉大学、华东师范大学等的研究生导师、研究生事务相关的行政管理人员及研究生发放。

　　此次问卷调查共发放问卷1700份，回收1554份，回收率为91.41%。其中，研究生导师问卷回收了297份，行政管理人员问卷回收了127份，学生问卷回收了1130份。经过问卷的整理与筛选，剔除无效问卷后，获得有效问卷1488份（其中，研究生导师有效问卷为287份，行政管理人员有效问卷为127份，学生有效问卷1074份）。

问卷的第二部分，即量表部分是本次调查数据收集的重点。因此，本研究针对问卷量表的信效度进行问卷量表的项目分析、问卷信度分析和效度分析，以确认数据的可信和有效。

一、问卷量表的项目分析

为检测问卷中量表题项的适切性和可靠程度，本研究对三份问卷的量表分别进行项目分析，利用 SPSS 数据分析软件，通过探究高低分的受试者在每个题项得分的差异以及进行题项间同质性检验（利用独立样本 t 检验）来判断量表题项设计的适切性和可靠程度。

（一）研究生导师问卷量表的项目分析

利用 SPSS 数据分析软件，获得研究生导师问卷量表中每一个题项（共43题）的高低分组组别统计量，并通过独立样本 t 检验，获得检验结果（详见附录二）。

由检验结果可知，问卷43个题项中，题1、3—9、12、13、15—17、19、21—31、34、35、37—43的题项在假设方差相等时，均是 F 值检验显著（Sig. 的值小于0.05），表示假设不成立，两个组别群体方差（组别群体变异数）不相等。此时，从假设方差不相等的均值方程的 t 检验值来看，t 值均显著（Sig. 的值小于0.05），因此，这34题的题项均具有鉴别度，能鉴别出不同受试者的反映程度。

题2、10、11、14、18、20、32、33、36的题项在假设方差相等时，F 值检验不显著（Sig. 的值大于0.05），表示假设成立，两个组别群体方差（组别群体变异数）相等（同质），此时"假设方差相等"的均值方程的 t 检验值显著（Sig. 的值小于0.05），因此，这9题的题项具有鉴别度，能鉴别出不同受试者的反应程度。

综上所述，研究生导师问卷中量表的题项（共43题）均具有鉴别度，能鉴别出不同受试者的反应程度，该量表题项的测验具有可行性和适切性。

（二）行政管理人员问卷量表的项目分析

利用 SPSS 数据分析软件，获得行政管理人员问卷量表中每一个题项（共42题）的高低分组组别统计量，并通过独立样本 t 检验，获得检验结果（详见附录三）。

问卷 42 个题项中，题 4、6、8、10—12、17、18、24、25、30、33、37、39、41 的题项在假设方差相等时，均是 F 值检验显著（Sig. 的值小于 0.05），表示假设不成立，两个组别群体方差（组别群体变异数）不相等。此时，从假设方差不相等的均值方程的 t 检验值来看，t 值均显著（Sig. 的值小于 0.05），因此，这 15 题的题项均具有鉴别度，能鉴别出不同受试者的反映程度。

题 1—3、5、7、9、13—16、19—23、26—29、31、32、34—36、38、40、42 的题项在假设方差相等时，F 值检验不显著（Sig. 的值大于 0.05），表示假设成立，两个组别群体方差（组别群体变异数）相等（同质），此时"假设方差相等"的均值方程的 t 检验值显著（Sig. 的值小于 0.05），因此，这 27 题的题项具有鉴别度，能鉴别出不同受试者的反应程度。

综上所述，行政管理人员问卷中量表的题项（共 42 题）均具有鉴别度，能鉴别出不同受试者的反应程度，该量表题项的测验具有可行性和适切性。

（三）学生问卷量表的项目分析

利用 SPSS 数据分析软件，获得学生问卷量表中每一个题项（共 42 题）的高低分组组别统计量，并通过独立样本 t 检验，获得检验结果（详见附录四）。

问卷 11 个题项中，题 1—6、题 8—11 题项在假设方差相等时，均是 F 值检验显著（Sig. 的值小于 0.05），表示假设不成立，两个组别群体方差（组别群体变异数）不相等。此时，从假设方差不相等的均值方程的 t 检验值来看，t 值均显著（Sig. 的值小于 0.05），因此，题 1—6、题 8—11 这 10 题的题项均具有鉴别度，能鉴别出不同受试者的反映程度。

题 7 的题项在假设方差相等时，F 值检验不显著（Sig. 的值为 0.069，大于 0.05），表示假设成立，两个组别群体方差（组别群体变异数）相等（同质），此时"假设方差相等"的均值方程的 t 检验值显著（Sig. 的值小于 0.05），因此，该题题项具有鉴别度，能鉴别出不同受试者的反应程度。

综上所述，学生问卷中量表的题项（共 11 题）均具有鉴别度，能鉴别出不同受试者的反应程度，该量表题项的测验具有可行性和适切性。

二、问卷效度分析

本研究利用 SPSS 统计分析软件，通过因素分析对三类问卷量表进行结构效度（construct validity）检验，确认量表测验结果能够测量和解释拟要分析的理论或特质的程度。

通过对三类问卷量表进行因素分析，获得 KMO 抽样适当性参数值及

Bartlett's 的球形检验值，详见表4.1。

如表4.1所示，三类问卷量表的 KMO 值均在0.9以上，远大于0.5，接近于1，表明变量间达到共同因素较多，因素分析适切性极佳。此外，Bartlett's 球形检验的 x^2 值均达到0.05，即显著水平（显著性概率值 p = 0.000 < 0.05），显示三类问卷量表变量的数据文件很适合进行因素分析。

表4.1　KMO 和 Bartlett 的检验

检验内容		导师问卷量表值	行政管理人员问卷量表值	学生问卷量表值
取样足够度的 Kaiser – Meyer – Olkin 度量		0.972	0.919	0.903
Bartlett 的球形度检验	近似卡方	12280.515	3591.881	5690.119
	df	903	861	55
	Sig.	0.000	0.000	0.000

（数据来源：依据三类问卷量表值通过 SPSS 统计分析软件计算而得）

再从量表题项的共同性来看，导师问卷量表题项的平均共同性为0.804，行政管理人员问卷量表题项的平均共同性为0.834，学生问卷量表题项的平均共同性为0.777，均在0.7以上，表明三类问卷量表的建构效度均是可靠的。三类问卷共同性值详见附录五。

三、问卷信度分析

问卷的信度（reliability）分析用以检验量表所得到结果的一致性或稳定性。本研究利用 SPSS 统计分析软件，对所获得的三类问卷量表进行信度检测，得到如下结果（见表4.2）：

表4.2　问卷量表的可靠性统计量

问卷量表	Cronbach's Alpha	基于标准化项的 Cronbachs Alpha	项数
研究生导师问卷	0.983	0.983	43
行政管理人员问卷	0.971	0.971	42
学生问卷	0.868	0.867	11

（数据来源：依据三类问卷量表值通过 SPSS 统计分析软件计算而得）

由表4.2可知，三类问卷量表的信度系数（α 系数）均大于0.8，信度测试结果很好，测量误差值较小。其中，研究生导师问卷量表及行政管理人员问卷

量表的 α 系数值则均大于 0.9，显示这两类问卷量表的信度很高；学生问卷量表的 α 系数值为 0.868，显示该量表有高的信度。

第三节　建立研究型大学研究生教育资源配置有效性模型

如前所述，本研究认为研究生教育资源配置有效性由公平、效率、协调和效益四个维度组成，是四个维度共同作用的结果。因此，假设 Y 为研究生教育资源配置的有效性，X_i 为第 i 个维度值，则研究生教育资源配置有效性的模型为：$Y = a + bX_1 + cX_2 + dX_3 + eX_4$。其中，$X_1$ 为研究生教育资源配置的公平值，X_2 为配置的效率值，X_3 为配置的协调值，X_4 为配置的效益值。

在问卷量表结果检测有效和可信的基础上，本研究以问卷量表结果为例来构建该模型。由于三类量表均很适合进行因素分析，因此，本研究采用主成分分析方法，主要利用 SPSS 统计分析软件，以共同因素的方差贡献率为权数，分别计算出三类问卷量表的公平、效率、协调和效益四个维度在综合得分模型中的得分，结合问卷调查所得的研究生教育资源配置的满意度值，通过回归分析方法，最终建构研究型大学研究生教育资源配置有效性模型。

一、确定权重及计算维度得分

（一）导师问卷量表中四个维度值的权重确定及相应维度得分的计算

研究生导师问卷量表中共有 43 题，其中，题 1—16 用以调查导师对研究生教育经费配置公平的态度看法；题 17—20、24、25 用以调查导师对研究生教育经费配置效率的态度看法；题 21、23、27、28、35、36、39、42 用以调查导师对研究生教育经费配置协调的态度看法；题 29—34、37、38、40、41 用以调查导师对研究生教育经费配置效益的态度看法，而题 22、26、43 则用以调查导师对研究生教育经费配置的满意度。具体详见附录一的问卷题项。

通过因素分析得知，四个维度组题项的 KMO 值均大于 0.9，满意度相关题项的 KMO 值也大于 0.7，表明这几个组的数据适合进行因素分析，因此，利用主成分分析方法来确定各维度的权重是可行的，详见表 4.3。

采用主成分分析方法，按照累计方差贡献率大于 75% 的原则提取主成分，并以主成分的方差贡献率为权重，计算各题项在主成分线性组合中的系数值，并进行归一化，最终计算出每一样本的四个维度组及满意度组的得分。

表 4.3 导师问卷量表各组题项的 KMO 和 Bartlett 的检验

检测项目		公平性相关题项	效率相关题项	协调性相关题项	效益相关题项	满意度相关题项
取样足够度的 Kaiser – Meyer – Olkin 度量		0.958	0.876	0.856	0.922	0.701
Bartlett 的球形度检验	近似卡方	4511.174	1207.660	1005.962	2126.882	413.036
	df	120	15	28	45	3
	Sig.	0.000	0.000	0.000	0.000	0.000

（数据来源：依据三类问卷量表值通过 SPSS 统计分析软件计算而得）

主成分分析的理论模型为：$Z_j = a_{j1}F_1 + a_{j2}F_2 + a_{j3}F_3 + \cdots\cdots + a_{im}F_m + U_j$

其中，Z_j 为第 j 个题项变量的标准化得分，F_i 为共同因素（主成分），m 为共同因素（主成分）的个数，U_j 为题项变量 Z_j 的唯一因素，a_{ji} 为因素负荷量，表示第 i 个共同因素对 j 个题项变量的方差贡献值。

1. 公平维度得分计算

利用 SPSS 统计软件进行主成分分析，按照累计方差贡献率大于 75% 的提取原则，公平维度相关的题项提取了 2 个主成分，累计方差贡献率达到 75.699%（详见表 4.4、表 4.5），依据主成分分析模型，经过主成分分析方法计算，得到导师问卷量表的公平维度得分公式为：

$S_{公平} = 0.061X_1 + 0.062X_2 + 0.063X_3 + 0.066X_4 + 0.065X_5 + 0.067X_6 + 0.056X_7 + 0.058X_8 + 0.055X_9 + 0.062X_{10} + 0.064X_{11} + 0.068X_{12} + 0.064X_{13} + 0.06X_{14} + 0.066X_{15} + 0.063X_{16}$

代入样本数值，可得到每一个样本的公平维度得分。

表 4.4 导师问卷量表的公平维度题项解释的总方差

成分	初始特征值			提取平方和载入			旋转平方和载入		
	合计	方差的%	累积%	合计	方差的%	累积%	合计	方差的%	累积%
1	10.549	65.929	65.929	10.549	65.929	65.929	9.417	58.858	58.86
2	1.563	9.770	75.699	1.563	9.770	75.699	2.695	16.841	75.70
3	0.563	3.516	79.216						

续表

成分	初始特征值			提取平方和载入			旋转平方和载入		
	合计	方差的%	累积%	合计	方差的%	累积%	合计	方差的%	累积%
4	0.495	3.095	82.311						
5	0.411	2.570	84.881						
6	0.404	2.524	87.405						
7	0.338	2.113	89.518						
8	0.302	1.889	91.407						
9	0.248	1.549	92.957						
10	0.216	1.351	94.308						
11	0.190	1.190	95.499						
12	0.180	1.128	96.626						
13	0.154	0.963	97.589						
14	0.148	0.928	98.517						
15	0.134	0.838	99.355						
16	0.103	0.645	100.000						

（数据来源：依据导师问卷量表的数据采用 SPSS 统计分析软件计算而得）

表4.5　导师问卷量表中公平相关题项的成分矩阵 a

公平性相关题项	成分		标准化后的系数
	1	2	
2.1.1 相关资源配置办法与规则的制订过程中有充分征询研究生导师的意见	0.870	-0.167	0.061
2.1.2 经费分配与使用的政策规定符合实际情况，可操作性高	0.871	-0.147	0.062
2.1.3 我拥有可支配的研究生培养经费资源	0.850	-0.078	0.063
2.1.4 我能从有关资源配置的过程中感受到公平、平等的对待	0.898	-0.070	0.066
2.1.5 我能从有关资源配置的过程中感受到被尊重	0.893	-0.092	0.065

公平性相关题项	成分		标准化后的系数
	1	2	
2.1.6 拥有高职称的教师更容易获得相关的资源	0.683	0.497	0.067
2.1.7 拥有高行政地位的教师更容易获得相关的资源	0.424	0.791	0.056
2.1.8 拥有国家重点扶持的各类学者头衔的教师更容易获得相关的资源	0.480	0.742	0.058
2.1.9 教学与指导能力强的教师更容易获得相关的资源	0.738	−0.041	0.055
2.1.10 我完全了解有关资源配置（分配与使用）的相关政策规定	0.833	−0.067	0.062
2.1.11 相关经费的配置政策及过程公开且透明，相关信息易获取	0.887	−0.117	0.064
2.1.12 在研究生培养过程中，从经费角度看，我负担的责任与我能支配的权力相当	0.892	0.000	0.068
2.1.13 在相关资源的获取中，我感受到以个人能力为基础的公平竞争的氛围	0.873	−0.090	0.064
2.1.14 对非个人能力因素造成的资源使用上的弱势，现有政策存在相关补偿办法	0.851	−0.177	0.06
2.1.15 经费的使用标准与经费设置的目标要求是一致吻合的	0.892	−0.088	0.066
2.1.16 研究生培养工作的业绩评价标准是公平的	0.852	−0.056	0.063

注：提取方法为主成分分析法。

a. 已提取了2个成分。

（数据来源：依据导师问卷量表的数据采用SPSS统计分析软件计算而得）

2. 效率维度得分计算

同理，利用SPSS统计软件进行主成分分析，按照累计方差贡献率大于75%

的提取原则，效率维度相关的题项提取了 2 个主成分，累计方差贡献率达到
82.192%（详见表 4.6、表 4.7），依据主成分分析模型，经过主成分分析方法
计算，得到导师问卷量表的效率维度得分公式为：

$$S_{效率} = 0.19X_1 + 0.19X_2 + 0.18X_3 + 0.18X_4 + 0.13X_5 + 0.13X_6$$

代入样本数值，可得每一个样本的效率维度得分。

表 4.6　导师问卷量表的效率维度题项的解释的总方差

成分	初始特征值			提取平方和载入			旋转平方和载入		
	合计	方差的%	累积%	合计	方差的%	累积%	合计	方差的%	累积%
1	4.270	71.169	71.169	4.270	71.169	71.169	2.670	44.496	44.496
2	0.661	11.023	82.192	0.661	11.023	82.192	2.262	37.696	82.192
3	0.351	5.855	88.047						
4	0.303	5.047	93.094						
5	0.255	4.244	97.338						
6	0.160	2.662	100.000						

（数据来源：依据导师问卷量表的数据采用 SPSS 统计分析软件计算而得）

表 4.7　导师问卷量表中效率相关题项的成分矩阵 a

效率相关题项	成分		标准化后的系数
	1	2	
2.1.17 相关经费的到位速度很快	0.844	0.256	0.19
2.1.18 相关经费的报销手续简单快捷	0.791	0.425	0.19
2.1.19 相关经费的配置方式合理，有利于促进研究生培养质量的提高	0.877	0.052	0.18
2.1.20 研究生培养经费数额充足	0.859	0.166	0.18
2.1.24 目前以导师资助制为核心的培养经费配置方式：有利于科研与教学的融合，科研很好地促进了研究生的教学与培养	0.843	−0.442	0.13
2.1.25 目前以导师资助制为核心的培养经费配置方式：有利于促进研究生课程质量的提高	0.846	−0.436	0.13

注：提取方法为主成分分析法。

a. 已提取了 2 个成分。

（数据来源：依据导师问卷量表的数据采用 SPSS 统计分析软件计算而得）

3. 协调维度得分计算

利用 SPSS 统计软件进行主成分分析，按照累计方差贡献率大于 75% 的提取原则，协调维度相关的题项提取了 4 个主成分，累计方差贡献率达到 81.386%（详见表 4.8、表 4.9），依据主成分分析模型，经过主成分分析方法计算，得到导师问卷量表的协调维度得分公式为：

$$S_{协调} = 0.126X_1 + 0.101X_2 + 0.089X_3 + 0.13X_4 + 0.146X_5 + 0.112X_6 + 0.114X_7 + 0.182X_8$$

代入样本数值，可得每一个样本的协调维度得分。

表 4.8 导师问卷量表的协调维度题项的解释的总方差

成分	初始特征值			提取平方和载入			旋转平方和载入		
	合计	方差的%	累积%	合计	方差的%	累积%	合计	方差的%	累积%
1	4.239	52.988	52.988	4.239	52.988	52.988	2.234	27.926	27.926
2	0.941	11.760	64.748	0.941	11.760	64.748	1.670	20.875	48.801
3	0.692	8.647	73.395	0.692	8.647	73.395	1.491	18.631	67.432
4	0.639	7.991	81.386	0.639	7.991	81.386	1.116	13.954	81.386
5	0.538	6.726	88.112						
6	0.452	5.653	93.765						
7	0.280	3.496	97.261						
8	0.219	2.739	100.000						

（数据来源：依据导师问卷量表的数据采用 SPSS 统计分析软件计算而得）

表 4.9 导师问卷量表的协调维度题项的成分矩阵 a

与协调性相关的题项	成分				标准化后的系数
	1	2	3	4	
2.1.21 相较于科研经费，我更愿意使用培养配套经费用于研究生培养过程	0.656	0.101	-0.437	0.572	0.126
2.1.23 目前以导师资助为核心的培养经费配置方式：有利于师生间关系的和谐	0.824	-0.092	-0.313	-0.140	0.101

续表

与协调性相关的题项	成分				标准化后的系数
	1	2	3	4	
2.1.27 目前以导师资助制为核心的培养经费配置方式：给予了导师充分的自主决策权力	0.801	-0.044	-0.252	-0.382	0.089
2.1.28 目前培养经费的配套方式依然主要由行政管理部门主导和决策	0.605	0.623	-0.046	-0.263	0.13
2.1.35 相关经费配置的政策支持比经费的数额大小更重要	0.721	0.044	0.346	-0.026	0.146
2.1.36 现有的经费配置制度包含了对提高导师教学与指导能力的投入与支持	0.780	-0.419	0.227	-0.025	0.112
2.1.39 现有的经费使用政策稳定，持续性较好，不会朝令夕改	0.774	-0.402	0.138	0.110	0.114
2.1.42 现有经费政策制度下，如果没有科研经费支持，是无法招收研究生的	0.628	0.439	0.383	0.253	0.182

注：提取方法为主成分分析法。

a. 已提取了 4 个成分。

（数据来源：依据导师问卷量表的数据采用 SPSS 统计分析软件计算而得）

4. 效益维度得分计算

利用 SPSS 统计软件进行主成分分析，按照累计方差贡献率大于 75% 的提取原则，效益维度相关的题项提取了 3 个主成分，累计方差贡献率达到 77.877%（详见表 4.10、表 4.11），依据主成分分析模型，经过主成分分析方法计算，得到导师问卷量表的效益维度得分公式为：

$S_{效益} = 0.09X_1 + 0.11X_2 + 0.11X_3 + 0.1X_4 + 0.11X_5 + 0.11X_6 + 0.08X_7 + 0.08X_8 + 0.11X_9 + 0.1X_{10}$

代入样本数值，可得每一个样本的效益维度得分。

表 4.10　导师问卷量表的效益维度题项的解释的总方差

成分	初始特征值			提取平方和载入			旋转平方和载入		
	合计	方差的%	累积%	合计	方差的%	累积%	合计	方差的%	累积%
1	6.425	64.245	64.245	6.425	64.245	64.245	2.989	29.889	29.889
2	0.749	7.490	71.735	0.749	7.490	71.735	2.529	25.285	55.174
3	0.614	6.142	77.877	0.614	6.142	77.877	2.270	22.703	77.877
4	0.526	5.264	83.141						
5	0.439	4.386	87.526						
6	0.376	3.760	91.287						
7	0.337	3.374	94.661						
8	0.224	2.238	96.899						
9	0.171	1.713	98.612						
10	0.139	1.388	100.000						

（数据来源：依据导师问卷量表的数据采用 SPSS 统计分析软件计算而得）

表 4.11　导师问卷量表的效益维度题项的成分矩阵 a

与效益相关的题项	成分			标准化后的系数
	1	2	3	
2.1.29 研究生培养的质量可由毕业生就业率体现	0.765	0.199	-0.420	0.09
2.1.30 研究生培养的质量可由研究生的人均科研产出成果来体现	0.703	0.528	0.125	0.11
2.1.31 目前导师的工作考核很好地体现了培养学生方面的业绩	0.881	-0.012	0.080	0.11
2.1.32 研究生培养的效益可由毕业生的人均教育总支出体现	0.890	-0.117	-0.023	0.1
2.1.33 研究生培养的效益可由生师比体现	0.842	-0.038	0.074	0.11
2.1.34 研究生培养的效益可由毕业就业质量体现	0.767	0.373	-0.086	0.11
2.1.37 现有的经费配置制度鼓励和允许我进行独立研究出高质量的科研成果	0.817	-0.303	-0.199	0.08

与效益相关的题项	成分			标准化后的系数
	1	2	3	
2.1.38 现有的经费配置制度鼓励和允许我不断尝试调整研究方向，进行难度大、耗时长的研究	0.822	-0.368	-0.235	0.08
2.1.40 我认为科研经费多的教师，教学与指导能力也强，能更好地指导学生	0.783	0.052	0.226	0.11
2.1.41 现有的研究生培养制度下，教学与指导能力弱的教师在同等条件下无法获得研究生导师资格	0.723	-0.213	0.506	0.1

注：提取方法为主成分分析法。

a. 已提取了3个成分。

（数据来源：依据导师问卷量表的数据采用SPSS统计分析软件计算而得）

5. 研究生公共教育资源配置的满意度得分

利用SPSS统计软件进行主成分分析，按照累计方差贡献率大于75%的提取原则，研究生公共教育资源配置的满意度维度相关的题项提取了1个主成分，累计方差贡献率达到77.880%（详见表4.12、表4.13），依据主成分分析模型，经过主成分分析方法计算，得到导师问卷量表每一个样本的满意度得分公式为：

$$S_{满意度} = 0.337X_1 + 0.347X_2 + 0.316X_3$$

代入样本数值计算，可得每一个样本的满意度得分。

表4.12 导师问卷量表的满意度的解释的总方差

成分	初始特征值			提取平方和载入		
	合计	方差的%	累积%	合计	方差的%	累积%
77.880	1	2.336	77.880	77.880	2.336	77.880
2	0.437	14.567	92.447			
3	0.227	7.553	100.000			

（资料来源：依据导师问卷量表的数据采用SPSS统计分析软件计算而得）

表 4.13 导师问卷量表的满意度的成分矩阵 a

与满意度相关的题项	成分	标准化后的系数
	1	
2.1.22 目前以导师资助制为核心的培养经费配置方式：能够激发我培养学生的热情和积极性	0.890	0.337
2.1.26 目前以导师资助制为核心的培养经费配置方式：有利于激发学生学习的积极性	0.918	0.347
2.1.43 我对现有的经费政策制度总体感到满意	0.837	0.316

注：提取方法为主成分分析法。

a. 已提取了 1 个成分。

（数据来源：依据导师问卷量表的数据采用 SPSS 统计分析软件计算而得）

（二）行政管理人员问卷量表中四个维度值的权重确定及相应维度得分的计算

行政管理人员问卷量表中共有 42 题，其中，题 1—16 用以调查行政管理人员对研究生教育经费配置公平的态度看法；题 17—22、26 用以调查行政管理人员对研究生教育经费配置效率的态度看法；题 25、28—30、36—38、41 用以调查行政管理人员对研究生教育经费配置协调的态度看法；题 31—35、39、40 用以调查行政管理人员对研究生教育经费配置效益的态度看法，而题 24、27、42 则用以调查行政管理人员对研究生教育经费配置的满意度。具体详见附录一中的问卷题项。

通过因素分析得知，行政管理人员问卷量表的四个维度组题项的 KMO 值均大于 0.8，满意度相关题项的 KMO 值也大于 0.7，表明这几个组的数据适合进行因素分析，因此，利用主成分分析方法来确定各维度的权重是可行的，详见表 4.14。

表 4.14 行政管理人员问卷各题项组的 KMO 和 Bartlett 的检验

检验项目		公平性相关题项	效率相关的题项	协调性相关的题项	效益相关的题项	满意度相关的题项
取样足够度的 Kaiser – Meyer – Olkin 度量		0.895	0.864	0.874	0.832	0.714
Bartlett 的球形度检验	近似卡方	1061.549	379.420	348.084	367.773	121.293
	df	120	21	28	21	3
	Sig.	0.000	0.000	0.000	0.000	0.000

（数据来源：依据行政管理人员问卷量表的数据采用 SPSS 统计分析软件计算而得）

1. 公平维度得分计算

利用 SPSS 统计软件进行主成分分析，按照累计方差贡献率大于 75% 的提取原则，公平维度相关的题项提取了 6 个主成分，累计方差贡献率达到 78.215%（详见表 4.15、表 4.16），依据主成分分析模型，经过主成分分析方法计算，得到行政管理人员问卷量表的公平维度得分公式为：

$$S_{公平} = 0.081X_1 + 0.07X_2 + 0.08X_3 + 0.06X_4 + 0.05X_5 + 0.08X_6 + 0.08X_7 + 0.07X_8 + 0.04X_9 + 0.06X_{10} + 0.05X_{11} + 0.06X_{12} + 0.06X_{13} + 0.06X_{14} + 0.05X_{15} + 0.06X_{16}$$

代入样本数值，可得到每一个样本的公平维度得分。

表 4.15　行政管理人员问卷量表的公平维度题项的解释的总方差

成分	初始特征值			提取平方和载入			旋转平方和载入		
	合计	方差的%	累积%	合计	方差的%	累积%	合计	方差的%	累积%
1	7.591	47.442	47.442	7.591	47.442	47.442	2.707	16.917	16.917
2	1.826	11.413	58.855	1.826	11.413	58.855	2.431	15.193	32.110
3	0.993	6.206	65.061	0.993	6.206	65.061	2.356	14.724	46.834
4	0.825	5.154	70.215	0.825	5.154	70.215	2.081	13.009	59.843
5	0.678	4.235	74.450	0.678	4.235	74.450	1.655	10.341	70.184
6	0.603	3.766	78.215	0.603	3.766	78.215	1.285	8.031	78.215
7	0.554	3.462	81.678						
8	0.479	2.997	84.674						
9	0.437	2.731	87.406						
10	0.410	2.560	89.965						
11	0.379	2.367	92.333						
12	0.343	2.144	94.477						
13	0.283	1.768	96.245						
14	0.235	1.467	97.712						
15	0.194	1.210	98.922						
16	0.172	1.078	100.000						

（数据来源：依据行政管理人员问卷量表的数据采用 SPSS 统计分析软件计算而得）

表 4.16　行政管理人员问卷量表的公平维度题项的成分矩阵 a

与公平性相关的题项	成分						标准化后的系数
	1	2	3	4	5	6	
2.1.1 我对目前研究生培养经费相关的资源配置政策很熟悉	0.549	−0.115	0.681	0.085	0.193	0.221	0.08
2.1.2 相关资源配置办法与规则的制订过程中有充分征询导师和研究生的意见	0.769	−0.195	0.236	0.053	0.099	0.138	0.07
2.1.3 经费分配与使用的政策规定符合实际情况，可操作性高	0.790	−0.145	0.180	0.197	−0.006	0.014	0.08
2.1.4 导师名下拥有可支配的研究生培养经费资源	0.684	−0.131	−0.347	0.167	−0.201	0.351	0.05
2.1.5 相关资源配置过程充分考虑了不同学科、不同类别、不同层次等的差异性，充分体现了公平性	0.694	−0.309	−0.043	0.452	−0.150	−0.263	0.05
2.1.6 拥有高职称的教师更容易获得相关的资源	0.544	0.686	0.099	0.164	−0.033	−0.033	0.08
2.1.7 拥有高行政地位的教师更容易获得相关的资源	0.485	0.630	−0.215	0.387	0.150	0.078	0.08
2.1.8 拥有国家重点扶持的各类学者头衔的教师更容易获得相关的资源	0.457	0.720	0.145	−0.157	0.119	−0.057	0.07
2.1.9 教学与指导能力强的教师更容易获得相关的资源	0.607	−0.310	−0.229	0.061	0.514	−0.318	0.04

与公平性相关的题项	成分						标准化后的系数
	1	2	3	4	5	6	
2.1.10 相关资源配置的政策文件与办法规定等充分告知导师、学生，他们应该都清楚知道	0.782	0.006	−0.029	−0.239	−0.158	0.094	0.06
2.1.11 相关经费的配置过程公开且透明，相关信息易获取	0.773	−0.223	0.194	−0.168	−0.219	−0.076	0.05
2.1.12 在研究生培养过程中，从经费角度看，导师负担的责任与其能支配的权力相当	0.755	−0.054	−0.294	−0.018	−0.066	0.252	0.06
2.1.13 相关资源的获取，导师主要以个人能力为依据进行公平竞争	0.717	0.058	−0.144	−0.434	0.193	0.059	0.06
2.1.14 对非个人能力因素造成的资源使用上的弱势，现有政策存在相关补偿办法	0.742	−0.273	−0.097	−0.045	0.180	0.049	0.06
2.1.15 经费的使用标准与经费设置的目标要求是一致吻合的	0.750	0.115	0.105	−0.066	−0.343	−0.353	0.05
2.1.16 研究生经费使用的业绩评价标准是公平的	0.780	0.123	−0.150	−0.242	−0.039	−0.148	0.06

注：提取方法为主成分分析法。

a. 已提取了 6 个成分。

（数据来源：依据行政管理人员问卷量表的数据采用 SPSS 统计分析软件计算而得）

2. 效率维度得分计算

同理，利用 SPSS 统计软件进行主成分分析，按照累计方差贡献率大于 75% 的提取原则，效率维度相关的题项提取了 3 个主成分，累计方差贡献率达到 77.498%（详见表 4.17、表 4.18），依据主成分分析模型，经过主成分分析方法计算，得到行政管理人员问卷量表的效率维度得分公式为：

$$S_{效率} = 0.09X_1 + 0.13X_2 + 0.12X_3 + 0.15X_4 + 0.14X_5 + 0.2X_6 + 0.17X_7$$

代入样本数值，可得每一个样本的效率维度得分。

表 4.17　行政管理人员问卷量表的效率维度题项的解释的总方差

成分	初始特征值			提取平方和载入			旋转平方和载入		
	合计	方差的%	累积%	合计	方差的%	累积%	合计	方差的%	累积%
1	3.993	57.038	57.038	3.993	57.038	57.038	2.319	33.133	33.133
2	0.750	10.718	67.755	0.750	10.718	67.755	1.846	26.372	59.505
3	0.682	9.743	77.498	0.682	9.743	77.498	1.259	17.993	77.498
4	0.566	8.083	85.581						
5	0.411	5.869	91.450						
6	0.327	4.670	96.120						
7	0.272	3.880	100.000						

（数据来源：依据行政管理人员问卷量表的数据采用 SPSS 统计分析软件计算而得）

表 4.18　行政管理人员问卷量表的效率维度题项的成分矩阵 a

与效率相关的题项	成分			标准化后的系数
	1	2	3	
2.1.17 相关经费的到位速度很快	0.749	−0.551	−0.023	0.09
2.1.18 相关经费的报销手续简单快捷	0.799	−0.402	0.160	0.13
2.1.19 目前相关经费的配置方式合理，有利于促进研究生培养质量的提高	0.786	0.003	−0.297	0.12
2.1.20 目前研究生培养经费数额充足	0.709	0.127	0.029	0.15
2.1.21 目前研究生培养经费使用的监管与反馈机制是很有效的	0.792	0.209	−0.343	0.14
2.1.22 导师对于有关教学改革经费项目的申请很积极、热心	0.665	0.237	0.664	0.2
2.1.26 目前以导师资助制为核心的培养经费配置方式：有利于促进研究生课程质量的提高	0.777	0.411	−0.088	0.17

注：提取方法为主成分分析法。

a. 已提取了 3 个成分。

（数据来源：依据行政管理人员问卷量表的数据采用 SPSS 统计分析软件计算而得）

3. 协调维度得分计算

利用 SPSS 统计软件进行主成分分析，按照累计方差贡献率大于75%的提取原则，协调维度相关的题项提取了 4 个主成分，累计方差贡献率达到78.998%（详见表4.19、表4.20），依据主成分分析模型，经过主成分分析方法计算，得到行政管理人员问卷量表的协调维度得分公式为：

$$S_{协调} = 0.08X_1 + 0.114X_2 + 0.12X_3 + 0.182X_4 + 0.154X_5 + 0.124X_6 + 0.129X_7 + 0.097X_8$$

代入样本数值，可得每一个样本的协调维度得分。

表 4.19　行政管理人员问卷量表的协调维度题项的解释的总方差

成分	初始特征值			提取平方和载入			旋转平方和载入		
	合计	方差的%	累积%	合计	方差的%	累积%	合计	方差的%	累积%
1	3.908	48.844	48.844	3.908	48.844	48.844	2.481	31.007	31.007
2	0.971	12.133	60.977	0.971	12.133	60.977	1.671	20.888	51.895
3	0.811	10.137	71.114	0.811	10.137	71.114	1.123	14.038	65.933
4	0.631	7.884	78.998	0.631	7.884	78.998	1.045	13.065	78.998
5	0.560	7.000	85.999						
6	0.458	5.725	91.723						
7	0.352	4.399	96.122						
8	0.310	3.878	100.000						

（数据来源：依据行政管理人员问卷量表的数据采用 SPSS 统计分析软件计算而得）

表 4.20　行政管理人员问卷量表的协调维度题项的成分矩阵 a

与协调相关的题项	成分				标准化后的系数
	1	2	3	4	
2.1.25 目前以导师资助制为核心的培养经费配置方式：有利于师生间关系的和谐	0.736	-0.455	0.084	-0.216	0.08
2.1.28 目前以导师资助制为核心的培养经费配置方式：给予导师充分自主决策权力	0.791	-0.050	0.071	-0.344	0.114

与协调相关的题项	成分				标准化后的系数
	1	2	3	4	
2.1.29 目前以导师资助制为核心的培养经费配置方式：给予学院更多的自主决策权力	0.840	-0.078	-0.086	-0.160	0.12
2.1.30 目前培养经费的配套方式依然主要由行政管理部门主导和决策	0.468	0.408	0.771	0.079	0.182
2.1.36 相关经费配置的政策支持比经费的数额大小更重要	0.687	0.140	-0.192	0.546	0.154
2.1.37 现有的经费配置制度包含了对提高导师教学与指导能力的投入与支持	0.779	-0.124	-0.159	0.174	0.124
2.1.38 现有的经费使用政策稳定，持续性较好，不会朝令夕改	0.719	-0.130	0.029	0.194	0.129
2.1.41 现有经费政策制度下，没有科研经费支持的导师无法招收研究生	0.469	0.732	-0.367	-0.260	0.097

注：提取方法为主成分分析法。

a. 已提取了 4 个成分。

（数据来源：依据行政管理人员问卷量表的数据采用 SPSS 统计分析软件计算而得）

4. 效益维度得分计算

利用 SPSS 统计软件进行主成分分析，按照累计方差贡献率大于 75% 的提取原则，效益维度相关的题项提取了 3 个主成分，累计方差贡献率达到 77.179%（详见表 4.21、表 4.22），依据主成分分析模型，经过主成分分析方法计算，得到行政管理人员问卷量表的效益维度得分公式为：

$$S_{效益} = 0.181X_1 + 0.187X_2 + 0.111X_3 + 0.121X_4 + 0.096X_5 + 0.145X_6 + 0.159X_7$$

代入样本数值，可得每一个样本的效益维度得分。

表4.21　行政管理人员问卷量表的效益维度题项的解释的总方差

成分	初始特征值			提取平方和载入			旋转平方和载入		
	合计	方差的%	累积%	合计	方差的%	累积%	合计	方差的%	累积%
1	3.843	54.893	54.893	3.843	54.893	54.893	2.216	31.653	31.653
2	0.875	12.504	67.398	0.875	12.504	67.398	1.610	23.005	54.659
3	0.685	9.781	77.179	0.685	9.781	77.179	1.576	22.520	77.179
4	0.594	8.490	85.669						
5	0.449	6.418	92.086						
6	0.311	4.439	96.525						
7	0.243	3.475	100.000						

（数据来源：依据行政管理人员问卷量表的数据采用SPSS统计分析软件计算而得）

表4.22　行政管理人员问卷量表的效益维度题项的成分矩阵a

	成分			标准化后的系数
	1	2	3	
2.1.31 研究生培养的质量可由毕业生就业率体现	0.767	0.182	0.241	0.181
2.1.32 研究生培养的质量可由研究生的人均科研产出成果来体现	0.620	0.680	0.089	0.187
2.1.33 目前导师的工作考核很好地体现了培养学生方面的业绩	0.801	−0.053	−0.455	0.111
2.1.34 研究生培养的效益可由毕业生的人均教育总支出体现	0.828	−0.294	−0.120	0.121
2.1.35 研究生培养的效益可由生师比体现	0.711	−0.469	0.042	0.096
2.1.39 我认为科研经费多的教师，教学与指导能力也强，能更好地指导学生	0.768	0.213	−0.250	0.145
2.1.40 现有的研究生培养制度下，教学与指导能力弱的教师在同等条件下无法获得研究生导师资格	0.669	−0.158	0.577	0.159

注：提取方法为主成分分析法。

a. 已提取了3个成分。

（数据来源：依据行政管理人员问卷量表的数据采用SPSS统计分析软件计算而得）

5. 研究生公共教育资源配置的满意度得分

利用 SPSS 统计软件进行主成分分析，按照累计方差贡献率大于 75% 或特征值大于 1 的提取原则，从研究生公共教育资源配置的满意度维度相关的题项提取了 1 个主成分，特征值为 2.166（大于 1），累计方差贡献率达到 72.185%（详见表 4.23、表 4.24），依据主成分分析模型，经过主成分分析方法计算，得到行政管理人员问卷量表的研究生教育经费配置的满意度得分公式为：

$$S_{满意度} = 0.33X_1 + 0.34X_2 + 0.33X_3$$

代入样本数值计算，可得每一个样本的满意度得分。

表 4.23　行政管理人员问卷量表的满意度题项的解释的总方差

成分	初始特征值			提取平方和载入		
	合计	方差的%	累积%	合计	方差的%	累积%
1	2.166	72.185	72.185	2.166	72.185	72.185
2	0.432	14.405	86.590			
3	0.402	13.410	100.000			

（数据来源：依据行政管理人员问卷量表的数据采用 SPSS 统计分析软件计算而得）

表 4.24　行政管理人员问卷量表的满意度题项的成分矩阵 a

与满意度相关的题项	成分 1	标准化后的系数
2.1.24 目前以导师资助制为核心的培养经费配置方式：能够激发导师培养学生的热情和积极性	0.843	0.33
2.1.27 目前以导师资助制为核心的培养经费配置方式：有利于激发学生学习的积极性	0.856	0.34
2.1.42 我对现有的研究生经费政策制度的总体评价高	0.850	0.33

注：提取方法为主成分分析法。
a. 已提取了 3 个成分。

（数据来源：依据行政管理人员问卷量表的数据采用 SPSS 统计分析软件计算而得）

（三）学生问卷量表中四个维度值的权重确定及相应维度得分的计算

在实际中，由于学生在研究生教育经费配置过程对资源配置的情况普遍不熟悉，因此，有关研究生教育经费配置的态度量表仅设置了 11 题，其中，题 1、

3用以调查学生对研究生教育经费配置公平的态度看法；题7用以调查学生对研究生教育经费配置效率的态度看法；题5用以调查学生对研究生教育经费配置协调的态度看法；题8—11用以调查学生对研究生教育经费配置效益的态度看法，而题2、4、6则用以调查学生对研究生教育经费配置的满意度。具体详见附录一中的问卷题项。

　　在学生问卷量表中，与研究生教育经费配置效益相关的题项有4题，与研究生教育经费配置满意度相关的题项有3题。通过对这两个题项组进行因素分析发现，与研究生教育经费配置效益相关的题项的KMO值为0.683，与满意度相关的题项的KMO值为0.594，均小于0.7，表明这两组的数据并不适合进行因素分析，而学生问卷量表中的与公平、效率、协调等相关的题项不超过3个，也不适合进行因素分析。因此，利用主成分分析方法来确定学生问卷量表中各维度的权重是不可行的，详见表4.25。

表4.25　学生问卷量表中两个题项组的 KMO 和 Bartlett 的检验

检验项目		与效益维度相关的题项	与满意度相关的题项
取样足够度的 Kaiser – Meyer – Olkin 度量		0.683	0.594
Bartlett 的球形度检验	近似卡方	872.855	989.744
	df	6	3
	Sig.	0.000	0.000

（数据来源：依据学生问卷量表的数据采用 SPSS 统计分析软件计算而得）

　　鉴于此，本研究对学生问卷量表中各维度的权重采用题项数量加权平均的方法进行，每个样本的各维度得分即通过加权平均法计算而得。

二、建构研究型大学研究生教育资源配置有效性模型

（一）整合三个问卷量表的样本在四个维度的得分

　　三个问卷量表依据前文所计算得到的每个样本在四个维度的得分，整合为一个数据文件。Y 值为三个问卷量表计算所获得的样本的研究生公共教育资源配置的满意度值，X_1 为三个问卷量表计算所获得的样本的研究生公共教育资源配置的公平维度得分，X_2 为三个问卷量表计算所获得的样本的研究生公共教育资源配置的协调维度得分，X_3 为三个问卷量表计算所获得的样本的研究生公共教育资源配置的效率维度得分，X_4 为三个问卷量表计算所获得的样本的研究生

公共教育资源配置的效益维度得分。

建立回归模型假设：$Y = aX_1 + bX_2 + cX_3 + dX_4 + C$

其中，C 为常数项。

（二）回归分析的信效度检验

利用 SPSS 统计软件，通过回归分析方法，对数据文件进行回归方程的拟合，结果可见表 4.26。

由表 4.26 可知，R 值为 0.839，即 X 与 Y 值之间的多元相关系数为 0.839；调整 R^2 值为 0.704，表明四个维度值可共同解释"满意度"因变量（Y）70.4% 的变异量；F 改变量的显著值为 0.000（< 0.05），表明自变量对因变量的解释是有效的。Durbin – Watson 值为 1.976，接近 2，表明该回归模型的自变量的相关系数接近 0，不存在自我相关。从表 4.28 的共线性诊断结果也可知，四个维度的条件索引值均小于 15，特征值均大于 0.01，表明回归模型的自变量不存在共线性问题，自变量均是有效可靠的。

由表 4.27 可知，方差显著性检验的 F 值为 877.425，显著性检验的 p 值（Sig.）为 0.000，小于 0.05 的显著水平，即回归模型的整体统计检验的 F 值达到显著，表明回归模型的整体解释变异量达到显著水平，回归方程式中至少有一个回归系数不等于 0，至少有一个预测变量会达到显著水平。

由上述检验结果可知，假设的回归模型是成立的，回归方程是可靠有效的。这也表明，回归模型所依据的理论假设是成立的，即研究生教育资源配置的有效性由公平、效率、协调和效益四个维度构成，形成一个有机的统一体。

表 4.26 回归模型汇总[b]

模型	R	R 方	调整 R 方	标准估计的误差	更改统计量					Durbin – Watson
					R 方更改	F 更改	df1	df2	Sig. F 更改	
1.976	1	0.839[a]	0.705	0.704	0.51249	0.705	877.425	4	1472	0.000

注：a. 预测变量：（常量），效益得分，效率得分，协调性得分，公平性得分。

b. 因变量：满意度得分。

（数据来源：依据问卷量表的数据采用 SPSS 统计分析软件计算而得）

表 4.27 方差分析表[b]

	模型	平方和	df	均方	F	Sig.
	回归	921.816	4	230.454	877.425	0.000[a]
1	残差	386.618	1472	0.263		
	总计	1308.434	1476			

注：a. 预测变量：(常量)，效益得分，效率得分，协调性得分，公平性得分。
b. 因变量：满意度得分。
（数据来源：依据问卷量表的数据采用 SPSS 统计分析软件计算而得）

表 4.28 共线性诊断[a]

模型	维数	特征值	条件索引	方差比例				
				（常量）	公平得分	协调得分	效率得分	效益得分
1	1	4.816	1	0	0	0	0	0
	2	0.084	7.574	0.08	0	0.05	0.75	0.02
	3	0.043	10.555	0.35	0.3	0.3	0.09	0.04
	4	0.034	11.866	0	0.6	0.65	0.15	0.03
	5	0.022	14.751	0.57	0.1	0	0.01	0.91

注：a. 因变量：满意度得分。
（数据来源：依据问卷量表的数据采用 SPSS 统计分析软件计算而得）

（三）建立研究型大学研究生教育资源配置有效性回归模型

利用 SPSS 统计分析方法进行回归分析，得到回归方程的各项系数值，详见表 4.29。由于常量的 t 值未达显著水平（Sig. 值为 0.328，大于 0.05），方程有可能经过原点，因此常量可以去除。此外，为有利于比较预测变量的相对重要性，回归方程的系数采用标准化回归系数，去除单位的影响。由此，获得高校研究生教育资源配置有效性（Y）的回归模型（标准化回归模型）：

$$Y = 0.492X_1 + 0.205X_2 + 0.103X_3 + 0.217X_4$$

即：研究生教育资源配置的有效性 = 0.492 * 公平 + 0.205 * 协调 + 0.103 * 效率 + 0.217 * 效益。

表 4.29 系数[a]

模型		非标准化系数		标准系数	t	Sig.	B 的 95.0% 置信区间		共线性统计量	
		B	标准误差	Beta 分布			下限	上限	容差	VIF
1	（常量）	0.063	0.064		0.978	0.328	−0.063	0.189		
	公平得分	0.461	0.019	0.492	24.833	0.000	0.424	0.497	0.511	1.958
	协调得分	0.185	0.016	0.205	11.773	0.000	0.154	0.216	0.659	1.517
	效率得分	0.082	0.014	0.103	5.889	0.000	0.055	0.110	0.653	1.532
	效益得分	0.255	0.021	0.217	12.138	0.000	0.214	0.297	0.629	1.590

注：a. 因变量：满意度得分。

（数据来源：依据问卷量表的数据采用 SPSS 统计分析软件计算而得）

从标准化回归模型可以看出，公平变量对研究生教育资源配置的有效性影响最大，其次是效益变量、协调变量，而影响度最小的是效率变量。假设有效性为 1，有效性四个维度对有效性的影响程度表现为：公平：效率：协调：效益 = 0.5：0.1：0.2：0.2。

三、结果分析

第一，公平维度对于研究生教育资源配置有效性的影响最大，起着基本价值导向的作用。如果研究生教育资源配置无法满足公平要求，那么即使其他方面，如效率、协调、效益等方面表现不错，也会被认为是缺乏有效性。公平维度的评价要求，不仅在于各利益相关者公平地获得了资源，也在于公平地获得了自身需要的资源，即不只是静态切面的公平，还包括了动态过程的公平。实证分析的结果也从一方面验证了研究生教育资源配置有效性理论中对公平维度的理论论述。

第二，在四个维度中，效率对于研究生教育资源配置有效性的影响是最弱的。虽然效率是四个维度中对有效性影响度最小的一个维度，却不可或缺，是研究生教育资源配置有效性的自然属性要求。缺乏效率，资源配置就失去配置的意义。

即使研究生教育资源配置从教育资源运作上来看是有效率的，但如果配置过程缺乏公平性、缺乏效益或者协调性，则同样会被认为是缺乏有效性。而从另一个角度来说，由于研究生教育资源配置不仅仅涉及经费等财物的分配，还涉及人的因素的分配，涉及相关利益主体间利益、权力、责任等的分配。因此，主要涉及财物的效率因素，是最容易量化衡量的一个维度，即最显现的一个维度，也是最容易被夸大的一个维度，或者直接被错误等同于研究生教育资源配置的有效性的一个维度。

第三，协调维度对研究生教育资源配置有效性的影响度排在第三位，与效益维度的影响程度接近。协调性要求贯穿于研究生教育资源配置的全过程，涉及人、财、物配置的方方面面。协调性要求不仅在于资源配置过程中配比得当、关系和谐，而且在于对出现的矛盾冲突具有有效解决的途径和方法，是公平、效率、效益三个维度的协调统一。

第四，作为配置结果体现的效益，对研究生教育资源配置有效性的影响次之。研究生教育资源配置的存在是为了在资源有限的情况下更好地发挥研究生教育的职能，实现设定的研究生教育目标。因此，可以说没有达到预期效果、没有对社会产生有用效果的研究生教育资源配置，同样会被认为是缺乏有效性。效益维度充分衡量了高校研究生教育资源配置带来的社会有用性（社会影响力）。效益维度的衡量与结果评价密切相关，不同的评价标准和要求会带来不同的效益衡量结果，进而影响研究生教育资源配置有效性的评价。

第五，不同职称级别、不同岗位类型的研究生导师、不同职务级别的行政管理人员，对于研究生教育资源配置有效性各个维度的重要性认识有所差异，这一差异性也使得实际工作中各利益相关方对高校研究生教育资源配置有效性评价存在偏差。

1. 研究生导师与行政管理人员看法的异同

总体而言，研究生导师的看法与行政管理人员的看法既有相同点，也有明显分歧处。相同点在于二者均认为各方协调性部分是目前经费配置制度中实施效果最差的部分，效率也是相对效果较差的部分；不同点在于研究生导师中较多受访者认为监管与反馈部分是相对效果最好的部分，公平性是相对效果差的部分；而行政管理人员中较多受访者则认为公平性部分是相对效果最好的部分，而监管与反馈则是相对效果差的部分。

如表 4.30、图 4.1 所示，在有关研究生教育经费的问卷中，从不同职称级别考察，总体上看，研究生导师认为实施效果最不理想的部分是各方的协调性（26.9%），其次是效率（25.1%），再次是公平性（22.2%），而监管与反馈相对是实施效果最好的（12.5%），评价部分也做得相对较好（占 13.3%）。具体来看，随着职称级别的降低，越多导师认为实施效果最差的是各方的协调性，而职称级别越高，则越多的导师并不认为各方的协调性是实施效果最差的，反而认为效率、公平性是实施效果最差的。如副教授中有 29.9% 的导师认为做得最不好的是效率，其次是公平性（25.2%），再次才是各方的协调性（24.4%）；教授中则有 24.2% 的导师认为做得最不好的是公平性和效率，其次是评价部分（19.8%），再次才是各方的协调性（18.7%）。

表 4.30　不同职称下经费配置制度中各维度实施效果交叉分析表

			2.2 目前的经费配置制度，效果最差的部分是					合计
			公平性	效率	各方协调性	监管和反馈	评价	
1. 职称	高级/教授	计数	22	22	17	12	18	91
		1. 职称中的%	24.2%	24.2%	18.7%	13.2%	19.8%	100.0%
		2.2 目前的经费配置制度，效果最差的部分是中的%	35.5%	31.4%	22.7%	34.3%	48.6%	32.6%
		总数的%	7.9%	7.9%	6.1%	4.3%	6.5%	32.6%
	副高级/副教授	计数	32	38	31	13	13	127
		1. 职称中的%	25.2%	29.9%	24.4%	10.2%	10.2%	100.0%
		2.2 目前的经费配置制度，效果最差的部分是中的%	51.6%	54.3%	41.3%	37.1%	35.1%	45.5%
		总数的%	11.5%	13.6%	11.1%	4.7%	4.7%	45.5%
	中级/讲师	计数	6	9	16	9	4	44
		1. 职称中的%	13.6%	20.5%	36.4%	20.5%	9.1%	100.0%
		2.2 目前的经费配置制度，效果最差的部分是中的%	9.7%	12.9%	21.3%	25.7%	10.8%	15.8%
		总数的%	2.2%	3.2%	5.7%	3.2%	1.4%	15.8%
	初级/助教	计数	2	1	11	1	2	17
		1. 职称中的%	11.8%	5.9%	64.7%	5.9%	11.8%	100.0%
		2.2 目前的经费配置制度，效果最差的部分是中的%	3.2%	1.4%	14.7%	2.9%	5.4%	6.1%
		总数的%	0.7%	0.4%	3.9%	0.4%	0.7%	6.1%
合计		计数	62	70	75	35	37	279
		1. 职称中的%	22.2%	25.1%	26.9%	12.5%	13.3%	100.0%
		2.2 目前的经费配置制度，效果最差的部分是中的%	100.0%	100.0%	100.0%	100.0%	100.0%	100.0%
		总数的%	22.2%	25.1%	26.9%	12.5%	13.3%	100.0%

（资料来源：依据问卷量表的数据采用 SPSS 统计分析软件计算而得）

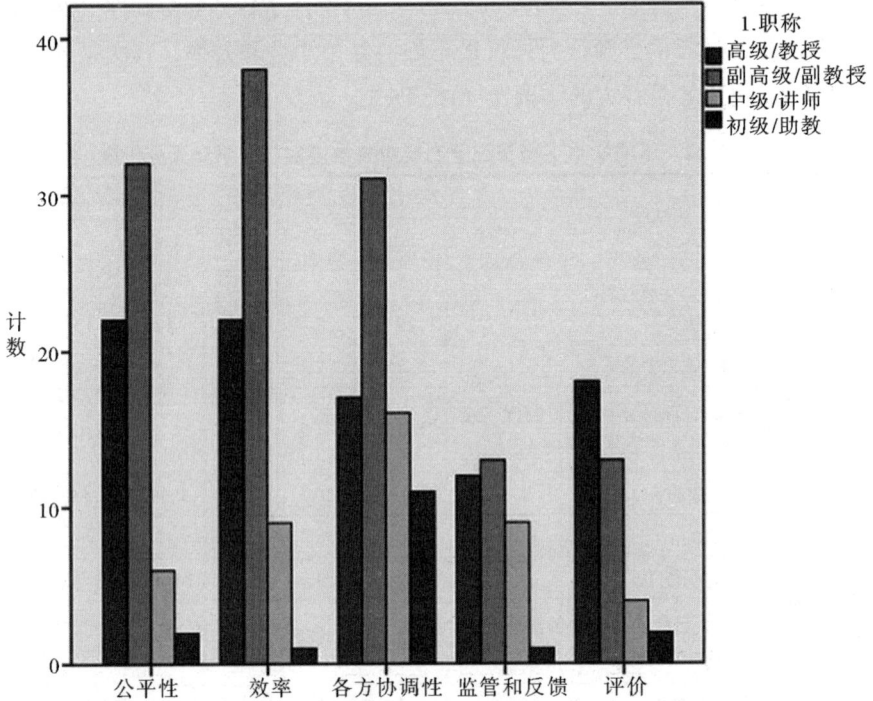

图4.1　不同职称的导师看目前的经费配置制度中效果最差的部分

2. 不同岗位类型的研究生导师看法存在明显差异

从研究生导师工作岗位的类型来看（详见表4.31、图4.2），教学型岗位的研究生导师较多认为监督与反馈是做得最不好的（30.4%），其次是公平性、各方协调性，评价部分是做得相对最好的（仅有8.7%受访者认为做得不好）；科研型岗位的研究生导师则较多认为效率、各方协调性部分（均为25.7%）实施效果最差，其次是评价（22.9%）；占受访者人数最多的教学科研并重型岗位的研究生导师（占77.1%），则认为各方协调性部分做得最不好（27.8%），其次是效率做得不好（25.9%），再次是公平性（24.1%），而监管与反馈部分是做得相对最好的（仅10.2%的受访者认为效果最差），评价部分也是效果较好，能够接受（仅12.0%的受访者认为实施效果最差）。

表 4.31 不同岗位的职务类型下经费配置制度各维度实施效果交叉分析表

			2.2 目前的经费配置制度，效果最差的部分是					
			公平性	效率	各方协调性	监管和反馈	评价	合计
3. 现任岗位的职务类型	教学型	计数	5	4	5	7	2	23
		3. 现任岗位的职务类型中的%	21.7%	17.4%	21.7%	30.4%	8.7%	100.0%
		2.2 目前的经费配置制度，效果最差的部分是中的%	7.9%	5.7%	6.7%	20.0%	5.4%	8.2%
		总数的%	1.8%	1.4%	1.8%	2.5%	0.7%	8.2%
	科研型	计数	5	9	9	4	8	35
		3. 现任岗位的职务类型中的%	14.3%	25.7%	25.7%	11.4%	22.9%	100.0%
		2.2 目前的经费配置制度，效果最差的部分是中的%	7.9%	12.9%	12.0%	11.4%	21.6%	12.5%
		总数的%	1.8%	3.2%	3.2%	1.4%	2.9%	12.5%
	教学科研并重型	计数	52	56	60	22	26	216
		3. 现任岗位的职务类型中的%	24.1%	25.9%	27.8%	10.2%	12.0%	100.0%
		2.2 目前的经费配置制度，效果最差的部分是中的%	82.5%	80.0%	80.0%	62.9%	70.3%	77.1%
		总数的%	18.6%	20.0%	21.4%	7.9%	9.3%	77.1%
	其他	计数	1	1	1	2	1	6
		3. 现任岗位的职务类型中的%	16.7%	16.7%	16.7%	33.3%	16.7%	100.0%
		2.2 目前的经费配置制度，效果最差的部分是中的%	1.6%	1.4%	1.3%	5.7%	2.7%	2.1%
		总数的%	0.4%	0.4%	0.4%	0.7%	0.4%	2.1%
合计		计数	63	70	75	35	37	280
		3. 现任岗位的职务类型中的%	22.5%	25.0%	26.8%	12.5%	13.2%	100.0%
		2.2 目前的经费配置制度，效果最差的部分是中的%	100.0%	100.0%	100.0%	100.0%	100.0%	100.0%
		总数的%	22.5%	25.0%	26.8%	12.5%	13.2%	100.0%

（资料来源：依据问卷量表的数据采用 SPSS 统计分析软件计算而得）

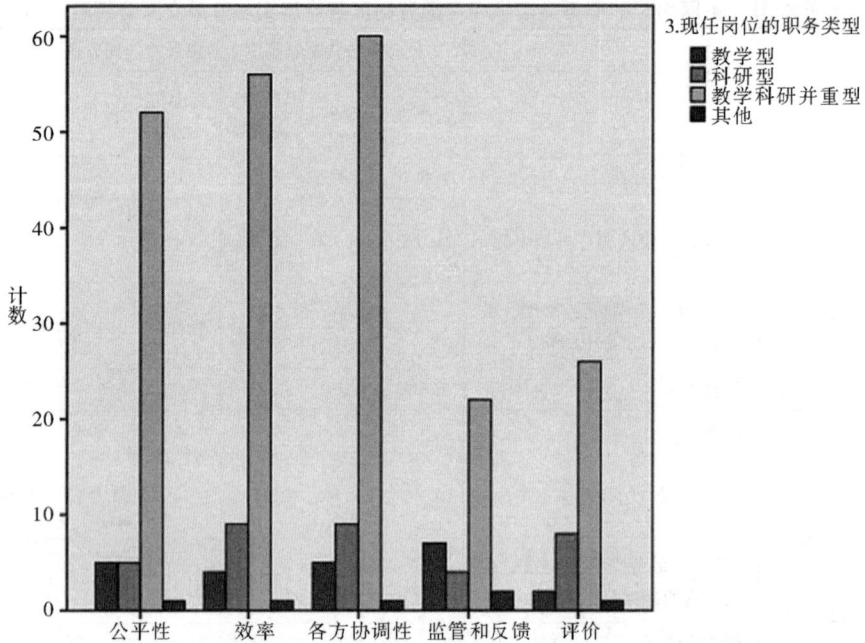

图4.2 不同岗位的导师看目前的经费配置制度中效果最差的部分

3. 不同指导类型的研究生导师的看法存在差异

从担任的导师类型看（详见表4.32、图4.3），博士生导师中多数认为效率是在目前的经费配置制度中实施效果最差的部分（占27.4%），其次是各方协调性部分（26.3%），再次是公平性（18.9%）；硕士生导师中则认为效果最差的是各方协调性的受访者最多（27.0%），其次是公平性和效率部分（二者均为25.8%），效果最好的则是监管和反馈部分（9.8%）。

表4.32 不同导师类型下经费配置制度中各维度实施效果交叉分析表

			2.2 目前的经费配置制度，效果最差的部分是					合计
			公平性	效率	各方协调性	监管和反馈	评价	
5. 担任的导师类型	博士生	计数	18	26	25	13	13	95
		5. 担任的导师类型中的%	18.9%	27.4%	26.3%	13.7%	13.7%	100.0%
		2.2 目前的经费配置制度，效果最差的部分是中的%	28.6%	37.1%	33.3%	37.1%	35.1%	33.9%
		总数的%	6.4%	9.3%	8.9%	4.6%	4.6%	33.9%

续表

| | | | 2.2 目前的经费配置制度，效果最差的部分是 | | | | | 合计 |
			公平性	效率	各方协调性	监管和反馈	评价	
5. 担任的导师类型	硕士生	计数	42	42	44	16	19	163
		5. 担任的导师类型中的%	25.8%	25.8%	27.0%	9.8%	11.7%	100.0%
		2.2 目前的经费配置制度，效果最差的部分是中的%	66.7%	60.0%	58.7%	45.7%	51.4%	58.2%
		总数的%	15.0%	15.0%	15.7%	5.7%	6.8%	58.2%
	其他	计数	3	2	6	6	5	22
		5. 担任的导师类型中的%	13.6%	9.1%	27.3%	27.3%	22.7%	100.0%
		2.2 目前的经费配置制度，效果最差的部分是中的%	4.8%	2.9%	8.0%	17.1%	13.5%	7.9%
		总数的%	1.1%	0.7%	2.1%	2.1%	1.8%	7.9%
合计		计数	63	70	75	35	37	280
		5. 担任的导师类型中的%	22.5%	25.0%	26.8%	12.5%	13.2%	100.0%
		2.2 目前的经费配置制度，效果最差的部分是中的%	100.0%	100.0%	100.0%	100.0%	100.0%	100.0%
		总数的%	22.5%	25.0%	26.8%	12.5%	13.2%	100.0%

（资料来源：依据问卷量表的数据采用 SPSS 统计分析软件计算而得）

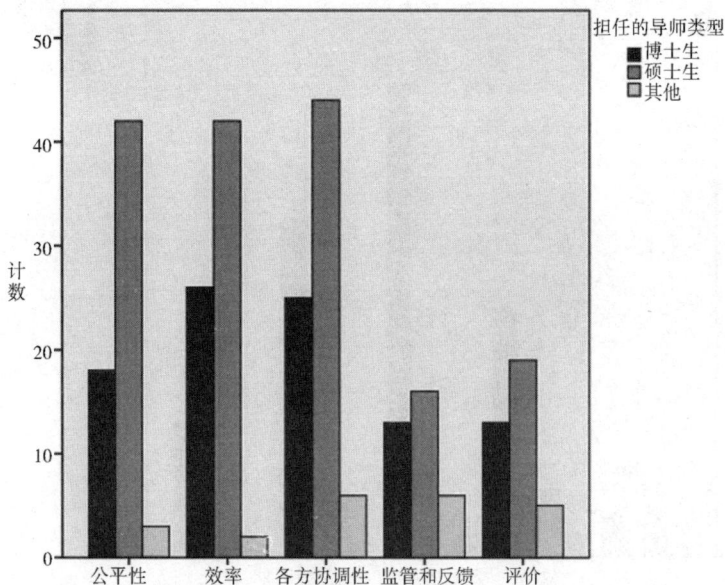

图4.3　不同类型的导师看目前的经费配置制度中效果最差的部分

4. 不同行政职务级别的行政管理人员的看法明显不同

在行政管理人员问卷调查中，行政管理人员的看法与研究生导师的看法有明显不同。如表4.33、图4.4，从总体上看，认为目前的经费配置制度中效果最差的部分是各方协调性、监管和反馈部分的受访者最多（均是29.7%），其次是效率（19.5%），而认为实施效果最差的是公平性的受访者最少（仅有6.8%），即行政管理人员中相对较多的受访者认为公平性是实施效果最好的部分，其次是评价部分（14.4%的受访者认为这部分是效果最差的）。

从具体来看，不同行政职务级别的行政管理人员的看法也有明显不同。处级及以上的受访者中较多地认为实施效果最差的是评价（27.8%），其次是效率、监管和反馈部分（均是22.2%）；而公平性部分是实施效果相对最好的（仅11.1%受访者认为是效果最差的）。科级人员则较多认为监管和反馈部分是实施效果最差的（35.6%），其次是各方的协调性（24.4%），再次是效率（17.8%），同样相对较多的受访者认为公平性部分是相对效果最好的（仅8.9%的受访者认为是效果最差的）；科员受访者中，则较多认为各方协调性部分是实施效果最差的（38.2%），其次是监管和反馈（27.3%），再次是效率（20.0%），同样较多受访者认为公平性是相对效果最好的部分（仅3.6%的受访者认为是效果最差的）。从不同行政职务级别的行政管理人员的看法中，可以发现，他们对于公平性的看法是一致的，均认为实施效果相对最好的部分是公平性。

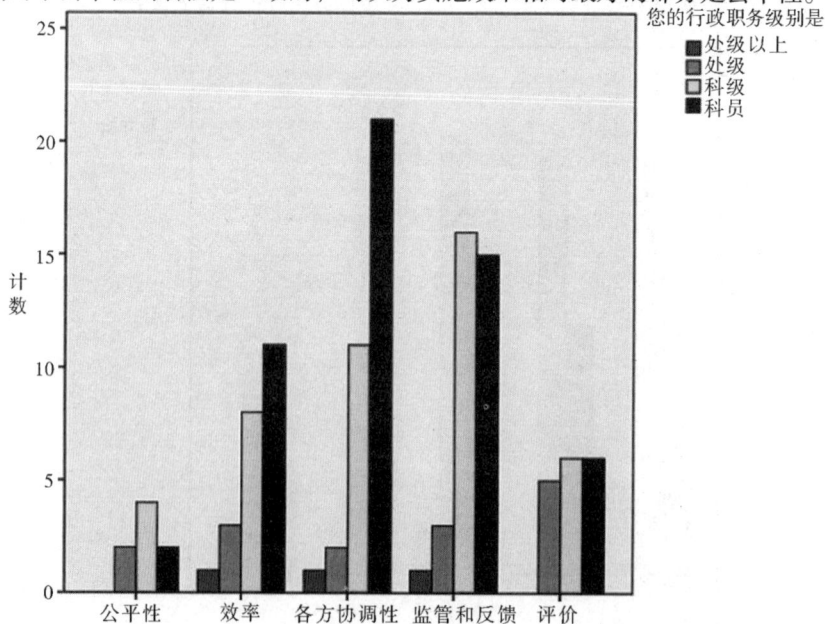

图4.4 不同职务的管理人员看目前的经费配置制度中效果最差的部分

表 4.33　不同行政职务级别下经费配置制度中各维度的实施效果交叉分析表

			\multicolumn{6}{c}{2.2 目前的经费配置制度，效果最差的部分是}
			公平性	效率	各方协调性	监管和反馈	评价	合计
3.您的行政职务级别是	处级以上	计数	0	1	1	1	0	3
		3.您的行政职务级别是中的%	0.0%	33.3%	33.3%	33.3%	0.0%	100.0%
		2.2 目前的经费配置制度，效果最差的部分是中的%	0.0%	4.3%	2.9%	2.9%	0.0%	2.5%
		总数的%	0.0%	0.8%	0.8%	0.8%	0.0%	2.5%
	处级	计数	2	3	2	3	5	15
		3.您的行政职务级别是中的%	13.3%	20.0%	13.3%	20.0%	33.3%	100.0%
		2.2 目前的经费配置制度，效果最差的部分是中的%	25.0%	13.0%	5.7%	8.6%	29.4%	12.7%
		总数的%	1.7%	2.5%	1.7%	2.5%	4.2%	12.7%
	科级	计数	4	8	11	16	6	45
		3.您的行政职务级别是中的%	8.9%	17.8%	24.4%	35.6%	13.3%	100.0%
		2.2 目前的经费配置制度，效果最差的部分是中的%	50.0%	34.8%	31.4%	45.7%	35.3%	38.1%
		总数的%	3.4%	6.8%	9.3%	13.6%	5.1%	38.1%
	科员	计数	2	11	21	15	6	55
		3.您的行政职务级别是中的%	3.6%	20.0%	38.2%	27.3%	10.9%	100.0%
		2.2 目前的经费配置制度，效果最差的部分是中的%	25.0%	47.8%	60.0%	42.9%	35.3%	46.6%
		总数的%	1.7%	9.3%	17.8%	12.7%	5.1%	46.6%
\multicolumn{2}{c}{合计}	计数	8	23	35	35	17	118
		3.您的行政职务级别是中的%	6.8%	19.5%	29.7%	29.7%	14.4%	100.0%
		2.2 目前的经费配置制度，效果最差的部分是中的%	100.0%	100.0%	100.0%	100.0%	100.0%	100.0%
		总数的%	6.8%	19.5%	29.7%	29.7%	14.4%	100.0%

（资料来源：依据问卷量表的数据采用 SPSS 统计分析软件计算而得）

5. 在问卷中，问及目前的资源配置制度最应该改进的方面时，研究生导师与行政管理人员的看法呈现出与前面所述观点类似的异同点

相同点：无论是研究生导师，还是行政管理人员，均最多受访者认为应"加强导师的主体性地位，给予更多的经费支配权力"（详见表4.34、图4.5与表4.35、图4.6），其中，研究生导师受访者中超过半数持有此观点。导师的主体性地位问题正属于协调维度的一个具体内容，与前面所述的两类受访者对协调部分的态度观点相映衬。此外，研究生导师和行政管理人员受访者中，均有相对较多的受访者认为"培养学生成效的业绩认可和激励"是最需要改进的部分。

分歧点：研究生导师中相对较多受访者认为公平方面最应该改进，而行政管理人员受访者中，则相对较多受访者认为"有效的监管手段及反馈机制"最应该改进。这一分歧点也与前面所述的两类受访者态度看法的不同点相映衬。

表4.34　导师认为目前的资源配置制度最应该改进的部分

		频率	百分比	有效百分比	累积百分比
有效	加强导师的主体性地位，给予更多的独立自主的支配权力	148	51.6	52.7	52.7
	公平性	37	12.9	13.2	65.8
	培养学生成效的业绩认可和激励	32	11.1	11.4	77.2
	经费数额的增加	27	9.4	9.6	86.8
	有效的监管手段及反馈机制	20	7.0	7.1	94.0
	政策法规的完善	17	5.9	6.0	100.0
	合计	281	97.9	100.0	
缺失	系统	6	2.1		
合计		287	100.0		

（资料来源：依据问卷量表的数据采用 SPSS 统计分析软件计算而得）

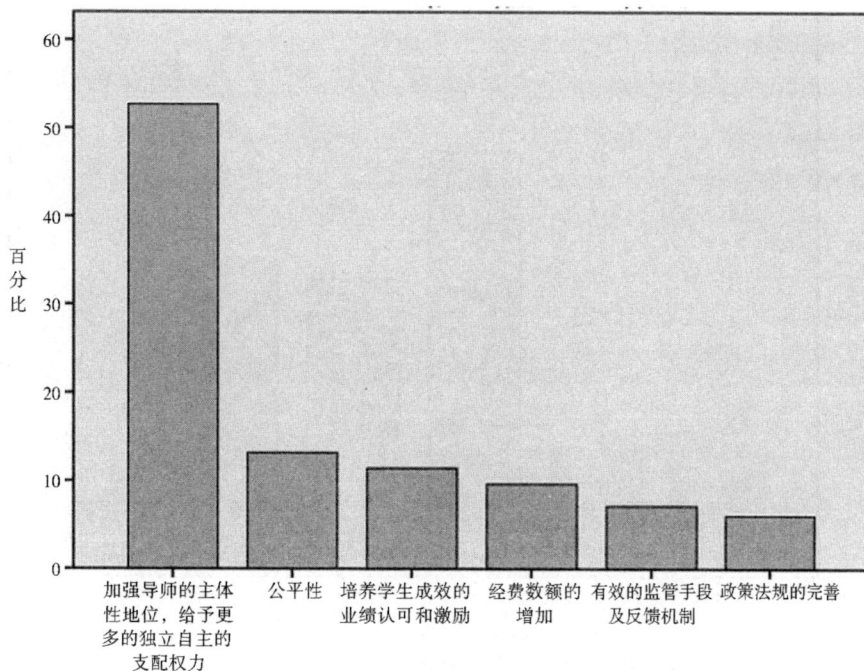

图4.5　导师认为目前的资源配置制度最应该改进的部分

表4.35　行政管理人员认为目前的资源配置制度最应该改进的部分

		频率	百分比	有效百分比	累积百分比
有效	加强导师的主体性地位，给予更多的独立自主的支配权力	40	31.5	31.7	31.7
	培养学生成效的业绩认可和激励	30	23.6	23.8	55.6
	有效的监管手段及反馈机制	28	22.0	22.2	77.8
	政策法规的完善	12	9.4	9.5	87.3
	公平性	9	7.1	7.1	94.4
	经费数额的增加	7	5.5	5.6	100.0
	合计	126	99.2	100.0	
缺失	系统	1	0.8		
合计		127	100.0		

（资料来源：依据问卷量表的数据采用 SPSS 统计分析软件计算而得）

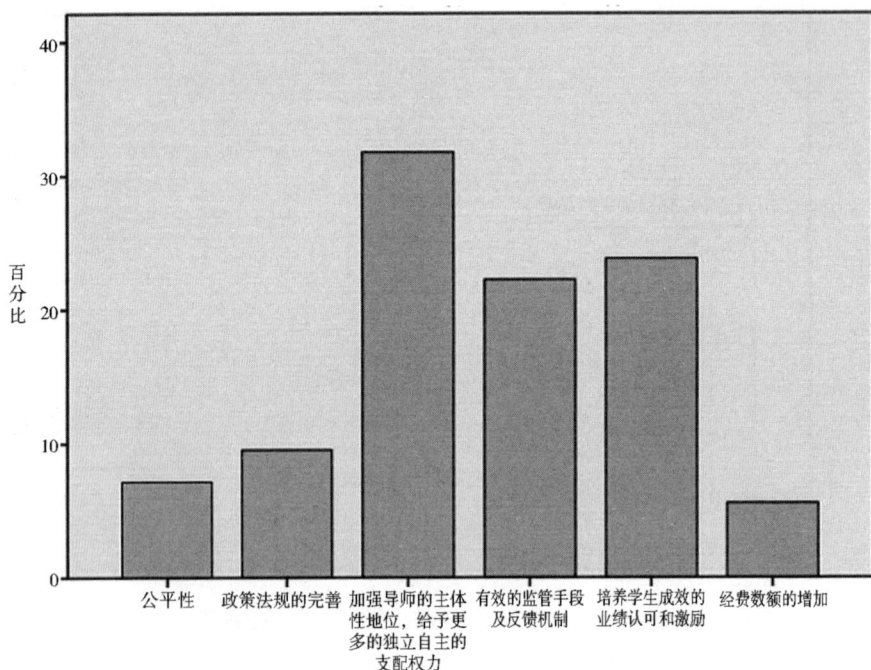

图4.6　行政管理人员认为目前的资源配置制度最应该改进的部分

综上所述，对研究生教育资源配置有效性的评价和判断，在具体操作时不宜采用一刀切的大一统评价方式，而是需要在充分考虑不同利益相关主体的差异性的基础上进行。

第四节　本章小结

本章以前文所述的研究生教育资源配置有效性理论为依据，以研究生教育资源配置有效性可由公平、效率、协调、效益四个维度组成作为建构有效性分析模型的假设开展定量分析与验证，若以此四维度为框架建立起的有效性分析模型通过检验，则假设成立。对此，本章主要采用问卷调查法与统计分析法相结合的研究方法，区分研究生导师、与研究生事务相关的行政管理人员以及研究生三类调查对象，对10所研究型大学开展问卷调查，目的在于通过分析问卷调查所获取的数据，对研究生教育资源配置有效性的四个维度加以验证，并依据四维度建构我国研究型大学研究生教育资源配置有效性的评价模型，为更客观评价研究型大学研究生教育资源配置的有效性提供新的衡量方法和科学参考依据。

问卷调查过程所采用的问卷是依据研究生教育资源配置有效性理论、调研目标与对象特点自行设计，包括三部分内容：第一部分是受调查者的基本信息；第二部分是一份五点式的李克特量表（Likert scale），用于了解受调查者对研究生教育公共资源，特别是研究生教育经费在配置过程中所体现的公平、效率、效益和协调等的主观认识及评价，以及受调查者对研究生教育经费配置有效性的满意度；第三部分则是描述评价题，作为第二部分的补充，目的在于了解调查对象在研究生教育培养过程中（学生则是在学习过程中）的日常做法及对研究生教育经费配置等的看法和评价。

问卷调查的对象选定在教育部直属高校中的研究型大学，且在2016年中国研究生教育综合排名榜中排名居于前段及中上段的高校，尽可能剔除先天资源禀赋差异对分析资源配置有效性的影响。因此，调查对象选取厦门大学、山东大学、同济大学、东南大学、华南理工大学、电子科技大学、南京大学、北京大学、武汉大学、华东师范大学10所研究型大学作为问卷发放对象。这10所高校分布于东部地区、中部地区和西部地区，分布于北京市、上海市、山东省、江苏省、湖北省、福建省、广东省和四川省等8个省、市地区，具有较好的代表性，能够较好地反映高校研究生教育资源配置的普遍情况。

此次问卷调查共发放问卷1700份，回收1554份，回收率为91.41%，有效问卷1488份，其中研究生导师有效问卷287份，行政管理人员有效问卷127份，学生有效问卷1074份。问卷的第二部分，即量表部分是本章进行定量分析的数据来源及分析的重点。

通过利用SPSS数据分析软件，运用独立样本t检验对问卷量表进行项目分析、运用KMO和Bartlett's球形检验对问卷量表进行结构效度检验、运用信度系数（α系数）对问卷进行信度检验，结果显示，量表题项的测验均具有可行性和适切性，问卷量表数据很适合进行因素分析，问卷量表具有很好的信度。

在问卷量表通过信效度检验的基础上，本研究利用主成分分析方法，计算出公平、效率、效益和协调四个维度的权重系数值，进而通过回归分析方法，建构出我国研究型大学研究生教育资源配置有效性的评价模型：$Y = 0.492X_1 + 0.205X_2 + 0.103X_3 + 0.217X_4$。通过模型的信效度检验、共线性诊断，以及方程显著性检验等，验证了该评价模型是有效和可靠的。因此，高校研究生教育资源配置有效性的评价模型为：

高校研究生教育资源配置的有效性 = 0.492 * 公平 + 0.205 * 协调 + 0.103 *

效率 +0.217 * 效益。

　　从标准化回归模型可以看出，公平变量对研究生教育资源配置的有效性影响最大，其次是效益变量、协调变量，而影响度最小的是效率变量。假设有效性为1，有效性四个维度对有效性的影响程度比例表现为：公平∶效率∶效益∶协调 = 0.5∶0.1∶0.2∶0.2。

　　从上述实证分析可知：公平维度对高校研究生教育资源配置有效性的影响最大，起基本价值导向作用；效益维度对有效性的影响次之，这一维度充分衡量了研究型大学研究生教育资源配置带来的社会有用性（社会影响力）；协调维度对有效性的影响居第三位，接近于效益维度的影响程度，这一维度贯穿于高校研究生教育资源配置的始终，体现了公平、效率、效益三个维度的协调统一；效率维度对有效性的影响相对是最弱的，但却不可或缺，是研究生教育资源配置有效性的自然属性要求。缺乏效率，资源配置就失去了配置的意义。

　　此外，区分不同职称级别、不同岗位类型的研究生导师及不同职务级别的行政管理人员进行数据分析，会发现他们对于研究生教育资源配置有效性各个维度的重要性认识有所差异，对实际工作中各维度实施效果的评价也不相同。可见，对研究生教育资源配置有效性的评价和判断，不宜采用一刀切的大一统评价方式，而是需要在充分考虑不同利益相关主体的差异性基础上进行。

第五章

案例分析：基于研究生教育资源配置有效性评价模型的调查分析

通过前文的论述，已验证理论假设成立：我国研究型大学研究生教育资源配置有效性是由公平、效率、协调和效益四个维度组成，而且有效性分析模型为：研究生教育资源配置的有效性 $= 0.492 *$ 公平 $+ 0.205 *$ 协调 $+ 0.103 *$ 效率 $+ 0.217 *$ 效益。因此，本章拟以研究型大学研究生教育资源配置有效性分析模型为基础，进行高校个案分析，进一步验证分析模型的可信度与可靠度，并了解当前研究型大学研究生教育资源配置的有效性状况。

个案分析分为两大部分。第一部分主要基于有效性分析模型，选取 7 所研究型大学的样本数据，通过样本数据代入模型进行整体对比分析。同时，选取 7 所高校中有效性得分最高与最低的两所高校，通过对问卷调查第三部分的调查结果进行对比分析，目的有三个方面：一是了解我国研究型大学的研究生教育资源配置有效性差异；二是以不同数据来源来进一步验证研究生教育资源配置有效性评价模型的可信与可靠程度；三是探寻不同高校研究生教育资源配置有效性差异的原因。第二部分采用访谈方式，对有效性得分最高与最低的两所高校的研究生教育资源配置状况进行深入了解，在了解研究型大学研究生教育资源配置现状的基础上，进一步探析两所高校研究生教育资源配置有效性差异的原因。

第一节 基于有效性评价模型的个案分析

一、整体对比分析

选取 7 所高校的问卷调查结果的样本值，以主成分分析法分别计算出公平、效率、协调、效益四个维度值，代入研究生教育资源配置有效性评价模型，分别计算出 7 所高校的研究生教育资源配置有效性得分。详见表 5.1。

由表 5.1 可以看出，在研究生教育资源配置过程中，地处华东的高校 G 的有效性得分最高，各维度得分均远高于其他高校。就本校各维度值来看，该校在协调、效率方面做得最好，而公平、效益的得分则相对较低。同样地处华东的高校 A 的有效性得分最低，就本校各维度值来看，该校同样在协调方面做得最好，其次是效益，再次是公平，而效率得分是最低的。与其他高校相比较，该校各个维度的得分均不是最低的，但均处于偏低位置。另一个地处华东地区的高校 C 的有效性得分中等偏低，从本校各维度值来看，该校与高校 A 类似，同样在协调方面做得最好，其次是效益，再次是公平，而效率得分是最低的。高校 E 也处于华东地区，得分居中；处于华南地区的高校 D 的有效性得分排名第二位；处于西部地区的高校 B 的有效性得分排名第三；处于华北地区的高校 F 的有效性得分排名第六。由此可见，研究生教育资源配置的有效性并不受地域的影响。

表 5.1　各高校在研究生教育配置有效性模型中的得分情况

学校	公平	效率	协调	效益	有效值（Y）	得分排序
高校 A（华东）	3.119	2.654	3.525	3.426	3.274	7
高校 B（西部）	3.204	3.020	3.634	3.538	3.400	3
高校 C（华东）	3.296	2.460	3.491	3.485	3.347	5
高校 D（华南）	3.810	3.835	3.781	3.890	3.889	2
高校 E（华东）	3.190	2.909	3.504	3.648	3.379	4
高校 F（华北）	2.965	2.984	3.922	3.405	3.309	6
高校 G（华东）	4.208	4.281	4.284	4.205	4.302	1

（数据来源：依据问卷调查样本数据代入研究生教育资源配置有效性评价模型计算而得）

总的来看，在四个维度值中，有 5 所高校得分最高的维度是协调，2 所高校得分最高的维度是效益；有 4 所高校得分最低的维度是效率，1 所高校得分最低的维度是公平，1 所高校得分最低的维度是协调，1 所高校得分最低的维度是效益。可见，当前大多数高校对研究生教育资源配置过程中的协调、效益比较重视，而对效率则普遍不重视。

此外，从各高校研究生教育资源配置有效性值及有效性各维度值的雷达图来看（见图 5.1），各维度值整体得分越高，值间差异越小，即值越接近和相同，其有效性值越高，如高校 G、高校 D 和高校 B；而各维度值差异越大，则其有效性值就越低，如高校 A、高校 E 和高校 F。可见，高校研究生教育资源配置的有效性有赖于四个维度的综合协调平衡，只有齐头并进，充分重视发挥各维度在研究生教育资源配置中的作用，以及处理好相互影响，系统考量，才能真正提高研究生教育资源配置的有效性。相反，某一维度一枝独秀或某两个维度做得特别好的"瘸腿"现象，都将使其研究生教育资源配置的有效性降低，甚至导致有效性缺乏。

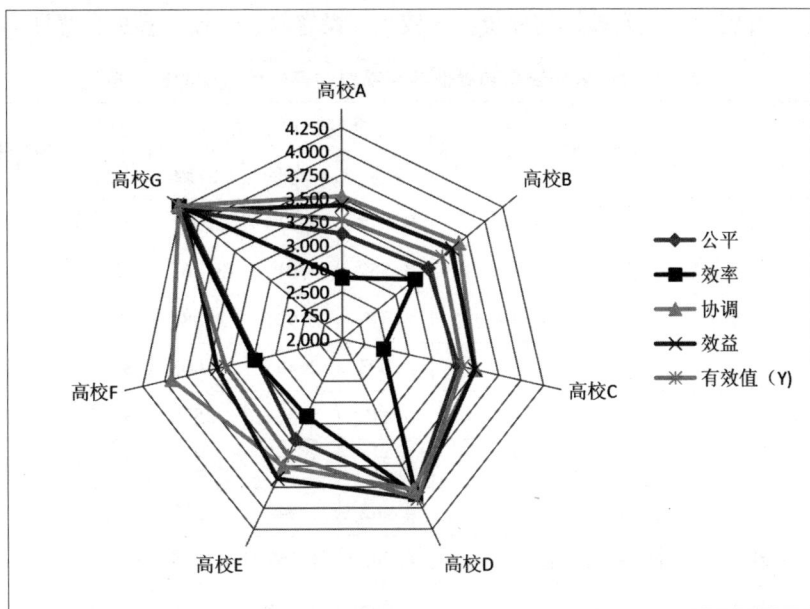

图 5.1　各高校研究生教育资源配置有效性得分情况

二、具体数据对比分析

为进一步探析不同高校研究生教育资源配置有效性差异的情况及原因，验证研究生教育资源配置有效性模型的可行性和可靠性，本文拟选取有效性得分最高的高校 G 及有效性得分最低的高校 A 两所高校作为具体个案分析对象，做进一步分析。用于分析的数据来自两部分：一部分为两所高校在研究生教育资源配置有效性评价模型中的各维度的具体得分情况，详见表5.2；一部分来源于问卷调查的第三部分。其中，高校 G 收集到教职工（研究生导师和与研究生事务相关的行政管理人员）样本68份，高校 A 收集到教职工样本185份。

从表5.2可看出，无论是高校 A，还是高校 G，在三类群体中，行政管理人员对本校的研究生教育资源配置有效性的满意度都是最高的，即得分最高；学生群体对本校的研究生教育资源配置有效性的满意度都是最低的。高校 A 的三类群体在效率维度方面的得分均是最低的，有两类群体（研究生导师、学生）的协调维度得分是最高的，而行政管理人员群体则是在公平维度得分最高。因此，高校 A 的研究生教育资源配置有效性评价中，效率评价得分最低，协调维度得分最高，三个群体对本校的研究生教育资源配置有效性的评价有较为一致的意见。高校 G 中，教职工在协调维度的得分最低，在效益维度得分最高；学生则是在效益维度得分最低，协调维度得分最高。从三类群体来看，对本校的研究生教育资源配置有效性的评价差异较大，没有较为一致的看法和意见。

表 5.2　有效性得分最高和最低两所高校在评价模型中的得分情况

高校	调查对象	各维度在评价模型中的得分值				有效性值
		公平	效率	协调	效益	
高校 A	研究生导师	3.278	2.914	3.390	3.020	3.263
	行政管理人员	3.552	3.011	3.367	3.272	3.458
	教职工（导师＋行政管理人员）	3.327	2.931	3.386	3.196	3.327
	学生	3.003	2.495	3.605	3.558	3.246
	总得分	3.119	2.654	3.525	3.426	3.274
高校 G	研究生导师	4.292	4.273	4.233	4.350	4.363
	行政管理人员	4.448	4.544	4.565	4.558	4.581
	教职工（导师＋行政管理人员）	4.340	4.357	4.335	4.414	4.431
	学生	4.095	4.215	4.241	4.022	4.191
	总得分	4.208	4.281	4.284	4.205	4.302

（数据来源：样本数据代入高校研究生教育资源配置有效性分析模型后计算而得）

问卷调查的第三部分着重了解两所高校的受访者对本校研究生教育资源配置制度的实施效果、研究生培养质量等的评价和看法。通过对问卷结果数据进行梳理和统计分析，获得以下分析结果。

（一）对制度实施效果的看法存在明显差异

在调查过程中，问及目前本校的研究生教育经费配置制度中，实施效果最差的是哪部分的时候，两校受访教职工的看法存在明显差异，如图 5.2 所示。从图 5.2 可以看出，高校 G 的受访教职工中有一半认为"各方协调性"部分是本校实施效果最差的部分；其次是"效率"，有 24.2% 的受访教职工认为这是实施效果最差的部分。相对地，受访教职工仅有 3% 认为"评价"部分实施效果最差；其次是 6.1% 的受访教职工认为"公平性"部分是本校实施效果最差的部分。这一结果与高校 G 的研究生教育资源配置有效性模型得分中教职工的得分情况一致。而高校 A 的受访教职工在各选项的选择上较为均衡。其中，分别有 24.7% 的受访教职工认为"公平性""效率"是本校在经费配置制度实施中效果最差的部分；其次是"各方协调性"。相对地，认为"监督和反馈"是做得相对较好的部分，但也有 12.9% 的教职工认为是实施最差的部分。这一结果与高校 A 的研究生教育资源配置有效性得分中各维度得分排序较为一致。

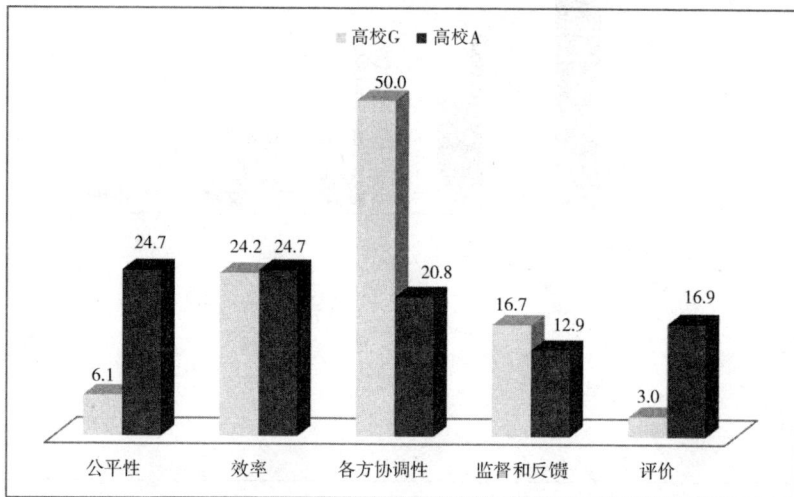

图 5.2 两校受访教职工对目前经费配置制度中效果最差部分的看法对比

综上所述，高校 G 的受访教职工对本校在研究生教育经费配置制度实施中的评价部分、公平部分较为满意，这与高校 G 在研究生教育资源配置有效性模型得分中教职工的得分结果一致。高校 A 的受访教职工对本校在经费配置制度实施效果的看法差异较大，总体来看，对公平性、效率两个部分最为不满意，其次是各方协调性。这与该校四个维度得分值情况较为一致。

（二）对培养费用投入主体的看法存在明显差异

在对研究生培养费用投入主体的看法上，两校也显示出明显的差异。如图 5.3 所示，高校 G 有约四成的受访教职工（占 39.7%）认为，研究生培养费用投入最多的是国家，主要来自国家拨付的公共教育经费；同时，学校也是投入的主体，有近四成（占 38.2%）的受访教职工认为学校层面投入最多。相对地，仅有 4.4% 的受访教职工认为导师通过科研经费对研究培养投入最多。高校 A 则是超过六成的受访教职工（占 66.5%）认为导师在研究生培养费用上的投入最多，通过科研经费投入到研究生培养中；其次是国家（占 23.7%）；相对地，仅有 1.7% 的受访教职工认为学院、学生投入最多，即认为学院、学生的投入是最少的。

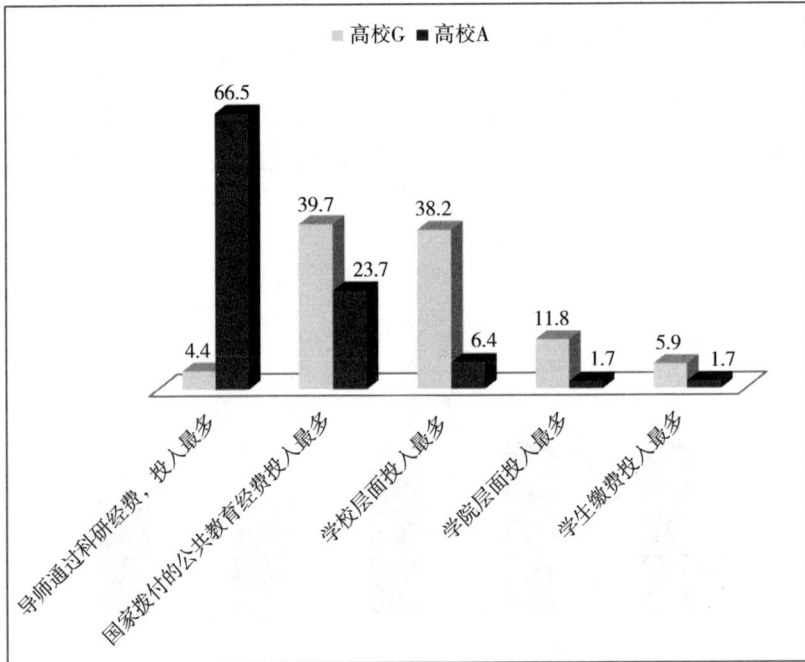

图 5.3　两校受访教职工对研究生培养费用投入看法的对比

由此可见，从排序上看，对高校 G 的受访教职工来说，研究生培养费用的投入主体依次是：国家、学校、学院、学生、导师。对高校 A 的受访教职工来说，研究生培养费用的投入主体依次是：导师、国家、学校、学院、学生。

（三）对最应该改进部分的看法略有不同

从图 5.4 可知，在问及对本校目前的研究生教育资源配置制度最应该改进的部分时，两校教职工的看法略有不同。高校 G 有近六成的教职工（占58.8%）认为应"加强导师的主体性地位，给予更多的独立自主的支配权力"。相对地，受访教职工认为最不需要改进的是"经费数额的增加"（占受访者的1.5%）和"公平性"（占受访者的2.9%）。高校 A 的受访教职工中，也是认为最应该改进的部分是"加强导师的主体性地位，给予更多的独立自主的支配权力"，这部分最多，占47.5%。相对地，认为最不需要改进的是"有效的监管手段及反馈机制"（占受访者的3.9%）。这一结果与问及实施效果最差部分的问题相吻合。

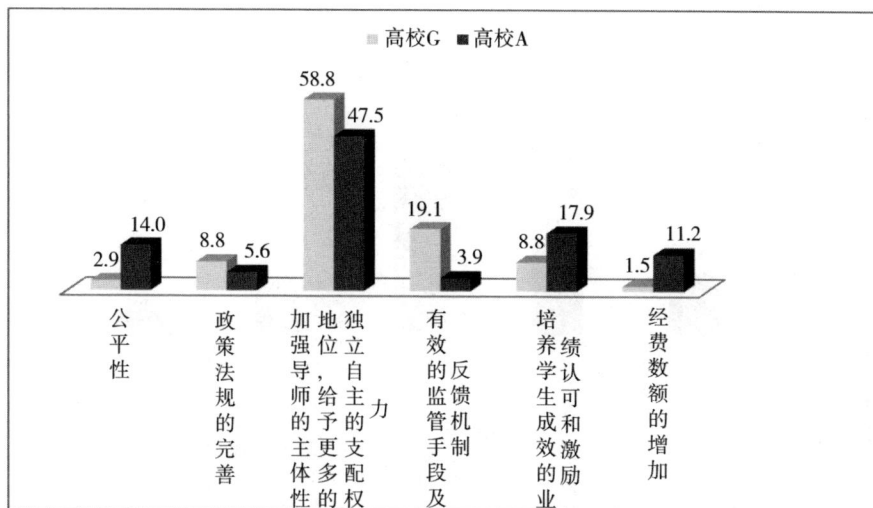

图 5.4 两高校教职工对目前的资源配置制度最应改进部分的看法差异

综合前两个问题的结果来看，在两个高校的资源配置制度中，导师拥有的经费支配权力不足是普遍存在的现象。对高校 A 的受访教职工来说，导师对经费支配的权力不足与导师对研究生教育经费投入最多的矛盾，是权力与责任不相匹配的矛盾，即责大于权，这一矛盾造成的结果之一就是受访教职工对资源配置制度的公平性、效率的不满意，对导师投入研究生培养过程的积极主动性产生不利影响。这一结果也体现在高校 A 的资源配置有效性得分中，效率维度和公平维度得分最低。对高校 G 的受访教职工来说，虽然导师对经费支配的权力不足，但在该校研究生教育经费投入上，导师并非投入最多的主体，这使得公平问题没有高校 A 显得那么突出，反而是各方协调问题、有效的监督和反馈机制问题等凸显出来，有效的监督和反馈机制问题被更多受访者认为是应该加强改进的部分，而资源配置制度中的各方协调性问题则是受访教职工最不满意的部分，认为实施效果最差。这一结果与高校 G 在有效性具体维度上的得分情况吻合。

（四）对培养质量评价的关键因素的看法大致相同

如图 5.5 所示，两所高校均有最多受访者认为在评价研究生培养质量时，研究生的科研成果（课题、论文、专利等）是必需的、最不可缺少的评价因素；其次是"相较于研究生入学时为其设定的培养目标的完成情况"，在这一因素上，高校 G 认同的受访者比高校 A 多。而认为在评价研究生培养质量时最不需要考虑的因素，两校的调查结果较为一致，均为"研究生的就业情况"，其次是

"学生的反馈评价"。

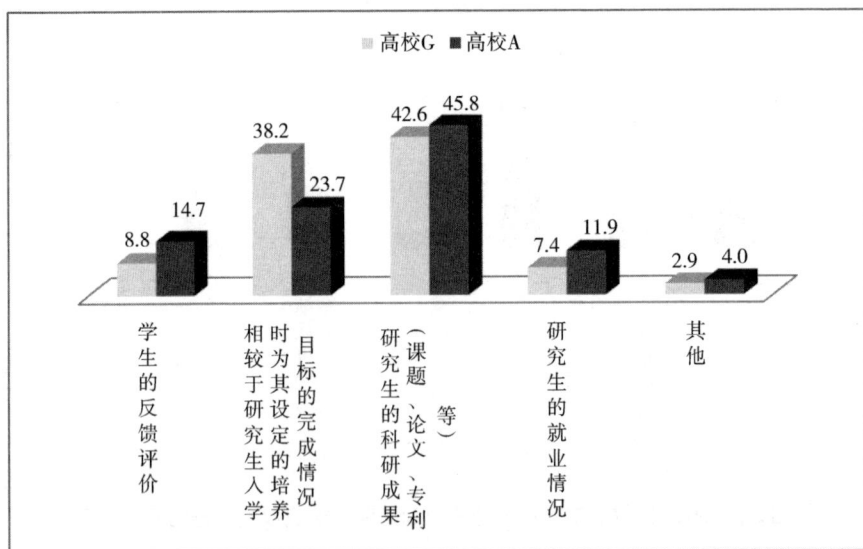

图5.5 两校教职工在评价研究生培养质量最不可缺的因素时看法的差异

由此可见,当前在研究生培养质量的评价因素中,较少考虑学科差异、培养目标差异,以学术研究评价标准为导向的科研成果仍是研究生培养质量的关键评价因素。不过以设定培养目标的完成情况为研究生培养质量的评价因素也已受到一定的重视。

三、分析结论

(一) 有效性分析模型的得分情况与个案调查结果吻合

通过把高校 G 和高校 A 的样本数据代入高校研究生教育资源配置有效性分析模型,得到高校的研究生教育资源配置的有效性得分;通过收集问卷调查第三部分的调查结果并进行统计分析,得到高校 G 和高校 A 的受访者对本校研究生教育资源配置状况的评价和看法。本研究通过对比发现,上述来自不同获取方式的结果互相吻合。由此可见,高校研究生教育资源配置有效性分析模型能够真实反映高校的研究生教育资源配置状况。

(二) 配置有效性高低与高校所属地域条件没有必然联系

如前文所述,从受调查的 7 所高校的研究生教育资源配置的有效性得分来看,并没有呈现出明显的地域规律:同处于华东地区的四所高校,其有效性得分差异却很大,也没有因为处于经济较为发达的华东地区而在资源配置的有效性方面优于处于经济较为落后的西部地区高校。由此可见，高校研究生教育资源配置有效性的高低，并不受地域分布的明显影响，与高校所属地域条件没有必然联系。

（三）作为价值导向的公平维度，其受重视度极大影响着有效性的高低

从 7 所高校在研究生教育资源配置有效性评价模型中的得分中不难发现，公平维度的得分值极大影响着高校研究生教育资源配置有效性的得分高低。这一结论从高校 G 和高校 A 的访谈结果分析中进一步得到验证。由此可见，公平作为研究生教育资源配置的价值导向，对研究生教育资源配置有效性起着决定性的基础作用。如果缺乏公平，即使其他维度得分高，其有效性也难以获得高分。因此，在研究生教育资源配置中，首先必须重视公平，使其对研究生教育资源配置有效性产生正面影响作用。

（四）高校越来越重视协调和效益，而效率维度普遍不受重视

从 7 所高校在研究生教育资源配置有效性分析模型中的得分可以看出，大多数高校在协调、效益方面的得分较高，而效率维度得分普遍较低。可见，在高校内涵式发展的要求下，在"双一流"建设目标的带动下，高校越来越重视研究生教育的产出效益，重视发展过程中的协调性。从研究生教育资源配置的角度来看，表现为协调维度和效益维度越来越受重视，而效率维度则呈现弱化的趋势，甚至不受重视。

（五）系统兼顾公平、效率、协调和效益，有利于有效性的提高

如前文分析所展现的，高校各维度值差异越大，其研究生教育资源配置有效性的得分越低。因此，一枝独秀并不能使高校研究生教育资源配置的有效性真正提高，相反，只有站在研究生教育资源配置有效性角度，系统看待公平、效率、协调和效益四个维度的相互作用和相互关系，全面兼顾，才能真正促进研究生教育资源配置有效性的提高。

第二节　对两所代表性院校的访谈分析

前文基于高校研究生教育资源配置有效性分析模型分析了 7 所高校的研究生教育资源配置的有效性状况，并通过问卷调查方式对有效性得分最高和最低的两所高校的研究生教育资源配置有效性状况做进一步验证分析，探寻二者间的差异情况及原因。以上分析均是基于实证调查和定量分析的结果开展的，虽然较好地呈现了各高校研究生教育资源配置有效性的总体水平状况以及不同高

校间存在的差异，但仍存在着细节不够深入、无法呈现不可量化的影响因素的不足，影响对高校间有效性差异的深层次原因的探析。因此，为进一步深入了解高校间研究生教育资源配置有效性的差异点及挖掘其差异的原因，本研究拟在前文已有研究的基础上，通过深度访谈方式，进一步探讨不同高校间研究生教育资源配置有效性存在差异的深层次原因，作为对前文定量分析结果的补充和拓展。

一、访谈研究设计

由前文的分析可知高校研究生教育资源配置的有效性由公平、效率、协调和效益四个维度构成，也由高校研究生教育资源配置有效性分析模型计算出 7 所高校的研究生教育资源配置有效性得分，发现研究生教育资源配置的有效性得分与高校所属的地域并没有必然联系；高校越来越重视协调性和效益，而效率维度普遍不受重视；统筹兼顾各维度最有利于有效性的提高；等等。通过对有效性得分最高的高校 G 和得分最低的高校 A 的对比分析进一步发现，作为价值导向的公平维度，其受重视度极大影响着有效性的高低。然而，依据高校研究生教育资源配置有效性分析模型计算出来的有效性得分，是否能够较为真实地反映和衡量高校研究生教育资源配置的实际情况？得分差异的高校间，他们各自的研究生教育资源配置具体运行的差异点和主要问题是什么，问题的根源又是什么，等等，无法从前文的定量分析中获得充分的解答。对此，本研究拟在前文研究的基础上，以研究生教育经费配置为例，通过进一步的深度访谈方式来获得更多的相关信息，帮助寻求上述问题的进一步解答或解决问题的更多思路。

访谈的主要目的有：

（1）了解不同研究型高校研究生教育资源配置，如研究生教育经费配置的实际做法差异；

（2）了解不同高校不同群体（研究生导师、行政管理人员、学生）对本校研究生教育资源配置运行效果的看法；

（3）比较不同高校不同群体对本校研究生教育资源配置体系的主要不满及原因；

（4）了解高校不同群体对本校研究生教育资源配置体系的建议和意见；

（5）深入探讨高校研究生教育资源配置存在问题的深层次原因。

二、访谈对象与内容

(一) 访谈对象

基于前文调查分析的结果及访谈目的实现，本研究选取在研究型大学研究生教育资源配置有效性分析模型中得分最高的高校 G 和得分最低的高校 A 两所高校的研究生导师、与研究生事务相关的行政管理人员、研究生三类群体为访谈对象，进行深入访谈调查。访谈对象选取方式采用分层抽样方式，以能较为全面而客观地了解该校的研究生教育资源配置状况。研究生导师按学科 (文科、理科)、导师类别 (硕士生导师、博士生导师) 两类进行分层，在不同层内进行访谈对象的随机抽取；行政管理人员按部门层次 (校级、学院)、学科 (文科、理科) 两类进行分层，在不同层内进行访谈对象的随机抽取；研究生按学科 (文科、理科)、学生类别 (硕士生、博士生) 两类进行分层，在不同层内进行访谈对象的随机抽取。据此，本研究共选取高校 G 的研究生导师 11 名、行政管理人员 4 名、研究生 10 名，高校 A 的研究生导师 10 名、行政管理人员 6 名、研究生 8 名，共计 49 名进行访谈。所有的访谈均建立在受访者自愿的基础上，采用一对一的面谈方式。访谈采取非结构型的开放式交谈。被访谈人员基本信息情况详见表 5.3。

表 5.3 访谈人员基本信息情况表

序号	编号	所属高校	人员类别	性别	所属院系
1	GT01	高校 G	硕士生导师	男	铁道与城市轨道交通研究院
2	GT02	高校 G	硕士生导师	女	环境科学与工程学院
3	GT03	高校 G	博士生导师	男	经济与管理学院
4	GT04	高校 G	博士生导师	男	经济与管理学院
5	GT05	高校 G	博士生导师	男	材料学院
6	GT06	高校 G	博士生导师	男	建筑与城市规划学院
7	GT07	高校 G	博士生导师	男	电子与信息工程学院
8	GT08	高校 G	博士生导师	男	材料学院
9	GT09	高校 G	博士生导师	男	环境科学与工程学院
10	GT10	高校 G	博士生导师	男	马克思主义学院
11	GT11	高校 G	博士生导师	男	马克思主义学院
12	GA01	高校 G	行政管理人员	女	电子与信息工程学院

序号	编号	所属高校	人员类别	性别	所属院系
13	GA02	高校 G	行政管理人员	女	铁道与城市轨道交通研究院
14	GA03	高校 G	行政管理人员	男	电子与信息工程学院
15	GA04	高校 G	行政管理人员	男	经济与管理学院
16	GS01	高校 G	硕士生	男	信息科学与技术学院
17	GS02	高校 G	硕士生	男	环境科学与工程学院
18	GS03	高校 G	硕士生	男	电子与信息工程学院
19	GS04	高校 G	博士生	男	物理科学与工程学院
20	GS05	高校 G	博士生	男	材料学院
21	GS06	高校 G	博士生	女	机械与能源工程学院
22	GS07	高校 G	硕士生	女	汽车学院
23	GS08	高校 G	硕士生	女	建筑与城市规划学院
24	GS09	高校 G	博士生	男	马克思主义学院
25	GS10	高校 G	博士生	女	马克思主义学院
26	AT01	高校 A	硕士生导师	女	公共事务学院公共管理系
27	AT02	高校 A	博士生导师	男	海洋与地球学院
28	AT03	高校 A	博士生导师	女	材料学院
29	AT04	高校 A	博士生导师	男	南洋研究院
30	AT05	高校 A	博士生导师	男	化学化工学院
31	AT06	高校 A	博士生导师	男	信息科学与技术学院
32	AT07	高校 A	博士生导师	男	信息科学与技术学院
33	AT08	高校 A	硕士生导师	男	台湾研究院
34	AT09	高校 A	硕士生导师	女	人文学院
35	AT10	高校 A	硕士生导师	男	经济学院
36	AA01	高校 A	行政管理人员	男	医学院
37	AA02	高校 A	行政管理人员	男	研究生院
38	AA03	高校 A	行政管理人员	男	研究生院
39	AA04	高校 A	行政管理人员	女	信息科学与技术学院
40	AA05	高校 A	行政管理人员	女	材料学院

续表

序号	编号	所属高校	人员类别	性别	所属院系
41	AA06	高校 A	行政管理人员	女	经济学院
42	AS01	高校 A	博士生	男	信息科学与技术学院
43	AS02	高校 A	博士生	女	管理学院
44	AS03	高校 A	硕士生	男	公共事务学院
45	AS04	高校 A	博士生	男	人文学院
46	AS05	高校 A	博士生	男	数学学院
47	AS06	高校 A	硕士生	女	经济学院
48	AS07	高校 A	硕士生	男	化学化工学院
49	AS08	高校 A	博士生	女	材料学院

数据来源：依据访谈名单整理而得

（二）访谈内容

在访谈之前，本研究依据研究内容和访谈目的，拟定了访谈提纲。由于访谈对象涉及研究生导师、行政管理人员和学生三类不同的群体，因此，依据不同群体的身份特点及在高校研究生教育资源配置中的地位和作用不同，本研究编制了三份不同的访谈提纲，以便更客观、全面地搜集研究目的相关的信息。访谈提纲主要包括两部分内容：第一部分为受访者的基本信息；第二部分为主体内容，即从受访者身份角度来了解该校的研究生教育经费配置的实际情况、存在的问题、原因探讨以及评价、看法等，进而探讨对本校研究生教育资源配置状况、存在问题及建议意见等。访谈提纲具体内容参见附录六。

三、访谈结果分析

（一）两所高校研究生教育经费的总体配置情况存在明显差异

1. 高校 G 的研究生导师名下拥有可支配的研究生培养经费

高校 G 直接将一部分研究生培养经费划拨到每个研究生导师的经费卡上，该经费可用于研究生培养的支出、学生酬金、参加会议的差旅费、打印费、购书费、研究生论文答辩、论文送审和评审费用等小额度费用，以学生报账的方式支出，经由导师签字即可；另一部分研究生培养经费，学校按文科、理科等的不同标准划拨给学院统筹使用，用于学院在研究生培养环节的支出。大多数（占受访研究生导师的75%）认为这部分导师名下可支配的研究生培养经费太少,不够用。而所有受访的研究生导师均表示自己都会动用科研项目经费用于所带学生在培养环节的费用支出。

2. 高校 A 的研究生导师名下不具有或不直接拥有可支配的研究生培养经费

高校 A 将65%的研究生培养经费统一划拨到学院,由学院自行统筹安排使用。各学院具体做法在细节上虽然有所差异,但大致相同,主要有两种做法:一种做法是将研究生培养经费全部留存于学院层面,不单独划拨到导师名下,而是统一将其划入学院设立的专门账户,不按导师进行区分,用以学生参加会议的差旅费、论文答辩、送审和评审费用等的支出,以学生报账的方式支出,经由导师签字、学院分管领导签字同意后方可;另一种做法是,虽然该经费不在导师名下,同样放在学院层面,但学院明确规定给研究生导师以一定数额的研究生培养经费额度,主要用于学生毕业论文打印、答辩及评审等的小额费用支出,以学生报账的方式支出,经由导师签字、学院分管领导签字同意后方可。无论是哪一种做法,受访导师中除了三位在学院同时兼任行政职务的研究生导师外,其他导师均表示自己的名下没有可以支配使用的研究生教育经费用于研究生的培养环节,对学院层面的相关费用的可使用并不了解;所有受访的研究生导师均表示都是动用自己的科研项目经费用于所带学生在培养环节的各项费用支出。

(二)两所高校在研究生教育资源配置决策权的处置方面存在明显差异

由资源配置理论可知,不同的决策权决定了不同的配置方式及配置结果和成效,与决策相关的一系列选择问题构成了资源配置的基本问题。因此,通过对两所高校在研究生教育资源配置决策权方面的处置安排的对比了解,寻求两所高校研究生教育资源配置有效性差异的深层原因。

高校 G 的受访者大多数(占本校受访教职工的67%)明确表示,研究生培养经费的使用决策权在导师手里;或者表示学校统一下拨至导师经费卡里的研究生培养经费,导师有使用决策权。也有受访者(GA01)表示,研究生培养经费的使用决策权在学院层面。

高校 A 的受访者对于研究生培养经费的使用决策权看法不一,主要认为研究生培养经费的使用决策权在学校或者学院手里(共占受访导师的67%);没有一位受访导师认为研究生导师具有对研究生培养经费的使用决策权,与高校 G 形成鲜明的反差对比。

(三)对经费报销手续是否烦琐方面存在明显差异

高校 G 仅在学校层面设立财务处,各学院不设财务室单独核算。访谈中,有4位教职工受访者觉得经费报销的手续烦琐麻烦;3人觉得报销手续不烦琐,报销类型比较单一；2 人表示报销按财务处要求的流程进行即可。学生受访者中则有 6 人表示报销手续流程较多，烦琐，材料要求比较复杂，限制比较严格；有 2 人则表示报销手续不烦琐，因为学校有给专门的报销手续指导文件，具体指导整个报销流程。

总体上看，高校 G 的多数受访者认为经费报销手续烦琐或比较烦琐，主要是因为在报销材料的整理阶段，会占用大量时间进行发票的整理、表格的填写，以及在财务处报销排队等。

高校 A 除了学校层面设有财务处，在各学院设有二级财务核算，各学院教职工和学生的报账均可直接通过学院的财务室完成。在访谈中，多数的受访教职工觉得经费报销上按流程走，不会很麻烦。问及原因，有受访者（AT01）表示因为费用主要都是从自己的课题项目经费里走，就觉得流程手续还好，不会很麻烦；有 1 人（AT06）表示报销流程非常烦琐，1 人表示财务的问题不在于是否烦琐的问题，该有的流程、审核是需要的。

财务是高校研究生教育资源配置运行中一个非常重要的环节，在对财务工作的看法中，高校 G 的受访者主要谈及的大多是流程、手续方面的问题，不过也有一位受访导师（GT09）表示，目前的财务管理模式仍是以项目经费管理为中心，并没有从为一线科研人员做好服务的角度去考虑，而是从"怕担责任，怕出事情"来设计财务管理模式，这使得对研究生培养经费"支出项"的规定千篇一律，没有体现出为科研服务的人文关怀，如给参加研究生答辩的评委老师发放酬金时，规定的上限额度很死板，导师们只能通过变通的方式申请发放；又如研究生的交通差旅费，不区分实际事由，野外任务多的与室内试验为主的事由全都按照一个标准进行报销；等等。

高校 A 的受访者中，大多认为财务报销流程等不烦琐，但有两位受访导师（AT05、AT06）明确提及本校财务存在的核心问题是定位问题——财务工作在学校整个研究生培养工作中，究竟是管理还是服务？他们认为，目前的财务工作是把自己定位为管理角色，完全没有服务于培养工作和科研工作的意识。这一定位及理念的不同，决定了目前的财务工作无法真正促进本校的人才培养质量提升，而是打击和挫伤教师们工作的积极性，也极大束缚了教师们对工作的创造力创新性。例如，为了管理及核算的方便，财务方面原则上不允许研究生培养经费直接划拨到导师名下，不考虑研究生培养与科研工作的实际情况，过度严格限制导师对科研经费的支出项目，不允许导师对科研经费预算中支出项的调整（虽然国家规定允许一年可依据工作进度和实际开展情况调整一次支出项目预算）；不区分教学科研与行政管理工作的不同，均以一刀切的统一方式进行财务管理和核算；等等。这些问题导致在实际工作中，导师的经费决策权力严重不足以应对自身的研究生培养工作需要和开展科研工作的需要，造成一方面需要用钱的地方用不了钱，另一方面则是为避免经费被收回而不得不滥用经费，花费在本不需要花费的地方。

（四）对研究生培养经费使用方面不满意的关注点既有差异又有共同点

1. 高校 G 对研究生经费使用方面不满意的关注点

高校 G 的受访者对于研究生培养经费使用中不满意的关注点主要有以下三个方面：

（1）研究生培养经费太少，完全不够用

在这一情况下，一些导师选择弃之不用，直接以自己的科研项目经费进行支出；所有受访导师均表示，培养经费不够用时应对的方法是将科研项目经费用于研究生的培养环节。

（2）只有有科研项目经费的导师才可招生的制度的合理性有待商榷

有导师（GT06）认为，以导师有否足够的科研项目经费来作为可否招收研究生的条件是合理的，不给导师专门的研究生培养经费也属正常。原因有两个。一方面，研究生培养的经费主要来源于导师的科研项目经费，为确保研究生培养有足够的经费支持，这样要求是合理的。另一方面，研究生的教育、培养应和具体科研、工程项目相结合，而且应该是国家、社会所需要的。如果导师的研究方向具有竞争力，能争取到科研、工程项目，自然就有经费用于研究生培养；如果导师的研究方向不具竞争力，甚至不是国家、社会所需要的，理应减少学生招收规模甚至不招学生，因此不需要专门的研究生培养经费。

反对的观点认为，这一制度是不合理的，有一个不利于人才培养的导向——唯经费为中心。有导师（GTO7）认为，以招收电子信息类的博士生为例，一名导师培养一名博士生，需要从科研项目经费中交给学校、学院6.5万元，博士生发表论文、答辩等，还需要支出3—4万元，合计培养一名博士生的成本在9—11万元。且不说导师为培养学生需要保持获取高额的科研项目经费，就从常理来说，导师培养学生与钱挂钩已经破坏了中国知识分子传统的道德观念，让导师不会关注于如何更好地培养学生，而是会关注于如何更好地获取更多的经费，而大的科研成果并非是由钱激励出来的，相反，都是由兴趣需要研究出来的。因此，资源配置应看重学术水平，应以人才为中心，而不是以钱为中心和导向。另有导师受访者（GT09）表示，他曾在日本学习工作了15年，由于在日本工作期间，研究生培养经费基本是有保障的，导师可以将全部精力用于教学和科研。回国后才发现，国内的导师为了确保研究生的科研经费，需要耗费很多精力去争取经费，经费争取来了之后，又要花很多精力用在经费的使用报销上。这种导向的结果是掌握权力的学院领导们的团队都很庞大，易孕育出不公平的竞争机制。因此，他认为，导师需要拥有可支配的研究生培养经费。如果同一个学校内的同一个学科的研究生培养经费依然靠导师竞争项目经费方式获取，就难以摆脱学生过于看重眼前利益，而忽视学术创新的倾向，导师和学生都难以摆脱追逐功利的考评机制。如果能够结合各学科的特色，在对研究生培养经费需求信息做科学分析并规范用途的基础上，赋予每一位导师拥有一部分可支配的研究生培养经费（如，研究生参加培训学习、与研究活动相关的调研，购买科技图书及必要的信息资料），对于学生树立远大理想，促进平等竞争，逐步克服追名逐利的功利思潮，回归正当的学术创新都有益处。对于有利于促进研究生平等竞争的公共资源经费（如参加国际高级别学术会议并做学术报告）则可以通过研究生自身申请并参加评比的方式获得。

（3）"研究生教育经费"缺乏明确的界定

受访导师（GT09）认为，"研究生培养经费"缺乏一个明确的界定，什么是导师权力范围内允许自主决策的支出项并没有经过认真的规范和定义，让不同的群体对"研究生培养经费"如何分配与使用存在分歧，使得本就少的"研究生培养经费"在实际中并不好使用，支出项偏离实际情况而有很多受限，导师主要还是依靠科研项目的经费培养研究生，研究生则从报考开始就更看重利益，而不是以专业喜好为出发点的学术创新。他认为，应在充分调研的基础上，通过教育部高教司出台文件，规范"研究生教育经费"的定义和用途，1/3 的预算可以从导师的科研项目经费收上来，学校按照规范和新时代学术创新的新需求做好统筹预算管理，学生只要按照规定申请使用即可。学生的攀比心理将逐步被弱化，这有利于鼓励学生集中精力投入科研，也有利于解放导师，同时还有利于促进学校在创新管理方面的提升。

2. 高校 A 受访者对研究生培养经费使用不满意的关注点

高校 A 的受访者对研究生培养经费使用中的不满意主要有以下四个方面。

（1）导师应拥有研究生培养经费使用的决策权

针对该校研究生导师名下没有可支配的研究生培养经费，没有经费的使用决策权的问题，受访导师（AT01）认为，研究生培养经费还是应该要有一部分下发到导师，比如10%的经费给导师支配，自行决定用在学生的培养上，如外出参加会议、参加竞赛、进行社会调研活动等，这样会更有针对性些，让培养经费使用起来更有效率，学校则可以通过看绩效来考核、通过经费的利用率来判别经费的使用情况。研究生培养经费全部都放在学院的方式也有不足的地方：

有可能出现经费利用率不高，每年都会有沉淀经费没有使用完，而且，由于各个具体学科的差异，学院层面有时也很难顾及差异性，无法与具体学科建设相适应和促进。受访导师（AT06）也指出，研究生导师名下有一定的可支配的研究生培养经费是必要的。因为对一些年轻教师来说，刚到校时经费不够，或者教师遭遇科研项目经费低谷周期时，至少保证不是让他从自己的工资里出钱用于学生培养，让其有尊严感。现实中，如果科研项目经费不够，很多老师是拿自己的工资来支付，或者是借其他老师的经费，很被动。受访导师（AT02）认为，研究生培养经费的使用支配权绝对应该在导师手里，导师才是学生培养的主体，若导师手里没有决策权，应怎么培养呢？虽然导师可以支配自己的科研项目经费用于研究生培养，但这是不同的范畴和意义。他认为，学院可以留一部分研究生培养经费用于公共部分的支出，而90%应该给导师本人，用于培养学生的支出。从管理来说，学校按研究生数拨付培养经费给学院，学院就应该给每个导师设立研究生培养经费专户，由导师自己使用，用于学生培养，包括研究过程中的费用、出去调研的费用、毕业论文答辩的费用等。导师应该有掌控这些支出的权力。

受访导师（AT05）说，导师对研究生教育经费的配置没有决策权，这个是很糟糕的事情。目前导师都是通过自己的科研经费来支付研究生培养中的各种支出，因为人才培养本身就是科研项目的一部分，二者是合在一起的，而不是分开的，不能割裂来看。但财务方面对导师科研经费的使用管理缺乏服务意识，观念滞后。问题的根本原因在于职能部门揽权，一是不愿意放权，二是不愿意动脑筋执行针对科研经费使用的宽松政策，推卸责任，依然用过去最严的方式，用行政管理方式来管理科研经费的使用。

受访导师（AT07）指出，经费的报销名目限制得过多，导师没有实际的经费使用决策权，只能严格按照财务可报销的名目进行，让培养中实际需要的支出与真正能够报销的支出不吻合，限制了导师的培养教育做法和科研想法的实践。

（2）一刀切的方式让导师均需从科研项目经费中上缴研究生培养经费是不合理的

受访导师（AT04）认为，文科与理工科不一样，文科的学科性质讲究个人的钻研创新居多，团队合作的情况较少。文科的科研项目经费也不如理工科的项目资源丰富且金额高，有的项目甚至没有什么经费可用。因此，不应该让文科的导师向学校缴交一笔研究生的培养经费，并且该笔经费缴交之后就从未返回给导师用以研究生的培养，这是不合理的。

受访导师（AT05）指出，导师需要为其所带的博士生上交给学校七万七的培养费用，学校则将这部分费用作为研究生的助学金，分摊到每个月发放给学生。对每个学生来说，得到一样的奖学金、助学金，而对导师来说，失去了这笔经费的支配决定权。他认为，经费使用上的一刀切做法是不合理的。一方面，对学生而言，培养经费并没有产生激励作用，另一方面是让学生面对导师时没有了契约意识。原本给学生发多少钱应由导师来决定，以助研报酬方式发放，签订契约，以便于导师对学生要求和督促。但现在培养经费由学校统一发放了，学生觉得理所当然，即使没有按照导师的要求做，也一样可以有这笔钱。老师和学生的关系变得很糟糕，原因之一也在于此。学生会认为不管做不做事都应该拿到那么多钱，老师不应该额外要求他。但导师认为，哪怕是助研报酬，都是导师争取到的科研项目经费给出的，导师应给学生提供用以完成学位所需的科研训练的桥梁和条件，提供机会，而学生就应该按照导师提供的训练计划来完成学习任务。这些任务不仅仅是科研本身，而是拿到学位应该有的训练。导师通过经费杠杆达到激励学生按计划完成任务的作用，特别是理工科，导师和学生之间原本就不是雇佣关系，但现在的状况是导师没有经费的使用决策权，师生关系被割裂了。

（3）经费数量太少，经费的使用不够透明

受访导师（AT03）认为，研究生培养经费划拨到学院后，学院扣除管理费用，有40%按人数划拨至学院的专用账号，给导师用于研究生培养方面的支出。但这个数额太少，老师们是有意见的，不合理。受访导师（AT05）表示，由于学院划定到统一卡里给导师使用的研究生培养经费，数额太少，虽然原理上说可以用于支付在学生培养过程中的各类支出，如学生外出参加研讨会，但数额很少，不足以支持，因此在实际中这笔培养经费仅用于学生毕业论文答辩的相关支出。

受访导师（AT06）认为，研究生培养经费配置存在不透明的问题，就导师来说，对这笔经费的存在是没有感觉的，也不知道具体用于哪里，这是最大的问题。受访导师（AT01）也表示不清楚研究生培养经费的分配与使用情况。虽然学院在年度总结会上会在报告里体现培养经费的使用情况，但那是整体上的，对老师来说，一个数字是没有感觉的，具体如何分配、如何使用完全不清楚。

（4）导师只有足够课题经费才能招生存在不合理性

受访导师（AT02）认为，导师只有足够课题经费才能招生的制度，有一定的合理性，但也存在不合理的地方。合理性的地方在于为了保证学生的培养质量，导师应有一定的科研经费保证做这件事，而不合理的地方在于：导师不可能每年都有那么多的课题项目经费，当他青黄不接、断档的时候，若按照这个制度的要求，研究生培养就会受到局限，这样在研究生教育上就会出现问题。

综上所述，高校 G 与高校 A 的受访者，在研究生培养经费数量太少、经费的支出项目限制过严以至于与实际情况不符、导师只有足够科研项目经费才能招生等方面的不满意看法一致，其他看法则依据各校的情况不同而有所不同。

（五）对研究生教育资源配置工作的评价存在明显差异

高校 G 的多数受访者（占该校受访人数的 62.5%）认为，本校的研究生教育资源配置工作总体状况良好、满意度尚可、基本满意。受访导师（GT09）认为，目前的一些制度，都是在原有基础上的一些更新，缺少围绕党的十九大新思想的更新，也缺少围绕一流世界大学建设的创新。

高校 A 的受访者中则多数给出了不够好的评价。受访导师（AT03）认为"不是太合理"，一是投入偏少，二是配置上，特别是为研究生导师创造培养条件上做得很不够，非常不均衡。受访导师（AT05）觉得"比较糟糕"，认为总体上比较落后，不过他表示这是全国的普遍现象，在研究生教育资源配置上，应给导师更多的自主性。受访导师（AT02）则认为，目前培养经费与培养工作有些分离、分割。培养的工作主要是导师在做，而经费的使用决定权却是牢牢把控在财务部门和管理部门的手里。培养经费中有两部分，一部分是包括研究生的生活费。目前，这部分培养经费没有一个激励机制，学生都得到一样的钱，达不到激励学生学习的目的。他认为，可以在保障学生基本生活费用的基础上，实行一定的不同等级以发挥经费的激励作用，而不应该一刀切。另一部分是用以支付研究生培养过程中产生的费用，这块就是"一锅粥"，不少学院的导师是完全没有支配决定权，也不了解这部分经费如何分配使用。受访的行政管理人员（AA01）指出，"做得不是很好，一般"。他认为，现在很多学院在研究生教育资源配置上搞平均主义，学校层面放得很松，学院就都变成了平均分配，影响了资源的实际使用效果。也有受访导师（AT04）觉得"还可以"，在招生的监管、条例的制订等方面还可以。还有些受访者表示，对研究生教育资源配置工作不了解，不清楚资源如何分配与使用，不予评价。

（六）对是否足够重视发挥导师的积极主动性、给予足够的权力存在明显差异

高校 G 有两位受访者认为，本校重视发挥导师的积极主动性，给予导师足够的权力（GT03、GT06）。有受访者认为，目前导师有足够的权力（GT01）。也有认为，各方（学校、学院、导师）都各有自己的责任，做好自己的工作才是最好的（GT03）。受访导师（GT04）认为，导师们都是学校怎么规定就怎么做；感觉不到学校有什么措施调动导师的积极性，一些相关的措施，如没有科

研经费就不能招学生，学校也没有征询过导师的意见；至于培养学生，用的都是导师自己的课题经费，可以由自己决定。受访导师（GT09）认为，由于一直缺乏创新的设计，学校目前的项目制模式的管理体系根本无法体现重视发挥导师的积极主动性，并给予导师足够的权力。

当问及在研究生教育资源配置工作中，最应该重视加强谁的积极主动性时，受访导师（GT02）认为，对导师在经费额度和使用权限方面应该适度再扩大和放开；另有导师认为应该给予导师在研究生招生录取方面更大的自由度和决定权。有受访的行政管理人员则认为应加强研究生院、学院的积极主动性（GA01），另有一人则认为，学校、学院、导师、学生和行政管理人员几方面的积极性都需要提高，可以根据各自的特点，制定相应的激励措施。

综合来看，高校 G 的受访者对这一问题的看法没有一致的意见。

高校 A 有 2 位受访导师表示，没有感受到，或者学校、学院没有足够重视发挥导师的积极主动性，给予足够的权力（AT02、AT01）。受访导师（AT04、AT06、AT07）认为，学校、学院有注意发挥导师的积极性，但给予导师的权力、权限太小，或者这个重视力度远远不够。有的受访导师（AT05）则认为，研究生日常培养基本上完全靠导师，学院不干涉，因为有培养方案在那里，都有管理程序照做。他认为，对于培养学生工作好的导师，没有必要刻意奖励，因为从原理上说，学生培养得好，他的产出一定是高的，产出高则在现有框架下有科研成果奖励，二者是一体的，刻意奖励没有意义。

当问及在研究生教育资源配置工作中，最应该重视加强谁的积极主动性时，受访导师（AT06）认为，最应该加强学校的指挥棒作用。当前最大的问题是学校没有做好宏观硬性规定，把权力全部下放给学院后就不管了，没有依据学校整体发展规划做一些必要的大方向上的硬性条件规定，在此基础上各学院依据自己的特点去细化各项条件和规则，形成自己的特色。但现在的情况是学校完全不管，导致学院的规定五花八门，最简单的就是一刀切，短时规定居多，每四年就变一次，让老师们无所适从，不知道该坚持什么。有受访教职工（AT04、AA01、AA03）认为，最该加强导师的积极性，因为导师是人才培养环节中最根本的重要力量。受访导师（AT02）认为，从资源的角度来说，投入是最重要的。学校、学院的投入、导师课题的投入对学生培养来说是最重要的。

（七）在研究生培养工作中的激励措施及其力度存在明显差异

1. 对学生的激励措施和力度不同

从研究生培养经费的使用角度看，两所高校既有类似的做法，如通过基本生活费保障及大额奖学金来鼓励研究生认真学习、科研；又有不同的地方，如针对研究生在培养过程中的支出资助方面。

高校 G 和高校 A 都在学校层面设置了鼓励研究生外出参加学术研讨会、社会调研等的经费资助申请，但两所高校的力度存在明显不同，高校 G 的资助力度明显大于高校 A：高校 G 对学生外出学术活动的资助，特别是出国交流一类的资助，允许研究生据实按可报销项目（如交通费、住宿费、会务费等）进行申请报销，学校对这类资助一般每两个月开放申请一次，对每一位学生在校期间没有资助次数的限制。高校 A 在类似的资助经费上，则限制一年一名导师只能有一个博士生申请获得，经费封顶限制，一般无法全额报销，且报销项目限制较多，因此大多数受访学生表示这类费用主要由从导师的科研项目经费中出。

高校 G 受访学生大多表示，学院层面会有些学术活动的支出资助；而高校 A 受访学生则大多表示，学院层面没有设立相关的支出资助，基本上都是由导师的科研项目经费支出，如果导师经费不足，就无法去参加，要参加只能自费。

2. 对教师的激励措施和力度不同

高校 G 与高校 A 在学校层面对于教师的激励，主要都放在科研成果方面，培养学生方面均没有设立相关的激励措施。但在学院层面，高校 G 与高校 A 存在较为明显的差异。以两校的经管类专业为例，高校 G 的经管学院会在研究生顺利毕业后，将部分培养费用按博士生 18000 元、硕士生 7200 元的标准，作为工作量补贴（一种鼓励措施）直接计至研究生导师的个人账户，完全由导师自行支配，导师可用于平时研究生培养中的费用支出，也可用于个人费用支出。而高校 A 的经管学院则没有给予导师任何类似的培养学生方面的激励。

（八）对本校的研究生培养教育工作的评价存在明显差异

高校 G 有 4 位受访教职工对本校的研究生培养教育工作表示总体情况良好，尚可，基本满意（GT01、GT02、GT06、GA03）；有一受访者表示这一工作都是按部就班地做，没有什么可评价的（GT04）；一位受访者（GA04）表示，受制度的限制，有很多事情做不了。目前缺的不是经费，而是缺场地和空间。学校应加大力度给学生创造好的学习科研环境。

在问及有哪些方面是薄弱环节，应如何改进时，受访导师（GT03）认为，现在的研究生教育缺乏情怀，我们过于把焦点集中在良好指标上，但指标好并不意味着培养质量就一定好。目前的薄弱环节有三个方面：一是研究生的写作能力普遍较差；二是研究生普遍比较急功近利，这是由于我们考核的要求和教育环境比较急功近利造成的；三是研究生学位论文没有淘汰制，学术论文发表要求又很高，形成培养要求的矛盾。有受访导师（GT05）认为，目前研究生培养工作过于注重进口，而毕业生出口质量需要提高。受访导师（GT06）希望能够给予导师更多的招生自主权，让导师能招到自己真正满意的学生。有受访导师（GT08）认为，研究生教育工作做好的关键在于导师，对于学生的毕业条件，应以直接评判其学位论文的方式来确定，而不是 SCI 论文。还有受访导师（GT09）认为，学生的科学精神、对科学的热爱崇尚方面比较薄弱，指出应提升学校的科研教育水平，吸引优秀生源；激发学生对学校和科研的热爱；系统改革现有的研究生课程、培养体系；在招生方面，还应该有更加透明的筛选机制，避免权力者的人为操控。受访导师（GT11）认为，基本支持费用较少，大多数还需要导师用个人经费进行补贴；弱势学科与优势学科在培养经费上差异明显；学校对文科的研究生培养工作较为不重视，教育资源和物质资源远差于大学院和优势学科。

高校 A 有 2 名受访者（AT02、AT05）对本校的研究生培养教育工作表示不满意、不太满意。对于原因，受访导师（AT02）指出，培养一个研究生所需的花费是非常多的，几乎每一件事都需要花钱，如实验室、实验室水电费、桌子设备等，都需要从课题经费中出，导师跟学校的关系变成纯粹金钱关系，有老师因经费不足支付而被迫离开原有实验室空间，没有经费的导师寸步难行，但学校没有从人文关怀的角度给予导师支持。因为有些学科总是可能会有青黄不接的时候，或者一些冷门学科难以弄到经费，就会削弱或严重影响学科的持续发展，削弱大学对社会的引领作用。有受访导师（AT05）说，原因有两个。一是导师在培养学生过程中，对经费的使用、对学生的管理（常规管理、非学术管理）的自主性太少，对学生的培养很难到位。另一个是学校层面上的，各个学院（院系）的管理之间培养能力的差异度太大，体现在整个学风的差异度太大，造成学生水平的不平衡：学习科研强度和难度不同，时间长短不同，但可以获得一样的待遇，可以一样甚至更轻松地顺利毕业。这样的不公平性会给管理严格的学院带来不利，优秀的学生不一定会来，由此学校的排名受到影响。因此，学校在宏观上应考虑加强学院（院系）间的有效协调，全面提升培养质量和水平。

有 2 名受访者（AT06、AA01）给出了中下的评价。受访导师（AT06）指出，做得不够好的有两方面：一是课程；二是学校在学生里的工科思维宣传比较弱，即使命意识的宣传培养不够。问题解决的核心就是学校应在宏观上明确确定发展的硬线，让师生都明确。现在是学校从上到下的框架没有建好，没有发挥应有的效应，它可能有搭建，有存在硬线要求，但大家感觉不到，这就是问题。对于学生，应在其一入学就明白研究生的使命是跟本科生不同的，这是很重要的。受访的行政管理人员（AA01）认为，问题出在学校在过程监控、监督方面做得不够，使得学校层面虽然都有规定，但各学院都自己做自己的，执行得千差万别，与学校的本意要求差异很大。

另有受访者（AT01）表示，导师在确定招收学生方面没有确定权是一个薄弱的地方。一般都是领导、职务高的导师优先挑选，学生直接指定给导师，导师没有挑学生的权力，随机产生。也有受访者认为学校的研究生培养教育工作做得还可以（AT04）。

（九）对高校研究生教育资源配置最应看重的因素存在差异

高校 G 有 10 位受访者认为，在评价高校研究生教育资源配置有效性方面，应该最看重公平（GT01、GT03、GT05、GT011、GA02、GS02、GS05、GS07、GS08、GS10）。其次，有 4 位受访者认为效率最为重要，不能单看公平，毕竟存在着学科、项目难易的差异，注重效率能发挥积极主动性，在效率的基础上应兼顾公平（GT06、GA01、GS01、GS03）。再次，有 3 位受访者认为应看重公平和效率（GT07、GT08、GS06），二者兼顾；有 3 位受访者认为，最应看重效果、效益，看投入产出比，强调学生出口（GA03、GA04、GT10）。然后，有 2 位受访者认为，应最看重协调，兼顾公平。应协调好文理工科的资源比例，避免过分悬殊，各方协调好才能出工作效率以及保障经济效益和所培养学生品质的社会效益（GT02、GS09）。还有 1 位受访者表示，应看重效率和产出，这样才会重视实验规划，有效避免投入实验的资源的大量浪费（GS04）。

高校 A 有 2 位受访者认为，最应看重效率，以效率为主。注重效率，归根结底有利于过程质量监控，有利于人才培养质量的提高，符合我们追求的教育质量的目标要求（AT03、AA01）。另有 2 位受访者认为，公平、效率、协调、效益等因素都很重要（AT02、AT05）。其中一位受访导师（AT02）认为，目前学校在效率方面特别不重视，学校可能对研究生教育有很大的投入，但老师们都没有感觉，不知道钱发到哪里、效率体现在哪里，这也是行政管理需要改进的地方。另一位受访导师（AT05）认为，研究生教育资源配置是一个系统工程，不是单一的，要强调它的科学性，科学性好的话效率一定会高，自然也会公平，这个要求还需要和各部门很好地协调。此外，还有 1 位受访者认为，最应重视公平和效率的兼顾，注重效果（AT01）；1 位受访者认为，绩效最重要，应让绩效要求多元化，而后通过绩效多元化来形成工科的鲜明特色（AT06）。

（十）两校对研究生教育资源配置重要性的看法一致

在问及是否觉得研究生教育资源配置重要的问题时，两高校受访者的意见一致，均认为极其重要、很重要或者重要。

谈及原因，高校 G 的受访者（GT01）认为，研究生教育资源是支持研究生进行学术研究的必要条件；受访者（GT02）认为，研究生教育资源配置有效性能反映各部门工作的协调性和工作效率，体现对学生和教师的公平性，以及整所学校所培养的研究生品质，影响学校对社会贡献的大小。受访者（GA01）认为，研究生教育资源配置很重要，一是能保证正常的教学秩序，二是可以保障或提升培养质量。受访者（GA03、GT10）表示，研究生教育资源配置能够更好地服务于培养目标，对培养很重要。

高校 G 的受访者在认为研究生教育资源配置重要的同时，也反馈了本校做得不够的一些意见。如受访者（GT08）表示，研究生教育资源配置很重要，但却没有引起重视。其他受访者也有提及，相较于研究生培养经费上的支持，招生名额上的支持最为重要；最关心的是如何能够提升学生的科研能力，但感觉现在很多学生并没有用心学。

谈及此问题，高校 A 的受访者更多谈了学校做得不足的地方和建议。如受访者（AT01）认为，研究生教育资源配置，关键还是要解决遵循什么原则，依据什么进行配置，如何执行，如何评价，针对问题如何改进等。本校在学校层面的管理方面，在制度规范上都有互相冲突的地方，就更不用说学院往下的层面能够执行得好。加上各学科间的差异很大，如何评价等都是问题。资源配置关键还是要看资源使用效率的提高，使用的结果如何。受访者（AT06）指出，一个研究生的培养是各方协作共同培养的，是一个过程，应创新思维。学校应发挥好指挥棒作用，不能一刀切，而是形成多元化，让每一个人明白在研究生培养过程中怎样协作分工，怎么培养，培养成什么样的，而不是现在这样，感觉没有形成合力去作出自己学科的特色。受访者（AT04）认为，本校在招生名额的配置上是不合理的，工科太多，名额招不满，而文科又不够。受访者（AT05）指出，原本不认为研究生教育资源配置是个问题，也不应该是个问题。但现实中却成为我们目前最大的一个问题，让资源虚耗掉，却没有产生正面的效果。我们的做法没有把学生的自主性发挥出来，让学生的自主学习能力得到发挥。受访者（AA01）认为，研究生教育资源配置最根本的是要真正调动导师的积极性，调动学院的积极性。在这个前提下，学校在统筹方面要有意识地倾斜，根据不同学院、不同学科要有意识地倾斜。还要根据各个学院的做法，总结出一个合理的评价体系，做到资源的合理配置。

四、分析结论

（一）高校 G 研究生教育资源配置有效性得分高的深层原因

由前文基于有效性分析模型的分析可知，高校 G 研究生教育资源配置有效性得分高的原因主要来自两方面：一是相较于其他高校，在系统兼顾公平、效率、协调和效益方面做得比较好；二是相较于其他高校，作为价值导向的公平方面做得比较好。然而，高校 G 如何系统兼顾？在公平方面哪些做法促进了有效性的提高？等等。本研究通过深度访谈方式对高校 G 的研究生教育资源配置有效性得分高的原因进行深层次探析，得出三个分析结论。

1. 提高导师对研究生教育资源的自主支配权有利于公平、效率的提高，进而提高有效性

从高校 G 的访谈可知，高校 G 重视提高导师对研究生教育资源的自主支配权，如：导师名下的经费卡拥有一定数额的可支配的研究生培养经费，在经费报销手续上有关费用的支出仅需导师签字确认（不需要学院财务再次审核签字），在招生中能够实现师生双向选择，等等；注重为导师的培养工作减轻实际负担和压力，如对于科研项目经费缺乏或不足的基础学科的导师，可以申请向学校免交所带研究生的培养经费，学校层面设立鼓励学生外出参加学术活动的经费申请报销渠道，学院给予导师培养学生的补贴奖励，等等。虽然受访导师也有反映所能支配的研究生培养经费数额太少，不够用，导师在招生录取方面还需要更大的自由度和决定权，但仍然体现导师拥有对投入培养环节的资源的自主支配权，符合权责相当、平等关系等原则，对于鼓励导师在研究生教育培养中发挥积极主动性有着重要的促进作用。这一结论也可以从访谈中受访者对学校、学院有否足够重视发挥导师的积极主动性、给予足够权力这一问题的肯定回答得到验证。

2. 较为注重目标一致是协调得分较高的重要贡献分项目

在对高校 G 的学生受访者进行访谈时，问及是否知道学校、学院给予的研究生培养导向的时候，有 7 名受访学生（占受访学生数的 87.5%）能够较为明确地说出该校或学院在其学科方面的培养导向，且符合自己求学的预期。导师基本上都会在学生入学时进行培养规划的沟通和培养方案的说明等。这些都表明在研究生培养环节，学校、学院、师生的目标基本上是一致且较为明确的，有利于各方形成合力共同促进研究生教育质量的提高。

3. 较为注重学校、学院、导师在"事权—财权—财力"各项决策权的配比协调

以研究生教育经费为例，高校 G 将研究生培养经费分为三部分：一部分直接划拨至研究生导师的经费卡里，由研究生导师支配使用于研究生培养环节的费用支出（由学生申请报账方式）；一部分划拨给学院，区分文理科差异，按学生人数拨付，由学院自主支配使用于教学、学生培养方面；一部分学校留存，

用于设立鼓励性项目支出及宏观统筹的教学、学生培养事务支出。这一资源分配方式，相较于其他高校，能够注意到研究生教育资源配置过程中，各相关利益主体间事权（承担的支出责任）、财权（筹集收入的能力）与财力（拥有的资源数量）之间的相匹配、相协调，使得各主体能在尽可能权责相当的情况下讲究效率，配合得当，促进研究生教育资源配置有效性的提高。

（二）高校 A 研究生教育资源配置有效性得分低的深层原因

由前文基于有效性分析模型的分析可知，高校 A 研究生教育资源配置有效性得分低的原因主要来自两方面：一是相较于其他高校，有效性各维度得分差异较大，在系统兼顾公平、效率、协调和效益方面做得比较不好；二是各维度得分普遍较低，特别是效率维度值低。本研究通过深度访谈方式对高校 A 的研究生教育资源配置有效性得分低的原因进行深层次探析，得出四点分析结论：

1. 导师在教育资源自主支配权上的弱化极大削弱了研究生教育资源配置的有效性

高校 A 的导师名下没有可支配的研究生培养经费，导师有这一块经费的学院，也只是在学院开设一个专门账户，作为导师可用的研究生培养经费，大多仅用于研究生毕业论文答辩的相关支出，采用学生申请、导师签字同意、学院财务审核签字后报账的方式支付。关于这一费用的具体金额及如何使用，不少导师表示并不清楚。表面上看，在学院划出一个专门账户用于全院研究生导师名下的学生在培养过程中的支出，与划归导师名下、由导师自主支配似乎没有太大差别，但实际上这是完全不同性质的做法，前者体现了学院对培养经费的支配权，后者体现了导师对培养经费的支配权，二者给予导师的感受、激励作用是完全不同的。这从访谈中也可明显感觉到受访导师对自身被忽视的自主支配权的不满意，它阻碍了导师在人才培养中积极主动性的发挥。这一做法与前文所述的公平理论、协调理论也不相符，影响了资源配置的效率，因此极大削弱了研究生教育资源配置的有效性。

2. 对权责一致原则的忽视严重影响了决策权的实施效果

高校 A 的研究生教育资源配置采取的方式是：学校层面留存 40%，用于宏观层面在学生培养方面事务支出、激励项目支出等；60% 划拨给学院，由学院自主支配使用于研究生培养工作。对导师来说，需要为自己培养的研究生上缴给学校一定数额的培养费用，在培养过程中，还需要由自己的科研项目经费支付培养过程中产生的各种费用。因此，高校 A 的受访导师大多对本校的研究生教育资源配置工作感到不满意。从研究生教育资源配置理论来看，高校 A 的做法让导师承担的"事权""财权"远大于"财力"，学院的"财力"远大于"事权"，权责不相当，各决策权限不能协调配比，打击了研究生导师培养学生的积极性，严重影响了各级决策权的实施效果，影响了研究生教育资源配置的有效性。

3. 目标认识的不一致制约了资源配置政策的有效执行

在问及是否知道学校、学院给予研究生的培养导向时，高校 A 的半数受访学生表示不清楚、不了解，有不少受访学生还认为目前的学习不符合自己的求学预期。在访谈中，也有受访导师（AT06）表示，学校、学院对学生的专业定位、使命的宣传是不够的，学校、学院的学科导向不够清晰，让师生对此的认识都是模糊不清。受访行政管理人员（AA03）指出，各学院对学校的要求理解不同，所做的千差万别，甚至与学校的预期相差甚远。由此可见，高校 A 研究生教育资源配置的各利益主体——学校、学院、导师、学生等对目标的认识存在不一致和模糊不清的情况，制约了政策规章的有效执行，使得研究生教育资源配置的有效性降低。

4. 信息对称性不足影响了资源配置的有效性

从访谈结果可以看出，高校 A 在研究生教育资源配置中的信息对称性不足，如学院对学校目标与行为意图的掌握，导师对学校、学院资源配置政策与结果的不了解，学生对学科发展规划目标和学校学院的人才培养导向的不了解，学校学院对导师需求和想法的不了解，等等，都减弱了资源配置过程中的协调性，进而影响研究生教育资源配置的有效性。

（三）两所高校共同存在的不足及失分的深层原因

虽然高校 G 的研究生教育资源配置有效性得分要明显高于高校 A，在受访高校中得分最高，但这并非说明高校 G 的研究生教育资源配置工作不存在不足，相反，高校 G 存在着与高校 A 相同的不足和失分的地方，如：各院系、学科间的协调性不够，导师对没有科研项目经费或科研项目经费不足即不能招生的政策存在不满的声音，导师质疑需要为培养研究生而向学校上缴培养费用的政策等。通过对访谈结果的分析，本研究认为，两所高校共同存在的不足和失分的深层原因主要有两方面。

1. 配置过程中相关利益主体的身份定位不清晰，责权划分不明确

研究生教育资源配置过程中，各相关利益主体，如高校、学院、研究生导师、学生等，均有自己不同于其他群体的身份定位，有着不同的责任和权力。当明确了各方的身份定位、权责划分的时候，各相关利益主体间才能有效地协调，配合得当，各尽其责，促进资源配置效率和效益的提高。但目前普遍存在的状况是各方在缺乏统一有效的协调下，对各自的身份定位不清晰，对所承担

的权责不明确，极大影响着研究生教育资源配置的有效性。如高校 G 的受访者认为，学校对文理工间的资源配置差异悬殊太大，对文科不够重视；大学院、优势学科所获得的资源远多于其他学院、学科；学校的制度创新做得不够，未能充分发挥学院的积极主动性，根本无法给予导师足够的自主权力；等等。高校 A 的受访者认为，学校的作为不够，在权力下放给学院的同时甩手不管，未尽到在全校范围做好宏观调控、制定好底线要求、加强过程监督与监管的责任，导致各学院执行结果千差万别，加剧了学院间、学科间的不公平与失衡；学院间、学科间的差异过大以至于研究生的培养要求与质量也存在明显差异，进而影响全校整体的研究生培养质量和声誉；学院过度把控资源配置的权力，使得导师缺乏在人才培养环节中必要的自主决策权，极大限制了导师在人才培养中积极主动性的发挥。

本研究认为，在研究生教育资源配置中，学校应承担教育资源在学校层面、学院层面、研究生导师、学生之间合理配置的决策权，担负起确保资源配置规则及总体上符合公平的价值导向，制定合理的总规则政策，有效激励，协调院系、学科间天然存在的差异性，有效保障学院、研究生导师、学生等各方在人才培养中应有的自主决策权，确保研究生教育资源配置总体上的公平、有效率、协调一致、有效益，促进其有效性的提高。学院作为教育资源流转的中间层次，也作为最直接的教育教学基层，一方面需要统筹学院层面的教学教育工作，另一方面则需充分为研究生导师培养好学生这一环节提供必要的环境支持、资源支持和评价支持，既要尽可能给予导师在人才培养过程中的决策自主权，又要依据学科特点有效协调不同专业方向间存在的差异性，尽可能消除资源配置过程中研究生导师自身无法解决和控制的不公平、不协调和评价不合理等问题，让研究生导师能够安心、积极主动地发挥在人才培养中的积极主动性。作为教育教学主体之一的研究生导师，是否充分发挥自身的积极主动性，对于人才培养的质量至关重要。因此，研究生导师应以科学研究为依托，发挥自身的积极主动性，合理配置资源，充分为研究生创造良好的科学研究环境和平台，充分训练研究生的科研能力和综合素质能力，实现研究生教育的培养目标和任务。而作为学生，应明确学校、学院对本学科人才培养的导向要求，充分利用学校、学院、导师给予的各种学习资源，与导师配合得当，在导师的教导下充分发挥学习的积极主动性，获取好的学习效果。

2. 普遍缺乏对研究生教育资源配置价值目标导向的正确理解

通过对访谈结果的分析，两所高校均普遍缺乏对研究生教育资源配置价值目标导向的正确理解。从研究生教育资源配置有效性理论可知，优化资源配置的目的是为了研究生教育目标的更好实现，服务的是研究生教育目标的实现，而不是资源配置本身。然而，当前，普遍存在着把科研项目经费的获取作为研究生教育资源配置的核心，无论是考核、评价、配置目的，还是分配原则、分配依据，均是直接以获取更多的科研项目经费为核心。这其中隐藏的一个内在假设是：不区分学科，科学研究能力强的研究生导师必然获取多的科研项目经费，科研项目经费多的研究生导师必然具有更强的教育教学能力和更好的培养成果。因此，似乎以科研项目经费为核心即以研究生培养质量为核心。这是一个错误的认识。导师拥有较好的科研实力水平，有充足的科研项目经费，的确能够很好地为人才培养提供优越的科研环境和足够的教育资源，但这并不是实现高质量的人才培养的充要条件。一方面，要实现高质量的人才培养效果，还需要满足一个条件，即导师能够运用自身的科研项目经费，尽心于人才培养环节；另一方面，不具有充足科研项目经费的研究生导师，并不意味着不能培养出高质量的人才，特别是在经费项目偏少的文科类学科以及基础性学科方向中。因此，将科研经费项目的获取情况作为研究生教育资源配置的分配原则和依据，评价核心甚至配置目的，是不科学也不合理的，是对研究生教育资源配置有效性理论的不正确认识。

由于有上述的不当认识，现实中才会出现各种偏离研究生教育目标的资源配置行为，如：足够的科研项目经费变成研究生导师能够招生的基本判别标准；对研究生导师岗位的考核评价标准以科研项目经费为主要依据之一；不区分学科差异、不顾学科教育特点和规律的差异而一刀切地以科研项目经费为培养人才能力的判别标准；把科研项目经费的多寡作为对人才培养投入的评价；把科研项目经费的增加作为研究生教育质量提高的表现；等等。这些都在实践中严重影响研究生教育资源配置的公平、效率、协调和效益，降低了研究生教育资源配置的有效性，进而无法有效实现促进研究生教育质量提高的目的。

因此，应正确认识研究生教育资源配置，正确认识研究生教育资源配置有效性，正确认识研究生教育资源配置的价值目标导向，真正以促进研究生教育目标为优化研究生教育资源配置的目的，以公平为导向、以促进人才培养为核心去安排教育资源的配置和确定资源配置的分配原则与依据、评价标准等，才能真正提高研究生教育资源配置的有效性，促进研究生教育目标的实现。

第三节 本章小结

通过对 7 所高校的样本数据进行分析，并对得分最高的高校 G 和得分最低的高校 A 两所高校以不同的调查数据进行进一步分析，研究发现：两所高校所呈现出的研究生教育资源配置有效性状况与其在有效性分析模型中的得分情况吻合。由此验证说明了高校研究生教育资源配置有效性分析模型的可靠性，能够科学反映出高校的研究生教育资源配置有效性状况。

在具体个案数据分析中，本研究还得出如下四点分析结论。

一是高校研究生教育资源配置有效性的高低与其所属的地域条件没有必然联系，高校研究生教育资源配置的有效性并没有受到地域因素的明显的、有规律的影响。

二是公平维度作为高校研究生教育资源配置的价值导向，其受重视程度极大影响着研究生教育资源配置有效性的高低。

三是高校越来越重视研究生教育资源配置的协调和效益，而效率维度则普遍不受重视，甚至缺失。

四是公平、效率、协调和效益四个维度不可偏废，只有站在有效性的角度，系统地看待，统筹兼顾，才能促进高校研究生教育资源配置有效性的真正提高。一枝独秀只会对研究生教育资源配置的有效性产生不利影响。

为进一步探究两所高校研究生教育资源配置有效性得分存在差异的深层次原因，本研究以两所高校的 49 名研究生导师、行政管理人员、研究生为对象，进行深入访谈。所有访谈均建立在受访者自愿的基础上，采用一对一的面谈方式、非结构型的开放式交谈方式进行。针对不同类别的访谈对象，本研究编制了不同的访谈提纲，以便更有针对性、客观全面地收集相关信息。访谈提纲主要包括两部分内容：第一部分为受访者的基本信息；第二部分为主体内容，即从受访者身份角度来了解该校的研究生教育经费配置的实际情况、存在的问题、原因探讨以及评价、看法等，进而探讨对本校研究生教育资源配置状况、存在的问题及建议意见等。

通过对访谈资料的整理、归纳和分析，本研究梳理出十条访谈结论：一是两所高校的研究生教育经费的配置情况存在明显差异；二是两所高校在研究生教育资源配置决策权的处置方面存在明显差异；三是对经费报销手续是否烦琐方面存在明显差异；四是对研究生培养经费使用方面不满意的关注点既有差异又有共同点；五是对研究生教育资源配置工作的评价存在明显差异；六是对是否足够重视发挥导师的积极主动性、是否给予足够的权力存在明显差异；七是在研究生培养工作中的激励措施及其力度存在明显差异；八是对本校的研究生培养教育工作的评价存在明显差异；九是对高校研究生教育资源配置最应看重的因素存在差异；十是两校对研究生教育资源配置重要性的看法一致。

依据研究生教育资源配置有效性理论，通过对访谈结果的分析，本研究进一步探讨了高校间研究生教育资源配置有效性得分差异的深层次原因，得出三方面的分析结论。一是高校 G 研究生教育资源配置有效性得分高的深层次原因有三点：较为注重提高导师对教育资源的自主支配权，较为注重各方各层级目标的一致，较为注重学校、学院、导师在"事权—财权—财力"各项决策权的配比协调，等等。二是高校 A 研究生教育资源配置有效性得分低的深层原因有四点：导师在教育资源自主支配权上的弱化、对权责一致原则的忽视、各方各层级对目标认识的不一致、信息对称性不足等。三是两所高校共同存在的不足及失分的深层原因在于两个方面：配置过程中相关利益主体的身份定位不清晰、责权划分不明确，普遍缺乏对研究生教育资源配置价值目标导向的正确理解等。

第六章

文本解读：基于研究生教育资源配置有效性 评价模型的政策法规分析

《大学章程》是现代化大学的根本制度制定原则，规范着大学办学中各类规章制度的制定原则，是学校各类具体办法规定的根本依据。本章拟基于研究生教育资源配置有效性分析模型，通过对《大学章程》的文本分析，考察探讨目前研究型大学在促使教育资源配置有效性方面的努力和做法，以及存在的问题，进而观察我国研究型大学研究生教育资源配置有效性的整体现状。因此，本研究选取教育部 50 所直属高校（研究型大学）的大学章程，通过对其进行文本分析，从基本规章的角度呈现目前高校研究生教育资源配置的有效性状况①。由前文可知，研究生教育资源配置有效性模型表明，研究生教育资源配置的有效性由公平、效率、协调和效益四个维度组成。因此，本章的分析将从这四个维度开展。具体 50 所高校的名单详见附录六。

第一节 50 所研究型大学整体状况的文本分析

当以"公平""公正""平等""效率""效益""协调"六个词为关键词来统计其在大学章程中出现的次数，得到如图 6.1 的结果。把"公平""公正""平等"统一归为公平性维度，则公平、效率、效益和协调性四个维度相关字段在大学章程中出现的频率如图 6.2 所示。

从六个关键词来看，在 50 所高校的大学章程中，"公平"关键词出现的频率最高（202 次），其次是"公正"（148 次），再次是"协调"（123 次）；而出现频率最低的是"效率"（24 次），其次是平等（45 次），再次是"效益"（62

---

① 由于基本制度中的众多规定都对教育资源配置有着根本的影响，且在《大学章程》中，极少大学有对教育资源配置的有效性做具体专门的规定。因此，本研究的文本分析从基本制度的根本性影响出发，不限于分析对教育资源配置的专门性规定。

次)。而从四个维度来看，公平维度相关关键词出现的频率最高，其次是"协调"关键词，再次是"效益"，出现频率最低的是"效率"。各维度关键词在各大学章程中出现频率的高低与前文所述的各维度在有效性中的影响深浅程度大致相同。

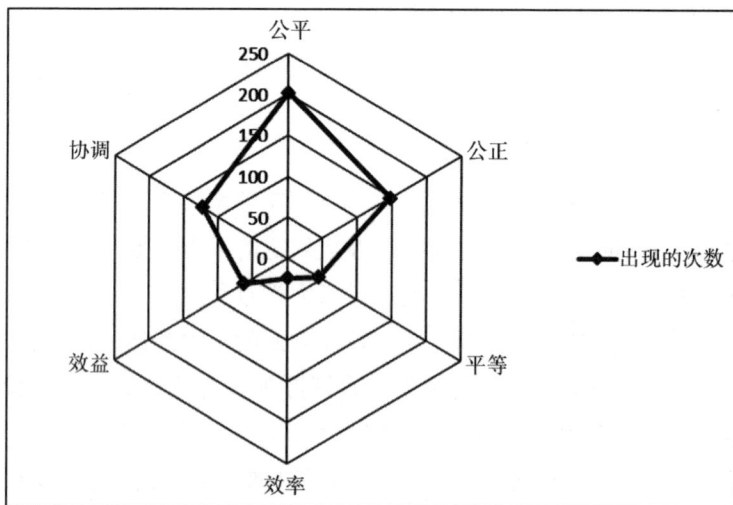

图6.1　六个关键词在大学章程中出现的频率统计

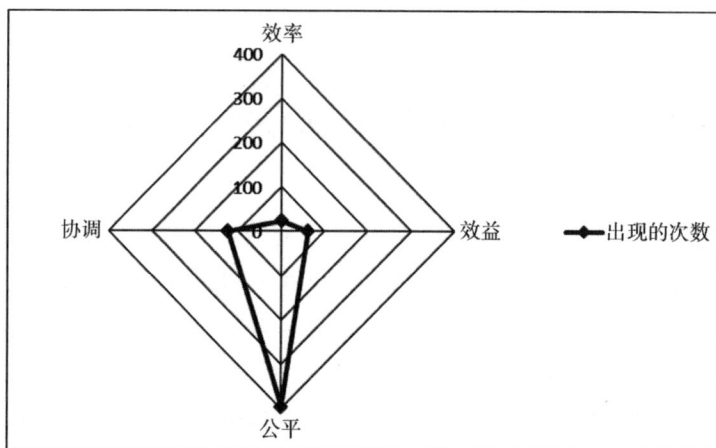

图6.2　四个维度的关键词在大学章程里出现的次数统计

具体而言，在公平维度中，"公平"关键词出现最多的是在对教职工享有权利的规定中，共出现了97次，占48.02%；其次是出现在对学生享有权利的规定中，共出现72次，占35.64%；二者合计达到了八成以上（83.66%）；其他则主要出现在对招生原则、收入分配原则、薪酬制度、岗位聘任原则等规定中。

"公正"关键词出现最多的同样是在对教职工享有权利的规定（53 次，占 35.81%）以及对学生享有权利的规定中（46 次，占 31.08%），二者总计占 66.89%；其他则主要出现在对招生原则（21 次，占 14.19%）、学术委员会成员推选确定原则（10 次，占 6.76%）、教职工考核评价原则、信息公开原则、管理制度规定原则等方面规定。

"平等"关键词出现最多的是在对学生享有权利的规定中（22 次，占 48.89%），其次是在对全日制受教育者之外的其他受教者受教育权利的规定中（8 次，占 17.78%），再次是在教职工享有权利的规定中（6 次，占 13.33%），其他还出现在学校的对外交流合作、学术委员会的职责、教职工聘用及合同签订等方面。

"协调"关键词虽然在各大学章程中出现的频率居第三位，仅次于"公平"和"公正"两个关键词出现的频率，但"协调"关键词出现得比较分散，且大多数情况下仅作为简单的状语或定语存在而一语带过，没有作为重点关键词进行更为详细的实质性说明。例如，学校发展定位为各学科协调发展、各项权力或部门间职能相互协调、学校纪律检查委员会组织协调反腐倡廉工作、与地方政府或部门或其他高校建立沟通协调机制、董事会的性质为咨询协调机构等。

"效益"关键词总体来看，在各大学章程中出现得并不多，仅有 62 次。其中，"效益"关键词主要出现在与资产使用效益、资金使用效益等资源使用效益相关的表述中，共有 52 次，占 83.88%；其他则出现在学校办学效益、学校发展战略的说明以及科研效益等表述中。

"效率"关键词主要出现在与资产使用效率、资金使用效率等资源使用效率相关的表述中，共有 16 次，占 66.67%；其他主要出现在后勤服务效率、学校行政人员的工作效率、收入分配办法等规定中。

关键词在各高校大学章程中出现的频率虽然不能直接反映出研究生教育资源配置的有效性，但能够反映出各高校对各维度的重视程度，进而间接反映出各高校在实际工作中对待研究生教育资源配置有效性各维度的态度和看法。由此可知，一方面，各高校在学校各项事务中（包括研究生教育资源配置）最看重的是公平维度，其次是协调和效益，而最不看重的则是效率维度。可见在高校的治理和改革中，公平已成为普遍重视的一个有效性维度，并且各高校也日益重视高校治理中出现的协调因素和效益因素。而由于效率以往无论在学术研究或者实践领域中均被刻上类似追求"效率"必然损害"质量"这样的内涵描述，导致当前高校治理中出现不敢多提"效率"的局面，大多以"效益"替代

"效率"。另一方面，由于"效率"从本质内涵来说是最直观的、与资源配置密切相关的一个关键词，因此，对效率的不看重，加上各大学章程中极少提及与研究生教育资源配置甚至是教育资源配置相关的表述和规定，这也从一个侧面反映出高校目前对研究生教育资源配置，甚至是教育资源配置的不够重视，教育资源配置仍处于一种陪衬、附带的从属地位。即使有高校提及，也基本上把教育资源配置局限于资金的使用分配或者资产的使用分配，而不是从系统角度完整地看待教育资源配置，进而给予必要、合理的表述或者规范性指导意见。

第二节　各维度具体情况的文本分析

一、公平维度的文本分析

如前文所述，研究生教育资源配置公平包括规则公平、关系公平、发展公平以及评价公平四个方面。因此，本研究拟从这四个方面对各高校大学章程进行公平维度的文本分析。

（一）规则公平的文本分析

规则公平主要体现在研究生教育资源配置的资源配置规则、制度和程序的公平性，从研究生教育资源配置角度来看，规则公平可以从制定规则的程序是否公平、相关利益者在研究生教育资源的使用机会上是否公平等来体现。

在高校的研究生教育资源配置过程中，相关利益者主要包括高校行政管理者、研究生导师（教师）、研究生（学生）等群体。此外，相关利益者还包括政府、企事业单位、校友等。

在各高校的大学章程中，极少系统性地明确规范研究生教育资源配置的规则、制度和程序，因此本研究拟从与研究生教育资源配置密切相关的如何决策学校决算中的教学、科研经费的安排、分配与使用等，如何决策学校重要项目安排和大额度资金的使用等，如何决策与教职工或学生密切相关的重大利益或分配安排等方面进行规则公平方面的文本分析。在这些与研究生教育资源配置密切相关的决策规定中，是否体现各相关利益者的参与决策的机会公平、是否体现各相关利益者在决策过程中拥有地位的平等，直接而主要地影响着研究生教育资源配置规则的公平性。

1. 高校主要利益相关者参与决策的机会呈现不公平

在 50 所教育部直属高校的大学章程文本中，学校重大决策、重要人事任免、重大项目安排和大额资金使用等重大问题的决策权归属情况详见图 6.3 和图 6.4。

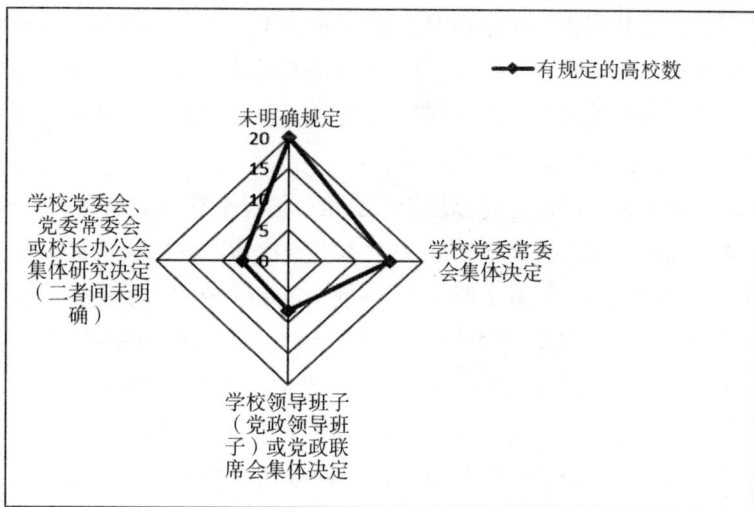

图 6.3　与教育资源配置相关的重大分配事项的决策权规定情况

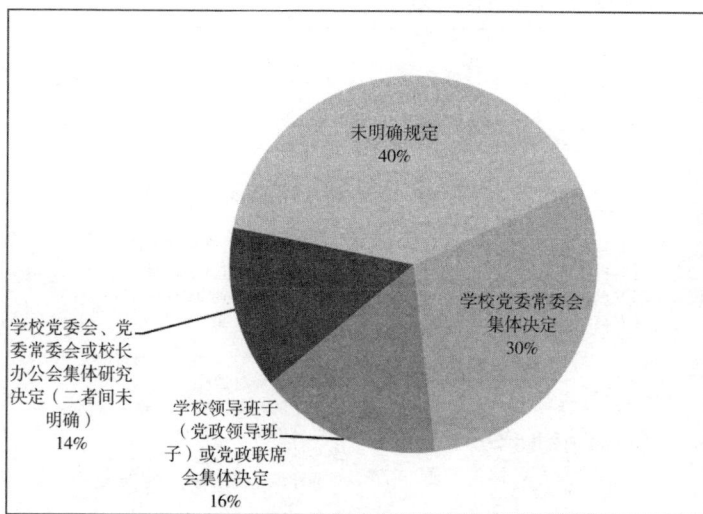

图 6.4　与教育资源配置相关的重大分配事项的决策权规定情况（百分比）

在各高校的大学章程中，与教育资源配置相关的学校重大决策、重要人事任免、重大项目安排和大额资金使用等重大问题的决策权，明确规定由学校党委常委会集体决定的有 15 所高校（占 30%）；明确规定由学校领导班子或学校党政领导班子或党政联席会集体决定的有 8 所高校（占 16%）；确定这些重大问题的决策权在学校党委会、党委常委会或校长办公会集体研究决定，但并未明确是党政领导班子共同集体决定还是各有各的分工，这样在细节上未做明确规定的有 7 所高校（占 14%）。此外，有 20 所高校的大学章程（占 40%），在什么类型的重大事项由谁决策，没有进行明确的规定。因此无法判断与教育资源配置相关的重大分配事项决策权的归属。

从与教学科研相关的教育资源配置的决策权情况来看（如图 6.5 所示），在各高校大学章程中，明确规定学校相关学术事务决策之前，应当提交学校学术委员会审议通过的高校，仅有 4 所（占 8%）。规定学校学术委员会有权审议和通过教学科研相关的资源配置决策，或有权审议学科资源的配置方案的高校，有 12 所（占 24%），这 12 所其中有 3 所规定学术委员会审议通过的配置方案还需报送学校党政领导班子审定；另有 2 所高校设立学部委员会，规定学部委员会有权审议本学部重点资源配置方案；而明确规定学校学术委员会有权对学校决算中的教学、科研经费的安排、分配与使用等提出意见和建议（或咨询意见）的高校，有 18 所（占 36%）；对这方面的决策权没有做明确规定的高校则有 23 所（占 46%），接近受调查高校的近一半。

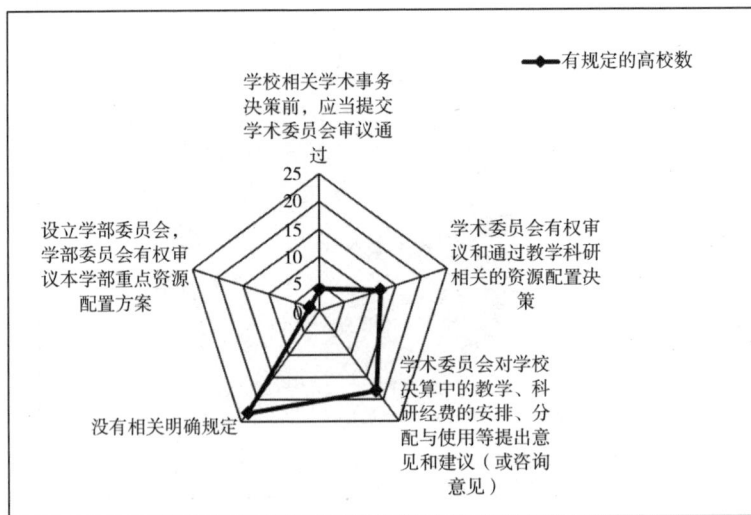

图 6.5　与教学科研相关的教育资源配置的决策权情况

由上述数据可知，高校重大分配事项（包括教育资源配置相关）的决策权主要在高校党政管理人员的手中。有部分高校将与教学科研相关的教育资源配置的部分决策权交给学校的学术委员会，但这类高校的数量并不高，仅有约两成，且决策权限有限；有约 1/4 的高校学术委员会审议通过后的方案仍需经学校领导班子审定方可执行；而更多的高校则是规定学术委员会仅拥有对相关决策提出意见和建议的职权。

此外，从校长或校长办公会议在相关教育资源配置中的决策权来看，在各高校大学章程中，规定校长办公会议有权审议通过学校重大利益分配决策的仅有 2 所高校；规定校长有权组织拟订和实施重大教学科研改革措施、重要办学资源配置方案的也仅有 7 所高校（占 14%）。但是，绝大多数高校（48 所，占 96%）的大学章程都明确规定了校长（或校务会议，仅 1 所高校）有权拟订和执行年度预算方案，保护和管理校产。（详见图 6.6）由此可见，普遍存在校长或校长办公会议拥有一部分的相关教育资源配置的决策权。

综上所述，与教育资源配置相关的决策权主要分布在学校党委会或常委会、校长（校长办公会议）以及学校的学术委员会等组织机构，因此，作为高校重要的相关利益者之一的高校管理人员，其参与决策的机会是受到充分保障的。

而从高校中重要的两个相关利益者教师和学生参与决策的情况来看，大学章程里明确规定教师代表和学生代表可以参加校长办公会的仅有 9 所高校（占 18%），且均为列席参加（依据需要或依据会议内容等）。

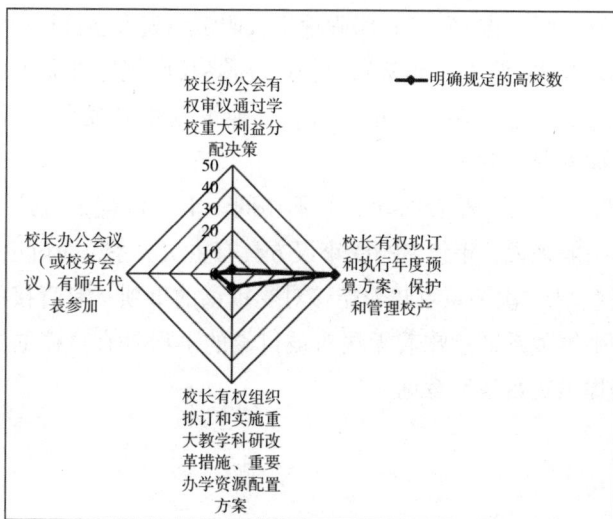

图 6.6　校长办公会议（校长）拥有重大利益分配决策的文本分析

至于学校党委会、党委常委会讨论审定与教育资源配置相关的重大决策事宜时，教师或学生代表是否能够以适当形式参加，则并没有一所学校有相关规定，且在高校实际工作中也一直不存在类似的实际操作。

综上所述，在与教育资源配置相关的重大决策中，高校决策权主要在高校党委会、党委常委会及校长办公会议（或校务会议）等党政管理部门及人员手中，作为主要利益相关者的教师和学生能够参与相关决策过程的参与权却极为受限，在文本规定上呈现明显地向校方（或高校行政管理者）一边倒的局面。

2. 高校主要利益相关者参与教育资源配置相关的决策咨询的机会呈现不均等

参与决策，不仅仅指直接参加到决策过程中，还包括为决策过程提供咨询、建议和意见。本研究拟从各高校章程中规定的决策的意见征求渠道角度来分析各高校两大主要利益相关者（教师和学生）参与决策咨询的机会情况。

首先，在各高校章程中，教职工代表大会、学生代表大会（含研究生代表大会）均主要是作为校方与教职工、校方与学生之间的民主沟通协商机制，依法分别保障教职工、学生行使民主权利、参与民主管理和民主监督的基本组织形式。

从教职工代表大会是否有权审议和通过学校相关重大利益分配决策方面的规定来看，大学章程里明确规定教职工代表大会有权审议学校提出的与教职工利益直接相关的福利、校内分配实施方案以及相应的教职工聘任、考核、奖惩办法的高校仅有 8 所（占 16%）；明确规定教职工代表大会有权讨论和通过上述相关事项的高校有 28 所（占 56%）；另有 1 所高校则规定教职工代表大会对上述相关事项仅有提出建议和意见的职权；其他没有相关规定的高校则有 13 所（占 26%）。（详见图 6.7）

"审议"与"讨论"二者的含义并不相同。审议包含了讨论，但讨论并不相当于审议。一般来说，审议者与受审议方具有主次关系，而讨论者在"讨论"中则是平等关系。①主次关系意味着能够对受审议的事项具有直接的、一定程度的决策权力；平等关系则意味着无法对被讨论的事项具有直接的决策权力，其影响最多限于提供决策咨询意见。

---

① 张金迎. 审议≠讨论［N］. 检察日报，2017 – 10 – 25（8）.

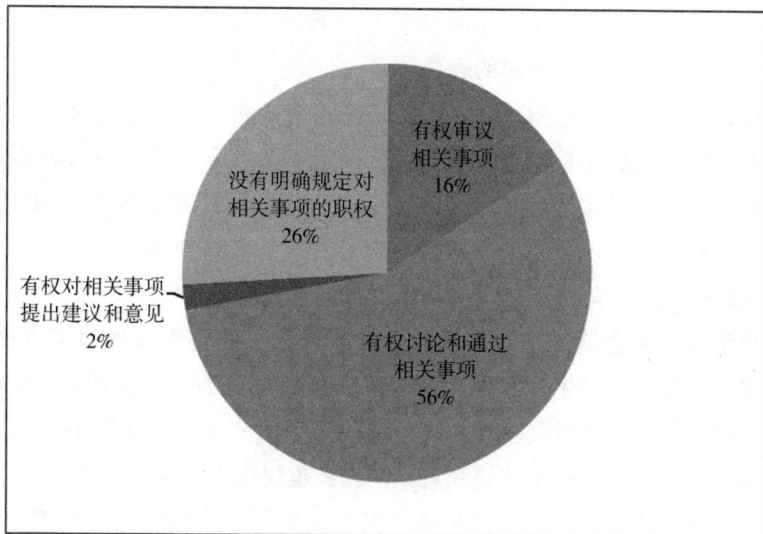

图 6.7　教职工代表大会在相关重大利益分配决策方面的职权规定情况

由此可知，教职工代表大会对高校决策层的影响主要是在提供决策咨询意见方面，而非拥有直接的决策参与权。

从教职工代表大会针对学校事务提出建议意见和监督的职权来看，有 34 所高校（占 68%）的大学章程在教职工代表大会的职权中明确规定教职工代表大会具有通过多种方式对学校工作提出建议和意见，监督学校章程、规章制度和决策的落实。（详见图 6.8）

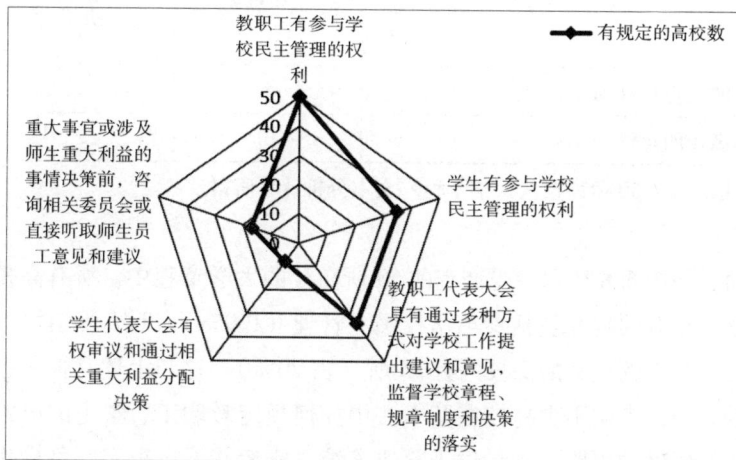

图 6.8　大学章程中教职工和学生参与决策咨询的规定情况

此外，经过统计，有 8 所（占 16%）高校的大学章程对教职工代表大会的职权规定不涉及上述两个方面的表述。

因此，从上述文本分析可知，即使是决策咨询参与权，也仅有 68% 的高校在大学章程中明确赋予教职工代表大会，而有 16% 的高校在其大学章程中没有明确涉及上述相关具体规定。可见，有相当一部分高校对于教职工的决策咨询参与权并不重视，在现实中一名教职工想要在教育资源配置中参与决策、提供咨询意见的机会是有限的，呈现机会不公平的状态。

从学生代表大会是否有权审议和通过涉及学生的重大事项决策方面来看，大学章程里明确规定学生代表大会有权审议和通过与学生切身利益有关的基本规章制度的高校仅有 2 所（占 4%），明确规定学生代表大会有权讨论涉及学生切身利益的重大事项并提出建议和意见的高校也仅有 5 所（占 10%）。另有 1 所高校则规定学生代表大会的职权包括"参与学校与学生权利相关的重大事项和重大改革发展方向问题的决策"。这三者合计 8 所，占受调查高校数的 16%（见图 6.8 和表 6.1）。可见高校对于学生通过学生代表大会行使决策参与权的规范同样不重视。

表 6.1　学生代表大会参与学校重大事项决策的职权规定情况

规定的内容	有权审议和通过相关重大利益分配决策	有权讨论涉及学生切身利益的重大事项并提出建议和意见	参与学校与学生权利相关的重大事项和重大改革发展方向问题的决策	合计
有规定的高校数（所）	2	5	1	8
占受调查高校的比例（%）	4	10	2	16

（数据来源：50 所高校《大学章程》文本分析计算所得）

然而，如图 6.8 所示，受调查的 50 所高校的大学章程中，所有高校均明确提出教职工享有的权利包括参与学校民主管理（100%），明确提出学生享有参与学校民主管理的权利的高校则有 35 所（占 70%）。这与上述其他表述的统计有明显的差距，表明不少高校在基本法中如何规定教职工、学生的决策参与权方面并未有明确的思路，或者过于简单笼统，或者并不重视实际可操作的可能等。这也从一个侧面反映出实际工作中教职工、学生的决策参与权极为有限，高校的重视程度不够。

其次，从学校决策层的决策机制设计来看，大学章程中明确规定高校在进行重大事宜或涉及师生重大利益的事情决策前，咨询相关委员会或直接听取师生员工意见和建议的，共有11所高校（占22%），另有6所高校有说明决策的程序包括向公众征集意见或者向专门的委员会征集意见和建议，但并没有明确决策的事由及师生是否作为征求意见的对象。即使把这6所高校也纳入学校的决策机制设计包括了向师生听取意见和建议的范畴，也仅占受调查高校的34%，不足四成（详见图6.8）。

再次，从教师代表或学生代表参与学校各相关咨询机构进而实现决策参与权的角度来看，各高校章程中规定师生代表参与各相关委员会的情况如表6.2和图6.9所示。

表6.2 师生代表参与相关决策咨询机构以行使决策咨询权的情况统计

规定的内容	有规定的高校数（所）	占有设立相关机构部门高校的比例	占受调查高校的比例
咨询委员会里有教职工代表和学生代表参加	3	100%	6%
设立咨询委员会作为学校决策的咨询机构	3	/	6%
教学委员会里有学生代表参加	3	7.50%	6%
设立教学指导委员会或教学委员会	41	/	82%
校务委员会里有教职工代表和学生代表参加	14	66.67%	28%
设立校务委员会作为咨询议事和监督机构	21	/	42%
理事会（或董事会）里有教职工代表和学生代表参加	8	18.18%	16%
设立理事会（或董事会）作为决策的咨询机构	44	/	88%
监督委员会里有教职工代表和学生代表参加	1	100%	2%

规定的内容	有规定的高校数（所）	占有设立相关机构部门高校的比例	占受调查高校的比例
设立监督委员会监督决策的执行情况	1	/	2%
学术委员会成员里有学生代表参加	3	6%	6%
在上述任一个部门机构里均无师生代表参加	25	/	50%

（数据来源：50所高校《大学章程》文本分析计算所得）

从表6.2和图6.9可看出，在各高校的大学章程中，明确规定教师代表或学生代表加入那些能够为本校决策层提供各类咨询建议的相关部门或委员会的高校并不多。在50所高校的大学章程中，有21所高校规定设立校务委员会作为本校的咨询议事和监督机构，但其中仅有11所高校明确规定校务委员会的成员包括了教职工代表和学生代表，3所高校则仅规定校务委员会的成员包括了教职工代表，不包括学生代表；二者合计仅占有设立校务委员会高校总数的66.67%。同样，有44所高校规定设立董事会或理事会作为学校的咨询议事机构，然而其中仅有8所高校明确规定了在校的师生代表可以参与董事会或理事会，仅占有设立董事会或理事会高校总数的18.18%；规定设立教学指导委员会或教学委员会的高校有41所，但其中仅有3所高校规定教学指导委员会或教学

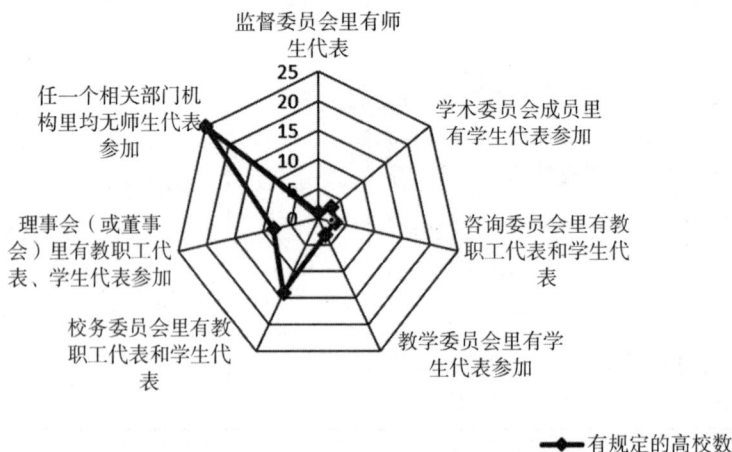

图6.9　各相关委员会或机构组织是否规定有师生代表参加的情况

委员会有学生代表参加，占有设立高校数的 7.5%；而在所有受调查高校均有设立的学术委员会中，仅有 3 所高校规定学术委员会中有学生代表参加，占有设立高校数的 6%。此外，在上述提到的各类决策咨询机构或部门里均没有教职工代表、学生代表参加的高校有 25 所，占受调查高校数的 50%。

综上所述，教职工、学生无论是通过教职工代表大会、学生代表大会拥有参与决策咨询的机会，还是拥有直接参与学校的决策咨询的机会，或者通过加入各类提供决策咨询职责的相关机构部门来获得参与决策咨询的机会，都呈现出较低的拥有率，即教职工、学生参与决策咨询的机会是极为有限的，呈现机会不均等的状态：师生与学校管理人员间机会不均等；教师与学生之间机会不均等。

（二）关系公平的文本分析

关系公平主要体现为分配地位平等、发展公平、运气均等以及差别补偿四个方面。从研究生教育资源配置的实践来看，关系公平可以从参与资源配置的各利益相关者的分配地位是否平等，是否拥有平等的分配使用权、平等参与权、平等表达权、平等信息获取权、自由选择尊重权、所享有的权利是否与责任义务相当、是否拥有公平的发展机会、公平的深造学习机会等方面来体现。

1. 高校主要利益相关者在相关资源的使用权方面具有不同的权限

从 50 所高校的大学章程来看，在教职工、学生使用学校公共资源的权利规定方面，情况如表 6.3 所示。

表6.3 高校主要利益相关者相关权利的规定情况

规定的内容	有规定的高校数（所）	占受调查高校的比例（%）
学生具有公平或平等地使用或利用学校公共资源的权利	27	54%
教职工具有公平或平等地使用或利用学校公共资源的权利	15	30%
教职工有权公平或平等地获得自身发展所需的条件和机会	45	90%
学生有权公平或平等地获得自身发展所需的条件和机会	28	56%

（数据来源：50 所高校《大学章程》文本分析计算所得）

如表 6.3 所示，在受调查的 50 所高校的大学章程中，明确规定教职工有权公平或平等地使用或利用学校公共资源的高校仅有 15 所，占受调查高校的

30%；其他70%的高校中，除了少数高校未对资源使用的权利进行规定外，大部分高校则是在章程中规定教职工享有按照工作职责、或工作职责和贡献程度、或工作需要、或依据学校有关规定等来使用学校公共资源的权利。由此可见，七成的高校并没有在章程中明确以公平或平等关系为资源使用权限的价值导向规范，而是倾向于以讲究效率的权责关系为资源使用权限的价值导向。

然而，作为教学科研主体的教师，在学校公共资源使用上采用讲究效率的权责关系为价值导向不仅无法带来教育资源使用效率的提高，反而会因工作职责、贡献度、工作需要等使用条件的存在而加深因先天条件不足造成的不公平性。例如，职称较低的教师极可能会因其较低的职称受限，由资历浅所带来的较小的贡献程度而只能获得或使用较少的教育资源，甚至无法获得自身教学与科研工作发展所需要的足够资源。而这一资源分配或使用上的差异并非因为个人后天努力程度不同造成，而是因为个人当下无法改变的"先天"条件所造成的不公平的差异。因此，可以说，高校在对待教职工使用学校公共资源的权限规定方面，目前普遍存在着内部不公平的现象。

此外，章程中明确规定学生有权公平或平等地使用或利用学校公共资源的高校有27所，占54%。由此可见，在高校公共资源的使用上，高校对于学生能否公平或平等使用学校公共资源的问题比较重视。简言之，高校的主要利益相关者（教职工、学生）在使用学校的公共资源时并没有拥有同等的公平性权利。

2. 高校主要利益相关者在权责关系方面存在不相当的情况

高校主要利益相关者的权责是否相当，体现在高校行政管理者、教师、学生各自享有的权利与所承担的义务责任相对应，所获得的收益与所付出的成本相对应。

从各高校大学章程的文本分析中可知，在研究生教育资源配置过程中，无论是在参加决策的机会公平方面，还是在参与决策咨询的机会公平方面，教师、学生均处于缺乏能自主支配相关资源的主动权，能够在教学和科研工作中相对自主地支配和使用的教育资源更是极为有限。然而，无论是哪所高校，在何种资源分配方式下，教师和学生都始终是教学与科研工作的主体，特别是教师，是教学质量及科研工作质量责任的最主要承担者。因此，对教师来说，这一重大的、几近无限的培养和科研质量责任要求与极为有限的资源支配权形成了明显的权责不相当状况。而对学生来说，学习和科研过程中的资源支配决定权更多地掌握在学校行政管理者与研究生导师的手中，因此，学习与科研训练的质量责任要求与极少的教育资源自主支配权同样形成了明显权责不相当状况。

3. 高校主要利益相关者在有关资源配置决策的知情权、信息获取权方面呈现不平等状况

如表 6.4、图 6.10 所示，在各高校章程中，明确提及高校要依法实行公开信息制度、主动接受监督的高校有 44 所，占受调查高校的 88%。此外，另有 2 所高校仅提及高校要进行校务公开，而没有提及财务公开及其他有关事项公开；2 所高校仅提及要进行财务信息的公开，而没有提及其他事项信息的公开；1 所高校则没有明确提及实行公开信息制度，却提及高校要进行财务信息、办学信息、校务信息等信息的对外公开。若均包括，则高校明确规定要依法进行信息公开的高校合计共有 49 所，占受调查高校的 98%，而仅有 1 所高校（占 2%）的章程中没有明确涉及与公开信息有关的表述。因此，总体而言，各高校还是较为重视高校在信息公开方面的责任，大多数在高校基本法中明确提及。

表6.4　有关高校相关决策知情权及信息公开情况的文本统计

规定的内容	教职工有权知悉学校改革发展等工作	教职工有权知悉涉及切身利益的重大事项	学生有权知悉学校改革发展等工作	学生有权知悉涉及切身利益的重大事项	要求依法公开信息
有规定的高校数（所）	45	42	28	35	44
占受调查高校的比例	90%	84%	56%	70%	88%

（数据来源：50 所高校《大学章程》文本分析计算所得）

从教职工与学生对高校相关决策的知情权来看，章程明确规定教职工有权知悉学校改革发展等工作的高校有 45 所，占受调查高校的 90%；规定教职工有权知悉涉及自身切身利益的重大事项的高校则有 42 所，占 84%。而章程明确规定学生有权知悉学校改革发展等工作的高校仅有 28 所，占受调查高校的 56%；规定学生有权知悉涉及切身利益的重大事项的高校有 35 所，占受调查高校的 70%，这两个数值均明显低于教职工在这一知情权方面所表现出的数值。由此可见，高校对教职工拥有相关决策知情权是比较重视的，而对学生在同样的知情权方面的重视程度要低些。在现实中，学生对于高校改革发展工作的知悉程度的确明显低于教职工，一方面受到信息来源渠道的限制，另一方面也有高校不重视的原因。

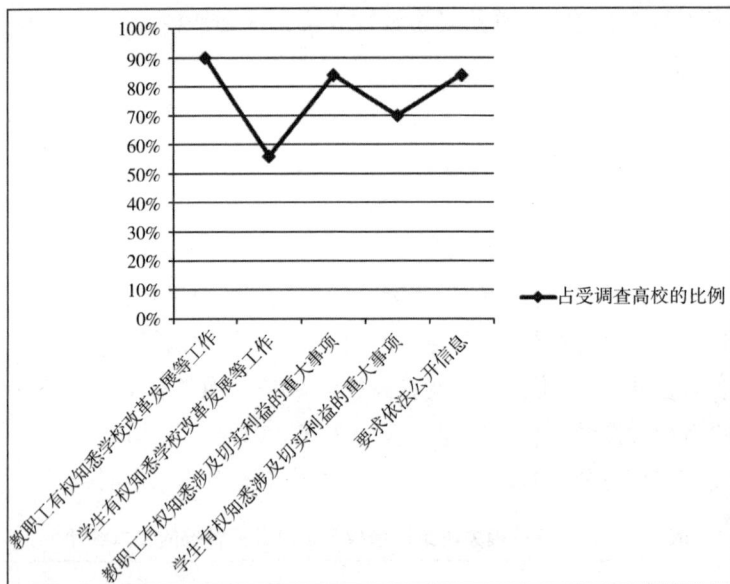

图 6.10 章程中教职工与学生在相关知情权规定方面的比较

（三）发展公平的文本分析

发展公平在研究生教育资源配置中可以从各主要利益相关者是否拥有公平的发展机会、是否能因后天的努力而公平获得荣誉或奖励、是否拥有统一标准的违纪处罚体系等方面体现。

1. 高校主要利益相关者在公平发展机会方面具有不同的关系地位

在各高校大学章程中，有 45 所高校明确规定教职工拥有公平或平等地获得自身发展所需要的条件和机会的权利，占受调查高校的 90%。而明确规定学生有权公平获得有关个人发展的机会的高校仅有 28 所，占受调查高校的 56%。二者呈现出明显的差异，表明高校在对待教职工与学生是否能公平获得发展的条件和机会一事上重视程度是不同的，二者具有不同的关系地位。（详见表 6.3）

2. 高校主要利益相关者在是否公平获得荣誉或奖励的表述方面存在明显差异

如表 6.5 所示，在各高校大学章程中，有 40 所高校明确规定教职工有公平获得各种奖励和荣誉的权利，占受调查高校的八成；同样的，明确规定学生有权公平获得各种奖励和荣誉（含奖助学金等内容）的高校仅有 20 所，占受调查高校的 40%，二者相差四成。不过在有关学校为取得突出成绩和为学校争得荣誉的教职工进行表彰奖励，同时对违反学校相关规定的违纪行为给予相应处分这一奖惩体系的规定方面，对教职工规定的比例（52%）则明显小于对学生规定的比例（78%）。由此可知，大多数高校更看重对教职工激励的公平性，而对学生则更注重奖罚的一致性与对等性，呈现出明显的差异性。

表6.5　大学章程中对教职工和学生明确规定有权公平获得奖励与荣誉的情况

规定的内容	有规定的高校数（所）	占受调查高校的比例
教职工公平获得各种奖励和荣誉	40	80%
学生公平获得各种奖励和荣誉（包括奖助学金等内容）	20	40%
学校为取得突出成绩和为学校争得荣誉的教职工进行表彰奖励，违纪给予相应的处分	26	52%
学校为取得突出成绩和为学校争得荣誉的学生进行表彰奖励，违纪给予相应的处分	39	78%

（数据来源：50所高校《大学章程》文本分析计算所得）

（四）评价公平的文本分析

评价的公平性在研究生教育资源配置中主要体现在高校各利益相关者在个人的品德、能力与业绩等方面是否受到公正评价、评价体系是否有依据对象特点实行统一或分类评价等方面。

1. 高校主要利益相关者在享有公正评价方面较为一致，且公正性导向较受重视

如表6.6所示，从章程是否明确规定教职工和学生享有公平获得评价的权利来看，所有受调查高校均在章程里明确规定教职工在品德、能力与业绩等方面享有公正获得评价的权利，92%的高校明确规定学生享有公平获得学业、道德等方面的评价以及各种奖励和荣誉等（包括奖助学金等）的权利。二者的比例均很高，可见，各高校普遍重视教职工和学生在评价方面的公正性待遇。

2. 涉及评价的具体操作方面则表现出公正导向的不足或欠缺

从与教职工工作考核评价相关的教职工聘任考核制度的规定来看，明确规定高校区分不同类别的岗位来设立分类考核、分类管理制度的高校仅有28所，占受调查高校的56%。这其中，明确规定教职工的分类考核评价要公正、公平的高校则仅有5所，占受调查高校的10%。这一数据体现出与前文所分析的教

职工是否有权公平获得评价的结果落差极大，表明高校在涉及教职工品德、能力与业绩评价的规定时，倾向于以公平公正为价值导向；但在公平、公正的具体操作上却仍有不足或欠缺。（详见表6.6）

表6.6 大学章程中对教职工和学生明确规定有权获得公平评价的情况

规定的内容	有规定的高校数（所）	占受调查高校的比例
教职工有权获得公平评价	50	100%
学生有权获得公平评价	46	92%
明确规定对教职工实行分类考核聘任、分类管理制度	28	56%
教职工的分类考核评价明确要求公正、公平	5	10%

（数据来源：50所高校《大学章程》文本分析计算所得）

二、效率维度的文本分析

效率维度的文本分析主要通过各高校在大学章程中对教育资源配置效率的规定情况来考察各高校对教育资源配置效率的重视程度，由此间接反映出一般情况下高校对研究生教育资源配置效率的关注和重视程度。一般而言，较为重视的事项，在实践中也会运行和处理得比较好，由此可大致了解各高校实际工作中效率维度的运行状况。

如前文所述，从词汇出现频率来看，在四个维度中，效率是在各高校大学章程中出现频率最低的一个维度。下面，本研究拟进一步从影响资源配置效率高低的教育资源配置的结构效率、转化效率、目标完成率三个方面去分析大学章程中与教育资源配置效率相关的部分，据此了解各高校研究生教育资源配置效率的状况。

（一）结构效率的文本分析

结构效率在纵向上表现为相关教育资源在不同组织层级、不同学历层次结构中分配、流转和使用时所体现出的效率；在横向上表现为相关教育资源在行政管理部门与教学科研部门间、学术型与专业型学位教育间以及在培养人才、科学研究和服务社会三者间分配、流转和使用时所体现出的效率。当结构改变时，效率也会相应地出现变化。

各高校的大学章程，总体而言，并没有对教育资源配置结构效率的提高方面有明确和详细的表述，因此，本研究拟从与结构效率相关的事由进行文本分析，以窥高校对教育资源配置结构效率的重视与规范程度。

1. 极少高校明确提及教育资源需优先保证教学或科研这一能提高结构效率的原则

如前文所述，人才培养是研究生教育的核心职能工作，是相关资源应优先配置的环节；科学研究是研究生教育的重要职能工作，同时作为研究生培养的手段与平台，是资源应重点配置的环节。而依据制度经济学的原理可知，在研究生教育资源有限的情况下，资源越多集中于生产环节（教学与科学研究环节），越少集中于非生产环节（行政管理等），则研究生教育资源配置的效率就越高，教育的产出效益越高。因此，在高校基本法中明确教育资源优先投入教学或科研环节是提高教育资源配置结构效率的重要指向，是否明确作出这一规定也可反映出高校对结构效率的重视程度，一定程度上可从一个侧面大致反映出现实中高校研究生教育资源配置结构效率的高低水平。

从各高校大学章程来看，仅有 1 所高校明确提出办学经费要优先用于人才培养，优先满足教学需要，占受调查高校的 2%；而提到要优化经费支出机构，加大对教学和科技创新投入的高校有 1 所，二者合计仅占受调查高校的 4%。此外，有 3 所高校在办学原则中明确要求以人才培养为根本任务，优先保证教育教学、或要求坚持以教学优先；有 4 所高校则提出办学以学术事务优先或学术优先，或以崇尚学术、学术至上为办学理念。综合以上，若均视为与提高教育资源配置结构效率相关的表述（忽视办学理念与教育资源配置原则的差异），则也仅占受调查高校的 18%，不到两成。

由此可见，高校并不重视提高教育资源配置的结构效率，更别说研究生教育资源的结构效率。

2. 几乎没有高校体现与学位类型结构效率相关的表述

研究生培养方式分为学术型学位教育培养与专业型学位教育培养。随着研究生教育的发展，学位类型结构相较于过去发生了很大的变化，在实际工作中出现了一些研究生教育资源在学位类型结构方面现行的配置办法与各类学位教育发展不相适应的情况，影响了研究生教育质量的提高。因此，在高校基本法中对涉及学位类型结构方面的教育资源配置原则、效率要求等进行明确规范是十分有必要的。然而在各高校的大学章程中，几乎没有一所高校的大学章程对此有指导性的表述或规定，由此可见各高校对教育资源配置学位类型结构效率的严重忽视。

3. 极少高校涉及职能结构效率的表述，即使有，也是简单而片面

研究生教育资源配置的职能结构效率体现了研究生教育资源在高校培养人

才、科学研究、服务社会等职能方面的配置结果是否更好地实现研究生教育目标。正如前文所述，培养人才、科学研究与服务社会构成了金字塔形的关系：培养人才是高等教育最本质、核心的职能，在其之上才是科学研究职能，科学研究是高等教育的重要职能，一方面为培养人才提供手段和平台，另一方面也为培养人才提供源源不断的知识支持，但如果没有以培养人才为基础，高等教育就不能称之为高等教育，而只能是高等研究。而在培养人才与科学研究的基础上，高等教育才谈得上为社会提供各类知识服务，满足社会发展的知识服务需要。（如图 6.11 所示）

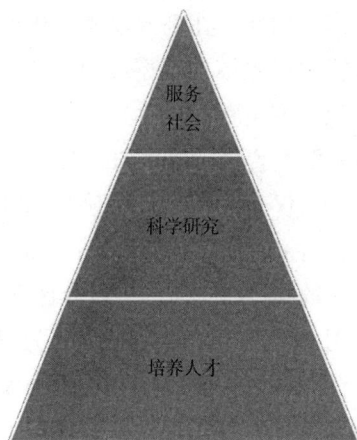

图 6.11　高等教育三大职能基本关系图

因此，研究生教育资源在三大职能间的分配使用，只有遵循三大职能间的基本关系进行才能真正确保和促进研究生教育质量的提高，实现研究生教育的目的。由此可见，对这一配置原则进行指导性规范确定是十分重要且有必要的。职能结构效率正是能够体现研究生教育资源在三大职能间的分配与使用是否合理有效的指标，有没有涉及该指标的相关表述可以看出高校对这一教育资源配置行为的实践情况与重视程度。

从各高校的大学章程可以看出，没有一所高校章程有与职能结构效率相关的规范与表述；若放宽表述范围来看，则极少高校有涉及类似相关表述：有 1 所高校规定学校的资产主要用于教学、科研以及学科建设；1 所高校规定学校资产主要用于教学、科研、社会服务以及为师生员工提供学习、工作、生活保障；1 所高校规定学校的经费主要用于教学、科研和基本建设等方面，这些高校合计占受调查高校的 6%，不足一成。

在这 3 所有涉及的高校中，对教育资源在高等教育各职能间配置的规范显得简单而片面：仅提及资产或经费主要用于哪些方面，而没有明确规定在各类职能间的资源配置关系、资源配置原则，以及配置的职能结构设计等一些指导性意见和规范；更没有对此提出对职能结构效率的要求等用以体现配置效率要求和配置目标的文字规定。

4. 在相关教育资源配置上，学校给予学院多大程度上的资源配置决定权，即学校与学院分别拥有的层级管理幅度并没有被明确说明

大多数高校（占受调查高校的 76%）均在大学章程中明确规定实行校院两级管理体制，学校按照事权相宜和权责一致的原则（或责、权、利相统一的原则，或权责对等、动态适应的原则等）在授权范围内赋予学院相应的管理权力。然而，对于学校与学院这两个不同管理层级分别在教育资源配置方面拥有多大的决策权力（即层级管理幅度）却没有明确规范和表述，仅以"相应的""授权范围内""学院的"等措辞一语带过。这使得在实际工作中，要么出现学院的管理幅度偏小，对于教育资源的管理和使用缺乏效率，浪费、不符合基层实际的不合理使用现象严重；要么出现学院的管理幅度偏大，对于教育资源的管理和使用超脱学校整体发展要求，影响学校的宏观指导和把控。

由此可知，各高校对层次结构效率同样不重视，更不用说在这一效率方面提出指导性规范和要求。

各高校大学章程中，在事权方面，大多数高校（占受调查高校的 76%）明确规定实行校院两级管理体制，在人、财、物等方面赋予学院相应的管理权力，使学院在学校授权范围内能够自主管理和使用学校核定、拨付的办学经费、设备和固定资产等。相应地，与财权、财力密切相关的财务管理体制方面，受调查高校的大学章程主要有三种不同的规定。第一种，规定实行"统一领导、集中核算、分级管理"的财务管理体制，有 27 所高校，占受调查高校的 54%。这其中包括了 2 所对这一财务管理制度进行更为详细表述的高校，更为具体而明确地规定"财力集中、财权下放"的财务规定办法。第二种，规定实行"统一领导、分级管理"的财务管理体制，有 15 所高校，占受调查高校的 30%。第三种，规定实行"统一领导、集中管理"的财务管理体制，有 5 所高校，占受调查高校的 10%；另有 3 所高校没有明确规定其所实行的财务管理制度。（如图 6.12 所示）

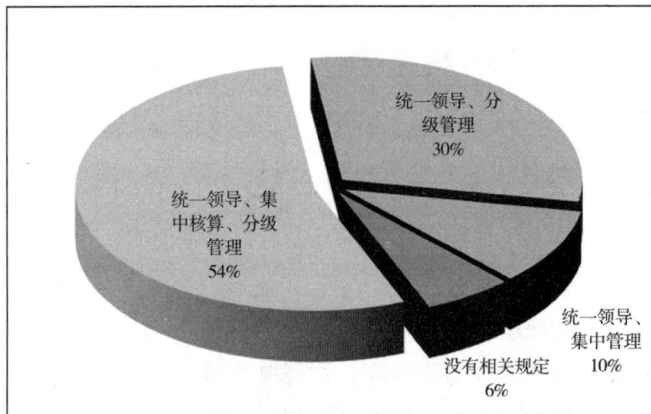

图 6.12　各高校章程对财务管理体制的规定情况

（二）转化效率及目标完成率的文本分析

从各高校大学章程来看，无论是教育资源配置的转化效率，还是目标完成率相关的提法，都没有出现。鉴于转化效率、目标完成率均隐藏着计划完成情况的含义，与高校财务核算制度、财务管理的专业化程度密切相关，因此，本研究拟从高校财务核算制度以及财务管理的专业化程度进行文本分析来间接了解在一般层面上转化效率与目标完成率的实际操作情况。

1. 全面综合的预决算制度较低的实行率从一个侧面反映了转化效率与目标完成率的被忽视

在高校，财务核算包括预算和决算，这是高校进行资源配置管理的重要手段。所谓预算，指的是高校对未来一定时期内收入与支出的计划，体现的是计划目标值。所谓决算，指的是高校根据年度预算执行结果编制的年度会计报告，是上一会计年度预算执行的总结，为下一会计年度的预算编制提供参考。实行全面综合的预决算制度有利于高校教育资源配置效率的提高，包括资源到位效率、流动速率、利用效率等转化效率的提高以及目标完成率的提高。

从各高校大学章程来看，明确规定建立财务预决算制度的高校仅有 13 所，占受调查高校的 26%；明确规定实行财务预算制度的高校有 35 所，占受调查高校的 70%。

这两个数据的明显差距表明，目前，高校总体上普遍重视财务预算制度，而对财务决算制度的重视度却较低，实行综合财务预决算的高校比例不超过三成。这从一个侧面反映了不少高校或许重视预算编制和预算执行，确保收支平衡，但对于预算的结果——教育资源配置的目标实际完成情况却并不重视，并未将其在基本法中明确规范。换而言之，在各高校章程中，对于"效率"这一衡量教育资源配置有效性的基本维度并没有给予足够的重视。

2. 仅有半数高校规定设立总会计师或专门管理机构进行高校财务管理

效率的提高有赖于专业分工程度的提高。高校的财务管理涵盖了教育资源配置的重要部分，因此，高校财务管理的专业分工程度在一定程度上影响了教育资源配置的转化效率与目标完成率。

从各高校章程来看，在章程中明确规定设立总会计师的高校有24所，占受调查高校的48%；另有2所高校通过成立国有资产经营委员会、财经领导小组等机构来提高财务管理工作的专业化程度。两类设置共占受调查高校的52%，仅过半数。由此可见，高校在财务管理方面的专业化程度总体上不够理想，这在一定程度上影响了资源配置上对资源转化效率与目标完成率的重视。

三、协调维度的文本分析

如前文所述，研究生教育资源配置的协调性可以从目标一致、行动协调和关系和谐三个维度进行衡量。

（一）目标一致的文本分析

目标一致是协调的方向和依据。由前文所述可知，目标一致性包括了各级制定的规划是否与系统整体性目标一致、执行行为是否与目标保持一致这两方面。其中，可以从是否明确系统整体目标，各层面、各部门的奋斗目标是否依据总目标制定或与总目标一致，设定的各项激励与评价措施是否符合目标实现要求等来判断各级制定的规划是否与系统整体性目标保持一致；从规划或计划执行完成情况的规范要求方面，是否存在有效激励各部门执行目标任务的措施、是否设立监督反馈机制、"监督—反馈—调整"链的完整性以及监督反馈效果这几方面来判断执行行为与目标的一致性。通过对各高校大学章程的文本进行分析，得到以下几个观察结果。

1. 部分高校对发展总目标和人才培养目标的具体定位不够重视、缺失或含糊其词

从各高校的大学章程来看，除了1所高校，其他49所受调查高校（占98%）均在大学章程中对办学目标或愿景或努力方向进行明确表述；对于人才培养目标，有45所高校（占90%）在章程中进行了明确而详细的表述，而有5所高校则没有对自身的人才培养目标进行明确描述，占受调查高校的10%。（详见表6.7）可以说，总体目标的明确是协调性高的一个基本要求。只有明确了学

校总体目标定位及人才培养目标，各层面、各部门对自身发展目标的设定才会有方向和依据，从而实现局部与全局的协调一致。因此，结合文字表述情况来看，虽然没有明确规定高校发展目标的高校仅有 1 所，没有明确设定高校人才培养目标的高校仅有 5 所，但这已表明有一部分高校不重视目标的明确定位，有的虽然有规定，却不够具体、清晰，因此对教育资源配置的协调性维度产生不利影响。

表 6.7　各大学章程中体现目标一致性维度的相关表述情况

规定的内容	有规定的高校数（所）	占受调查高校数比例
明确规定大学的发展目标	49	98%
明确规定人才培养目标	45	90%
学校对学院实行目标管理	3	6%
学院依据学校的整体发展规划等制定学院发展规划或履行职责	18	36%
根据人才培养需要或教学需要来确定培养方案（培养计划）	18	36%
有关于教育教学质量的表述	28	56%
建立教学质量监控与保障体系，确保人才培养质量	21	42%
保证教育教学质量达到国家规定标准	5	10%
改善办学条件或完善教育教学体系，提高教育教学质量	3	6%
根据人才培养目标和培养标准，完善质量评价机制，保障教学质量	1	2%

（数据来源：50 所高校《大学章程》文本分析计算所得）

2. 大多数高校不重视分层、分部门等的子目标与总目标的一致性规范

如表 6.7 所示，在各高校的大学章程中，明确规定学院应以学校的整体发展规划、人才培养目标等为依据制定学院的发展规划或履行职责的高校有 18 所，占受调查高校的 36%；明确规定学校对学院实行目标管理方式的高校仅有 3 所，占受调查高校的 6%；在人才培养方案（或培养计划）、培养标准的确定上，明确规定培养方案（或计划）、培养标准等要根据学校人才培养的目标和要

求进行确定的高校也仅有 6 所，占受调查高校的 12%；若放宽口径，把提及按照人才培养需要或教学需要来确定培养方案（或培养计划）也视同为要求按照学校人才培养的目标和要求进行确定，则有 18 所高校，占受调查高校的 36%，不足四成。

从各高校的大学章程中，可以看到，对于大学教育教学质量的规定有明确涉及的有 28 所（占 56%），而在这 28 所高校中，有 21 所高校（占 42%）明确提到建立教学质量监控和保障体系以保证学校的教育教学质量；有 5 所高校（占 10%）明确提到要保证教育教学质量达到国家规定标准水平；有 3 所高校（占 6%）仅提及高校要完善教育教学体系，提高教育教学质量；仅有 1 所高校（占 2%）明确提及要根据人才培养目标和培养标准，完善质量评价机制，保障教学质量。（具体详见图 6.13）

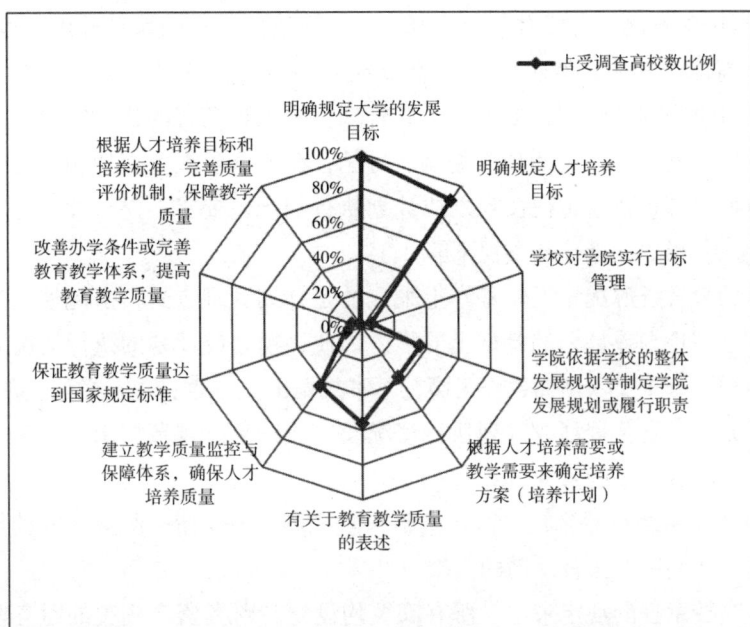

图 6.13　各大学章程中体现目标一致性维度的相关表述情况

从上述数据可以看出，有近一半的高校没有真正重视教育教学质量，而在有规定的高校中，不乏缺少实际可操作性、大而空的规定；而且总体上看，绝大多数高校并没有把教育教学质量与高校的人才培养目标和要求紧密结合，明确自己的人才培养质量要求和标准，即使有提出自己的人才培养质量要求，也是以国家规定的标准水平为依据，这在一定程度上体现了高校在目标一致性维度上的欠缺。一方面，国家的标准水平属于基本水平线，仅达到这一水平并不能符合高校发展目标实现过程中对人才培养质量的要求；另一方面，抛开自身的人才培养目标，仅把教育教学质量的标准划定在符合国家的标准水平上，严重抹杀了自身人才培养的特点和实际状况，这在目标一致性要求上明显不足，不利于各方面的协调发展。

此外，对于设定的激励教职工和学生的措施是否需要确保符合人才培养目标的要求，业绩的考核要求是否需要满足高校发展目标或人才培养目标的要求等，均在各高校大学章程中没有明确规定和说明。

3. 普遍缺乏对规划或计划执行情况与完成结果的规范要求

有关规划或计划的执行规范、完成情况的规范等，在各高校大学章程中几乎没有涉及，仅在财务核算制度的规定方面有所提及。在各高校大学章程中，有 35 所高校明确规定实行财务预算制度，重视按照计划的预算开展年度工作，占受调查高校的 70%；然而只有 13 所高校（占 26%）明确规定实行财务预决算制度，既重视预算管理，也重视决算管理，对预算经费的执行完成情况进行总结分析，以利于下一年的预算编制。可见，在与资源配置密切相关的财务核算规定方面，高校普遍重视按规划或计划执行的规范要求，而对计划完成情况的规范要求并形成制度化却重视不够。

高校的教育资源配置工作基本上采取的是计划管理方式，由此涉及的各项工作均建立在规划或计划的基础上开展，因此，规划或计划的执行情况和完成结果就显得十分重要。然而，作为高校基本规范的大学章程里，受调查的 50 所高校几乎未涉及有关规划或计划执行情况及完成结果的规范要求，缺乏对规划执行过程及完成结果的重视。

4. 绝大多数高校重视设立监督机制，但"监督—反馈—调整"链的规范缺乏完整性，从而影响监督反馈的效果

从各高校章程的规定来看，所有高校均设立与财务资产相关的财务监督体系或审计监督制度；绝大多数高校明确规定纪律检查委员会为学校的党内监督机构（有 48 所，占 96%），仅有 9 所高校（占 18%）明确规定设立学校行政监督机构，如监察工作委员会等。此外，绝大多数高校通过教职工代表大会作为教职工参与民主监督的主要组织形式（有 48 所，占 96%），近七成受调查高校还将学生代表大会作为学生参与民主监督的组织形式（有 34 所，68%）。

在有关反馈机制的设立方面，仅有 2 所高校提及。其中，1 所高校提及设立"信息沟通反馈机制"，1 所高校提及"优化教学活动的反馈及改进机制"，仅占受调查高校的 4%。

由此可见，在设立校内监督机制方面，大多数高校较为重视且有明确的规定。然而，对于"监督—反馈—调整"的后半部分，特别是意见或建议反馈后的调整或落实执行，即对收集到的监督反馈意见如何处理等的规范，却没有高校明文提及，使得"监督—反馈—调整"在文本规定表述中并不完整，呈现虎头蛇尾趋势，难以保证实际工作中监督反馈机制的有效性和机制的执行效果。

综合上述几个观察结果可知，各高校在目标一致性维度方面的重视度不足，从这一角度来看，高校教育资源配置的协调性弱，同理推及研究生教育资源配置的协调性弱。

（二）行动协调的文本分析

如前文所述，行动协调包括研究生教育资源配置过程中各方信息的对称性、各决策权限的配比协调性、资源要素间的配比协调性。

信息的对称性是受到信息公开度、信息获取的难易程度以及信息的有用性的影响。因此在文本分析中，研究生教育资源配置中信息的对称性可以从高校各类信息公开度、信息获得的难易程度等方面来体现。

1. 总体上看各高校普遍较为重视信息公开制度，但信息公开的深度、广度、有效性与有用性等的规定普遍较为缺乏，信息的对称性显得不足

在各高校的大学章程中，普遍较为重视信息公开制度。明确规定要依法公开信息的高校有44所，占受调查高校的88%；虽然没有明确规定依法公开信息，但有规定各类具体信息的公开，这类高校有5所，合计共有49所高校明确规定了信息公开的要求，占受调查高校的98%；仅有一所高校，在其大学章程中除了提及"公开收费项目和收费标准"之外，没有涉及其他与信息公开相关的表述。

然而，在总体规定之外，更为具体的部分，比如什么信息需要公开、在多大范围内公开、信息的受众群体等的规定，则显得不足，各高校参差不齐。例如，在有关什么信息需要对外公开方面，有明确规定的信息类别有五种：财务信息、办学信息、校务信息、党务信息以及院务信息。其中，最多见的、要求对外公开的信息有财务信息（有27所高校明确规定，占受调查高校的54%）以及校务信息（有23所高校明确规定，占受调查高校的46%），二者均未超过半数。而最少出现的则是院务信息，仅有4所高校明确规定，占受调查高校的8%。（详见表6.8）

表 6.8　各高校章程中有关公开的信息类别的规定情况

规定的内容	财务信息公开	办学信息公开	校务信息公开	党务信息公开	院务信息公开	招生信息公开
有规定的高校数	27	19	23	13	4	12
占受调查高校比例	54%	38%	46%	26%	8%	24%

（数据来源：50 所高校《大学章程》文本分析计算所得）

从各高校信息类别公开的规定情况来看，在上述 6 类信息公开的规定方面，如图 6.14 所示，明确规定了 5 项信息内容公开的高校仅有 2 所，规定了 4 项信息内容公开的高校有 4 所，占受调查高校的 8%；规定了 3 项信息内容公开的高校有 10 所（占 20%），规定了 2 项信息内容公开的高校有 14 所（占 28%），而明确规定有 1 项信息内容公开的高校有 15 所，占受调查高校的 30%。没有 1 所高校明确规定 6 项信息内容公开。此外，仅是总体上提及要依法公开信息，没有具体说明要公开的信息类别的高校有 5 所，占受调查高校的 10%。由此可见，在信息公开的内容类别上，各高校普遍不注重规范，且规定简单笼统，这给信息公开制度的执行和操作以很大的空间，进而影响利益相关各方对有用信息获取的难易程度，各部门、各层级间协调的一致性以及校内外间的协调性。

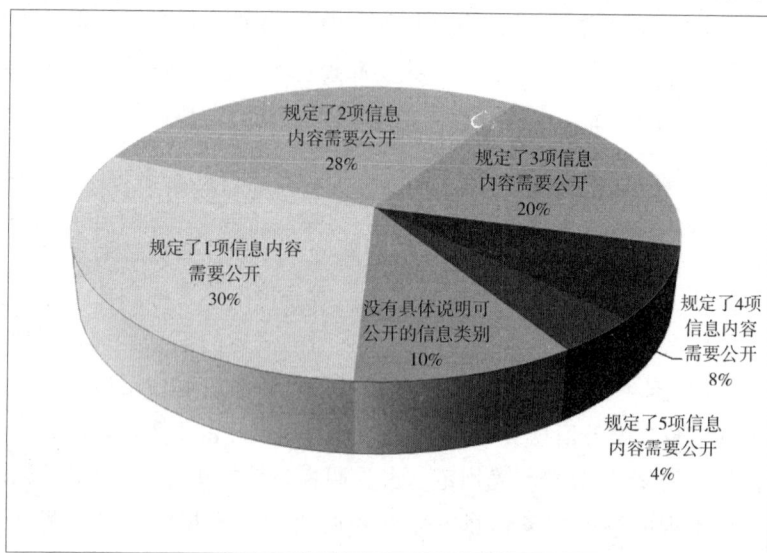

图 6.14　各高校章程中有关信息内容公开的规定情况

此外，在信息公开的范围（公开对象）方面，大多仅做笼统的表述，没有具体明确相关信息公开的范围、公开的方式或途径，或针对特定对象的具体信息公开要求等。而有关信息公开的时效性、有用性等方面同样没有作出明确表述。

缺乏对信息公开的具体基本要求，使信息的对称性显得不足，即容易使各利益相关者在面对涉及自身利益的信息公开方面，往往选择有利于自身的操作，增加其他相关利益者获取相关信息的难度，降低信息的时效性和有用性，从而影响行动的协调性。虽然自身相关的利益和目标能够很好实现，却损害了其他相关者的利益，影响了整体目标和利益的实现。

2. 大多数高校不重视对事权、财权、财力等各项权力的规范要求，各级权力的分配原则规范、配比协调性规范要求不足

在资源配置过程中，分配到不同层级、不同部门的权力权限不同，这些权力之间的配比平衡关系如何，直接影响着行动的协调性。

从各高校的大学章程来看，对资源配置过程涉及的产权问题极少涉及，有涉及的主要是学校与学院间的权限划分与核算安排。如表6.9所示，在各高校大学章程中，大多数高校明确规定学院在学校授权的范围内实行自主管理，进行相对独立的自主运行（有38所，占受调查高校的76%），同样的，明确校院实行两级管理体制的高校占受调查高校的74%。然而，与管理权限相关的财务核算制度的规定方面，实行"统一领导、分级管理"的高校有15所，占受调查高校的30%；规定采用"统一领导、集中核算、分级管理"的高校有27所，占受调查高校的54%；这两者均明确规定了"分级管理"这一体现事权分散的管理模式，合计占受调查高校的84%；此外，规定实行"统一领导、集中管理"的高校有5所，没有做与财务核算制度相关规定的高校有3所，二者合计占受调查高校的16%。（见图6.15）

从权力协调的角度来看，财务核算制度中的"统一领导、分级管理"体现了高校事权的下放、分散，实现校院事权的分级分配；"集中核算"则体现了高校财权、财力的集中。而从产权协调的角度来看，"统一领导、分级管理"体现了对未来收益的剩余控制权的分散，高校把一部分剩余控制权分配给了学院；"集中核算"体现了对未来收益的剩余索取权的集中，学院拥有对未约定收益的决策权，却不具有索取权。

表6.9 各高校大学章程中学院权限与财务核算制度规定情况

项目内容	学院在学校授权范围内实行自主管理，相对独立地自主运行	明确校院两级管理体制	财务核算制度		
			统一领导、集中核算、分级管理	统一领导、分级管理	统一领导、集中管理
规定的高校数（所）	38	37	27	15	5
占受调查高校的比例	76%	74%	54%	30%	10%

（数据来源：50所高校《大学章程》文本分析计算所得）

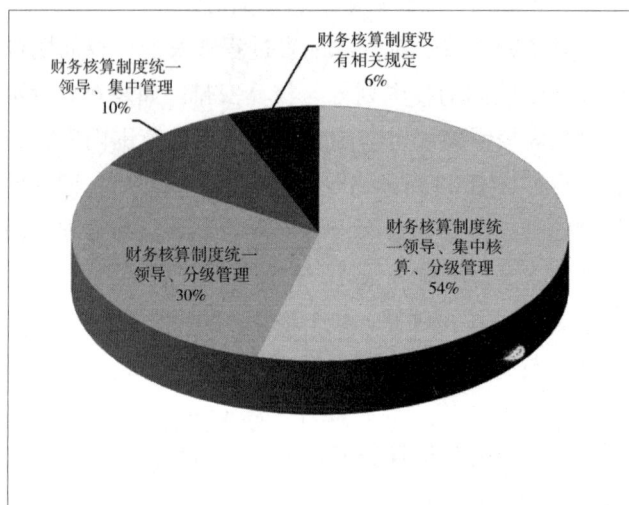

图6.15 各高校大学章程中学院权限与财务核算制度规定情况

事实上，从同一层面来看，如学校层面或学院层面来看，行动的协调性要求事权（承担的支出责任）与财权（筹集收入的权力）相协调、匹配；而从上下层级来看，如学校与学院之间，事权（承担的支出责任）应与财力（拥有的资源数量）相协调、匹配，才能有效实现行动的协调性。而从产权协调角度来说，未来收益的剩余控制权要与剩余索取权归为同一方拥有，才能最大限度地调动行动者的积极性，实现资源的更优配置效果。因此，可以从是否明确规范事权、财权、财力间，或剩余索取权、剩余控制权等各项权力间分配的原则，或者是否明确规范各级权力的界限范畴以及是否明确各项权力配比原则的规范要求等方面来反映行动的协调性。

在各高校大学章程中，从有无相关规定来看，绝大多数高校对事权、财权和财力等的规定主要涉及事权与财权，而把财力默认包括在财权中，不单独说明，且在这些规定中，均是不体现"事权""财权"字样的粗略提及，未做关系的明确表述。对财权、财力做明确规定的仅有 3 所高校，占受调查高校的4%，其中 2 所高校规定"统一领导，分级管理，财力集中、财权下放"的财务管理体制，1 所高校规定"按照事权与财权相结合、权利与义务相结合的原则，实行以校长为首的各级经济责任制"。此外，有 16 所高校（占受调查高校的32%）规定了学校赋予学院相应管理权力的原则，其中，有 13 所高校规定"事权相宜，权责一致"的原则，3 所高校规定了"权责相宜"或"权责对等"的原则，但并没有明确"权"具体指的是哪些权。由此可见，占绝大多数高校并不重视明确规范各权力关系，以及各级权力的界限范畴等。

从规定的具体内容来看，如前文所述，主要有三类规定。一是"统一领导、集中核算、分级管理"，体现了事权（支出责任）下放学院的同时，把财权财力（收入、资源）集中于学校，也即把剩余控制权分散给学院，剩余索取权集中于学校。这一方式能够通过分配权、执行权、监督权的分离来加强对资源安全性的管理，但无论从同一层面还是上下层次来看，事权与财权的匹配规范、事权与财力的匹配规范，甚至于剩余索取权与剩余控制权的匹配规范均缺乏，显现的却是把学院仅作为学校决策的执行者，使学院缺乏自主管理所需的权力保障，无法达到行动的最优激励效果。从这一文本规定的角度来看，超过一半的高校（占受访高校的54%）存在学院的自主性不够，影响行动的协调性。

二是"统一领导、分级管理"，只体现了事权（支出责任）下放学院，却无法体现出财权、财力等的规范要求。更进一步来看，在规定"统一领导，分级管理"的 15 所高校中，有 2 所高校同时规定实行统一的财务规章制度、收支预算计划以及统一的资源调配（或会计核算），这与第一类规定相似。此外，仅有 1 所高校另行明确规定了"分级管理"原则下的财务核算办法，依据实际情况分别实行"一级核算""二级核算"或"独立核算"等。由此可见，即使"分级管理"可能包括了对财权、财力等权限下放到学院，但绝大多数做此规定的高校却依然没有明确事权与财权、财力等之间协调配比的规范要求。

三是"统一领导、集中管理"。在实行这一财务管理体制的 5 所高校，均全部规定，明确实行校、院两级管理体制，赋予学院授权范围内的自主管理权。由此可见，这里的"集中管理"更多倾向于财务核算的集中管理，体现了财权、财力集中于学校层面，而管理权（事权）则部分下放给予学院。这样的规定与第一类规定在实质上是相同的，均未赋予学院自主管理以足够的权力保障，存在学院自主性不够的情况，从而影响行动的协调性。

3. 绝大多数高校缺乏对活动或组织间资源分配及使用原则的规范要求，但多数高校较为重视协调议事机制或组织的设立

如前文所述，活动或组织间资源分配的协调性可以从是否有明确规定活动或组织间资源分配和使用的原则、是否有明确的矛盾冲突的协调机制规定等来体现。

在各高校的大学章程中，仅有 4 所高校提及资金或资产等资源的主要用途，仅有 6 所高校提及以人才培养（教学）或学术研究为办学的优先事项，其中，又仅有 1 所高校明确提出办学经费优先用于人才培养，优先满足教学的需要，合计仅占受调查高校的 20%。可见，大多数高校并不重视对活动或组织间资源分配和使用原则的规范要求，也缺乏这方面的明确规定。

在协调机制设立方面，主要有两类。第一类是决策议事协调机制或组织的设立。从各高校大学章程来看，在决策议事协调机制或组织的设立方面，有 21 所高校设立了校务委员会，作为咨询议事和监督机构，是师生或社会参与学校治理的组织形式，占受调查高校的 42%；而在机制设立方面，有 17 所高校明确规定在重大事宜或涉及师生重大利益的事项决策前，需咨询相关委员会或直接听取师生员工的意见和建议，占受调查高校的 34%；而有 14 所高校，则既没有明确规定决策议事协调机制，也没有设立决策议事协调组织，占受调查高校的 28%。（详见表 6.10）由此可见，多数高校较为重视决策议事协调机制或组织的设立，以此促进行动的协调性。

表 6.10　各高校大学章程中有关决策议事协调机制或组织的规定情况

规定的内容	有规定的高校数（所）	占受调查高校数的比例
建立健全决策权、执行权、监督权相互协调、相互制约的管理体制和运行机制	3	6%
建立师生参与、专家咨询和集体决策相结合的机制	7	14%
重大事宜或涉及师生重大利益的事情决策前，咨询相关委员会或直接听取师生员工意见和建议	17	34%
学校设置议事协调机构	2	4%
设立咨询委员会	3	6%

规定的内容	有规定的高校数（所）	占受调查高校数的比例
设立校务委员会	21	42%
上述内容均无明确规定	14	28%

（数据来源：50 所高校《大学章程》文本分析计算所得）

第二类是解决矛盾冲突的协调机制的设立。如表 6.11 所示，大多数高校设立了师生权利或权益保护机制，用以解决师生在学校里发生的各类矛盾冲突问题。其中，有 44 所高校（占受调查高校的 88%）设立了教职工权利（或权益）保护机制，或设立申诉委员会；有 43 所高校（占受调查高校的 86%）设立了学生权利（或权益）保护机制，或设立申诉委员会。这表明高校普遍较为重视解决师生员工的矛盾冲突。

表 6.11　各高校大学章程中关于师生权利或权益保护机制的规定情况

规定的内容	有规定的高校数（所）	占受调查高校数的比例
设立教职工申诉委员会	18	36%
建立健全教职工权利（或权益）保护机制	34	68%
设立有教职工权利（或权益）保护机制	44	88%
设立学生申诉委员会	25	50%
建立健全的学生权利（或权益）保护机制	31	62%
设立有学生权利（或权益）保护机制	43	86%
未设立教职工权利（或权益）保护机制或申诉委员会	6	12%
未设立学生权利（或权益）保护机制或申诉委员会	7	14%

（数据来源：50 所高校《大学章程》文本分析计算所得）

（三）关系和谐的文本分析

如前文所述，关系和谐包括教育资源配置系统内部关系的和谐以及外部关系的和谐。

1. 各利益相关主体参与决策或决策咨询的机会不均等、学术权力与行政权力的权限规范不足、二者的协调机制缺乏，影响了高校内部关系的和谐

程度

从内部关系来看，关系和谐意味着各利益相关方的利益均被考虑到，达成有利于目标实现的一种平衡状态。因此，可以从决策是否顾及各利益相关者、权力结构的设置是否以权责相当为原则来反映内部关系的和谐情况。

由前文的分析可知（详见公平维度的文本分析部分），从各高校大学章程来看，在学校层面上，各主要利益相关主体参与决策的机会呈现不平等的状态（在此不赘述）。而从学院层面来看，绝大多数学院实行党政联席会议制度（有48所，占受调查高校的96%），在是否有师生代表参加学院党政联席会方面，仅有2所高校规定学院党政联席会的成员包括学院工会主席，1所高校规定学院工会主席列席参加，1所高校规定学院工会主席、学院教授委员会主任列席参加，合计占受调查高校的8%，没有一所高校规定有学生代表参加学院的党政联席会议。此外，在学院的权力结构规定方面，有2所高校明确规定学院实行以党政联席会议决策、教授委员会审议或审定重要学术事项、教职工代表大会参与民主管理为基本内容的治理形式，有1所高校明确规定实行学院党组织、行政班子、教授委员会、学院教职工代表大会分工合作的"四位一体"治理结构，合计占受调查高校的6%。若依据学院有否设置党政联席会议、教授委员会或学术分委员会、学院教职工代表大会等组织机构情况来进行归类，归入上述治理形式，则有37所高校上述机构设置齐全，合计占受调查高校的80%。（如表6.12所示）由此可见，在学院层面，总体上多数高校对学院层面的决策权力结构设置明确，但各利益相关主体参与决策的机会同样并不均等，教师群体主要通过教授委员会、教职工代表大会参与决策的咨询，提供建议和意见；学生群体参与决策或决策咨询的机会基本缺失。

表6.12　各高校大学章程中学院权力机构的规定情况

规定的内容	学院实行党政联席会议制度，对学院的教学、科研、人事、财务等方面的重大决策和重要事项安排进行集体讨论，表决决定或协商确定	学院党政联席会里有师生代表参加	学院实行以党政联席会议决策、教授委员会审议或审定重要学术事项、教职工代表大会参与民主管理为基本内容的治理形式
有规定的高校数（所）	48	4	40

（数据来源：50所高校《大学章程》文本分析计算所得）

从高校行政权力与学术权力的规范来看，如前文分析所述（详见公平维度的文本分析部分），多数高校的学术委员会仅拥有对高校重大分配事项，主要是教学科研相关的教育资源配置决策提出意见和建议的职权。而从学术权力的主要依托组织——学术委员会的成员规定来看，明确规定校长不担任学校学术委员会委员的高校仅有3所（占受调查高校的6%），有3所高校规定学术委员会主任一般由不担任行政职务的资深教授担任，上述合计占受调查高校的12%。此外，规定校长是学术委员会的当然委员的高校有1所，规定在学术委员会中设置职务委员，职务委员由校领导担任的高校有2所，占受调查高校的4%，合计占受调查高校的6%。另有1所高校规定建立学术与行政双向沟通机制。除此之外，其他高校在大学章程里对此没有做明确的规定说明。而从学位评定委员会成员的规定来看，规定校长担任学位评定委员会主任或主席的高校有9所，占受调查高校的18%。（详见表6.13）

表6.13　各高校大学章程中有关学术委员会或学位评定委员会委员的特殊规定情况

规定的内容	校长不担任学校学术委员会委员	校长是学术委员会的当然委员	学术委员会的职务委员由校领导担任	学术委员会主任一般由不担任行政职务的资深教授担任	建立学术与行政双向沟通机制，充分发挥学术委员会的作用	校长担任学位评定委员会主任（或主席）
有规定的高校数（所）	3	1	2	3	1	9

（数据来源：50所高校《大学章程》文本分析计算所得）

由此可见，大多数高校并没有明确学术权力与行政权力的权限边界，从大学章程的文本规定来看，学术权力作用的发挥依然普遍有限，学术权力与行政权力之间的协调机制基本上没有明确规定，这就极大影响了高校内部关系的协调性。

2. 绝大多数高校重视与外部环境相适应的和谐关系，并普遍重视加强与外部利益相关者之间关系的和谐

外部关系的和谐度包括两方面：一方面是高校与外部环境的关系和谐，可以从高校与所处的外部环境间的适应、协调情况来体现；另一方面是高校与外部利益相关者间的关系和谐，可以从外部利益相关者相关信息获取情况、参与

高校相关资源配置决策或决策咨询等的机会情况来体现。

从高校与外部环境相适应的协调情况来看，明确规定学校加强与所在地方、社区的沟通与合作，为所在地方的发展提供支持和服务的高校有43所，占受调查高校的86%；明确规定坚持产学研协调发展，服务国家和地方经济社会发展的高校有18所，占受调查高校的36%；对上述两方面均无明确规定的仅有3所高校，占受调查高校的6%。（详见表6.14）由此可见，绝大多数高校重视与外部环境相适应的和谐关系，通过服务、贡献自身力量求得外部环境的支持，促进彼此共同发展。

表6.14 各高校大学章程中有关外部关系的相关规定

规定的内容	有规定的高校数（所）	占受调查高校比重
根据社会需求、办学条件（或学校实际情况）和国家有关规定确定办学规模	14	28%
根据社会需求、办学条件（或学校实际情况）和国家有关规定确定设置和调整学科、专业	30	60%
依据社会需求、办学条件和国家规定（国家核定的办学规模）确定招生方案	32	64%
根据社会人才需求确定培养方案（培养计划）	8	16%
坚持产学研协调发展	18	36%
加强与所在地方、社区的沟通与合作	43	86%
设立理事会（或董事会）	44	88%
设立校友总会（或校友会）	50	100%

（数据来源：50所高校《大学章程》文本分析计算所得）

从高校与外部利益相关者间的关系和谐角度来看，一方面，在信息对称性方面，从前文的分析可知（详见行动协调的文本分析），总体上各高校普遍较为重视信息公开制度，但信息公开的深度、广度、有效性与有用性等的规定普遍较为缺乏，信息的对称性显得不足。另一方面，从外部利益相关者对高校的影响来看，在各高校大学章程中，明确规定根据社会需求、办学条件（或学校实际情况）和国家有关规定来确定办学规模，或确定设置和调整学科、专业，或确定招生方案，或确定培养方案（培养计划）的高校共有42所，占受调查高校的 84%。（详见表 6.14）可见，高校普遍重视依据社会人才需求、国家需要等开展相关教学工作，重视与社会相关利益者间的关系和谐。另一方面，从社会利益相关者参与高校决策咨询的机会来看，规定设立理事会或董事会，使之成为学校与社会各界合作与联系的桥梁和纽带的高校有 44 所，占受调查高校的 88%；所有受调查高校均规定设立校友总会或校友会；此外，有 3 所高校明确规定校务委员会的委员包括了社会人士，把校务委员会作为社会参与学校治理的组织形式。

综上所述，整体上看，各高校较为重视外部关系的和谐。

四、效益维度的文本分析

正如本研究前文所述，效率与效益是有效性的两个不同维度，二者不能等同，也不能互相替代。效率关系着教育资源配置的方式方法是否正确有效（即资源配置的策略是否正确、是否最有利于目标的实现），效益则包含着社会的有用性，关系着教育资源配置是否有正确的目标并获得好的目标结果（即资源配置的战略是否正确、目标的实现是否最符合高等教育目标的实现）。高效益的获取离不开高效率的实行，但高效率不会必然带来高效益。因此，在研究生教育资源配置中，既要重视效率维度，用正确的方式方法去配置资源，也要重视效益维度，制定正确的资源配置战略，收获符合研究生教育目标的收益，促进研究生教育的发展。

（一）在"资金使用"、"资产使用"方面，效益要求呈现替代效率要求的局面

在各高校大学章程中，不少高校没有严格区分"效率"与"效益"的差异，完全无视"效率"，以"效益"替代"效率"，对教育资源配置策略与战略均无系统完整的表述。具体来看，效益主要体现在与"资金使用""资产使用"等关键词相关的表述中。有 29 所高校明确提出优化资源配置，提高资产使用效益的要求，占受调查高校的 58%；有 25 所高校明确提出提高资金使用效益的要求，占受调查高校的 50%。与"效率"关键词出现的频率进行对比，可以看到，明确要求提高资金使用效率的高校仅有 4 所，占受调查高校的 8%；明确要求提高资产使用效率（配置效率、资源使用效率、资源配置效率）的高校也仅有 14 所，占受调查高校的 28%，不足三成。（详见图 6.16）这一对比可以很明显看出，高校普遍对教育资源配置效率忽视了，把关注点放在教育资源配置的效益维度上，甚至以"效益"替代"效率"。

（二）高校普遍没有从教育资源配置战略的角度系统地看待效益问题

一方面，对效益维度的要求集中体现在资金使用、资产使用方面，几乎没有明确涉及其他类教育资源的配置；另一方面，仅从资金、资产的配置方面来看，对资金与资产配置的目的要求不同：资金配置使用方面，高校普遍更看重确保资金的运行安全；资产配置方面，高校把优化配置或合理配置资源的目的，主要放在提高资产使用效益以及资产的保值增值等方面。如图 6.16 所示，从各高校章程中对资金配置的相关表述来看，明确规定要保证资金运行安全的高校有 33 个，占受调查高校的 66%，远高于提高资金使用效率（占 8%）、提高资金使用效益（占 50%）的比例，也远高于要求保证资金高效运行的比例（仅有6 所，占受调查高校的 12%）。而在与资产配置相关的表述中，明确规定优化配置或合理配置以提高资产使用效益的高校共计有 29 所，占受调查高校的 58%，明确要求确保资产保值增值的高校有 26 所，占受调查高校的 52%，超过半数；而明确要求资产的配置要保证资产安全的高校有 20 所，占受调查高校的 40%，低于前两者。

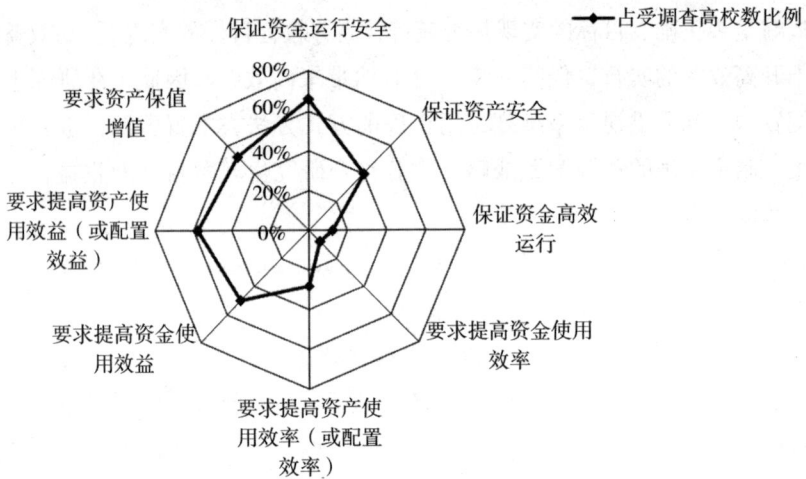

图 6.16　各高校章程中对效率和效益的具体规定情况

由此可见，在流动性最大的资金使用方面，高校普遍把资金使用的安全性看作第一要务，在安全的基础上才会考虑资金使用的效益、效率，而在流动性相较不强的资产使用方面，高校会把对效益的考虑放在安全使用之上。但是，这并非说高校不重视资产的安全使用，而是说在流动性不强的资产使用方面，高校不单纯只是注重资产的安全使用，也注重资产保值增值等方面的效益诉求。

第三节　本章小结

本章通过对 50 所教育部直属研究型大学的《大学章程》进行文本分析，从高校根本制度规范的角度考察当前我国高校研究生教育资源配置的有效性状况。

从整体上来看，公平维度相关关键词出现的频率最高，其次是"协调"关键词，再次是"效益"，出现频率最低的是"效率"。各维度关键词在各大学章程中出现频率的高低与前文所述的各维度在有效性中的影响深浅程度大致相同。

关键词在各高校大学章程中出现的频率虽然不能直接反映出研究生教育资源配置的有效性，但能够反映出各高校对各维度的重视程度，进而间接反映出各高校在实际工作中对待研究生教育资源配置有效性各维度的态度和看法。从总体上看，各关键词出现的频率反映出以下两方面现状。一方面，各高校在学校各项事务中（包括研究生教育资源配置）最看重的是公平维度，其次是协调和效益，而最不看重的则是效率维度。可见在高校的治理和改革中，公平已成为普遍重视的一个有效性维度，并且各高校也日益重视高校治理中的协调因素和效益因素，而由于效率以往无论在学术研究或者实践领域中均被刻上类似追求"效率"必然损害"质量"这样的内涵描述，导致了当前高校治理中不敢多提"效率"的局面，有的则以"效益"来替代"效率"。另一方面，由于"效率"从本质内涵来说是最直观的、与资源配置密切相关的一个关键词，因此，对效率的不看重，加上各大学章程中极少提及与研究生教育资源配置甚至是教育资源配置相关的表述和规定，这也从一个侧面反映出高校目前对研究生教育资源配置甚至是教育资源配置的不够重视，教育资源配置仍处于一种陪衬、附带的从属地位，即使有高校提及，也基本上把教育资源配置局限于资金的使用分配或者资产的使用分配，而不是从系统角度完整地看待教育资源配置，进而给予必要、合理的表述或者根本性规范性指导意见。

本章从各高校大学章程中对公平、效率、协调和效益四个维度的相关具体规定进行进一步的文本分析，通过剖析高校研究生教育资源配置有效性不同维度在一般层面上的表现状况，呈现当前研究生教育资源配置的有效性状况。

在各高校大学章程中，对公平维度的相关规定最多，在总体上看公平的规范做得较好。但进一步的细化分析则表明，无论是规则公平、关系公平、激励公平还是评价公平，在具体可操作的规定方面仍呈现出机会的不均等、权责的不相当、发展机会等的不公平以及评价的公平性导向不足等情况，这使得研究生教育资源配置的公平性止步在文本的大致规范层面，而实际操作性方面的价值导向作用不足。

效率维度的规范无论是总体上，还是可操作的细化层面，均呈现被忽视的状态，如转化效率和目标完成率的忽视，极少高校提及教育资源的分配需优先保证教学或科研活动，极少高校提及职能结构效率的相关规范，缺乏学位类型结构效率的相关表述和各级管理幅度的明确规范，等等。效率不同于效益，效率高并不意味着效益高，但低效率绝对意味着效益低下。效率与效益是资源配置有效性的不同衡量维度，缺一不可。对效率的不重视甚至无视是当前研究生教育资源配置有效性存在的最大问题，也限制了研究生教育资源配置效益的提升空间。

在协调维度的规范方面，有做得好的方面，如在目标一致性要求方面，各高校普遍重视设立监督机制；在行动协调要求方面，普遍重视设立信息公开制度、设立议事协调机制或组织；在关系和谐要求方面，普遍重视建立与外部环境相适应的和谐关系以及加强与外部利益相关者之间关系的和谐等。但也有做得欠缺的方面，如在目标一致性要求方面，部分高校对于发展总目标和人才培养目标的具体定位不够重视、缺失或含糊其词；大多数高校不重视分层、分部门等的子目标与总目标的一致性规范；普遍缺乏对规划或计划执行情况与完成结果的规范要求，普遍存在"监督—反馈—调整"链的规范缺乏完整的问题等；在行动协调要求方面，信息的对称性不足，信息公开的深度、广度、有效性与有用性等的规定普遍较为缺乏；不重视对事权、财权、财力等各项权力的规范要求，各级权力的分配原则规范、配比协调性规范要求不足；缺乏对活动或组织间资源分配及使用原则的规范要求等；在关系和谐要求方面，各利益相关主体参与决策或决策咨询的机会不均等，学术权力与行政权力的权限规范不足、二者的协调机制缺乏，内部关系和谐程度不足等。

效益维度的规范存在着普遍的以"效益"代替"效率"的情况，且基本上局限于资金、资产的使用方面，不涉及其他教育资源配置的效益规范。这使得效益维度的规范变得狭窄，也使其他资源的配置缺乏效益方面的导向性要求和可操作的具体规范要求。

综上所述，研究生教育资源配置有效性在各高校的大学章程中没有被明确规范要求，即使是高等教育资源配置有效性，也缺乏明确的文字说明。从各相关维度所涉及的关键词、具体事项规定方面进行分析，可以获知：制度层面的规范上，公平、效率、协调、效益各维度在一些具体可操作性的导向性规范方面较为缺乏，由此影响实际工作中研究生教育资源配置的有效性程度。

第七章

研究结论与对策建议

第一节　本研究的主要结论

一、理论假设验证成立

本研究在系统归纳梳理研究生教育资源配置有效性理论的基础上，提出了研究生教育资源配置有效性是由公平、效率、协调和效益四个维度组成的理论假设，通过实证分析验证了该理论假设成立，由此建立起的研究型大学研究生教育资源配置有效性模型呈现了各维度与有效性间的影响关系，以公式表示为：

$$Y = 0.492X_1 + 0.205X_2 + 0.103X_3 + 0.217X_4$$

Y 代表研究生教育资源配置的有效性，X_1 为公平变量，X_2 为协调变量，X_3 为效率变量，X_4 为效益变量。其中，公平变量对研究生教育资源配置的有效性影响最大，其次是效益变量、协调变量，而影响度最小的是效率变量。

二、对公平维度的重视度极大影响着有效性的高低

从研究型大学研究生教育资源配置有效性分析模型可知，公平维度对研究生教育资源配置的有效性产生近五成的影响，可以说，公平作为研究生教育资源配置的价值导向，对研究型大学研究生教育资源配置有效性起着决定性的基础作用。如果缺乏公平，即使其他维度得分高，其有效性也难以获得高分。因此，在研究型大学的研究生教育资源配置中，首先必须充分重视公平，使其对研究生教育资源配置有效性产生正向的积极影响作用。当前，无论是在制度规范层面，还是在实际操作层面，研究型大学中都普遍存在着主要利益相关者在参与决策或决策咨询机会的不公平、资源使用权限不相同、权责关系不相当、

219

决策知情权和信息获取权不平等、评价的具体操作方面公正导向不足或缺失等不公平现象，对研究生教育资源配置有效性产生了不利影响。

三、当前有效性状况的基本判断

依据对各高校大学章程的文本分析结果，把对各维度产生正向影响的规定事项计为 1，无上限限制，做一个简单加总，得到的情况是：公平维度获得 1 分，效率维度获得 0 分，效益维度获得 0.5 分，协调维度获得 0.83 分。把公平维度值代入研究生教育资源配置有效性的评价模型，可以得到：假设公平维度是 1，要使研究生教育资源配置有效性值最大，则效率维度值应为 0.209，协调维度值为 0.417，效益维度值为 0.441，详见图 7.1。由图 7.1 的走势图可明显看出，在一般层面上，当前我国研究型大学研究生教育资源配置在制度规范方面，公平维度做得相对较好，其次是协调维度，再次是效益维度，而最不受重视的则是效率维度。效益维度值虽然是在应然值之上，但相较于公平维度值与协调维度值，仍显得不足，有待于进一步重视和加强。而效率维度值则明显低于应然值，与其他三个维度值相比，也显得结构不协调。由此可见，当前我国研究型大学研究生教育资源配置的有效性在效益和效率两个方面有待于提高，特别是效率维度，已远不能满足研究生教育资源配置有效性得到充分发挥的要求。

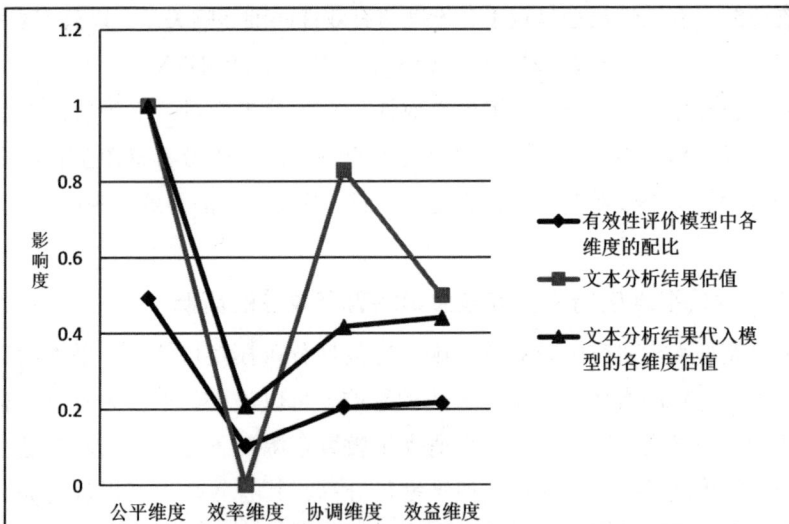

图 7.1　我国当前高校研究生教育资源配置有效性现状的判断

（注：文本分析结果估值与有效性评价模型各维度的影响度不具备等值对比条件，此图仅作为二者趋势的一个参照）

　　从实际工作来看，目前效益与效率两个维度存在两个主要问题。一是将二者混淆对待或简单等同，对二者间的关系没有正确认识，造成效益无法有效提高，效率又被极大忽视，而效率不足必然影响效益的提高。二是二者的本质属性未被正确对待，对效益维度的本质特征及目标要求认识出现偏差，对效率维度的质量要求认识不足，造成实际资源配置工作中未能真正重视效益与效率维度，效益与效率的提升程度同其他维度的增强未构成合理配比结构，对高校研究生教育资源配置的有效性产生了不利影响。

　　结合实际情况，本研究对我国研究型大学研究生教育资源配置的有效性作出以下几个基本判断。

　　第一，研究型大学研究生教育资源配置的公平性有长足进步。从整体上看，这些年在我国研究生教育发展过程中，无论是政府，或者是社会公众，或者是高校，均对研究生教育资源配置的公平提出了殷切的要求，也在实践中不断加强研究生教育资源配置的公平性，并取得了很大的成效。

　　第二，效率要求被弱化，甚至被效益要求替代。

　　在我国高等教育进入大众化阶段后，伴随着公众对高等教育质量下降的忧虑，学术界把过去对高等教育资源配置效率的提倡和强调转向批判和弱化，加入质量因素，提倡符合社会需求，开始强调"效益"的追求。这一变化在实践中也得到了政府、高校的采纳，从各高校大学章程的规定中能够清晰地看到这种情况。然而，效率是资源配置的根本要求，是资源配置存在的天然要求。没有效率要求，资源配置就没有存在的意义，更不用说资源配置的优化。正如前文分析中所说，效率与效益是资源配置有效性的两个不同维度，缺一不可。同理，在研究生教育资源配置实践中，重效益而轻效率，虽然努力的方向对了，却会带来资源的极大浪费和配置无效率情况，这对历来高等教育资源紧缺的高校来说并非是一件好事。而且，在这一变化过程中，产生了两个错误认知：一是效率等同于低质量，而效益等同于高质量；重视效率必然带来效益的低下，而强调效益则必然同时带来效率的提高；二是效率的提高等同于数量的提高，进而等同于规模的提高，与内涵发展要求相悖。这两个观点是十分错误和有害的，也是当前研究生教育资源配置体制发展中最易被忽视、严重影响其有效性的问题。这两种观点错误的原因有二。其一，效率解决的是结构、速度、数量问题，不解决社会有用性及发展方向问题。效率很高，但如果努力方向不对，即与整体发展目标不一致，或者产品社会有用性弱，就会出现高效率低质量结果的情况。其二，效率的提高必然带来产品数量的提升、耗费时间和耗费资源的节约，这是效率的本质属性决定的。研究生教育要走内涵发展的道路，并不排斥数量的增长、耗费时间和耗费资源的节约，即效率的提升也是内涵发展的要求之一，而非相悖。更何况，纯粹的数量增长，或者纯粹的成本节约并非效率本质。效率不涉及社会有用性问题，并不意味着效率与产品质量无关、生产出质量不合格的产品不影响效率。恰恰相反，效率是数量、成本、质量三者综合作用的结果。只有合格产品的数量提高、生产合格产品所需耗费的时间和资源成本的节约，才是真正符合效率提高的本质要求，而不合格产品数量的增加只会让生产耗费成本增加，拖累效率的提高，进而影响效益的提升。

因此，充分认识到效率与效益两者均是高校研究生教育资源配置有效性不可或缺的维度是十分必要和重要的。

第三，高校与外部的协调越来越受重视并且有较大改善。随着国家社会经济的快速发展，国家、社会各部门对高层次人才的需求不断增加，高校也越来越重视加强自身与外部环境、政府、社会各部门间的协调关系，不再封闭起来自我发展，而是更注重满足外部环境发展的人才需求和知识服务需求，这一点在各高校大学章程的规定中有很明显的体现。

第四，高校越来越重视研究生教育质量，研究生教育资源配置的效益得到一定的提高。近年来，无论是国家，还是高校，越来越重视研究生教育质量，越来越重视研究生教育对国家、社会等外部环境产生的影响作用，体现在资源配置方面就是效益维度的受重视及不断加强。在这一重视之下，研究生教育资源配置的效益得到了一定的提高，研究生人才培养、科研成果等均有了长足进展。

第五，高校研究生教育资源配置体制缺乏系统设计，有效性的四个维度未能在系统整体布局中得到综合考量，作用未能被充分发挥。研究生教育资源配置是一个系统工程，也是影响研究生教育发展的基础性因素。公平、效率、效益和协调四个维度不能分开、单独地去提升，也非此消彼长地去关注，而应在配置总体框架里全盘考虑，综合提升，充分考虑四个维度的相互作用和影响，才能真正增强研究生教育资源配置的有效性。例如，研究生教育资源配置效率的不高，必然影响到公平性的实现，影响到效益的提升，进而影响整体有效性。而协调的不足，必然影响到公平性、效率的提升以及资源的来源数量，进而影响整体有效性。有效性的四个维度既缺一不可，又不能单打独斗，而是需要在整体系统设计的框架之下，互相协调，互相促进，才能真正提升研究生教育资源配置的有效性，进而促进研究生教育目标的实现。

第六，高校研究生教育资源配置体制被包含在高等教育资源配置中默认对待，缺乏有针对性的设计和实施。

　　研究生教育资源配置是高等教育资源配置的一部分，但并非等同于高等教育资源配置，有其自身的特点和要求，有别于本科生教育资源配置。当前，高校缺乏对研究生教育资源配置与本科生教育资源配置的区分，而是统一归为高等教育资源配置范畴进行配置。这一笼统的做法并不利于研究生教育资源配置有效性的提升。一方面，研究生教学方式与本科生教学方式的差异决定了研究生教育资源配置的重点、途径、方式等不同于本科生教育资源配置；另一方面，研究生人才培养的目标与本科生人才培养目标的差异决定了研究生教育资源配置的价值目标不同于本科生教育资源配置。无视研究生教育资源配置与本科生教育资源配置的差异，简单趋同的方式直接导致的结果就是，要么研究生教育被削弱，要么本科生教育被削弱，要么二者的发展均未得到适合的推动力。因此，有必要明确研究生教育资源配置体制与本科生教育资源配置体制的不同，要有针对性地进行系统设计和实施，实现高校研究生教育的长足科学发展。

四、配置有效性高低与大学所属地域条件没有必然联系

　　研究型大学研究生教育资源配置的有效性受公平、效率、协调和效益四维度的综合影响，而与大学所属地域条件没有必然联系。尽管研究型大学处于不同地理位置，在一定程度上会对获取研究生教育资源的数量产生一定的影响，但从研究生教育资源配置有效性来看，高校研究生教育资源配置有效性的高低与其所属地域条件并没有必然联系，并非处于某一地域条件的大学的研究生教育资源配置有效性一定高于其他地域条件的大学。高校所属地域条件不是影响研究型大学研究生教育资源配置有效性的必要因素。

五、普遍缺乏对研究生教育资源配置价值目标导向的正确理解

　　从研究生教育资源配置有效性理论可知，公平是研究生教育资源配置的价值导向，这一价值导向意味着在研究生教育资源配置过程中必须坚持以人为本，充分尊重和保证各利益相关主体在资源配置过程中的公平性要求，充分发挥其在研究生教育教学中的积极性和主动性。这一价值导向也意味着优化资源配置的目的是为了研究生教育目标的更好实现，最终服务的是研究生教育目标的实现，而不是资源配置本身。然而，在当前，普遍存在着把科研项目经费的获取作为研究生教育资源配置的核心，无论是考核、评价、配置目的，还是分配原则、分配依据，均是直接以获取更多的科研项目经费为核心导向。这使得在研究生教育资源配置过程中，重科研不能带来对教育教学的重视、导师对教育资

源自主支配权的被忽视甚至被剥夺、各层各级和各利益相关主体目标的不一致、各利益相关主体在"事权—财权—财力"等决策权上的权责不相当，严重影响了研究生教育资源配置的公平、效率、协调和效益，降低了研究生教育资源配置的有效性。

第二节 提高研究型大学研究生教育资源配置有效性的对策

一、坚持以人为本、公平导向、配置有效的价值目标

价值目标决定行为的努力方向。因此，有必要明确研究型大学研究生教育资源配置的价值目标，确保研究生教育资源配置的有效性。

在研究生教育资源配置有效性中，公平是配置有效性的价值导向，对研究生教育资源配置有效性起着决定性的基础作用。价值导向决定着配置目标的设定，即只有满足价值导向的目标设定，才能够保证方向的正确，真正提升研究生教育资源配置的有效性。前文的文本分析结果、深度访谈结果都验证了这一点，充分揭示了给予导师权责相当的资源配置决策权、尊重导师、给予学生平等的参与权、信息的平等公开获取、给予公平的激励和评价等以公平为价值导向、以人为本的配置原则能够极大促进配置有效性的提高，优化研究生教育资源配置，促进研究生教育质量的提升。因此，研究型大学研究生教育资源配置有效性的价值目标应坚持以人为本、以公平为价值导向进行构建。

本研究据此提出如下两个研究型大学研究生教育资源配置的价值目标对策：

第一，在人的因素上，应始终坚持以人为本，充分尊重和保证各利益相关主体，特别是作为教育活动主体的研究生导师和学生在资源配置中的公平性要求，充分发挥其积极性主动性。

公平的价值导向在实际工作中意味着必须尊重和保障导师、学生的公平性要求，激励和发挥导师、学生的积极性主动性，以促进人的发展为资源配置的价值目标，而非以财物的安全性为资源配置的价值目标。

高校研究生教育资源配置从根本上说是为实现高校人才培养目标服务的，而不是财物的保全。这并非说财物的安全性不重要，而是说财物的安全性不应是研究生教育资源配置的核心价值导向。财物的安全性也重要，在高校的研究生教育资源配置过程中应特别注意规避财物的安全风险或各类舞弊行为，是研

究生教育资源配置体制设计过程中需要注意的基本要求。但不能因此而把其提升为研究生教育资源配置的根本价值导向和核心要求，由此成为激励研究生导师投入和提高研究生培养质量的束缚，成为激励学生投入学业的主动性、积极性和激发创新能力的束缚。以研究生教育经费的投入使用为例，在实际工作中，不少高校为了财物的安全性，对研究生导师、学生使用教育资源，特别是对教育经费，甚至对导师科研经费中用以培养学生需要的人员经费支出进行了极为严格的限制和要求。这样，财物的安全性获得了极大的保证，但由此造成导师、学生在资源配置中权责相当的决策权的被损害，导师对参与教育教学改革、加大对学生的培养力度的倦怠和消极，导致研究生培养质量的实质下降，直接影响了研究生教育资源配置的有效性。

因此，研究生教育资源配置应始终围绕核心价值目标，通过公平的价值导向，以激励教育教学主体的积极性、主动性和促进人的发展为资源配置的价值目标。制度的设计既要考虑资源的安全风险，更需要考虑人的激励因素，注重价值导向上的衡量和考虑，给予一定的弹性和灵活度。

第二，在物的因素上，应始终坚持有效率的公平导向，把人才培养放在资源配置的重中之重，不能以对科研环节的投入来替代或等同于对教育教学环节的投入。虽然研究生教育资源配置有着不同于本科生教育资源配置的特点和要求，但确保人才培养质量的核心任务要求是相同的。对研究生教育来说，人才培养是生产环节，依据新制度经济学理论可知，只有最大限度地投入到生产环节，减少非生产环节的资源消耗，资源配置才是有效率的。而且，公平的价值导向并不意味着资源的平均分配，也不意味着低水平的消极性质的公平，而是动态的、可发展的积极性质的公平。因此，研究生教育资源配置应在"各得其所，各尽所能"的公平基础上，把有限的教育资源最大限度地投入到研究生教育教学这一生产环节，使研究生教育资源配置效率提高的同时促进研究生教育质量的提升，进而真正提高研究生教育资源配置的有效性。

此外，科学研究是研究生人才培养的一个平台和载体，除了课程教学外，研究生的培养还需要在科学研究的环境中，通过让学生参与课题项目或科研训练来进行培养。因此，科学研究是研究生人才培养环节中重要的部分，但不能因此替代教育教学而成为研究生教育资源配置的核心。具体来说，一方面，研究生教育资源投入到科学研究环节中的部分，是用以激励研究生导师在科学研究中指导学生的积极性和主动性，用以激励学生参与科研训练的积极性和主动性，进而确保研究生科研能力的提升，而并非用以确保研究生导师科研工作的开展或科研能力的提高，这方面的激励应由专题科研项目资助来完成。另一方面，面向高校研究生导师的科研项目资助，本身应设计其中一部分经费用于鼓励导师带领科研团队，特别是鼓励导师带领研究生积极参与科研活动，这部分经费在本质上也属于对研究生教育环节的投入，在其使用方面的导向和制度安排上，应坚持以人为本，尊重导师的决策自主权，注重配置有效性，充分给予鼓励和有力保障。

二、构建系统综合、协调一致、松弛有度的政策体系

高校研究生教育资源配置的系统设计离不开制度政策的支持。在研究型大学研究生教育资源配置政策体系的建构方面，本研究提出以下几点建议。

第一，应明确针对研究生教育资源配置体系的要求进行政策体系建构。一方面，当前，研究生教育资源配置是隐晦地、分块分散地在研究生教育的各项规章制度中作为其他体制的一部分被表述，缺乏明确把研究生教育资源配置体系当作一个整体、系统进行规范要求。这使得在实际工作中，不少高校忽视对研究生教育资源配置体制的系统研究和改革，研究生教育资源配置体制总是被动地跟随其他体制的改革而进行相应的局部变革，未能真正发挥其基础性的配置作用。另一方面，被零散化的高校研究生教育资源配置体系缺乏总体目标的规范性和明确性，使得不同层级、部门的配置行为之间，不同的利益相关者之间的协调性常常因缺乏整体目标的统一认识而被削弱，严重影响配置整体的有效性。

第二，应符合目标一致性要求。各级、各部门的政策规章制度须一致统一，符合研究型大学研究生教育资源配置的目标要求和价值导向要求。在实际工作中，不少高校的政策规章制度中不乏相互间矛盾、与总体目标要求未能一致统一的情况，给实际执行时带来不效率、行动缺乏协调、权责不清的问题，或者造成令出多头、有令不行、按惯例办事的情况，严重影响高校研究生教育资源配置政策体系的权威性，进而影响研究生教育资源配置的有效性。

第三，应基于充分发挥研究型大学研究生教育资源配置有效性的出发点，在政策体系建构中系统地综合纳入公平、效率、效益和协调四个维度的要求，形成具有指导性、可操作性强的政策规范制度。研究型大学研究生教育资源配置的有效性是由公平、效率、效益和协调四个维度有机构成的，缺一不可，不可偏废。四个维度相互影响，相互促进，共同影响着研究生教育资源配置的有效性。因此，在政策体系的建构中，应在总体目标的要求下，综合、统

筹四个维度的具体要求，形成有利于研究生教育资源配置有效性的政策支持体系。

第四，应结合高校的实际情况，给予院系等基层教学科研单位更多的资源配置自主权，使之与所承担的教学科研工作的责任相当，并能充分发挥其实现目标要求的积极性和主动性。当前，绝大多数高校实行校院两级管理体制，实现事权的下放，然而不少高校却没有把相应的财权、财力下放，剩余控制权与剩余索取权不属于同一方的不匹配造成学院过分依赖学校，缺乏自主创新、提高教育资源配置有效性的积极性和主动性，出现"一管就死，一松就乱"的被动局面。

第五，应充分保障师生在研究生教育资源配置中的主体地位。研究生导师、学生是教学活动和科研活动的主体，因此也必然是研究生教育资源配置的主体。近年来，虽然研究生导师、学生在参与研究生教育资源配置决策咨询的机会有所增加，也比以往拥有更多的资源使用和配置的权力，但相较于行政管理者对于资源配置政策、配置过程及结果的参与和把控程度而言依然显得严重不足，公平性有限，使得研究生导师、学生投入教育教学活动的热情和积极性有限，甚至缺乏。

第六，科研项目经费管理中，应给予研究生导师更多的自主权，为其用于研究生教育培养环节的经费支出提供足够的弹性和空间；积极鼓励研究生导师利用科研工作平台进行学生培养的积极性和主动性，真正实现研究生教育教学与科研的统一和相互促进。科研项目经费支出中对用于研究生教育培养环节方面支出的严格限制在现实中产生了两方面的不利影响。一是严重影响师生间的和谐关系，使得师生关系发生偏差，对研究生教育质量产生不利影响。例如，在本研究的问卷调查中发现，随着学生学习年限的增加，认为与导师间是雇佣关系的受访学生比例随之增加。其中，硕士生受访者中，三年级学生认为与导师间的关系是雇佣关系的占三年级受访学生的10.9%，高于二年级的9.6%和一年级的5.7%；博士生受访者中，三年级学生认为与导师间的关系是雇佣关系的占三年级受访者的26.2%，远高于其他几个年级（详见表7.1）。

表7.1 你与导师/导师组间的关系描述倾向于接近于的状态

2. 学生类别	7. 年级			频率	百分比	有效百分比	累积百分比
硕士生	一年级	有效	师生	383	90.1	90.3	90.3
			雇佣	24	5.6	5.7	96.0
			其他	17	4.0	4.0	100.0
			合计	424	99.8	100.0	
		缺失	系统	1	0.2		
		合计		425	100.0		
	二年级	有效	师生	264	86.8	87.1	87.1
			雇佣	29	9.5	9.6	96.7
			其他	10	3.3	3.3	100.0
			合计	303	99.7	100.0	
		缺失	系统	1	0.3		
		合计		304	100.0		
	三年级	有效	师生	111	81.0	81.0	81.0
			雇佣	15	10.9	10.9	92.0
			其他	11	8.0	8.0	100.0
			合计	137	100.0	100.0	
博士生	一年级	有效	师生	84	91.3	91.3	91.3
			雇佣	6	6.5	6.5	97.8
			其他	2	2.2	2.2	100.0
			合计	92	100.0	100.0	
	二年级	有效	师生	42	84.0	84.0	84.0
			雇佣	6	12.0	12.0	96.0
			其他	2	4.0	4.0	100.0
			合计	50	100.0	100.0	
	三年级	有效	师生	28	66.7	66.7	66.7
			雇佣	11	26.2	26.2	92.9
			其他	3	7.1	7.1	100.0
			合计	42	100.0	100.0	

续表

2. 学生类别	7. 年级			频率	百分比	有效百分比	累积百分比
博士生	四年级	有效	师生	15	88.2	88.2	88.2
			雇佣	1	5.9	5.9	94.1
			其他	1	5.9	5.9	100.0
			合计	17	100.0	100.0	

（数据来源：依据问卷调查数据利用 SPSS 统计分析软件计算而得）

二是严重影响导师在科研工作中指导学生学习的积极性和主动性，造成科研工作与教育教学工作的分离。为避免造成师生间的关系因经费问题产生隔阂疏离，或是避免报销经费的麻烦，有些导师或导师组宁愿自己进行科研项目研究，也不愿让学生更多参与到科研项目研究中，无法充分发挥以科研工作促进教育教学的作用。从本研究的调查问卷中可以看出（见表7.2），受调查学生在研究生学习期间未参与过课题研究的占到了两成（21.5%），仅参与过一项课题的受访学生占了43.1%，二者合计达到了64.6%。可见多数研究生在学习期间通过科研工作获得能力提高的机会极为有限甚至缺乏。这一情况的发生与科研工作同研究生教育培养相分离直接相关。从问卷调查的另一项结果也可以看出，如表7.3所示，近三成（占27.6%）的受访学生认为导师不能用心指导学生最重要的原因在于"导师忙于完成自己的科研工作任务，顾不上指导学生"。另有18.9%的学生则认为最重要的原因在于"现行制度对导师做好指导工作的激励缺失"，二者合计占了受访学生数的46.5%，接近半数。

因此，给予导师在科研项目经费使用上更多的自主权以及在投入研究生培养环节的支出以更大的弹性和空间，有利于促进科研工作与研究生培养工作的融合，提高研究生培养质量。

表7.2　调查问卷中研究生读研期间参与导师的课题数统计情况

参与的课题数	文科		工科		合计	
	学生人数	所占百分比（%）	学生人数	所占百分比（%）	学生人数	所占百分比（%）
0 项	89	12.84	140	37.63	229	21.5
1 项	324	46.75	135	36.29	459	43.1
2—3 项	245	35.36	88	23.66	333	31.27

续表

参与的课题数	文科		工科		合计	
	学生人数	所占百分比（％）	学生人数	所占百分比（％）	学生人数	所占百分比（％）
4 项及以上	35	5.05	9	2.42	44	4.13
合计	693	100	372	100	1065	100

（数据来源：依据问卷调查数据利用 SPSS 统计分析软件计算而得）

表7.3 "您觉得导师不能用心指导学生的最重要的原因是"统计表

		频率	百分比（％）	有效百分比（％）	累积百分比（％）
有效	1. 导师忙于完成自己的科研工作任务，顾不上指导学生	292	27.2	27.6	27.6
	2. 导师指导的学生数过多	199	18.5	18.8	46.4
	3. 现行制度对导师做好指导工作的激励缺失	200	18.6	18.9	65.3
	4. 培养经费不足	81	7.5	7.6	72.9
	5. 学生本身不想多学	108	10.1	10.2	83.1
	6. 其他	142	13.2	13.4	96.5
	12	4	0.4	0.4	96.9
	13	8	0.7	0.8	97.6
	23	4	0.4	0.4	98.0
	24	1	0.1	0.1	98.1
	25	1	0.1	0.1	98.2
	34	4	0.4	0.4	98.6
	36	2	0.2	0.2	98.8
	123	1	0.1	0.1	98.9
	124	1	0.1	0.1	99.0
	125	1	0.1	0.1	99.1
	136	1	0.1	0.1	99.2
	235	1	0.1	0.1	99.2

续表

		频率	百分比（%）	有效百分比（%）	累积百分比（%）
有效	236	1	0.1	0.1	99.3
	245	1	0.1	0.1	99.4
	345	1	0.1	0.1	99.5
	1234	3	0.3	0.3	99.8
	1345	1	0.1	0.1	99.9
	12346	1	0.1	0.1	100.0
	合计	1059	98.6	100.0	
缺失	系统	15	1.4		
合计	1074	100.0			

（数据来源：依据问卷调查数据利用 SPSS 统计分析软件计算而得）

三、建设目标明确、决策有效、多方参与的开放体制

体制，是指一定的规则、制度，是相关组织、部门运行的制度、规则、方式方法的总称。当前，高校普遍没有对研究生教育资源配置体制进行系统规划和设计，使得研究生教育资源配置无法作为整体发挥其应有的基础性作用。因此，本研究对研究型大学研究生教育资源配置的体制设置提出五点构想。

第一，应坚持研究生教育资源配置的价值导向，为实现高校研究生教育发展目标服务。价值导向的偏离，意味着力气使错了方向，则力气再大也是白费。因此，体制的设置必须严格坚持研究生教育资源配置的价值导向，在研究生教育发展目标的框架下，设置并明确研究生教育资源配置体制的目标，确保涉及高校研究生教育方方面面的资源配置行为始终与整体目标要求保持一致，形成合力。

第二，完善决策机制。一方面要注重保障主要相关利益者参与决策、决策咨询的机会公平，提升决策的准确性；另一方面则要注重权责的一致性，明确不同层级、部门间权力的界限和职责，提升决策机制的决断能力。

第三，明确区分效率与效益，重视体制运行中研究生教育资源配置效率的提高，细化研究生教育资源配置效益的要求，完善绩效考核机制。

第四，健全监督反馈机制，实行社会参与的问责制，重视反馈之后的调整和改进，建构完整的"监督—反馈—调整"链，形成体制运行的良性循环。由

制度变迁理论可知，事物的发展过程存在自我强化的现象，即对原有发展演变路径的依赖，一旦陷入某种无效率的状态，就会有被锁定的危险。这就是所谓的路径依赖理论。要避免被锁定在无效率状态的路径，就必须在坚持既定发展目标的基础上，不断调整偏差路径，使之保持在朝向目标的路径上发展。而一旦被锁定在无效率状态中，就需要借助外部效应，引入外生变量加以扭转。因此，只有让各利益相关者、社会公众等参与到高校研究生教育资源配置体制运行的监督与反馈过程中，以问责的方式让研究生教育资源配置过程更加透明、公开，才能真正发挥监督和反馈的作用，促使体制的运行始终保持正确的发展方向。

　　然而只做好监督与反馈是不够的，因为只有监督和反馈，而没有反馈后的调整，只会使监督反馈结果形同摆设，监督反馈机制流于形式，固化于原有的不足，形成不利的路径依赖，无法持续促进体制的有效性。只有重视和落实"反馈—调整—再监督"这一环节时，把好的建议意见变成行动，才能真正及时改进不足，打破原有的路径依赖性，促进体制运行的良性循环发展。当然，这里的调整，是在监督反馈的基础上，针对不足有的放矢地调整，这样才能既避开固化不足的危险，又能保持整体正确的发展路径，取得进一步的发展。

　　第五，协调平衡内外部关系，必须首先立足于加强高校内部关系的协调性，在此基础上积极拓展和协调高校外部关系，使高校能够在抓好自身发展的同时，获得外部环境的最大支持，形成内外相互促进的双赢局面。事物的内因对事物的发展变化起决定性作用，是事物发展的根本原因；外因只能通过内因起作用，是事物发展变化的条件，对事物的发展变化起到促进或延缓的作用。因此，研究生教育资源配置体制的设置应在正确认识内外部关系的基础上，立足于内部关系的协调平衡，在此基础上积极拓展和协调外部关系。这一重要性顺序不可颠倒，既要看到外部关系的重要影响作用，更要看到内部关系的决定性作用，实现内外部关系的协调发展。

四、设置法规完善、目标一致、内外和谐的协调机制

　　协调维度贯穿于高校研究生教育资源配置的始终，是公平、效率、效益三个维度的统一。研究型大学研究生教育资源配置有效性的提高，离不开研究生教育资源配置过程中协调机制的有效运作。

　　从前文的分析可知，我国绝大多数研究型大学重视发展与外部环境相适应的和谐关系，普遍重视加强与外部利益相关者之间关系的和谐，即重视高校的

外部关系和谐。然而，在内部关系的和谐方面，普遍存在着各利益相关主体参与决策咨询的机会不均等、学术权力与行政权力的权限规范不足且二者协调机制缺乏、资源配置主体之间权责不对等、三大职能之间的资源配比不够协调等问题，即高校内部关系的和谐程度有待于提高。

对此，本研究针对我国研究型大学研究生教育资源配置的协调机制提出以下三点设想。

第一，无论是高校内部关系的协调，还是高校外部关系的协调，均应完善相关政策法规，让协调工作有法可依，有据可循。由于协调意味着对存在或可能存在的矛盾冲突的解决，如果没有相应的政策法规加以规范和指导，则会严重影响协调机制运作的有效性，甚至产生新的矛盾冲突。

第二，明确协调的目标，并使之符合高校研究生教育资源配置的整体目标要求。协调是为高校研究生教育资源配置整体目标实现服务的，而非为部门、层级、个体目标或利益的实现服务。因此，协调机制的运行过程中有必要让各方明确协调机制运作的目的和拟实现的共同目标，使各方能够在这一共同点的基础上寻求沟通和达成协调。

第三，应以内部关系和谐为核心，积极加强外部关系的协调性。高校内部关系的和谐是根本，应作为高校研究生教育资源配置协调机制的核心，在此基础上，积极加强同外部关系的协调性。人才培养是高校最基本的职能，不可动摇。内部关系协调的加强，直接影响着教育教学活动和科研活动的顺利开展，因此，高校研究生教育资源配置的协调机制应以提高内部关系的协调性为重点和核心，确保人才培养质量的提升。在此基础上，高校与外部关系的协调才能有和谐的内部环境为保障，获得更进一步的发展。而外部关系的协调会反过来促进内部关系的进一步协调，形成良性循环发展。

第三节　本章小结

本章在系统化研究生教育资源配置有效性理论、研究型大学研究生教育资源配置有效性的实证分析，以及对研究型大学基本法《大学章程》进行文本分析的基础上，提出了本研究的主要结论。一是理论假设验证成立。通过实证研究分析，本研究提出的理论假设，即研究生教育资源配置的有效性由公平、效率、协调和效益四个维度组成验证成立。研究生教育资源配置的有效性是四个维度综合作用的反映，四个维度缺一不可。研究生教育资源配置有效性的评价模型为：

$$Y = 0.492X_1 + 0.205X_2 + 0.103X_3 + 0.217X_4$$

模型中，Y 代表研究生教育资源配置的有效性，X_1 为公平变量，X_2 为协调变量，X_3 为效率变量，X_4 为效益变量。其中，公平变量对研究生教育资源配置的有效性影响最大，其次是效益变量、协调性变量，而影响度最小的是效率变量。

二是作出对当前研究型大学研究生教育资源配置有效性状况的基本判断：我国研究型大学研究生教育资源配置的公平性有长足进步；大学与外部的协调性越来越受重视且有较大改善，内部关系的协调性有较大改进空间；效益维度受重视程度不断加强，研究型大学越来越重视研究生教育的社会影响力（社会有用性）；效率要求被弱化，甚至被效益要求替代；大学的研究生教育资源配置体制缺乏系统设计，有效性的四个维度未能在系统整体布局中得到综合考量，其基础性作用未能被充分发挥；研究生教育资源配置体制缺乏针对性的设计和实施；等等。

三是高校研究生教育资源配置有效性的高低与其所属地域条件没有必然联系，高校所属地域条件不是影响研究型大学研究生教育资源配置有效性的必要因素。

四是作为价值导向的公平维度，其受重视度极大影响着有效性的高低。公平对研究型大学研究生教育资源配置的有效性起着决定性的基础作用。

五是当前研究型大学普遍缺乏对研究生教育资源配置的科学认识，严重影响了研究生教育资源配置的公平、效率、协调和效益，降低了研究生教育资源配置的有效性。

在上述研究的主要结论和基本判断的基础上，本研究从研究生教育资源配置有效性的价值目标、政策体系、体制设置以及协调机制等方面，对提高我国研究型大学研究生教育资源配置的有效性提出对策建议。

在价值目标方面，本研究认为，应坚持以人为本、公平导向、配置有效的价值目标。本研究提出两点建议。第一，在人的因素上，应以尊重和保障导师、学生的公平性要求，激励和发挥导师、学生的积极性主动性，促进人的发展为资源配置的价值目标，而非以财物的安全性为资源配置的价值目标。第二，在物的因素上，应始终坚持有效率的公平导向，把人才培养放在配置的重中之重，不能以对科研环节的投入来替代或等同于对教育教学环节的投入。

在政策体系方面，本研究认为，应构建系统综合、协调一致、松弛有度的政策体系。本研究提出六点设想：一是应明确针对研究生教育资源配置体系的要求进行政策体系建构，改变当前研究生教育资源配置分块分散地在研究生教育各项规章制度中作为其他体制的一部分被表述的状况；二是政策体系的建构应符合目标一致性要求，即各级、各部门的政策规章制度须一致统一，符合高校研究生教育资源配置的目标要求和价值导向要求；三是应基于充分发挥高校研究生教育资源配置有效性为出发点，在政策体系建构中系统地综合统筹公平、效率、效益和协调四个维度的要求，形成具有指导性、可操作性强的政策规范制度；四是应结合高校的实际情况，给予院系等基层教学科研单位更多的资源配置自主权，使之与所承担的教学科研工作的责任相当，并能充分发挥其实现目标要求的积极性和主动性；五是充分保障师生在研究生教育资源配置中的主体地位，提高导师、学生投入教育教学活动的热情和积极性；六是科研项目经费管理中，给予研究生导师更多的自主权，为其用于研究生教育培养环节的支出以足够的弹性和空间，积极鼓励研究生导师利用科研工作平台进行学生培养的积极性和主动性，真正实现研究生教育教学与科研的统一和相互促进。

在体制设置方面，本研究认为，应建设目标明确、决策有效、多方参与的开放体制。本研究提出五点建议：一是应坚持研究生教育资源配置的价值导向，为实现高校研究生教育发展目标服务；二是完善决策机制，既要注重保障主要利益相关者参与决策、决策咨询的机会公平，提升决策的准确性，也要注重权责的一致性，提升决策机制的决断能力；三是明确区分效率与效益，重视体制运行中研究生教育资源配置效率的提高，细化研究生教育资源配置效益的要求，完善绩效考核机制；四是健全监督反馈机制，实行社会参与的问责制，重视反馈之后的调整和改进，建构完整的"监督—反馈—调整"链，形成体制运行的良性循环；五是协调平衡内外部关系，立足于加强内部关系的协调性，积极拓展和协调外部关系，坚持以内部关系协调性加强为核心，使高校能够在抓好自身发展的同时，获得外部环境的最大支持，形成内外相互促进的双赢局面。

在协调机制方面，本研究认为，应设置法规完善、目标一致、内外和谐的协调机制。本研究提出三点意见：一是完善相关政策法规，让协调工作有法可依，有据可循；二是明确协调的目标，使之符合高校研究生教育资源配置的整体目标要求；三是应以内部关系和谐为核心，积极加强外部关系的协调性，形成内外良性循环发展。

结　语

综上所述，本文对研究型大学研究生教育资源配置有效性进行了专门、系统研究和探讨，围绕着什么样的研究生教育资源配置是有效的，如何判别和衡量研究生教育资源配置的有效性这一主线，应用理论分析，本研究提出理论假设、建立评价模型，进行实证分析、统计验证等，归纳提出我国高校研究生教育资源配置有效性是由公平、效率、效益和协调四个维度组成，作出对我国研究型大学研究生教育资源配置有效性的基本判断，进而针对存在的突出问题提出对策建议，实现对研究型大学研究生教育资源配置有效性的创新性探讨和研究。

本研究为进一步深化高校体制改革、提高研究生教育质量、实现高校内涵式发展目标和"双一流"建设目标提供了理论借鉴和决策参考。展望未来，本研究尚有可深入探究的地方。

第一，基于全要素的研究型大学研究生教育资源配置有效性研究。本研究在人、财、物等狭义教育资源之外的、包含各种非物质资源的广义教育资源尚未涉及，而非物质资源对研究生教育质量产生了越来越大的影响，未来有必要基于广义上的全要素教育资源，对研究型大学研究生教育资源配置的有效性做进一步探讨，进一步完善研究型大学研究生教育资源配置有效性研究。

第二，高校研究生教育资源配置有效性评价指标体系的构建研究。研究生教育资源配置有效性的判别和评价对于如何优化研究生教育资源配置至关重要，本研究在评价指标体系方面尚未做更细致深入的研究，未来可以针对这一方面进行更细化的指标体系建构，进一步深化和完善理论体系。

第三，非研究型院校研究生教育资源配置有效性研究。本研究主要针对研究型大学的研究生教育资源配置的有效性进行研究。除了研究型大学，培养研究生的高等院校还包括专业型大学、应用型大学和技术型大学等非研究型大学。这些非研究型大学相较于研究型大学，无论是办学定位、办学目标、办学特色，还是师资水平、资源配置体系，都存在着一定的差异性特点。本研究所建立的研究型大学研究生教育资源配置有效性评价模型、研究结论是否同样适用于非研究型大学、非研究型大学研究生教育资源配置有效性状况、与研究型大学存在的差异特点等，都可以是未来继续研究的方向。期望未来有更深入、更细化的研究，不断完善、推进研究生教育资源配置研究上新台阶。

附　录

附录一：三类调查问卷

问卷一：面向研究生导师的调查问卷

尊敬的老师

　　您好！我正在进行有关我国研究生公共教育资源配置有效性的研究。此问卷填写对象为教育部直属高校的研究生导师。本问卷所指的研究生公共教育资源仅指由国家财政拨付、用于研究生培养过程的研究生培养经费、导师经费、研究生奖助经费以及相关的政策资源等。

　　本次问卷采取无记名调查方式，所获取的信息仅用于学术研究使用，您所提供的信息我将严格保密，敬请放心作答。

　　本问卷均为单选题。

　　衷心感谢您的支持!

第一部分　基本信息

1. 职称：

A. 高级/教授　　　B. 副高级/副教授　　　C. 中级/讲师　　　D. 初级/助教

2. 年龄：

A. 30 岁以下　　　B. 30—45 岁　　　C. 46—55 岁　　　D. 56 岁以上

3. 现任岗位的职务类型：

A. 教学型　　　B. 科研型　　　C. 教学科研并重型　　　D. 其他　　　E. 未分类

4. 兼任的行政职务：

A. 正处级以上/校级领导　　　　　　B. 处级/院系或部门领导

C. 科级　　　　　　　　　　　　　D. 无行政职务

5. 担任的导师类型：

A. 博士生　　　　B. 硕士生　　　　　C. 其他

6. 指导的学生层次包括：

A. 博士生、硕士生　B. 仅有硕士生　C. 仅有博士生　D. 其他

E. 不指导学生

7. 目前实际正在指导的研究生人数有多少：

A. 1—3 人　　　B. 4—7 人　　　　C. 8—14 人　　　D. 15 人及以上

E. 不指导学生

8. 是否与其他导师形成研究生导师团队（或教研室），共同指导同一名学生？

A. 是　　　　　B. 否　　　　　C. 有团队，但分类指导不同学生

9. 研究领域属于：

A. 哲学　　　　B. 经济学　　　　C. 法学　　　　D. 教育学

E. 文学　　　　F. 历史学　　　　G. 理学　　　　H. 工学

I. 农学　　　　J. 医学　　　　　K. 军事学　　　　L. 管理学

M. 艺术学

第二部分

1. 以下题项说法设有 1—5 个分值，1 分为非常不满意、非常不认同，5 分为非常满意、非常认同。分值由低到高，表明满意或认同程度越高。请您依据您当前的实际情况或自己的真实想法，在每一个说法后相应的分值上打"√"。

题项内容	分值（非常不满意/非常不认同为 1 分；非常满意/非常认同为 5 分；分值越大说明满意或认同程度越高）				
相关资源配置办法与规则的制订过程中有充分征询研究生导师的意见	1	2	3	4	5
经费分配与使用的政策规定符合实际情况，可操作性高	1	2	3	4	5
我拥有可支配的研究生培养经费资源	1	2	3	4	5
我能从有关资源配置的过程中感受到公平、平等的对待	1	2	3	4	5

续表

题项内容	分值（非常不满意/非常不认同为1分；非常满意/非常认同为5分；分值越大说明满意或认同程度越高）				
我能从有关资源配置的过程中感受到被尊重	1	2	3	4	5
拥有高职称的教师更容易获得相关的资源	1	2	3	4	5
拥有高行政地位的教师更容易获得相关的资源	1	2	3	4	5
拥有国家重点扶持的各类学者头衔的教师更容易获得相关的资源	1	2	3	4	5
教学与指导能力强的教师更容易获得相关的资源	1	2	3	4	5
我完全了解有关资源配置（分配与使用）的相关政策规定	1	2	3	4	5
相关经费的配置政策及过程公开且透明，相关信息易获取	1	2	3	4	5
在研究生培养过程中，从经费角度看，我负担的责任与我能支配的权力相当	1	2	3	4	5
在相关资源的获取中，我感受到以个人能力为基础的公平竞争的氛围	1	2	3	4	5
对非个人能力因素造成的资源使用上的弱势，现有政策存在相关补偿办法	1	2	3	4	5
经费的使用标准与经费设置的目标要求是一致吻合的	1	2	3	4	5
研究生培养工作的业绩评价标准是公平的	1	2	3	4	5
相关经费的到位速度很快	1	2	3	4	5
相关经费的报销手续简单快捷	1	2	3	4	5
相关经费的配置方式合理，有利于促进研究生培养质量的提高	1	2	3	4	5

题项内容	分值（非常不满意/非常不认同为1分；非常满意/非常认同为5分；分值越大说明满意或认同程度越高）				
研究生培养经费数额充足	1	2	3	4	5
相较于科研经费，我更愿意使用培养配套经费用于研究生培养过程	1	2	3	4	5
目前以导师资助制为核心的培养经费配置方式：能够激发我培养学生的热情和积极性	1	2	3	4	5
目前以导师资助制为核心的培养经费配置方式：有利于师生间关系的和谐	1	2	3	4	5
目前以导师资助制为核心的培养经费配置方式：有利于科研与教学的融合，科研很好地促进了研究生的教学与培养	1	2	3	4	5
目前以导师资助制为核心的培养经费配置方式：有利于促进研究生课程质量的提高	1	2	3	4	5
目前以导师资助制为核心的培养经费配置方式：有利于激发学生学习的积极性	1	2	3	4	5
目前以导师资助制为核心的培养经费配置方式：给予了导师充分的自主决策权力	1	2	3	4	5
目前培养经费的配套方式依然主要由行政管理部门主导和决策	1	2	3	4	5
研究生培养的质量可由毕业生就业率体现	1	2	3	4	5
研究生培养的质量可由研究生的人均科研产出成果来体现	1	2	3	4	5
目前导师的工作考核很好地体现了培养学生方面的业绩	1	2	3	4	5
研究生培养的效益可由毕业生的人均教育总支出体现	1	2	3	4	5

续表

题项内容	分值（非常不满意/非常不认同为1分；非常满意/非常认同为5分；分值越大说明满意或认同程度越高）				
研究生培养的效益可由生师比体现	1	2	3	4	5
研究生培养的效益可由毕业就业质量体现	1	2	3	4	5
相关经费配置的政策支持比经费的数额大小更重要	1	2	3	4	5
现有的经费配置制度包含了对提高导师教学与指导能力的投入与支持	1	2	3	4	5
现有的经费配置制度鼓励和允许我进行独立研究出高质量的科研成果	1	2	3	4	5
现有的经费配置制度鼓励和允许我不断尝试调整研究方向，进行难度大、耗时长的研究	1	2	3	4	5
现有的经费使用政策稳定，持续性较好，不会朝令夕改	1	2	3	4	5
我认为科研经费多的教师，教学与指导能力也强，能更好地指导学生	1	2	3	4	5
现有的研究生培养制度下，教学与指导能力弱的教师在同等条件下无法获得研究生导师资格	1	2	3	4	5
现有经费政策制度下，如果没有科研经费支持，是无法招收研究生的	1	2	3	4	5
我对现有的经费政策制度总体感到满意	1	2	3	4	5

2. 目前的经费配置制度，效果最差的部分是：（仅选一项）

A. 公平性　　　　B. 效率　　　　　　C. 各方协调性

D. 监管和反馈　　E. 评价

3. 在一名研究生的培养费用上，哪一方的投入最多：（仅选一项）

A. 导师通过科研经费，投入最多

B. 国家拨付的公共教育经费投入最多　C. 学校层面投入最多

D. 学院层面投入最多　　　　　　　　E. 学生缴费投入最多

4. 您平时花费多少时间用于指导所带的研究生？

A. 超过个人工作时间的 1/2　　　　B. 约占个人工作时间的 1/2

C. 约占个人工作时间的 1/3　　　　D. 约占个人工作量的 1/4

E. 少于个人工作量的 1/4

5. 您会与新招的研究生进行沟通，依据其特点和意愿，为其制订培养计划和方案？

A. 会　　　　　　　B. 不会　　　　　　　C. 博士生会，硕士生不会

6. 您是否愿意参加研究生教学改革经费项目的申报？

A. 愿意（跳转至 8 题）　　　　　　B. 不愿意

C. 不知道有这个项目经费，谈不上是否愿意（跳转至 8 题）

7. 您不愿意参加研究生教学改革经费项目申报的最主要原因是：（仅选一项）

A. 各类手续麻烦、耗时多　　　　　B. 经费少

C. 科研压力大，没时间

D. 培养学生好坏没有差别，无法体现业绩

E. 教学改革项目仅限于研究生课程改革，限制多，意义不大

8. 目前的资源配置制度最应该改进的是：（仅选一项）

A. 公平性　　　　　　　　　　　　B. 政策法规的完善

C. 加强导师的主体性地位，给予更多的独立自主的支配权力

D. 有效的监管手段及反馈机制

E. 培养学生成效的业绩认可和激励　　F. 经费数额的增加

9. 您认为哪方面是评价研究生培养质量好坏的最不可缺的方面：（仅选一项）

A. 学生的反馈评价

B. 相较于研究生入学时为其设定的培养目标的完成情况

C. 研究生的科研成果（课题、论文、专利等）

D. 研究生的就业情况

E. 其他

问卷二：面向行政管理人员的调查问卷

尊敬的老师：

您好！我正在进行有关我国研究生公共教育资源配置有效性的研究。此问卷填写对象为教育部直属高校的行政管理人员（了解研究生事务）。问卷所指的

研究生公共教育资源仅指由国家财政拨付、用于研究生培养过程的研究生培养经费、导师经费、研究生奖助经费以及相关的政策资源等。

本次问卷采取无记名调查方式，所获取的信息仅用于学术研究使用，您所提供的信息我将严格保密，敬请放心作答。

本问卷均为单选题。

衷心感谢您的支持！

第一部分：基本信息

您的工作单位：（学校、院系）_____

您的工作岗位属于：

A. 校级部门岗

B. 院级部门岗

C. 系级部门科级岗

D. 其他

您的行政职务级别是：

A. 处级以上　　　B. 处级　　　　　C. 科级　　　　　　D. 科员

第二部分

1. 以下题项说法设有 1—5 个分值，1 分为非常不满意、非常不认同，5 分为非常满意、非常认同。分值由低到高，表明满意或认同程度越高。

请您依据您当前的实际情况或自己的真实想法，在每一个说法后相应的分值上打"√"。

题项内容	分值（非常不满意/非常不认同为 1 分；非常满意/非常认同为 5 分；分值越大说明满意或认同程度越高）				
我对目前研究生培养经费相关的资源配置政策很熟悉	1	2	3	4	5
相关资源配置办法与规则的制订过程中有充分征询导师和研究生的意见	1	2	3	4	5
经费分配与使用的政策规定符合实际情况，可操作性高	1	2	3	4	5
导师名下拥有可支配的研究生培养经费资源	1	2	3	4	5

题项内容	分值（非常不满意/非常不认同为1分；非常满意/非常认同为5分；分值越大说明满意或认同程度越高）				
相关资源配置过程充分考虑了不同学科、不同类别、不同层次等的差异性，充分体现了公平性	1	2	3	4	5
拥有高职称的教师更容易获得相关的资源	1	2	3	4	5
拥有高行政地位的教师更容易获得相关的资源	1	2	3	4	5
拥有国家重点扶持的各类学者头衔的教师更容易获得相关的资源	1	2	3	4	5
教学与指导能力强的教师更容易获得相关的资源	1	2	3	4	5
相关资源配置的政策文件与办法规定等充分告知导师、学生，他们应该都清楚知道	1	2	3	4	5
相关经费的配置过程公开且透明，相关信息易获取	1	2	3	4	5
在研究生培养过程中，从经费角度看，导师负担的责任与其能支配的权力相当	1	2	3	4	5
对于相关资源的获取，导师主要以个人能力为依据进行公平竞争	1	2	3	4	5
对非个人能力因素造成的资源使用上的弱势，现有政策存在相关补偿办法	1	2	3	4	5
经费的使用标准与经费设置的目标要求是一致吻合的	1	2	3	4	5
研究生经费使用的业绩评价标准是公平的	1	2	3	4	5
相关经费的到位速度很快	1	2	3	4	5
相关经费的报销手续简单快捷	1	2	3	4	5
目前相关经费的配置方式合理，有利于促进研究生培养质量的提高	1	2	3	4	5

题项内容	分值（非常不满意/非常不认同为1分；非常满意/非常认同为5分；分值越大说明满意或认同程度越高）				
目前研究生培养经费数额充足	1	2	3	4	5
目前研究生培养经费使用的监管与反馈机制是很有效的	1	2	3	4	5
导师对于有关教学改革经费项目的申请很积极、热心	1	2	3	4	5
导师对于研究生培养经费的使用很积极、热心	1	2	3	4	5
目前以导师资助制为核心的培养经费配置方式：能够激发导师培养学生的热情和积极性	1	2	3	4	5
目前以导师资助制为核心的培养经费配置方式：有利于师生间关系的和谐	1	2	3	4	5
目前以导师资助制为核心的培养经费配置方式：有利于促进研究生课程质量的提高	1	2	3	4	5
目前以导师资助制为核心的培养经费配置方式：有利于激发学生学习的积极性	1	2	3	4	5
目前以导师资助制为核心的培养经费配置方式：给予导师充分自主决策权力	1	2	3	4	5
目前以导师资助制为核心的培养经费配置方式：给予学院更多的自主决策权力	1	2	3	4	5
目前培养经费的配套方式依然主要由行政管理部门主导和决策	1	2	3	4	5
研究生培养的质量可由毕业生就业率体现	1	2	3	4	5
研究生培养的质量可由研究生的人均科研产出成果来体现	1	2	3	4	5

题项内容	分值（非常不满意/非常不认同为 1 分；非常满意/非常认同为 5 分；分值越大说明满意或认同程度越高）				
目前导师的工作考核很好地体现了培养学生方面的业绩	1	2	3	4	5
研究生培养的效益可由毕业生的人均教育总支出体现	1	2	3	4	5
研究生培养的效益可由生师比体现	1	2	3	4	5
相关经费配置的政策支持比经费的数额大小更重要	1	2	3	4	5
现有的经费配置制度包含了对提高导师教学与指导能力的投入与支持	1	2	3	4	5
现有的经费使用政策稳定，持续性较好，不会朝令夕改	1	2	3	4	5
我认为科研经费多的教师，教学与指导能力也强，能更好地指导学生	1	2	3	4	5
现有的研究生培养制度下，教学与指导能力弱的教师在同等条件下无法获得研究生导师资格	1	2	3	4	5
现有经费政策制度下，没有科研经费支持的导师无法招收研究生	1	2	3	4	5
我对现有的研究生经费政策制度的总体评价高	1	2	3	4	5

2. 目前的经费配置制度，效果最差的部分是：（仅选一项）

A. 公平性　　　　B. 效率　　　　　　C. 各方协调性

D. 监管和反馈　　E. 评价

3. 在一名研究生的培养费用上，哪一方的投入最多：（仅选一项）

A. 导师通过科研经费，投入最多　　B. 国家拨付的公共教育经费投入最多

C. 学校层面投入最多　　D. 学院层面投入最多　　E. 学生缴费投入最多

4. 目前的资源配置制度最应该改进的是：（仅选一项）

A. 公平性

B. 政策法规的完善

C. 加强导师的主体性地位，给予更多的经费支配权力

D. 有效的监管手段及反馈机制

E. 培养学生成效的业绩认可和激励

F. 经费数额的增加

5. 您认为哪方面是评价研究生培养质量好坏的最不可缺的方面：（仅选一项）

A. 学生的反馈评价

B. 相较于研究生入学时为其设定的培养目标的完成情况

C. 研究生的科研成果（课题、论文、专利等）

D. 研究生的就业情况

E. 其他

6. 您认为谁作为研究生培养经费的最主要使用主体是最有利于实现经费使用效益最大化的：

A. 研究生院　　　B. 学院　　　　　　C. 研究生导师　　D. 学生

7. 您认为在研究生公共教育资源配置过程中，最应该重视的主体积极性是：

A. 学院的积极主动性　　　　　　　B. 研究生导师的积极主动性

C. 行政管理者的积极主动性　　　　D. 学生的积极主动性

8. 关于研究生公共教育资源配置，其他您想反馈的内容是：

_____

_____

问卷三：面向研究生的调查问卷

同学：

您好！我正在进行一项关于研究生培养经费配置情况的研究，希望了解以导师责任制和导师资助制为核心的研究生培养经费配置改革后对研究生的影响状况。本问卷的调查对象为教育部直属高校的研究生。本问卷采取匿名调查方式，所获取的信息仅供学术研究使用，并将严格保密。非常感谢您的支持和

配合!

本问卷全部为单选题。

1. 学校：_____

2. 学生类别：A. 硕士生　　B. 博士生

3. 性别：A. 男　　B. 女

4. 培养类型：A. 学术型　　B. 专业型

5. 培养方式：

A. 全日制非定向　　　B. 全日制定向或委托培养　　　C. 在职

6. 专业：

A. 哲学　　B. 经济学　　C. 法学　　D. 教育学　　F. 文学

G. 历史学　H. 理学　　I. 工学　　J. 农学　　K. 医学

L. 军事学　M. 管理学　　N. 艺术学

7. 年级：

A. 一年级　B. 二年级　　C. 三年级　D. 四年级　　E. 延期毕业

8. 您拥有几位导师在实际指导学业和科研？

A.1 位　　B.2 位　　C.3 位　　D.4 位及以上

9. 读研期间参与导师的课题数有：

A.0 项　　B.1 项　　C.2—3 项　D.4 项以上

10. 参与导师课题时我的主要工作是：

A. 主体完成人员　　　　　　B. 能学到东西的辅助工作

C. 没有什么技术含量的打下手　　D. 导师没有给我课题做

11. 导师是否有指导过如资料搜索、实践操作、写作、投稿等科研方法和能力？

A. 有　　B. 没有

12. 您与导师/导师组间的关系描述倾向于、接近于：

A. 师生　　B. 雇佣　　C. 其他

13. 您平时花费多少时间用于专业学习或科研：

A. 平均一天不到 2 小时　B. 平均一天 2—4 小时　C. 平均一天 5—8 小时

D. 平均一天 8—10 小时　E. 平均一天 10 小时以上

14. 您读研最希望获得的是：

A. 科研能力的提高　　　B. 实际应用能力的提高

C. 研究生文凭　　　D. 其他

15. 入学后，导师是否有跟你沟通过，根据你的情况为你制定培养计划和方案？

A. 有　　B. 没有

16. 您有申请过针对研究生的科研项目经费吗？

A. 有（跳至18题）　　B. 没有

17. 没有申请研究生的科研项目经费的原因是：

A. 很难申请　B. 导师不同意　　C. 不知道有　　D. 其他

18. 您觉得导师不能用心指导学生的最重要的原因是：（仅选一项）

A. 导师忙于完成自己的科研工作任务，顾不上指导学生

B. 导师指导的学生数过多

C. 现行制度对导师做好指导工作的激励缺失

D. 培养经费不足

E. 学生本身不想多学

F. 其他

19. 您觉得研究生培养经费方面，谁的出资比例最多：

A. 政府专项财政拨款　　B. 导师的科研经费　　C. 学校配套　　D. 学生

20. 读研期间我最大的困扰和不满是：（仅选一项）

A. 导师不怎么指导我，放任我自生自灭

B. 导师给的项目锻炼机会少，相较于本科阶段，学识能力没有什么提高

C. 学费和生活费不足

D. 师生关系紧张

E. 实际的专业方向与入学时预期的不符

F. 其他

21. 要想提高研究生教育质量，我觉得最重要的一项是：（仅选一项）

A. 增加研究生培养经费的投入

B. 加强对导师指导学生质量的考核

C. 给予导师提高指导质量以更多的激励政策

D. 加强师生间的沟通

E. 其他

22. 研究生培养经费配置中，您觉得研究生个人受益最大的部分是：

A. 奖助体系　　B. 导师资助的经费　　C. 研究生科研项目经费

23. 以下题项说法设有1—5个分值，1分为非常不满意、非常不认同，5分为非常满意、非常认同；分值由低到高，表明满意或认同程度越高。请您依据

您当前的实际情况或自己的真实想法，在每一个说法后相应的分值上打"√"。

题项内容	分值（非常不满意/非常不认同为1分；非常满意/非常认同为5分；分值越大说明满意或认同程度越高）				
有关培养经费的分配与使用办法有充分征询过研究生的意见	1	2	3	4	5
目前的奖助体系和导师资助制能让我安心学习和科研	1	2	3	4	5
目前的奖助体系和导师资助制让我感受到公平和平等	1	2	3	4	5
目前的奖助体系和导师资助制能够很好地激发我学习和科研的积极性	1	2	3	4	5
在学习和科研的主导性方面，导师认真指导，十分尊重学生的意见，因材施教	1	2	3	4	5
有科研经费的导师才能够招收研究生，这个制度能够很好地激励导师重视研究生培养工作	1	2	3	4	5
有关经费的报销手续简单、便捷	1	2	3	4	5
发表论文情况能够很好地评价一名研究生的培养质量水平	1	2	3	4	5
就业情况能够很好地评价一名研究生的培养质量水平	1	2	3	4	5
导师日常的指导投入情况能够很好地体现研究生的培养质量水平	1	2	3	4	5
导师的工作业绩评价应该加入学生评价这一环节	1	2	3	4	5

附录二：面向研究生导师的问卷量表的项目分析结果

表1　组统计量

	gro	N	均值	标准差	均值的标准误差
2.1.1 相关资源配置办法与规则的制订过程中有充分征询研究生导师的意见	1.00	79	4.59	0.589	0.066
	2.00	78	1.94	0.873	0.099
2.1.2 经费分配与使用的政策规定符合实际情况，可操作性高	1.00	79	4.61	0.541	0.061
	2.00	78	1.97	0.852	0.097
2.1.3 我拥有可支配的研究生培养经费资源	1.00	79	4.57	0.523	0.059
	2.00	75	2.03	0.972	0.112
2.1.4 我能从有关资源配置的过程中感受到公平、平等的对待	1.00	79	4.62	0.562	0.063
	2.00	77	2.17	0.992	0.113
2.1.5 我能从有关资源配置的过程中感受到被尊重	1.00	79	4.61	0.541	0.061
	2.00	78	2.10	0.988	0.112
2.1.6 拥有高职称的教师更容易获得相关的资源	1.00	79	4.71	0.510	0.057
	2.00	76	3.13	1.320	0.151
2.1.7 拥有高行政地位的教师更容易获得相关的资源	1.00	79	4.67	0.524	0.059
	2.00	76	3.57	1.543	0.177
2.1.8 拥有国家重点扶持的各类学者头衔的教师更容易获得相关的资源	1.00	79	4.66	0.503	0.057
	2.00	77	3.62	1.469	0.167
2.1.9 教学与指导能力强的教师更容易获得相关的资源	1.00	79	4.49	0.618	0.069
	2.00	77	2.17	1.044	0.119
2.1.10 我完全了解有关资源配置（分配与使用）的相关政策规定	1.00	79	4.46	0.636	0.072
	2.00	78	1.90	0.934	0.106
2.1.11 相关经费的配置政策及过程公开且透明，相关信息易获取	1.00	79	4.91	3.371	0.379
	2.00	76	1.92	0.935	0.107
2.1.12 在研究生培养过程中，从经费角度看，我负担的责任与我能支配的权力相当	1.00	79	4.66	0.528	0.059
	2.00	77	2.13	1.018	0.116

	gro	N	均值	标准差	均值的标准误差
2.1.13 在相关资源的获取中，我感受到以个人能力为基础的公平竞争的氛围	1.00	79	4.57	0.547	0.062
	2.00	76	2.12	0.909	0.104
2.1.14 对非个人能力因素造成的资源使用上的弱势，现有政策存在相关补偿办法	1.00	79	4.48	0.658	0.074
	2.00	75	1.99	0.726	0.084
2.1.15 经费的使用标准与经费设置的目标要求是一致吻合的	1.00	79	4.67	0.499	0.056
	2.00	74	2.14	0.865	0.101
2.1.16 研究生培养工作的业绩评价标准是公平的	1.00	79	4.61	0.629	0.071
	2.00	75	2.35	0.797	0.092
2.1.17 相关经费的到位速度很快	1.00	79	4.53	0.551	0.062
	2.00	74	2.27	1.024	0.119
2.1.18 相关经费的报销手续简单快捷	1.00	79	4.39	0.823	0.093
	2.00	74	1.97	1.033	0.120
2.1.19 相关经费的配置方式合理，有利于促进研究生培养质量的提高	1.00	78	4.68	0.522	0.059
	2.00	75	2.23	0.967	0.112
2.1.20 研究生培养经费数额充足	1.00	79	4.49	0.732	0.082
	2.00	77	1.83	0.750	0.086
2.1.21 相较于科研经费，我更愿意使用培养配套经费用于研究生培养过程	1.00	79	4.42	0.591	0.066
	2.00	77	2.90	1.353	0.154
2.1.22 目前以导师资助制为核心的培养经费配置方式：能够激发我培养学生的热情和积极性	1.00	79	4.43	0.592	0.067
	2.00	76	2.45	1.100	0.126
2.1.23 目前以导师资助制为核心的培养经费配置方式：有利于师生间关系的和谐	1.00	79	4.54	0.573	0.064
	2.00	77	2.35	1.023	0.117
2.1.24 目前以导师资助制为核心的培养经费配置方式：有利于科研与教学的融合，科研很好地促进了研究生的教学与培养	1.00	79	4.66	0.477	0.054
	2.00	75	2.36	0.995	0.115

续表

	gro	N	均值	标准差	均值的标准误差
2.1.25 目前以导师资助制为核心的培养经费配置方式：有利于促进研究生课程质量的提高	1.00	79	4.61	0.564	0.063
	2.00	75	2.12	0.958	0.111
2.1.26 目前以导师资助制为核心的培养经费配置方式：有利于激发学生学习的积极性	1.00	79	4.63	0.511	0.057
	2.00	75	2.25	1.041	0.120
2.1.27 目前以导师资助制为核心的培养经费配置方式：给予了导师充分的自主决策权力	1.00	78	4.64	0.509	0.058
	2.00	75	2.60	1.889	0.218
2.1.28 目前培养经费的配套方式依然主要由行政管理部门主导和决策	1.00	79	4.62	0.538	0.061
	2.00	77	3.32	1.517	0.173
2.1.29 研究生培养的质量可由毕业生就业率体现	1.00	79	4.52	0.528	0.059
	2.00	77	2.48	0.995	0.113
2.1.30 研究生培养的质量可由研究生的人均科研产出成果来体现	1.00	79	4.56	0.675	0.076
	2.00	74	3.07	1.151	0.134
2.1.31 目前导师的工作考核很好地体现了培养学生方面的业绩	1.00	79	4.62	0.584	0.066
	2.00	75	2.20	0.838	0.097
2.1.32 研究生培养的效益可由毕业生的人均教育总支出体现	1.00	79	4.54	0.616	0.069
	2.00	74	2.16	0.844	0.098
2.1.33 研究生培养的效益可由生师比体现	1.00	79	4.51	0.658	0.074
	2.00	75	2.12	0.900	0.104
2.1.34 研究生培养的效益可由毕业就业质量体现	1.00	79	4.61	0.564	0.063
	2.00	76	2.80	1.155	0.132
2.1.35 相关经费配置的政策支持比经费的数额大小更重要	1.00	79	4.61	0.587	0.066
	2.00	76	3.04	1.194	0.137
2.1.36 现有的经费配置制度包含了对提高导师教学与指导能力的投入与支持	1.00	79	4.53	0.596	0.067
	2.00	76	1.99	0.825	0.095

	gro	N	均值	标准差	均值的标准误差
2.1.37 现有的经费配置制度鼓励和允许我进行独立研究出高质量的科研成果	1.00	79	4.59	0.631	0.071
	2.00	76	2.13	0.998	0.114
2.1.38 现有的经费配置制度鼓励和允许我不断尝试调整研究方向，进行难度大、耗时长的研究	1.00	79	4.53	0.731	0.082
	2.00	75	1.85	1.009	0.117
2.1.39 现有的经费使用政策稳定，持续性较好，不会朝令夕改	1.00	79	4.58	0.612	0.069
	2.00	76	2.09	1.022	0.117
2.1.40 我认为科研经费多的教师，教学与指导能力也强，能更好地指导学生	1.00	79	4.65	0.641	0.072
	2.00	77	2.43	1.186	0.135
2.1.41 现有的研究生培养制度下，教学与指导能力弱的教师在同等条件下无法获得研究生导师资格	1.00	79	4.53	0.637	0.072
	2.00	76	2.61	1.212	0.139
2.1.42 现有经费政策制度下，如果没有科研经费支持，是无法招收研究生的	1.00	79	4.62	0.722	0.081
	2.00	76	3.30	1.461	0.168
2.1.43 我对现有的经费政策制度总体感到满意	1.00	79	4.71	0.535	0.060
	2.00	77	2.08	0.757	0.086

表 2　独立样本检验

		方差方程的 Levene 检验		均值方程的 t 检验						
		F	Sig.	t	df	Sig.（双侧）	均值差值	标准误差值	差分的95%置信区间	
									下限	上限
2.1.1 相关资源配置办法与规则的制订过程中有充分征询研究生导师的意见	假设方差相等	4.670	0.032	22.401	155	0.000	2.659	0.119	2.425	2.894
	假设方差不相等			22.347	134.844	0.000	2.659	0.119	2.424	2.894

续表

		方差方程的Levene 检验		均值方程的 t 检验						
		F	Sig.	t	df	Sig.（双侧）	均值差值	标准误差值	差分的95%置信区间	
									下限	上限
2.1.2 经费分配与使用的政策规定符合实际情况，可操作性高	假设方差相等	2.061	0.153	23.139	155	0.000	2.633	0.114	2.408	2.858
	假设方差不相等			23.076	130.121	0.000	2.633	0.114	2.407	2.859
2.1.3 我拥有可支配的研究生培养经费资源	假设方差相等	13.541	0.000	20.351	152	0.000	2.543	0.125	2.296	2.790
	假设方差不相等			20.060	112.260	0.000	2.543	0.127	2.292	2.794
2.1.4 我能从有关资源配置的过程中感受到公平、平等的对待	假设方差相等	24.437	0.000	19.053	154	0.000	2.451	0.129	2.197	2.706
	假设方差不相等			18.926	119.536	0.000	2.451	0.130	2.195	2.708
2.1.5 我能从有关资源配置的过程中感受到被尊重	假设方差相等	15.335	0.000	19.735	155	0.000	2.505	0.127	2.254	2.756
	假设方差不相等			19.667	119.041	0.000	2.505	0.127	2.253	2.757
2.1.6 拥有高职称的教师更容易获得相关的资源	假设方差相等	61.416	0.000	9.882	153	0.000	1.577	0.160	1.262	1.893
	假设方差不相等			9.740	96.196	0.000	1.577	0.162	1.256	1.899

续表

		方差方程的 Levene 检验		均值方程的 t 检验						
		F	Sig.	t	df	Sig.（双侧）	均值差值	标准误差值	差分的95%置信区间 下限	上限
2.1.7 拥有高行政地位的教师更容易获得相关的资源	假设方差相等	121.567	0.000	6.014	153	0.000	1.105	0.184	0.742	1.468
	假设方差不相等			5.922	91.492	0.000	1.105	0.187	0.734	1.476
2.1.8 拥有国家重点扶持的各类学者头衔的教师更容易获得相关的资源	假设方差相等	112.252	0.000	5.914	154	0.000	1.035	0.175	0.689	1.381
	假设方差不相等			5.854	93.201	0.000	1.035	0.177	0.684	1.386
2.1.9 教学与指导能力强的教师更容易获得相关的资源	假设方差相等	26.639	0.000	16.981	154	0.000	2.325	0.137	2.054	2.595
	假设方差不相等			16.876	122.779	0.000	2.325	0.138	2.052	2.598
2.1.10 我完全了解有关资源配置（分配与使用）的相关政策规定	假设方差相等	3.378	0.068	20.077	155	0.000	2.558	0.127	2.307	2.810
	假设方差不相等			20.030	135.637	0.000	2.558	0.128	2.306	2.811
2.1.11 相关经费的配置政策及过程公开且透明，相关信息易获取	假设方差相等	0.031	0.861	7.461	153	0.000	2.990	0.401	2.199	3.782
	假设方差不相等			7.587	90.365	0.000	2.990	0.394	2.207	3.773

续表

		方差方程的 Levene 检验		均值方程的 t 检验						
		F	Sig.	t	df	Sig.（双侧）	均值差值	标准误差差值	差分的95%置信区间	
									下限	上限
2.1.12 在研究生培养过程中，从经费角度看，我负担的责任与我能支配的权力相当	假设方差相等	44.495	0.000	19.547	154	0.000	2.528	0.129	2.273	2.784
	假设方差不相等			19.402	113.544	0.000	2.528	0.130	2.270	2.787
2.1.13 在相关资源的获取中，我感受到以个人能力为基础的公平竞争的氛围	假设方差相等	12.476	0.001	20.432	153	0.000	2.451	0.120	2.214	2.688
	假设方差不相等			20.246	122.176	0.000	2.451	0.121	2.212	2.691
2.1.14 对非个人能力因素造成的资源使用上的弱势，现有政策存在相关补偿办法	假设方差相等	1.017	0.315	22.370	152	0.000	2.494	0.112	2.274	2.715
	假设方差不相等			22.313	148.630	0.000	2.494	0.112	2.273	2.715
2.1.15 经费的使用标准与经费设置的目标要求是一致吻合的	假设方差相等	14.324	0.000	22.377	151	0.000	2.536	0.113	2.312	2.760
	假设方差不相等			22.011	115.155	0.000	2.536	0.115	2.308	2.764
2.1.16 研究生培养工作的业绩评价标准是公平的	假设方差相等	7.086	0.009	19.599	152	0.000	2.261	0.115	2.033	2.489
	假设方差不相等			19.480	140.698	0.000	2.261	0.116	2.031	2.490

续表

		方差方程的 Levene 检验		均值方程的 t 检验						
		F	Sig.	t	df	Sig. （双侧）	均值 差值	标准 误差 值	差分的95% 置信区间	
									下限	上限
2.1.17 相关经费 的到位速度很快	假设方差 相等	24.451	0.000	17.154	151	0.000	2.261	0.132	2.001	2.522
	假设方差 不相等			16.846	110.334	0.000	2.261	0.134	1.995	2.527
2.1.18 相关经费 的报销手续简单 快捷	假设方差 相等	1.151	0.285	16.070	151	0.000	2.419	0.151	2.122	2.717
	假设方差 不相等			15.952	139.451	0.000	2.419	0.152	2.120	2.719
2.1.19 相关经费 的配置方式合理， 有利于促进研究 生培养质量的提 高	假设方差 相等	16.952	0.000	19.631	151	0.000	2.453	0.125	2.206	2.700
	假设方差 不相等			19.420	112.803	0.000	2.453	0.126	2.203	2.703
2.1.20 研究生培 养经费数额充足	假设方差 相等	0.026	0.871	22.438	154	0.000	2.663	0.119	2.428	2.897
	假设方差 不相等			22.431	153.596	0.000	2.663	0.119	2.428	2.897
2.1.21 相较于科 研经费，我更愿 意使用培养配套 经费用于研究生 培养过程	假设方差 相等	46.638	0.000	9.141	154	0.000	1.522	0.166	1.193	1.850
	假设方差 不相等			9.061	103.376	0.000	1.522	0.168	1.189	1.855

续表

		方差方程的 Levene 检验		均值方程的 t 检验						
		F	Sig.	t	df	Sig.（双侧）	均值差值	标准误差值	差分的95%置信区间	
									下限	上限
2.1.22 目前以导师资助制为核心的培养经费配置方式：能够激发我培养学生的热情和积极性	假设方差相等	26.778	0.000	14.044	153	0.000	1.983	0.141	1.704	2.262
	假设方差不相等			13.894	114.125	0.000	1.983	0.143	1.700	2.266
2.1.23 目前以导师资助制为核心的培养经费配置方式：有利于师生间关系的和谐	假设方差相等	20.641	0.000	16.579	154	0.000	2.194	0.132	1.932	2.455
	假设方差不相等			16.468	118.747	0.000	2.194	0.133	1.930	2.457
2.1.24 目前以导师资助制为核心的培养经费配置方式：有利于科研与教学的融合，科研很好地促进了研究生的教学与培养	假设方差相等	39.960	0.000	18.418	152	0.000	2.298	0.125	2.052	2.545
	假设方差不相等			18.119	105.102	0.000	2.298	0.127	2.047	2.550
2.1.25 目前以导师资助制为核心的培养经费配置方式：有利于促进研究生课程质量的提高	假设方差相等	11.416	0.001	19.752	152	0.000	2.488	0.126	2.239	2.736
	假设方差不相等			19.503	118.568	0.000	2.488	0.128	2.235	2.740
2.1.26 目前以导师资助制为核心的培养经费配置方式：有利于激发学生学习的积极性	假设方差相等	33.187	0.000	18.148	152	0.000	2.380	0.131	2.121	2.639
	假设方差不相等			17.860	106.427	0.000	2.380	0.133	2.115	2.644

续表

		方差方程的 Levene 检验		均值方程的 t 检验						
		F	Sig.	t	df	Sig.（双侧）	均值差值	标准误差值	差分的95%置信区间	
									下限	上限
2.1.27 目前以导师资助制为核心的培养经费配置方式：给予了导师充分的自主决策权力	假设方差相等	20.647	0.000	9.203	151	0.000	2.041	0.222	1.603	2.479
	假设方差不相等			9.048	84.300	0.000	2.041	0.226	1.592	2.490
2.1.28 目前培养经费的配套方式依然主要由行政管理部门主导和决策	假设方差相等	110.397	0.000	7.144	154	0.000	1.296	0.181	0.937	1.654
	假设方差不相等			7.073	94.420	0.000	1.296	0.183	0.932	1.659
2.1.29 研究生培养的质量可由毕业生就业率体现	假设方差相等	33.500	0.000	16.044	154	0.000	2.038	0.127	1.787	2.289
	假设方差不相等			15.928	114.975	0.000	2.038	0.128	1.785	2.292
2.1.30 研究生培养的质量可由研究生的人均科研产出成果来体现	假设方差相等	14.240	0.000	9.841	151	0.000	1.489	0.151	1.190	1.788
	假设方差不相等			9.684	116.285	0.000	1.489	0.154	1.185	1.794
2.1.31 目前导师的工作考核很好地体现了培养学生方面的业绩	假设方差相等	9.736	0.002	20.875	152	0.000	2.420	0.116	2.191	2.649
	假设方差不相等			20.687	131.440	0.000	2.420	0.117	2.189	2.652

续表

		方差方程的 Levene 检验		均值方程的 t 检验						
		F	Sig.	t	df	Sig.（双侧）	均值差值	标准误差值	差分的 95% 置信区间	
									下限	上限
2.1.32 研究生培养的效益可由毕业生的人均教育总支出体现	假设方差相等	3.520	0.063	20.025	151	0.000	2.382	0.119	2.147	2.617
	假设方差不相等			19.824	132.985	0.000	2.382	0.120	2.144	2.620
2.1.33 研究生培养的效益可由生师比体现	假设方差相等	2.486	0.117	18.856	152	0.000	2.386	0.127	2.136	2.636
	假设方差不相等			18.707	135.129	0.000	2.386	0.128	2.134	2.639
2.1.34 研究生培养的效益可由毕业就业质量体现	假设方差相等	44.544	0.000	12.435	153	0.000	1.805	0.145	1.518	2.092
	假设方差不相等			12.287	107.929	0.000	1.805	0.147	1.514	2.096
2.1.35 相关经费配置的政策支持比经费的数额大小更重要	假设方差相等	29.596	0.000	10.440	153	0.000	1.568	0.150	1.271	1.865
	假设方差不相等			10.316	108.268	0.000	1.568	0.152	1.267	1.869
2.1.36 现有的经费配置制度包含了对提高导师教学与指导能力的投入与支持	假设方差相等	0.569	0.452	22.089	153	0.000	2.545	0.115	2.317	2.772
	假设方差不相等			21.955	136.199	0.000	2.545	0.116	2.316	2.774

续表

		方差方程的 Levene 检验		均值方程的 t 检验						
		F	Sig.	t	df	Sig.（双侧）	均值差值	标准误差值	差分的95%置信区间	
									下限	上限
2.1.37 现有的经费配置制度鼓励和允许我进行独立研究出高质量的科研成果	假设方差相等	20.293	0.000	18.444	153	0.000	2.463	0.134	2.199	2.727
	假设方差不相等			18.290	125.863	0.000	2.463	0.135	2.197	2.730
2.1.38 现有的经费配置制度鼓励和允许我不断尝试调整研究方向，进行难度大、耗时长的研究	假设方差相等	4.308	0.040	18.931	152	0.000	2.678	0.141	2.399	2.958
	假设方差不相等			18.777	134.417	0.000	2.678	0.143	2.396	2.960
2.1.39 现有的经费使用政策稳定，持续性较好，不会朝令夕改	假设方差相等	12.208	0.001	18.483	153	0.000	2.490	0.135	2.224	2.756
	假设方差不相等			18.314	121.733	0.000	2.490	0.136	2.221	2.759
2.1.40 我认为科研经费多的教师，教学与指导能力也强，能更好地指导学生	假设方差相等	28.017	0.000	14.575	154	0.000	2.217	0.152	1.917	2.517
	假设方差不相等			14.473	116.299	0.000	2.217	0.153	1.914	2.520
2.1.41 现有的研究生培养制度下，教学与指导能力弱的教师在同等条件下无法获得研究生导师资格	假设方差相等	28.483	0.000	12.453	153	0.000	1.926	0.155	1.621	2.232
	假设方差不相等			12.316	112.543	0.000	1.926	0.156	1.616	2.236

续表

		方差方程的Levene 检验		均值方程的 t 检验						
		F	Sig.	t	df	Sig.（双侧）	均值差值	标准误差值	差分的95%置信区间	
									下限	上限
2.1.42 现有经费政策制度下，如果没有科研经费支持，是无法招收研究生的	假设方差相等	59.825	0.000	7.161	153	0.000	1.318	0.184	0.954	1.681
	假设方差不相等			7.077	108.586	0.000	1.318	0.186	0.949	1.687
2.1.43 我对现有的经费政策制度总体感到满意	假设方差相等	4.788	0.030	25.127	154	0.000	2.631	0.105	2.424	2.838
	假设方差不相等			25.019	136.471	0.000	2.631	0.105	2.423	2.839

附录三：面向与研究生事务相关的行政管理人员的
问卷量表的项目分析结果

表 1　组统计量

	pro	N	均值	标准差	均值的标准误差
2.1.1 我对目前研究生培养经费相关的资源配置政策很熟悉	1.00	35	4.11	0.832	0.141
	2.00	36	3.00	0.956	0.159
2.1.2 相关资源配置办法与规则的制订过程中有充分征询导师和研究生的意见	1.00	35	4.29	0.622	0.105
	2.00	36	2.78	0.832	0.139
2.1.3 经费分配与使用的政策规定符合实际情况，可操作性高	1.00	35	4.37	0.547	0.092
	2.00	35	3.00	0.767	0.130
2.1.4 导师名下拥有可支配的研究生培养经费资源	1.00	34	4.26	0.618	0.106
	2.00	35	2.74	0.980	0.166
2.1.5 相关资源配置过程充分考虑了不同学科、不同类别、不同层次等的差异性，充分体现了公平性	1.00	35	4.29	0.667	0.113
	2.00	35	2.80	0.833	0.141
2.1.6 拥有高职称的教师更容易获得相关的资源	1.00	35	4.54	0.561	0.095
	2.00	35	3.46	1.094	0.185
2.1.7 拥有高行政地位的教师更容易获得相关的资源	1.00	35	5.14	5.106	0.863
	2.00	36	3.22	1.045	0.174
2.1.8 拥有国家重点扶持的各类学者头衔的教师更容易获得相关的资源	1.00	35	4.37	0.547	0.092
	2.00	35	3.60	1.117	0.189
2.1.9 教学与指导能力强的教师更容易获得相关的资源	1.00	35	4.34	0.539	0.091
	2.00	36	2.94	0.893	0.149
2.1.10 相关资源配置的政策文件与办法规定等充分告知导师、学生，他们应该都清楚知道	1.00	35	4.31	0.530	0.090
	2.00	35	2.71	0.987	0.167

	pro	N	均值	标准差	均值的标准误差
2.1.11 相关经费的配置过程公开且透明，相关信息易获取	1.00	35	4.49	0.507	0.086
	2.00	36	2.78	0.929	0.155
2.1.12 在研究生培养过程中，从经费角度看，导师负担的责任与其能支配的权力相当	1.00	35	4.34	0.591	0.100
	2.00	36	2.58	0.906	0.151
2.1.13 相关资源的获取，导师主要以个人能力为依据进行公平竞争	1.00	35	4.54	0.561	0.095
	2.00	36	2.86	0.798	0.133
2.1.14 对非个人能力因素造成的资源使用上的弱势，现有政策存在相关补偿办法	1.00	35	4.26	0.780	0.132
	2.00	36	2.56	0.773	0.129
2.1.15 经费的使用标准与经费设置的目标要求是一致吻合的	1.00	35	4.40	0.604	0.102
	2.00	36	2.94	0.674	0.112
2.1.16 研究生经费使用的业绩评价标准是公平的	1.00	35	4.37	0.598	0.101
	2.00	36	2.81	0.668	0.111
2.1.17 相关经费的到位速度很快	1.00	35	4.26	0.657	0.111
	2.00	36	2.81	1.064	0.177
2.1.18 相关经费的报销手续简单快捷	1.00	35	4.23	0.690	0.117
	2.00	36	2.42	1.131	0.188
2.1.19 目前相关经费的配置方式合理，有利于促进研究生培养质量的提高	1.00	35	4.46	0.611	0.103
	2.00	36	2.69	0.749	0.125
2.1.20 目前研究生培养经费数额充足	1.00	35	4.29	0.710	0.120
	2.00	35	2.83	0.785	0.133

续表

	pro	N	均值	标准差	均值的标准误差
2.1.21 目前研究生培养经费使用的监管与反馈机制是很有效的	1.00	35	4.49	0.612	0.103
	2.00	36	2.75	0.841	0.140
2.1.22 导师对于有关教学改革经费项目的申请很积极、热心	1.00	35	4.31	0.583	0.098
	2.00	35	2.97	0.985	0.166
2.1.23 导师对于研究生培养经费的使用很积极、热心	1.00	35	4.43	0.608	0.103
	2.00	36	3.00	0.793	0.132
2.1.24 目前以导师资助制为核心的培养经费配置方式：能够激发导师培养学生的热情和积极性	1.00	35	4.49	0.562	0.095
	2.00	36	2.81	0.951	0.158
2.1.25 目前以导师资助制为核心的培养经费配置方式：有利于师生间关系的和谐	1.00	35	4.37	0.598	0.101
	2.00	36	2.61	0.871	0.145
2.1.26 目前以导师资助制为核心的培养经费配置方式：有利于促进研究生课程质量的提高	1.00	35	4.34	0.591	0.100
	2.00	36	2.58	0.770	0.128
2.1.27 目前以导师资助制为核心的培养经费配置方式：有利于激发学生学习的积极性	1.00	35	4.43	0.608	0.103
	2.00	36	2.89	0.820	0.137
2.1.28 目前以导师资助制为核心的培养经费配置方式：给予导师充分自主决策权力	1.00	35	4.40	0.695	0.117
	2.00	36	2.83	0.941	0.157
2.1.29 目前以导师资助制为核心的培养经费配置方式：给予学院更多的自主决策权力	1.00	35	4.46	0.611	0.103
	2.00	35	2.74	0.852	0.144

	pro	N	均值	标准差	均值的标准误差
2.1.30 目前培养经费的配套方式依然主要由行政管理部门主导和决策	1.00	35	4.17	0.568	0.096
	2.00	36	3.44	1.027	0.171
2.1.31 研究生培养的质量可由毕业生就业率体现	1.00	35	4.46	0.611	0.103
	2.00	36	2.83	0.910	0.152
2.1.32 研究生培养的质量可由研究生的人均科研产出成果来体现	1.00	35	4.37	0.646	0.109
	2.00	36	3.17	0.737	0.123
2.1.33 目前导师的工作考核很好地体现了培养学生方面的业绩	1.00	35	4.54	0.561	0.095
	2.00	36	2.44	0.909	0.151
2.1.34 研究生培养的效益可由毕业生的人均教育总支出体现	1.00	35	4.20	0.584	0.099
	2.00	36	2.75	0.841	0.140
2.1.35 研究生培养的效益可由生师比体现	1.00	35	4.34	0.873	0.147
	2.00	36	2.83	0.941	0.157
2.1.36 相关经费配置的政策支持比经费的数额大小更重要	1.00	35	4.29	0.622	0.105
	2.00	36	3.06	0.860	0.143
2.1.37 现有的经费配置制度包含了对提高导师教学与指导能力的投入与支持	1.00	35	4.54	0.561	0.095
	2.00	35	2.54	0.852	0.144
2.1.38 现有的经费使用政策稳定，持续性较好，不会朝令夕改	1.00	35	5.54	6.550	1.107
	2.00	36	2.67	0.756	0.126

续表

	pro	N	均值	标准差	均值的标准误差
2.1.39 我认为科研经费多的教师，教学与指导能力也强，能更好地指导学生	1.00	35	4.54	0.561	0.095
	2.00	36	2.75	0.967	0.161
2.1.40 现有的研究生培养制度下，教学与指导能力弱的教师在同等条件下无法获得研究生导师资格	1.00	35	4.26	0.780	0.132
	2.00	36	2.89	0.919	0.153
2.1.41 现有经费政策制度下，没有科研经费支持的导师无法招收研究生	1.00	35	4.11	0.832	0.141
	2.00	36	3.28	1.059	0.176
2.1.42 我对现有的研究生经费政策制度的总体评价高	1.00	35	4.29	0.519	0.088
	2.00	36	2.56	0.695	0.116

表2　独立样本检验

		方差方程的 Levene 检验		均值方程的 t 检验						
		F	Sig.	t	df	Sig.（双侧）	均值差值	标准误差值	差分的95%置信区间	
									下限	上限
2.1.1 我对目前研究生培养经费相关的资源配置政策很熟悉	假设方差相等	0.516	0.475	5.232	69	0.000	1.114	0.213	0.689	1.539
	假设方差不相等			5.242	68.179	0.000	1.114	0.213	0.690	1.538
2.1.2 相关资源配置办法与规则的制订过程中有充分征询导师和研究生的意见	假设方差相等	0.907	0.344	8.632	69	0.000	1.508	0.175	1.159	1.856
	假设方差不相等			8.667	64.763	0.000	1.508	0.174	1.160	1.855

续表

		方差方程的 Levene 检验		均值方程的 t 检验						
		F	Sig.	t	df	Sig.（双侧）	均值差值	标准误差值	差分的95%置信区间	
									下限	上限
2.1.3 经费分配与使用的政策规定符合实际情况，可操作性高	假设方差相等	0.178	0.675	8.613	68	0.000	1.371	0.159	1.054	1.689
	假设方差不相等			8.613	61.476	0.000	1.371	0.159	1.053	1.690
2.1.4 导师名下拥有可支配的研究生培养经费资源	假设方差相等	5.324	0.024	7.686	67	0.000	1.522	0.198	1.127	1.917
	假设方差不相等			7.735	57.593	0.000	1.522	0.197	1.128	1.916
2.1.5 相关资源配置过程充分考虑了不同学科、不同类别、不同层次等的差异性，充分体现了公平性	假设方差相等	0.288	0.593	8.234	68	0.000	1.486	0.180	1.126	1.846
	假设方差不相等			8.234	64.907	0.000	1.486	0.180	1.125	1.846
2.1.6 拥有高职称的教师更容易获得相关的资源	假设方差相等	12.750	0.001	5.226	68	0.000	1.086	0.208	0.671	1.500
	假设方差不相等			5.226	50.707	0.000	1.086	0.208	0.669	1.503
2.1.7 拥有高行政地位的教师更容易获得相关的资源	假设方差相等	1.104	0.297	2.210	69	0.030	1.921	0.869	0.187	3.654
	假设方差不相等			2.182	36.767	0.036	1.921	0.880	0.136	3.705

续表

		方差方程的 Levene 检验		均值方程的 t 检验						
		F	Sig.	t	df	Sig.（双侧）	均值差值	标准误差值	差分的95%置信区间	
									下限	上限
2.1.8 拥有国家重点扶持的各类学者头衔的教师更容易获得相关的资源	假设方差相等	13.927	0.000	3.670	68	0.000	0.771	0.210	0.352	1.191
	假设方差不相等			3.670	49.425	0.001	0.771	0.210	0.349	1.194
2.1.9 教学与指导能力强的教师更容易获得相关的资源	假设方差相等	1.703	0.196	7.962	69	0.000	1.398	0.176	1.048	1.749
	假设方差不相等			8.015	57.818	0.000	1.398	0.174	1.049	1.748
2.1.10 相关资源配置的政策文件与办法规定等充分告知导师、学生，他们应该都清楚知道	假设方差相等	13.390	0.000	8.448	68	0.000	1.600	0.189	1.222	1.978
	假设方差不相等			8.448	52.080	0.000	1.600	0.189	1.220	1.980
2.1.11 相关经费的配置过程公开且透明，相关信息易获取	假设方差相等	4.874	0.031	9.574	69	0.000	1.708	0.178	1.352	2.064
	假设方差不相等			9.649	54.465	0.000	1.708	0.177	1.353	2.063
2.1.12 在研究生培养过程中，从经费角度看，导师负担的责任与其能支配的权力相当	假设方差相等	5.051	0.028	9.659	69	0.000	1.760	0.182	1.396	2.123
	假设方差不相等			9.715	60.428	0.000	1.760	0.181	1.397	2.122

续表

		方差方程的 Levene 检验		均值方程的 t 检验						
		F	Sig.	t	df	Sig.（双侧）	均值差值	标准误差值	差分的95%置信区间	
									下限	上限
2.1.13 相关资源的获取，导师主要以个人能力为依据进行公平竞争	假设方差相等	0.383	0.538	10.246	69	0.000	1.682	0.164	1.354	2.009
	假设方差不相等			10.296	62.862	0.000	1.682	0.163	1.355	2.008
2.1.14 对非个人能力因素造成的资源使用上的弱势，现有政策存在相关补偿办法	假设方差相等	0.032	0.859	9.235	69	0.000	1.702	0.184	1.334	2.069
	假设方差不相等			9.233	68.900	0.000	1.702	0.184	1.334	2.069
2.1.15 经费的使用标准与经费设置的目标要求是一致吻合的	假设方差相等	0.734	0.395	9.576	69	0.000	1.456	0.152	1.152	1.759
	假设方差不相等			9.591	68.555	0.000	1.456	0.152	1.153	1.758
2.1.16 研究生经费使用的业绩评价标准是公平的	假设方差相等	0.183	0.670	10.390	69	0.000	1.566	0.151	1.265	1.867
	假设方差不相等			10.407	68.539	0.000	1.566	0.150	1.266	1.866
2.1.17 相关经费的到位速度很快	假设方差相等	6.089	0.016	6.892	69	0.000	1.452	0.211	1.031	1.872
	假设方差不相等			6.936	58.568	0.000	1.452	0.209	1.033	1.870

续表

		方差方程的 Levene 检验		均值方程的 t 检验						
		F	Sig.	t	df	Sig.（双侧）	均值差值	标准误差值	差分的95%置信区间	
									下限	上限
2.1.18 相关经费的报销手续简单快捷	假设方差相等	8.573	0.005	8.123	69	0.000	1.812	0.223	1.367	2.257
	假设方差不相等			8.177	58.145	0.000	1.812	0.222	1.368	2.255
2.1.19 目前相关经费的配置方式合理，有利于促进研究生培养质量的提高	假设方差相等	0.148	0.702	10.849	69	0.000	1.763	0.162	1.439	2.087
	假设方差不相等			10.880	66.990	0.000	1.763	0.162	1.439	2.086
2.1.20 目前研究生培养经费数额充足	假设方差相等	0.105	0.747	8.142	68	0.000	1.457	0.179	1.100	1.814
	假设方差不相等			8.142	67.321	0.000	1.457	0.179	1.100	1.814
2.1.21 目前研究生培养经费使用的监管与反馈机制是很有效的	假设方差相等	0.971	0.328	9.919	69	0.000	1.736	0.175	1.387	2.085
	假设方差不相等			9.963	63.987	0.000	1.736	0.174	1.388	2.084
2.1.22 导师对于有关教学改革经费项目的申请很积极、热心	假设方差相等	3.179	0.079	6.943	68	0.000	1.343	0.193	0.957	1.729
	假设方差不相等			6.943	55.207	0.000	1.343	0.193	0.955	1.730

续表

		方差方程的 Levene 检验		均值方程的 t 检验						
		F	Sig.	t	df	Sig.（双侧）	均值差值	标准误差值	差分的95%置信区间	
									下限	上限
2.1.23 导师对于研究生培养经费的使用很积极、热心	假设方差相等	0.000	0.996	8.502	69	0.000	1.429	0.168	1.093	1.764
	假设方差不相等			8.534	65.487	0.000	1.429	0.167	1.094	1.763
2.1.24 目前以导师资助制为核心的培养经费配置方式：能够激发导师培养学生的热情和积极性	假设方差相等	7.454	0.008	9.031	69	0.000	1.680	0.186	1.309	2.051
	假设方差不相等			9.094	57.094	0.000	1.680	0.185	1.310	2.050
2.1.25 目前以导师资助制为核心的培养经费配置方式：有利于师生间关系的和谐	假设方差相等	4.887	0.030	9.898	69	0.000	1.760	0.178	1.406	2.115
	假设方差不相等			9.949	62.147	0.000	1.760	0.177	1.407	2.114
2.1.26 目前以导师资助制为核心的培养经费配置方式：有利于促进研究生课程质量的提高	假设方差相等	2.594	0.112	10.778	69	0.000	1.760	0.163	1.434	2.085
	假设方差不相等			10.818	65.520	0.000	1.760	0.163	1.435	2.084
2.1.27 目前以导师资助制为核心的培养经费配置方式：有利于激发学生学习的积极性	假设方差相等	0.188	0.666	8.964	69	0.000	1.540	0.172	1.197	1.882
	假设方差不相等			9.001	64.523	0.000	1.540	0.171	1.198	1.881

续表

		方差方程的Levene 检验		均值方程的 t 检验						
		F	Sig.	t	df	Sig.（双侧）	均值差值	标准误差值	差分的95%置信区间	
									下限	上限
2.1.28 目前以导师资助制为核心的培养经费配置方式：给予导师充分自主决策权力	假设方差相等	1.857	0.177	7.963	69	0.000	1.567	0.197	1.174	1.959
	假设方差不相等			7.996	64.394	0.000	1.567	0.196	1.175	1.958
2.1.29 目前以导师资助制为核心的培养经费配置方式：给予学院更多的自主决策权力	假设方差相等	1.743	0.191	9.674	68	0.000	1.714	0.177	1.361	2.068
	假设方差不相等			9.674	61.644	0.000	1.714	0.177	1.360	2.069
2.1.30 目前培养经费的配套方式依然主要由行政管理部门主导和决策	假设方差相等	12.302	0.001	3.677	69	0.000	0.727	0.198	0.333	1.121
	假设方差不相等			3.705	54.909	0.000	0.727	0.196	0.334	1.120
2.1.31 研究生培养的质量可由毕业生就业率体现	假设方差相等	1.420	0.238	8.801	69	0.000	1.624	0.185	1.256	1.992
	假设方差不相等			8.849	61.376	0.000	1.624	0.184	1.257	1.991
2.1.32 研究生培养的质量可由研究生的人均科研产出成果来体现	假设方差相等	0.043	0.837	7.320	69	0.000	1.205	0.165	0.876	1.533
	假设方差不相等			7.334	68.276	0.000	1.205	0.164	0.877	1.533

续表

		方差方程的Levene 检验		均值方程的 t 检验						
		F	Sig.	t	df	Sig.（双侧）	均值差值	标准误差值	差分的95%置信区间	
									下限	上限
2.1.33 目前导师的工作考核很好地体现了培养学生方面的业绩	假设方差相等	6.208	0.015	11.672	69	0.000	2.098	0.180	1.740	2.457
	假设方差不相等			11.748	58.540	0.000	2.098	0.179	1.741	2.456
2.1.34 研究生培养的效益可由毕业生的人均教育总支出体现	假设方差相等	2.304	0.134	8.416	69	0.000	1.450	0.172	1.106	1.794
	假设方差不相等			8.458	62.510	0.000	1.450	0.171	1.107	1.793
2.1.35 研究生培养的效益可由生师比体现	假设方差相等	0.000	1.000	7.004	69	0.000	1.510	0.216	1.080	1.940
	假设方差不相等			7.011	68.848	0.000	1.510	0.215	1.080	1.939
2.1.36 相关经费配置的政策支持比经费的数额大小更重要	假设方差相等	0.865	0.356	6.890	69	0.000	1.230	0.179	0.874	1.586
	假设方差不相等			6.921	63.772	0.000	1.230	0.178	0.875	1.585
2.1.37 现有的经费配置制度包含了对提高导师教学与指导能力的投入与支持	假设方差相等	6.568	0.013	11.601	68	0.000	2.000	0.172	1.656	2.344
	假设方差不相等			11.601	58.790	0.000	2.000	0.172	1.655	2.345

续表

		方差方程的 Levene 检验		均值方程的 t 检验						
		F	Sig.	t	df	Sig.（双侧）	均值差值	标准误差值	差分的95%置信区间 下限	上限
2.1.38 现有的经费使用政策稳定，持续性较好，不会朝令夕改	假设方差相等	2.195	0.143	2.617	69	0.011	2.876	1.099	0.684	5.068
	假设方差不相等			2.581	34.881	0.014	2.876	1.114	0.614	5.139
2.1.39 我认为科研经费多的教师，教学与指导能力也强，能更好地指导学生	假设方差相等	5.544	0.021	9.519	69	0.000	1.793	0.188	1.417	2.169
	假设方差不相等			9.587	56.428	0.000	1.793	0.187	1.418	2.167
2.1.40 现有的研究生培养制度下，教学与指导能力弱的教师在同等条件下无法获得研究生导师资格	假设方差相等	1.178	0.282	6.755	69	0.000	1.368	0.203	0.964	1.772
	假设方差不相等			6.771	67.779	0.000	1.368	0.202	0.965	1.772
2.1.41 现有经费政策制度下，没有科研经费支持的导师无法招收研究生	假设方差相等	4.891	0.030	3.695	69	0.000	0.837	0.226	0.385	1.288
	假设方差不相等			3.707	66.129	0.000	0.837	0.226	0.386	1.287
2.1.42 我对现有的研究生经费政策制度的总体评价高	假设方差相等	3.987	0.050	11.866	69	0.000	1.730	0.146	1.439	2.021
	假设方差不相等			11.915	64.730	0.000	1.730	0.145	1.440	2.020

附录四：面向学生的问卷量表的项目分析结果

表1　组统计量

	gro	N	均值	标准差	均值的标准误差
23.1 有关培养经费的分配与使用办法有充分征询过研究生的意见	1.00	320	4.12	0.868	0.049
	2.00	340	1.93	0.955	0.052
23.2 目前的奖助体系和导师资助制能让我安心学习和科研	1.00	320	4.40	0.665	0.037
	2.00	339	2.22	0.938	0.051
23.3 目前的奖助体系和导师资助制让我感受到公平和平等	1.00	320	4.44	0.660	0.037
	2.00	337	2.39	1.026	0.056
23.4 目前的奖助体系和导师资助制能够很好地激发我学习和科研的积极性	1.00	320	4.47	1.262	0.071
	2.00	335	2.26	0.907	0.050
23.5 在学习和科研的主导性方面，导师认真指导，十分尊重学生的意见，因材施教	1.00	320	4.50	0.633	0.035
	2.00	336	2.82	1.173	0.064
23.6 有科研经费的导师才能够招收研究生，这个制度能够很好地激励导师重视研究生培养工作	1.00	320	4.34	0.780	0.044
	2.00	336	2.72	1.111	0.061
23.7 有关经费的报销手续简单、便捷	1.00	320	3.99	1.118	0.063
	2.00	338	2.07	0.985	0.054
23.8 发表论文情况能够很好地评价一名研究生的培养质量水平	1.00	319	4.20	0.759	0.042
	2.00	338	2.39	1.002	0.054

续表

	pro	N	均值	标准差	均值的标准误差
23.9 就业情况能够很好地评价一名研究生的培养质量水平	1.00	320	4.15	0.803	0.045
	2.00	337	2.68	0.953	0.052
23.10 导师日常的指导投入情况能够很好地体现研究生的培养质量水平	1.00	319	4.48	0.587	0.033
	2.00	339	3.08	1.113	0.060
23.11 导师的工作业绩评价应该加入学生评价这一环节	1.00	320	4.42	0.690	0.039
	2.00	339	3.32	1.206	0.065

表 2　独立样本检验

		方差方程的 Levene 检验		均值方程的 t 检验						
		F	Sig.	t	df	Sig.（双侧）	均值差值	标准误差值	差分的95%置信区间	
									下限	上限
23.1 有关培养经费的分配与使用办法有充分征询过研究生的意见	假设方差相等	14.930	0.000	30.848	658	0.000	2.195	0.071	2.056	2.335
	假设方差不相等			30.937	657.199	0.000	2.195	0.071	2.056	2.335
23.2 目前的奖助体系和导师资助制能让我安心学习和科研	假设方差相等	39.634	0.000	34.367	657	0.000	2.188	0.064	2.063	2.313
	假设方差不相等			34.697	610.383	0.000	2.188	0.063	2.064	2.312
23.3 目前的奖助体系和导师资助制让我感受到公平和平等	假设方差相等	87.721	0.000	30.354	655	0.000	2.055	0.068	1.922	2.188
	假设方差不相等			30.682	577.036	0.000	2.055	0.067	1.923	2.186

续表

		方差方程的 Levene 检验		均值方程的 t 检验						
		F	Sig.	t	df	Sig.（双侧）	均值差值	标准误差值	差分的95%置信区间	
									下限	上限
23.4 目前的奖助体系和导师资助制能够很好地激发我学习和科研的积极性	假设方差相等	5.176	0.023	25.816	653	0.000	2.209	0.086	2.041	2.377
	假设方差不相等			25.628	577.405	0.000	2.209	0.086	2.040	2.378
23.5 在学习和科研的主导性方面，导师认真指导，十分尊重学生的意见，因材施教	假设方差相等	81.327	0.000	22.776	654	0.000	1.688	0.074	1.542	1.833
	假设方差不相等			23.083	520.453	0.000	1.688	0.073	1.544	1.831
23.6 有科研经费的导师才能够招收研究生，这个制度能够很好地激励导师重视研究生培养工作	假设方差相等	32.359	0.000	21.559	654	0.000	1.624	0.075	1.476	1.771
	假设方差不相等			21.738	602.127	0.000	1.624	0.075	1.477	1.770
23.7 有关经费的报销手续简单、便捷	假设方差相等	3.315	0.069	23.357	656	0.000	1.917	0.082	1.756	2.078
	假设方差不相等			23.276	635.337	0.000	1.917	0.082	1.755	2.078
23.8 发表论文情况能够很好地评价一名研究生的培养质量水平	假设方差相等	44.211	0.000	26.033	655	0.000	1.813	0.070	1.676	1.950
	假设方差不相等			26.238	626.108	0.000	1.813	0.069	1.677	1.949

		方差方程的 Levene 检验		均值方程的 t 检验						
		F	Sig.	t	df	Sig.（双侧）	均值差值	标准误差值	差分的95%置信区间	
									下限	上限
23.9 就业情况能够很好地评价一名研究生的培养质量水平	假设方差相等	10.489	0.001	21.341	655	0.000	1.471	0.069	1.335	1.606
	假设方差不相等			21.436	645.898	0.000	1.471	0.069	1.336	1.605
23.10 导师日常的指导投入情况能够很好地体现研究生的培养质量水平	假设方差相等	53.458	0.000	19.996	656	0.000	1.400	0.070	1.263	1.537
	假设方差不相等			20.343	519.150	0.000	1.400	0.069	1.265	1.535
23.11 导师的工作业绩评价应该加入学生评价这一环节	假设方差相等	90.030	0.000	14.305	657	0.000	1.103	0.077	0.952	1.255
	假设方差不相等			14.516	543.913	0.000	1.103	0.076	0.954	1.252

附录五：三类问卷量表题项的共同性值

一、面向研究生导师的问卷量表题项的共同性值

表1 公因子方差

	初始	提取
2.1.1 相关资源配置办法与规则的制订过程中有充分征询研究生导师的意见	1.000	0.793
2.1.2 经费分配与使用的政策规定符合实际情况，可操作性高	1.000	0.803
2.1.3 我拥有可支配的研究生培养经费资源	1.000	0.773
2.1.4 我能从有关资源配置的过程中感受到公平、平等的对待	1.000	0.872
2.1.5 我能从有关资源配置的过程中感受到被尊重	1.000	0.861
2.1.6 拥有高职称的教师更容易获得相关的资源	1.000	0.742
2.1.7 拥有高行政地位的教师更容易获得相关的资源	1.000	0.799
2.1.8 拥有国家重点扶持的各类学者头衔的教师更容易获得相关的资源	1.000	0.786
2.1.9 教学与指导能力强的教师更容易获得相关的资源	1.000	0.774
2.1.10 我完全了解有关资源配置（分配与使用）的相关政策规定	1.000	0.738
2.1.11 相关经费的配置政策及过程公开且透明，相关信息易获取	1.000	0.818
2.1.12 在研究生培养过程中，从经费角度看，我负担的责任与我能支配的权力相当	1.000	0.816
2.1.13 在相关资源的获取中，我感受到以个人能力为基础的公平竞争的氛围	1.000	0.810
2.1.14 对非个人能力因素造成的资源使用上的弱势，现有政策存在相关补偿办法	1.000	0.769
2.1.15 经费的使用标准与经费设置的目标要求是一致吻合的	1.000	0.813
2.1.16 研究生培养工作的业绩评价标准是公平的	1.000	0.753
2.1.17 相关经费的到位速度很快	1.000	0.785

	初始	提取
2.1.18 相关经费的报销手续简单快捷	1.000	0.859
2.1.19 相关经费的配置方式合理，有利于促进研究生培养质量的提高	1.000	0.790
2.1.20 研究生培养经费数额充足	1.000	0.757
2.1.21 相较于科研经费，我更愿意使用培养配套经费用于研究生培养过程	1.000	0.886
2.1.22 目前以导师资助制为核心的培养经费配置方式：能够激发我培养学生的热情和积极性	1.000	0.818
2.1.23 目前以导师资助制为核心的培养经费配置方式：有利于师生间关系的和谐	1.000	0.885
2.1.24 目前以导师资助制为核心的培养经费配置方式：有利于科研与教学的融合，科研很好地促进了研究生的教学与培养	1.000	0.869
2.1.25 目前以导师资助制为核心的培养经费配置方式：有利于促进研究生课程质量的提高	1.000	0.890
2.1.26 目前以导师资助制为核心的培养经费配置方式：有利于激发学生学习的积极性	1.000	0.891
2.1.27 目前以导师资助制为核心的培养经费配置方式：给予了导师充分的自主决策权力	1.000	0.801
2.1.28 目前培养经费的配套方式依然主要由行政管理部门主导和决策	1.000	0.728
2.1.29 研究生培养的质量可由毕业生就业率体现	1.000	0.756
2.1.30 研究生培养的质量可由研究生的人均科研产出成果来体现	1.000	0.827
2.1.31 目前导师的工作考核很好地体现了培养学生方面的业绩	1.000	0.800
2.1.32 研究生培养的效益可由毕业生的人均教育总支出体现	1.000	0.835
2.1.33 研究生培养的效益可由生师比体现	1.000	0.789
2.1.34 研究生培养的效益可由毕业就业质量体现	1.000	0.723
2.1.35 相关经费配置的政策支持比经费的数额大小更重要	1.000	0.736

续表

	初始	提取
2.1.36 现有的经费配置制度包含了对提高导师教学与指导能力的投入与支持	1.000	0.815
2.1.37 现有的经费配置制度鼓励和允许我进行独立研究出高质量的科研成果	1.000	0.795
2.1.38 现有的经费配置制度鼓励和允许我不断尝试调整研究方向，进行难度大、耗时长的研究	1.000	0.843
2.1.39 现有的经费使用政策稳定，持续性较好，不会朝令夕改	1.000	0.815
2.1.40 我认为科研经费多的教师，教学与指导能力也强，能更好地指导学生	1.000	0.691
2.1.41 现有的研究生培养制度下，教学与指导能力弱的教师在同等条件下无法获得研究生导师资格	1.000	0.789
2.1.42 现有经费政策制度下，如果没有科研经费支持，是无法招收研究生的	1.000	0.853
2.1.43 我对现有的经费政策制度总体感到满意	1.000	0.839

二、面向与研究生事务相关的行政管理人员的问卷量表题项的共同性值

表 2　公因子方差

	初始	提取
2.1.1 我对目前研究生培养经费相关的资源配置政策很熟悉	1.000	0.850
2.1.2 相关资源配置办法与规则的制订过程中有充分征询导师和研究生的意见	1.000	0.764
2.1.3 经费分配与使用的政策规定符合实际情况，可操作性高	1.000	0.789
2.1.4 导师名下拥有可支配的研究生培养经费资源	1.000	0.847
2.1.5 相关资源配置过程充分考虑了不同学科、不同类别、不同层次等的差异性，充分体现了公平性	1.000	0.859

	初始	提取
2.1.6 拥有高职称的教师更容易获得相关的资源	1.000	0.900
2.1.7 拥有高行政地位的教师更容易获得相关的资源	1.000	0.892
2.1.8 拥有国家重点扶持的各类学者头衔的教师更容易获得相关的资源	1.000	0.864
2.1.9 教学与指导能力强的教师更容易获得相关的资源	1.000	0.800
2.1.10 相关资源配置的政策文件与办法规定等充分告知导师、学生，他们应该都清楚知道	1.000	0.743
2.1.11 相关经费的配置过程公开且透明，相关信息易获取	1.000	0.784
2.1.12 在研究生培养过程中，从经费角度看，导师负担的责任与其能支配的权力相当	1.000	0.850
2.1.13 相关资源的获取，导师主要以个人能力为依据进行公平竞争	1.000	0.819
2.1.14 对非个人能力因素造成的资源使用上的弱势，现有政策存在相关补偿办法	1.000	0.770
2.1.15 经费的使用标准与经费设置的目标要求是一致吻合的	1.000	0.825
2.1.16 研究生经费使用的业绩评价标准是公平的	1.000	0.778
2.1.17 相关经费的到位速度很快	1.000	0.881
2.1.18 相关经费的报销手续简单快捷	1.000	0.844
2.1.19 目前相关经费的配置方式合理，有利于促进研究生培养质量的提高	1.000	0.807
2.1.20 目前研究生培养经费数额充足	1.000	0.749
2.1.21 目前研究生培养经费使用的监管与反馈机制是很有效的	1.000	0.788
2.1.22 导师对于有关教学改革经费项目的申请很积极、热心	1.000	0.870
2.1.23 导师对于研究生培养经费的使用很积极、热心	1.000	0.850
2.1.24 目前以导师资助制为核心的培养经费配置方式：能够激发导师培养学生的热情和积极性	1.000	0.836
2.1.25 目前以导师资助制为核心的培养经费配置方式：有利于师生间关系的和谐	1.000	0.844

续表

	初始	提取
2.1.26 目前以导师资助制为核心的培养经费配置方式：有利于促进研究生课程质量的提高	1.000	0.858
2.1.27 目前以导师资助制为核心的培养经费配置方式：有利于激发学生学习的积极性	1.000	0.838
2.1.28 目前以导师资助制为核心的培养经费配置方式：给予导师充分自主决策权力	1.000	0.865
2.1.29 目前以导师资助制为核心的培养经费配置方式：给予学院更多的自主决策权力	1.000	0.822
2.1.30 目前培养经费的配套方式依然主要由行政管理部门主导和决策	1.000	0.899
2.1.31 研究生培养的质量可由毕业生就业率体现	1.000	0.870
2.1.32 研究生培养的质量可由研究生的人均科研产出成果来体现	1.000	0.914
2.1.33 目前导师的工作考核很好地体现了培养学生方面的业绩	1.000	0.857
2.1.34 研究生培养的效益可由毕业生的人均教育总支出体现	1.000	0.840
2.1.35 研究生培养的效益可由生师比体现	1.000	0.851
2.1.36 相关经费配置的政策支持比经费的数额大小更重要	1.000	0.876
2.1.37 现有的经费配置制度包含了对提高导师教学与指导能力的投入与支持	1.000	0.816
2.1.38 现有的经费使用政策稳定，持续性较好，不会朝令夕改	1.000	0.777
2.1.39 我认为科研经费多的教师，教学与指导能力也强，能更好地指导学生	1.000	0.872
2.1.40 现有的研究生培养制度下，教学与指导能力弱的教师在同等条件下无法获得研究生导师资格	1.000	0.812
2.1.41 现有经费政策制度下，没有科研经费支持的导师无法招收研究生	1.000	0.854
2.1.42 我对现有的研究生经费政策制度的总体评价高	1.000	0.814

三、面向学生的问卷量表题项的共同性值

表3 公因子方差

	初始	提取
23.1 有关培养经费的分配与使用办法有充分征询过研究生的意见	1.000	0.718
23.2 目前的奖助体系和导师资助制能让我安心学习和科研	1.000	0.820
23.3 目前的奖助体系和导师资助制让我感受到公平和平等	1.000	0.797
23.4 目前的奖助体系和导师资助制能够很好地激发我学习和科研的积极性	1.000	0.800
23.5 在学习和科研的主导性方面，导师认真指导，十分尊重学生的意见，因材施教	1.000	0.744
23.6 有科研经费的导师才能够招收研究生，这个制度能够很好地激励导师重视研究生培养工作	1.000	0.760
23.7 有关经费的报销手续简单、便捷	1.000	0.805
23.8 发表论文情况能够很好地评价一名研究生的培养质量水平	1.000	0.730
23.9 就业情况能够很好地评价一名研究生的培养质量水平	1.000	0.820
23.10 导师日常的指导投入情况能够很好地体现研究生的培养质量水平	1.000	0.675
23.11 导师的工作业绩评价应该加入学生评价这一环节	1.000	0.878

附录六：《大学章程》文本分析涉及的 50 所教育部直属高校名单

序号	名称	办学层次定位
1	清华大学	世界一流大学
2	北京大学	世界一流大学
3	北京师范大学	世界知名、中国一流大学
4	山东大学	世界知名、中国一流大学
5	厦门大学	世界知名、中国一流大学
6	同济大学	世界知名、中国一流大学
7	武汉大学	世界高水平、中国顶尖大学
8	南京大学	世界知名高水平、中国顶尖大学
9	东南大学	世界知名、中国一流大学
10	电子科技大学	世界知名、中国一流大学
11	华南理工大学	世界知名、中国高水平大学
12	华东师范大学	世界知名、中国高水平大学
13	中国人民大学	世界知名高水平、中国顶尖大学
14	东华大学	世界知名、中国高水平大学
15	上海外国语大学	世界知名、中国一流大学
16	武汉理工大学	世界知名、中国高水平大学
17	华中师范大学	世界知名、中国高水平大学
18	吉林大学	世界高水平、中国顶尖大学
19	上海交通大学	世界高水平、中国顶尖大学
20	四川大学	世界知名、中国一流大学
21	西北农林大学	研究型大学
22	上海财经大学	世界知名、中国一流大学
23	兰州大学	世界知名、中国高水平大学
24	重庆大学	世界知名、中国高水平大学
25	天津大学	世界知名、中国一流大学

序号	名称	办学层次定位
26	东北大学	世界知名、中国一流大学
27	中国农业大学	世界知名、中国一流大学
28	中山大学	世界知名、中国一流大学
29	西安交通大学	世界知名、中国一流大学
30	浙江大学	世界高水平、中国顶尖大学
31	南开大学	世界知名、中国一流大学
32	中南大学	世界知名、中国一流大学
33	华中科技大学	世界知名、中国一流大学
34	河海大学	世界知名、中国一流大学
35	北京航空航天大学	世界知名、中国一流大学
36	复旦大学	世界知名高水平、中国顶尖大学
37	中国海洋大学	世界知名、中国一流大学
38	大连理工大学	世界知名、中国一流大学
39	湖南大学	世界知名、中国高水平大学
40	中央民族大学	中国一流大学
41	西北工业大学	世界知名、中国高水平大学
42	中国科学技术大学	世界知名高水平、中国顶尖大学
43	北京科技大学	世界知名、中国高水平大学
44	中国地质大学（武汉）	世界知名、中国一流大学
45	中国石油大学（华东）	世界知名、中国高水平大学
46	中央财经大学	中国高水平大学
47	华东理工大学	世界知名、中国高水平大学
48	江南大学	世界知名、中国高水平大学
49	西安电子科技大学	世界知名、中国高水平大学
50	西南大学	世界知名、中国高水平大学

注：上海外国语大学、西北农林大学两所高校的办学层次定位来自这两所高校的《大学章程》；其余高校的办学层次定位来自人民网 2016 年 12 月 29 日的《2017 中国研究型大学排行榜 36 所高校上榜》一文，网址为 http://edu.people.com.cn/n1/2016/1229/c409161-28986790.html。

附录七：面向三类群体的访谈提纲

访谈一：面向研究生导师的访谈提纲
访谈提纲（研究生导师）

一、基本信息

1. 人员类别：硕士生导师 、博士生导师

2. 性别：

3. 所属院系（或单位）：

4. 职务/职称：

5. 目前带多少研究生

6. 所属学部：

二、问题内容（大概）

1. 您名下有可支配的研究生培养经费吗？

2. 您觉得有否必要让导师拥有可支配的研究生培养经费？为什么？

3. 在有关研究生培养经费的使用上，费用报销情况怎样？（手续是否烦琐麻烦？使用时的限制是否严格？一般允许的支出项都有哪些？有否其他希望能够允许的支出项？有的话，这个支出项是什么？）

4. 在研究生教育经费的使用分配方面，资源的使用决策权主要在谁手里？是否会动用自己的科研经费用于研究生的培养环节？在经费的使用上有否不满意的地方？为什么？

5. 您对本校研究生教育资源配置工作（如研究生教育经费的分配使用等）的评价如何？有否相关的制度规范？有哪些方面是需要改进的？觉得可以如何进行改进？

6. 您觉得在研究生教育资源配置工作中，学校、学院是否足够重视发挥导师的积极主动性，给予足够的权力？

7. 您觉得在资源的配置中，最应该加强谁的积极主动性？为什么？您觉得有哪些方面需要加强？可以如何做？

8. 您如何评价本校的研究生培养教育工作？觉得本校的研究生培养教育工作中，哪方面是薄弱的、做得不够好？可以如何改进？

9. 您认为在评价研究生教育资源配置有效性方面，应该最看重哪个因素？

为什么？

　　10. 您觉得研究生教育资源配置重要吗？为什么？

　　11. 其他想说明的方面。

访谈二：面向行政管理人员的访谈提纲
访谈提纲（行政管理人员）

　　一、基本信息

　　1. 人员类别：院级部门行政管理人员、校级部门行政管理人员，或者其他（可说明）

　　2. 性别：

　　3. 工作年限：

　　4. 所属院系（或单位）：

　　5. 职务/职称：

　　二、问题内容

　　1. 您所知道的有关研究生培养经费的分配使用情况是怎样的？

　　2. 研究生培养经费的使用决策权主要在谁手里？在经费分配过程中，是按照什么原则或标准进行分配？

　　3. 研究生培养经费主要是使用在哪些方面？是否够用？还是每年均有剩余？您觉得是否还有其他的支出项目应允许从研究生培养经费里支出？这个支出项目是什么？

　　4. 在有关研究生教育培养经费的使用上，费用报销流程情况是怎样的？

　　5. 您对本校研究生教育资源配置工作的评价如何？有否相关的制度规范？有哪些方面是需要改进的？觉得可以如何进行改进？

　　6. 您觉得在研究生教育资源配置工作中，最应该重视加强谁的积极主动性？为什么？可以如何改进？

　　7. 研究生导师手上有研究生教育经费的支配使用权吗？您怎么看？

　　8. 您觉得本校的研究生培养教育工作中，哪方面是薄弱的、做得不够好？可以如何改进？

　　9. 您认为在评价研究生教育资源配置有效性方面，应该最看重哪个因素？为什么？

　　10. 您觉得研究生教育资源配置重要吗？为什么？

　　11. 其他想说明的方面。

访谈三：面向学生的访谈问卷提纲
访谈提纲（研究生）

一、基本信息

1. 人员类别：硕士生或博士生

2. 性别：

3. 所属院系（或单位）：

4. 专业：

5. 学术型或专业型

二、问题内容

1. 对自己想做的课题、出去参加研讨会、发表论文等，是否会得到资助？是学校、学院，还是导师给予资助？

2. 有关费用的报销手续是怎样的情况？

3. 学校或学院有专门针对研究生的课题申报吗？或者其他有关学业的鼓励措施或政策？您的评价如何？有否需要改进的地方？

4. 导师会用科研经费资助您在学业或科研上所投入的支出吗？您的评价如何？为什么？

5. 读研期间，您会为获得好的奖学金或资助而更加努力地学习和从事科研吗？为什么？

6. 您对于学习是否有足够的热情和积极性？为什么？

7. 从制度层面和管理层面上，觉得学校、学院的激励措施方面有否需要改进的？

8. 您知道学校或学院给予的研究生培养导向是什么吗？这是否符合您求学的预期？为什么？

9. 对本校的研究生教育资源配置工作您如何评价？为什么？

10. 您觉得导师、学院、学校在研究生培养方面，分别最需要改进的是什么地方？原因是什么？

11. 您觉得研究生教育资源配置最应该看重哪个因素？为什么？

12. 其他想说明的方面。

参考文献

［1］谢维和，王孙禺．学位与研究生教育：战略与规划［M］．北京：教育科学出版社，2011.

［2］刘延东．在国务院学位委员会第三十二次会议上的讲话［J］．学位与研究生教育，2016（3）：6.

［3］徐水晶，龙耀．中国研究生教育中导师与研究生关系［J］．现代大学教育，2016（5）：80－87.

［4］赵军，曾晓丽．研究生培养机制改革成效与深化路径研究——基于研究生的问卷调查［J］．研究生教育研究，2015（3）：15－21.

［5］张念宏．教育百科辞典［M］．北京：中国农业科技出版社，1988：402.

［6］朱坚强．教育经济学发凡［M］．北京：社会科学文献出版社，2005：92－93.

［7］江小惠．试论我国高等教育资源配置在市场经济中的变革及抉择［J］．江苏理工大学学报，1996，17（1）：71.

［8］尹晓岚，刘惠林.2008年黑龙江省教育经济发展报告［M］．哈尔滨：黑龙江人民出版社，2008.

［9］唐斌．教育多元筹资问题研究——兼论第三部门在教育筹资中的作用［M］．武汉：华中师范大学出版社，2012：6.

［10］魏彬．现代教育技术［M］．北京：科学出版社，2006.

［11］李祖超．我国教育资源短缺简析［J］．高等教育研究，1997（6）：37－39.

［12］李从东，韩文秀，霍艳芳，等.普通高校办学资源配置评价问题［J］．天津大学学报（社会科学版），1999，1（3）：193.

［13］康宁．中国经济转型中高等教育资源配置的制度创新［M］．北京：教育科学出版社，2005.

[14] 许丽英，袁桂林．教育效率——一个需要重新审视的概念 [J]．教育理论与实践，2007，27（1）：18 – 20.

[15] 李宜江．义务教育均衡发展的法律保障研究 [M]．芜湖：安徽师范大学出版社，2013：38 – 39.

[16] 张忠家．大学教育资源优化配置研究 [M]．武汉：武汉理工大学出版社，2014：36.

[17] 茶世俊．研究生教育制度渐进变迁 [M]．北京：北京大学出版社，2010.

[18] 王善迈．教育经济学简明教程 [M]．北京：高等教育出版社，2000：12.

[19] 吴立保．高等教育资源配置的多主体分析及优化策略 [J]．研究生教育研究，2011（1）：20 – 24.

[20] 潘懋元．多学科观点的高等教育研究 [M]．上海：上海教育出版社，2001：248.

[21] 唐万宏．以科学发展观优化配置高等学校教育资源 [J]．江苏高教，2007（1）：59.

[22] 张海静．基于公共选择理论的高等教育资源宏观配置 [J]．宁波大学学报（教育科学版），2008，30（6）：87 – 90.

[23] 张志勇．中国高等教育资源配置改革的理论探讨 [J]．经济理论研究，2008：105 – 107.

[24] 葛虹，冯英浚．管理有效性与管理贡献率的测算 [J]．数学的实践与认识，2008，38（21）：11 – 12.

[25] 孙佰清，董靖巍，唐坤，等．相对动态绩效评价方法的思想和最新研究进展 [J]．中国软科学，2010，（11）：164.

[26] 白暴力，王胜利．供给侧改革的理论和制度基础与创新 [J]．中国社会科学院研究生院学报，2017（02）：49 – 59.

[27] 王云中．马克思经济学研究的一个新视角——马克思的资源配置理论 [J]．马克思主义研究，2006（09）：29 – 36.

[28] 王云中．论马克思资源配置理论的依据、内容和特点 [J]．经济评论，2004（01）：31 – 38.

[29] 刘学梅，李明，丁堡骏．对社会主义国家资源配置理论的再认识——习近平系列重要讲话中政治经济学思想研究 [J]．毛泽东邓小平理论研究，2015（01）：35 – 41.

［30］张福东，姜威．马克思资源配置理论的逻辑蕴涵与当代价值［J］．东北师大学报（哲学社会科学版），2014（03）：73－76.

［31］刘骏民．经济增长、货币中性与资源配置理论的困惑——虚拟经济研究的基础理论框架［J］．政治经济学评论，2011，2（04）：43－63.

［32］周月秋．资源配置理论探索［J］．金融管理科学．河南金融管理干部学院学报，1994（03）：9－13.

［33］马丹．论马克思资源配置理论及其指导意义［J］．经济师，2007（07）：30－31.

［34］赵国强．组织中权力及授权的资源配置理论［J］．现代管理科学，2006（09）：51－53.

［35］孙伶俐，陈昌权，张锐．基于资源配置理论的企业组织结构分析［J］．工业工程，2007（02）：34－37.

［36］周明生．《资本论》：市场决定资源配置理论的经典性科学构建［J］．江苏行政学院学报，2015（06）：42－48.

［37］屈炳祥．论《资本论》与马克思的资源配置理论［J］．经济评论，1999（04）：8－11.

［38］田宏图．马克思价值学说中的资源配置理论［J］．南京政治学院学报，1999（04）：33－36.

［39］李宝良，郭其友．稳定配置与市场设计：合作博弈理论的扩展与应用——2012年度诺贝尔经济学奖得主夏普利和罗思主要经济理论贡献述评［J］．外国经济与管理，2012，34（11）：1－10.

［40］高岭．两种不同分析范式的资源配置论［J］．税务与经济，2017（01）：9－15.

［41］金家厚．深化社会资源配置领域的改革［J］．开放导报，2013（06）：19－22.

［42］王玉．共享经济背景下的政府监管困境及优化路径［J］．经济研究参考，2017（67）：60－63.

［43］刘厚俊．现代西方经济学（第6版）［M］．南京：南京大学出版社，2016.

［44］樊纲．现代三大经济理论体系的比较与综合［M］．上海：格致出版社；上海人民出版社，2016.08.

［45］刘武强，潘邦贵．微观经济学［M］．南京：南京大学出版社，2015.

［46］彭春燕．微观经济学［M］．北京：北京理工大学出版社，2016.

[47] 张维迎. 经济学原理［M］. 西安：西北大学出版社，2015.

[48] 高建伟. 中国集体所有土地征收研究——基于法经济学的分析［M］. 天津：南开大学出版社，2015.

[49] 孙百昌. 工商行政管理经济学［M］. 北京：中国工商出版社，2009.

[50] 芮明杰. 管理学教程（第2版）［M］. 北京：首都经济贸易大学出版社，2016.

[51] 刘汉太. 第四资本［M］. 北京：中国铁道出版社，2012.

[52] 王晓光. 财政学［M］. 北京：清华大学出版社，2016.

[53] 田志友，韩彦芳. 认证有效性——从感知到提升［M］. 上海：上海交通大学出版社，2016.

[54]〔美〕乔尔·G. 西格尔，〔美〕杰·K. 希姆. 会计辞典（第3版）［M］. 上海：上海财经大学出版社，2007.

[55] 霍海涛. 知识管理、企业文化与组织效能的相关性研究［M］. 长春：吉林大学出版社，2013.

[56] 戴珩. 现代公共文化服务体系200问［M］. 南京：南京师范大学出版社，2015.

[57] 贾绍华. 厚积之思：贾绍华经济文集 第2辑［M］. 海口：海南出版社，2005.

[58] 陈义和. 行政行为公定力初论［J］. 云南行政学院学报，2014（4）：146-147.

[59] 王建国. 论法的有效性［J］. 周口师范学院学报，2005，22（1）：71-72.

[60] 程红，张天宝. 论教学的有效性及其提高策略［J］. 江西教育科研，1998（5）：34-35.

[61] 王战军. 什么是研究型大学——中国研究型大学建设基本问题研究（一）［J］. 学位与研究生教育，2003（1）：9.

[62]《教育研究》杂志社. 中国教育科学30年教育［M］. 北京：科学出版社，2010.

[63] 王英杰，刘慧珍. 2005：中国教育发展报告——高等教育的发展、问题与对策［M］. 北京：北京师范大学出版社，2005.

[64] 杨东平，朱寅年. 2006年：中国教育的转型与发展［M］. 北京：社会科学文献出版社，2007.

[65] 叶澜. 中国教育学科年度发展报告·2005［M］. 上海：上海教育出

版社，2007.

[66] 刘亚荣. 从双轨到和谐：中国高等教育资源配置机制的转轨 [M].
杭州：浙江大学出版社，2010.

[67] 康宁. 中国高等教育资源配置转型程度指标体系研究 [M]. 北京：
教育科学出版社，2010.

[68] 陈永明. 教育经费的国际比较 [M]. 天津：天津教育出版社，2006.

[69] 张忠家. 大学教育资源优化配置研究 [M]. 武汉：武汉理工大学出
版社，2014.

[70] 张桂春. 教育资源配置中的高校规模问题 [J]. 东疆学刊，1997，14
(3)：10 – 13.

[71] 高丽. 论公共教育资源配置的合理性和有效性标准 [J]. 生产力研
究，2008 (23)：82 – 84.

[72] 赵缜. 基于 DEA 的高等教育科技资源配置效率评价分析——以黑龙
江省为例 [J]. 科技进步与对策，2009，26 (2)：112 – 115.

[73] 段从宇，张雅博. 高等教育资源的内涵阐释、配置过程、本质及实施
[J]. 黑龙江高教研究，2014 (9)：28 – 30.

[74] 段锐. 研究型大学研究生教育资源配置过程中的博弈分析 [J]. 学
位与研究生教育，2012 (5)：39 – 43.

[75] 胡仁东. 权力与市场：两种高等教育资源配置模式 [J]. 高等工程
教育研究，2006 (2)：17 – 21.

[76] 张端端. 中国高等教育管理的困境与出路 [J]. 吉林工程技术师范
学院学报，2016，32 (1)：4 – 6.

[77] 阎凤娇，闵维方. 对于我国高等教育资源配置中存在的"木桶现象"
的探讨 [J]. 教育与经济，1999 (2)：9 – 14.

[78] 韩海彬，李全生. 中国高等教育生产率变动分析：基于 Malmquist 指
数 [J]. 复旦教育论坛，2010，8 (4)：58 – 62.

[79] 杨倩. 促进公平：我国高等教育资源配置的时代任务 [J]. 纺织服
装教育，2012，27 (5)：393 – 396.

[80] 庞国斌. 公平理论视阈下我国公共高等教育投资资源配置若干思考
[J]. 教育科学，2007，23 (4)：5 – 9.

[81] 周大森. 高等教育资源配置的公平与效率分析 [J]. 中国成人教育，
2014 (17)：14 – 116.

[82] 许士荣. 公平和效率：我国高等教育资源配置的两难选择 [J]. 高

教与经济, 2010 (2): 34 - 37.

[83] 刘周. 试论实现我国高等教育资源分配公平的措施 [J]. 荆楚理工学院学报, 2012, 27 (6): 19 - 22.

[84] 文艺. 公平与效率共生共长: 我国高等教育发展途径探讨 [J]. 四川文化产业职业学院学报, 2009 (1): 69 - 73.

[85] 陈彬. 我国高等教育资源配置中公平和效率问题研究 [J]. 商, 2015 (31): 68 - 69.

[86] 高建林. 教育公平视阈下的高等教育资源生态配置研究 [J]. 江苏高教, 2017 (5): 34 - 37.

[87] 曹鹤. 高校教育资源配置协同性的研究 [J]. 中国电力教育, 2014 (8): 1 - 5.

[88] 张二锋, 赵捷. 高校教育资源配置的优化研究 [J]. 陕西教育 (高教版), 2014 (10): 30.

[89] 张云. 试论高等教育资源的有效配置及实现途径 [J]. 南京师大学报 (社会科学版), 2009 (1): 94 - 98.

[90] 刘贵华. 国情教育研究书系中国研究生教育发展报告 2013 [M]. 北京: 教育科学出版社, 2015.

[91] 王根顺, 王璐. 中国教育年报 2012 年版 [M]. 兰州: 兰州大学出版社, 2013.

[92] 谢维和, 王孙禺. 学位与研究生教育: 战略与规划 [M]. 北京: 教育科学出版社, 2011.

[93] 吴本厦. 中国学位与研究生教育的创立及实践 [M]. 北京: 高等教育出版社, 2009.

[94] 符得团, 马建欣. 研究生教育成本分担与资助 [M]. 北京: 中国社会科学出版社, 2009.

[95] 卢晓东. 谁为研究生教育买单 [M]. 北京: 经济科学出版社, 2007.

[96] 研究生教育质量报告编研组. 中国研究生教育质量年度报告 (2012) [M]. 北京: 中国科学技术出版社, 2013.

[97] 中国研究生院院长联席会. 中国研究生教育年度报告 (2011) [M]. 北京: 高等教育出版社, 2012.

[98] 周洪宇. 学位与研究生教育史 [M]. 北京: 高等教育出版社, 2004.

[99] 谢桂华. 学位与研究生教育研究新进展 [M]. 北京: 高等教育出版社, 2006.

[100] 研究生专业学位总体设计研究课题组.开创我国专业学位研究生教育发展的新时代——研究生专业学位总体设计研究报告 [M].北京:中国人民大学出版社,2010.

[101]"研究生教育体制改革研究"课题组.中国研究生教育体制改革研究 [M].北京:高等教育出版社,2013.

[102] 袁本涛,王顶明,刘帆.中国研究生教育规模究竟大不大——基于中、美、英、台湾地区的历史数据比较 [J].高等教育研究,2012 (8):53-58.

[103] 王振辉,赖扬华.我国高校博士点投入产出效率研究——基于DEA模型的分析 [J].教育与经济,2012 (1):34-37.

[104] 万斌,陈业欣.公平概念的历史发展及当代意义 [J].浙江社会科学,2000 (4):88.

[105]〔美〕萨缪尔森,〔美〕诺德豪斯.经济学(第19版)[M].萧琛,主译.北京:商务印书馆,2014.

[106]〔英〕皮尔斯.现代经济学辞典 [M].毕吉耀,谷爱俊,译.北京:北京航空航天大学出版社,1992.

[107]〔美〕罗尔斯.正义论 [M].谢廷光,译.上海:上海译文出版社,1991.

[108] 周金燕.教育分配正义的理论述评 [J].教育科学,2014,30 (3):9.

[109] 姜威.资源整合模式与区域经济发展研究 [M].北京:人民出版社,2013.

[110] 黄少安.资源配置效率标准的多元性与一致性原理——兼论帕累托效率标准 [J].经济评论,1995 (3):45.

[111] 周欣,李霞,卢健,等.世界古典管理学家管理法则全书 [M].北京:中国社会出版社,1999.

[112] 陈建华.管理学=MANAGEMENT [M].郑州:河南大学出版社,2013.

[113] SCHULZ K A, ORLOWSKA M E. Facilitating cross-organizational workflows with a workflow view approach [J]. Date & Knowledge Engineering, 2004 (51): 109-147.

[114] 张子刚.管理的历史逻辑与协调管理 [J].企业经济,2010 (5):7.

[115] 程新章.组织理论关于协调问题的研究 [J].科技管理研究,2006

(10)：231 - 232.

[116] 邓利斌，刘震宇．组织成员之间协调的有效性研究 [J]．科技进步与对策，2007，24 (3)：180.

[117] 张良．公共管理导论 [M]．上海：上海三联书店，1997.

[118] MBA 智库百科．管理效益 [EB/OL]．维基百科，2016 - 08 - 01.

[119] 牟成文．树立科学的效益观——兼对传统"经济效益"定义的评析 [J]．湖北社会科学，2005 (1)：66 - 68.

[120] 单东．经济理论与经济改革探索 [M]．太原：山西经济出版社，2005.

[121] 程水源，江军民，程瑶池．大学多元化投资体系与办学效益研究 [M]．北京：中国商业出版社，2014.

[122] 柯佑祥．教育经济学 [M]．华中科技大学出版社，2009.

[123] 李波．区域高等教育投资效益研究 [M]．济南：山东人民出版社，2013.

[124] 马丹．高等教育资源配置效益的重合度法研究 [J]．理工高教研究，2007，26 (5)：29.

[125] 王善迈．教育公平的分析框架和评价指标 [J]．北京师范大学学报 (社会科学版)，2008 (3)：94.

[126] 刘亚敏，师东海．21 世纪以来我国教育公平的基本理论研究探析 [J]．教育理论与实践，2009，29 (19)：20 - 23.

[127] 章露红．二十年来我国教育公平研究的学术进展——基于 1994—2014 年间的文献分析 [J]．复旦教育论坛，2015，13 (4)：40.

[128] 宁本涛．调整结构，明晰产权———对我国教育资源配置效率与公平问题的制度分析 [J]．教育与经济，2000 (3)：3 - 4.

[129] 谷满意．当前我国教育资源配置的公平与效率 [J]．天水行政学院学报，2013 (1)：38.

[130] 张琳．教育公平概念的界定 [J]．当代继续教育，2015，33 (184)：77 - 78.

[131] 钟景迅，曾荣光．从分配正义到关系正义——西方教育公平探讨的新视角 [J]．清华大学教育研究，2009，30 (5)：16 - 20.

[132] 蔡春．分配正义与教育公正 [J]．教育研究，2010 (10)：19.

[133] 刘同舫．罗尔斯教育公正理论情结及方法论原则批判 [J]．教育研究，2012 (1)：44 - 45.

[134] 高杭，薛二勇．教育公平的涵义变迁、发展困境及释义——基于制度转换与法理思潮的分析 [J]．教育理论与实践，2010，30 (7)：54.

[135] 周金燕．教育分配正义的理论述评 [J.] 教育科学，2014，30 (3)：9.

[136] 周金燕．学校教育对收入分配正义的作用——基于运气均等主义的实证研究 [J]．北京大学教育评论，2012 (7)：94.

[137]〔英〕乔治·伯恩，凯瑟琳·约尔，珍妮·劳，等．公共管理改革评价：理论与实践 [M]．张强，魏清华，韩莹莹，等译．北京：清华大学出版社，2008.

[138] 向志强．人力资本与中国教育资源配置模式的选择 [M]．长沙：湖南文艺出版社，2008.

[139] 褚宏启，江雪梅，徐建平，等．论教育法的精神——为了人的自由而全面发展 [M]．北京：教育科学出版社，2013.

[140] 孙大文，鞠晓伟．教育生产率内涵及其主要特征分析 [J]．工业技术经济，2006 (156)：69.

[141] 许丽英，袁桂林．教育效率——一个需要重新审视的概念 [J]．教育理论与实践，2007，27 (1)：18 - 19.

[142] 王孙禺．高等教育组织与管理 [M]．北京：高等教育出版社，2008.

[143] 陈德静，周爱国．高等教育效率问题框架研究 [J]．黑龙江高教研究，2006 (10)：8 - 9.

[144] 周进，吴文刚．高等学校资源转化：内涵、意义与路径 [J]．中国高教研究，2015 (8)：45.

[145] 杨德广，谢安邦．高等教育学 [M]．北京：高等教育出版社，2009.

[146] 张金迎．审议≠讨论 [N]．检察日报，2017 - 10 - 25 (8).

[147] 岳武，靳英丽．中国高等教育资源配置改革问题及对策研究 [M]．长春：东北师范大学出版社，2015.

[148] 陈宏军．高等教育资源配置论 [M]．长春：吉林大学出版社，2005.

[149] 张淑林，万明，裴旭．我国研究生教育资源配置策略探讨 [J]．研究生教育研究，2011 (1)：11 - 15.

[150] 刘琳，钟云华．浅析我国中央直属高校管理实践中的政府干预——以英美两国为参照 [J]．长春工业大学学报（高教研究版)，2009，30 (3)：5 - 7.

[151] 宋捷, 黄波. 美日高等教育资源配置及其对中国的启示 [J]. 生产力研究, 2010 (11): 169-171.

[152] 洪书生. 研究生教育效率分析 [J]. 黑河学刊, 2007 (131): 107-109.

[153] 彭江. 我国研究生教育资源配置主体分析 [J]. 学位与研究生教育, 2008 (1): 49-53.

[154] 王晓漫. 效率视界的研究生教育资源共享问题研究 [J]. 黑龙江高教研究, 2009 (8): 84-89.

[155] 西广明, 杨晓江. 评价视界的研究生教育质量与资源共享 [J]. 学位与研究生教育, 2009 (8): 56-60.

[156] 常新华, 贾黎明. 研究生教育资源面临的困境与对策——以北京林业大学为例 [J]. 中国林业教育, 2009 (5): 46-50.

[157] 尹伟, 董吉贺. 开展跨学科研究生教育应构建资源共享机制 [J]. 中国高教研究, 2010 (6): 41-43.

[158] 徐珊琤, 汪玲. 对我国研究生教育财政投入体制机制的若干思考 [J]. 研究生教育研究, 2011 (1): 25-29.

[159] 罗英华. 合理配置资源, 发挥研究生奖助体系激励作用——以复旦大学为例 [J]. 研究生教育研究, 2011 (1): 16-19.

[160] 何涛. 基于新制度经济学对我国研究生教育效率的分析 [J]. 商, 2011 (3): 157-158.

[161] 赵敏祥, 曹春霞, 励立庆. 基于 DEA 的高校研究生教育资源配置效率研究——以浙江工业大学为例 [J]. 现代物业 (中旬刊), 2011 (11): 158-160.

[162] 张淑林, 万明, 裴旭. 我国研究生教育体制改革价值取向的思考 [J]. 学位与研究生教育, 2012 (9): 1-4.

[163] 盘美秀. 我国研究生教育收费政策的价值分析 [J]. 信阳师范学院学报 (哲学社会科学版), 2015 (1): 88-92.

[164] 白丽新, 彭莉君. 我国研究生教育资源配置公平性评测研究 [J]. 研究生教育研究, 2015 (3): 7-14.

[165] 王鑫. 基于全面收费制度的研究生教育公平问题研究 [J]. 才智, 2016 (23): 42-43.

[166] 陈建建, 韩学良. 研究生教育资源配置和培养状况的调查研究——以中国石油大学 (华东) 研究生教育状况为例 [J]. 中国成人教育, 2015 (11): 88-90.

[167] 苏梁波, 李向东. 新形势下军队院校学科专业结构优化与特色发展

的实践与探索 [J]. 学位与研究生教育, 2015 (10): 43-46.

[168] 李阿利, 李荔. 农科研究生教育资源配置研究综述 [J]. 亚太教育, 2016 (1): 262-263.

[169] 罗英姿, 方超. 我国研究生教育制度变迁的审视与反思——一个新制度经济学的分析框架 [J]. 江苏高教, 2016 (3): 100-104.

[170] 何海燕, 单捷飞. 供给侧结构性改革思考与研究生教育改革的策略选择 [J]. 学位与研究生教育, 2016 (5): 43-46.

[171] 王鑫. 基于全面收费制度的研究生教育公平问题研究 [J]. 才智, 2016 (23): 42-43.

[172] 任增元, 张丽莎. 研究生区域协同培养的路径选择和动力机制 [J]. 中国高校科技, 2016 (10): 46-49.

[173] 吕津, 孟婷婷, 刘媛媛. 研究生教育资源的多元主体配置及机制拓展 [J]. 黑龙江高教研究, 2017 (3): 98-100.

[174] 盛明科, 蔡振华. 面向"双一流"建设的研究生教育综合改革路径探析——以公共管理学科为例 [J]. 研究生教育研究, 2017 (2): 57-61.

[175] 方超. 我国研究生教育制度变迁的审视与反思——基于制度供需视角的成本—收益分析 [J]. 重庆高教研究, 2017 (3): 80-90.

[176] 吴云勇. 我国高校研究生教育资源优化配置路径选择 [J]. 党政干部学刊, 2017 (5): 48-50.

[177] 李辉. "双一流"建设背景下研究生教育国际化研究 [J]. 中国成人教育, 2017 (7): 30-34.

[178] 何姗. 高校研究生教育二级管理模式探究 [J]. 黑龙江科学, 2017 (15): 90-91.

[179] 王任模, 屠中华. 研究生教育资源配置与经济发展实证研究 [J]. 2017 (4): 8-12.

[180] 康宁, 苏慧斌. 全面认识加入WTO十五年来中国高等教育的全球化环境 [J]. 中国高教研究, 2017 (10): 35-39.

[181] 叶冲. 我国高等教育资源配置的热点与趋势 [J]. 教育评论, 2017 (9): 23-28.

[182] 王振存. 论当前我国高等教育布局结构的内涵、问题及其优化策略 [J]. 河南大学学报 (社会科学版), 2017 (4): 124-134.

[183] 刘伟. 中国高等教育体制改革的民生逻辑与路向 [J]. 内蒙古社会科学 (汉文版), 2017 (3): 161-166.

[184] 高建林. 教育公平视阈下的高等教育资源生态配置研究 [J]. 江苏高教, 2017 (5): 34-37.

[185] 郑志来. 供给侧新视角下高等教育非均衡发展问题研究 [J]. 黑龙江高教研究, 2017 (3): 21-25.

[186] 康宁, 张其龙. 西方英文学术文献中的高等教育资源配置理论述略 [J]. 复旦教育论坛, 2016 (6): 13-19.

[187] 陈荣生. 供给侧改革背景下高等教育资源配置优化路径研究 [J]. 福建论坛 (人文社会科学版), 2016 (11): 196-201.

[188] 陈栋. 论高校"省部共建"的现状与路向 [J]. 高校教育管理, 2016 (6): 101-106.

[189] 康宁, 张其龙, 苏慧斌. "985工程"转型与"双一流方案"诞生的历史逻辑 [J]. 清华大学教育研究, 2016 (5): 11-19.

[190] 康宁, 张其龙. 政府、市场和大学在高等教育资源配置中的角力——西方近十年文献中有关实践内容的述评 [J]. 复旦教育论坛, 2016 (5): 5-13.

[191] 魏娟. 基于资源优化视角的高校战略联盟效应和模式研究 [J]. 中国成人教育, 2016 (3): 64-66.

[192] 刘业进, 柯文进. 教育家精神、资源配置的信息基础与高等教育管办评分离改革 [J]. 当代教育科学, 2016 (13): 29-33.

[193] 梁旭, 吴星, 张凝宁. 京津冀协同发展视域下的高等教育资源优化配置 [J]. 教育与职业, 2016 (13): 27-31.

[194] 高娟. 新公共管理理论视域下高等教育行政管理体制研究 [J]. 黑龙江高教研究, 2016 (2): 62-65.

[195] 白鹤龙. 实现高等教育资源配置改革的思考 [J]. 教育探索, 2016 (1): 66-68.

[196] 夏婷婷, 彭勃. 我国高等教育资源配置与培植——基于计划体制与市场体制的比较 [J]. 华东经济管理, 2015 (12): 180-184.

[197] 彭宇飞. 通过资源生态性配置促进高等教育健康发展 [J]. 中国高等教育, 2015 (22): 51-53.

[198] 马鹏媛, 米红. 区域高等教育资源承载力定量分析 [J]. 中国高教研究, 2015 (9): 48-52.

[199] 何海燕, 刘瑞儒. 再议我国公立高等教育经费资源合理配置 [J]. 高等工程教育研究, 2015 (4): 146-148.

[200] 段从宇, 迟景明. 中国高等教育资源配置的历史态势及未来进路——

兼论地方新建本科院校转型发展 [J]. 教育科学, 2015 (3): 50 - 54.

[201] 戴胜利, 李霞, 王远伟. 高等教育资源配置能力综合评价研究——以长江沿岸九省二市为例 [J]. 教育发展研究, 2015 (9): 35 - 42.

[202] 周大森. 高等教育资源配置的公平与效率分析 [J]. 中国成人教育, 2014 (17): 14 - 16.

[203] 李元静, 王成璋. 资源配置效率的比较分析——以我国区域高等教育资源为例 [J]. 软科学, 2014 (10): 22 - 26.

[204] 吴雷. 基于 h 指数的高等学校教育资源配置问题研究 [J]. 黑龙江高教研究, 2015 (2): 34 - 36.

[205] 段从宇, 张雅博. 高等教育资源的内涵阐释、配置过程、本质及实施 [J]. 黑龙江高教研究, 2014 (9): 28 - 30.

[206] 胡仁东. 权力与市场: 两种高等教育资源配置模式 [J]. 高等工程教育研究, 2006 (2): 17 - 21

[207] 王敬红, 李文长. 高等教育资源配置模式与绩效研究述评 [J]. 高校教育管理, 2011 (3): 86 - 92.

[208] 余宏亮, 朱家存. 政府、市场、高校: 高等教育资源配置 "三位一体" 模式探析 [J]. 阜阳师范学院学报 (社会科学版), 2007 (5): 122 - 124.

[209] 冯艳, 高岩鹰. 高等教育资源优化配置基本理论问题研究述评 [J]. 现代教育管理, 2012 (11): 18 - 23.

[210] 刘天佐, 陈祥东. 论公共高等教育财政资源配置模式的 "公式化" 现象——以 H 省为例 [J]. 教育与经济, 2013 (2): 38 - 42.

[211] 林华. 论我国学位管理体制的困境与革新 [J]. 学位与研究生教育, 2014 (5): 37 - 41.

[212] 冯君莲, 张燕玲. 我国高等教育资源配置中的政府干预: 范围、问题与对策 [J]. 大学教育科学, 2014 (4): 33 - 38.

[213] 刘周. 试论实现我国高等教育资源分配公平的措施 [J]. 荆楚理工学院学报, 2012, 27 (6): 19 - 22.

[214] 杨倩. 促进公平: 我国高等教育资源配置的时代任务 [J]. 纺织服装教育, 2012, 27 (5): 393 - 396.

[215] 陈炳辉. 解读 "持有的正义" [J]. 浙江学刊, 2003 (5): 64 - 70.

[216] 梁承碧. 诺齐克资格理论述评 [J]. 漳州师范学院学报 (哲学社会科学版), 2001 (1): 1 - 4.

[217] 张淑. 持有正义还是分配正义? ——论诺齐克对于分配正义理论的

超越 [J]．湖北大学学报（哲学社会科学版），2015，3（42）：8－12．

[218] 宋月红．试析罗尔斯和诺齐克关于差别原则的不同认识 [J]．政治学研究，1999（3）：83－91．

[219] 郑伟，宋建丽．持有正义与个人权利——诺齐克政治哲学探析 [J]．福建论坛（人文社会科学版），2017（4）：144－150．

[220] 戴桂斌．西方正义论主题的历史嬗变 [J]．辽宁大学学报（哲学社会科学版），2004，32（6）：91－95．

[221] DILL D D, SOO M. Transparency and quality in higher education markets [J]. Higher Education Dynamics，2004（6）：61－85．

[222] 高国伟．不可不知的1000个财经常识（经济版）[M]．北京：中国法制出版社，2016．

[223] 王文军．从技术资产剩余索取权到企业技术创新制度 [M]．北京：冶金工业出版社，2014．

[224] 吴俊英．会计信息产权与政府管制研究（第2版）[M]．北京：经济管理出版社，2013．

[225] 樊耘，李随成，齐捧虎．管理学 [M]．西安：陕西人民出版社，2001．

[226] 关辉．论大学学术权力与行政权力关系 [J]．江苏高教，2008（6）：58－60．

[227] 李文山．高校学术权力与行政权力配置模式初探 [J]．中国高等教育，2009（11）：15－17．

[228] 张苏彤．大学章程的国际比较：来自中美两国六校的样本 [J]．中国高教研究，2010（10）：54－59．

[229] 胡莉芳．大学章程制定的核心问题与原则探究 [J]．中国高教研究，2007（10）：32－34．

[230] 李因．对民主治校的几点思考 [J]．北京联合大学学报（人文社会科学版），2009，7（1）：119－122．

[231] 郑文力，杨霞．大学学术权力、行政权力的异化与回归 [J]．郑州航空工业管理学院学报，2013，31（2）：131－135．

[232] 刘慧龙，王成方，吴联生．决策权配置、盈余管理与投资效率 [J]．经济研究，2014（8）：93－106．

[233] 史兴旺，焦建国．进一步调整财权、财力与事权的关系 [N/OL]．http：//epaper. gmw. cn/gmrb/html/2013－08/16/nw. D110000gmrb_ 20130816_

2 – 11. htm, 2013 – 08 – 16.

[234] 白天亮, 吴秋与, 林丽鹂, 王珂, 王观. 市场经济体制如何加快完善 (聚焦十九大报告. 转向高质量发展阶段) [N/OL]. http://finance. people. com. cn/n1/2017/1109/c1004 – 29635132. html, 2017 – 11 – 09.

[235] 马万里. 多中心治理下的政府间事权划分新论——兼论财力与事权相匹配的第二条 (事权) 路径 [J]. 经济社会体制比较, 2013, (6): 203 – 213.

[236] 范晓军, 于红军, 杨静侠, 高素玲. 权力配置视角下我国高校财务管理模式探微 [J]. 财会月刊, 2010 (4): 85 – 86.

[237] 李素珍. 校院两级管理体制下高校财务管理模式探讨 [J]. 财会通讯, 2011 (10): 156 – 157.

[238] 马海涛, 任强, 程岚. 我国中央和地方财力分配的合意性: 基于 "事权" 与 "事责" 角度的分析 [J]. 财政研究, 2013 (4): 2 – 6.

[239] 李齐云, 刘小勇. 我国事权与财力相匹配的财政体制选择 [J]. 山东社会科学, 2009 (3): 74 – 77.

[240] 帅毅. 基于责任中心管理的高校财务管理体系探索 [J]. 财务与会计, 2016 (21): 59 – 60.

[241] 岳大庆, 周晓波. 国内外高校财务管理模式的比较 [J]. 财会研究, 2013 (5): 56 – 59.

[242] 赵炳起. 高校财务管理模式的理论评析及优化 [J]. 会计之友, 2006 (7): 46 – 48.

[243] 马万里, 李齐云. 公共品多元供给视角下的财政分权: 一个新的分析框架 [J]. 当代财经, 2012, (6): 42 – 51.

[244] 李帅军, 卢盈. 从 "趋同现象" 审视我国高校的发展 [J]. 高教探索, 2012 (3): 140 – 142.

[245] 汤晓蒙. 高等教育趋同现象探析: 新制度学派理论的视角 [J]. 教育发展研究, 2009 (3): 18 – 22.

[246] 陈岩. 高等教育资源配置现状评价与约束机制研究 [M]. 郑州: 郑州大学出版社, 2017.

[247] 岳武, 靳英丽. 中国高等教育资源配置改革问题及对策研究 [M]. 长春: 东北师范大学出版社, 2015.

[248] 屈文建. 中国高等教育资源配置的均衡性研究 [M]. 南昌: 江西人民出版社, 2015.

[249] 王成端, 游建军. 中国西部高等教育资源优化配置研究 [M]. 成

都：西南交通大学出版社，2015.

[250] 庞国彬，张利辉．我国公共高等教育资源配置的公平性研究 ［M］．长春：东北师范大学出版社，2014.

[251] 夏丽萍．高等教育资源配置研究 ［M］．成都：四川大学出版社，2007. 05.

[252] 李宏志，杨晓明，李丞北．人才资源配置及高等教育发展研究 ［M］．哈尔滨：黑龙江教育出版社，2006.

[253] 姚晓东．我国高等教育资源管理配置的市场化研究 ［M］．长春：吉林人民出版社，2006. 05.

[254] 陈宏军．高等教育资源配置论 ［M］．长春：吉林大学出版社，2005.

[255] 赵敏．人才资源配置与高等教育发展研究 ［M］．哈尔滨：黑龙江人民出版社，2003.

[256] 张秦龄，李刊文．欠发达地区师范高等专科学校教育资源配置策略 ［M］．兰州：甘肃文化出版社，2000.

[257] 彭莉君．我国高校研究生教育资源配置现状研究 ［D］．合肥：中国科学技术大学，2012.

[258] 曹春霞．创新强省视野下浙江高校研究生教育资源配置研究 ［D］．杭州：浙江工业大学，2012.

[259] 彭安臣．高校研究生教育资源配置效率的实证分析 ［D］．武汉：华中科技大学，2006.

[260] 杨涵．高校研究生教育管理系统的人力资源配置研究 ［D］．武汉：武汉大学，2006.

[261] 那书博．黑龙江省高等教育资源整合研究 ［D］．哈尔滨：哈尔滨工程大学，2007.

[262] 张芬．基于 DEA 方法的中部地区普通高等教育资源配置效率分析 ［D］．长沙：长沙理工大学，2012.

[263] 高任连．我国高等教育资源配置的价值取向研究 ［D］．湘潭：湖南科技大学，2016.

[264] 屈文建．中国高等教育资源配置的均衡性研究 ［D］．南昌：江西财经大学，2012.

[265] 庞国斌．我国公共高等教育资源配置的公平性研究 ［D］．大连：辽宁师范大学，2008.

［266］岳武. 中国高等教育资源配置改革问题及对策研究［D］. 长春：东北师范大学，2012.

［267］方林佑. 主体身份、政府角色与中介组织地位——关于我国高等教育市场机制的研究［D］. 长沙：湖南师范大学，2013.

［268］吴迎新. 我国高等学校内外部绩效评价分析及应用研究［D］. 天津：天津大学，2012.

［269］彭勃. 高等教育资源的生态化配置与培植［D］. 徐州：中国矿业大学，2008.

［270］杨牡丹. 基于 DEA – Tobit 模型的中部地区高等教育资源配置效率研究［D］. 湘潭：湘潭大学，2016.

［271］侯星宇. 基于 DEA 方法的高等教育投入效率研究［D］. 秦皇岛：燕山大学，2016.

［272］邵争艳. 中国区域高等教育资源优化配置评价与对策研究［D］. 哈尔滨：哈尔滨工程大学，2006.

［273］刘昊昕. 河北省高校教育资源配置效率研究［D］. 沈阳：东北大学，2009.

［274］孙春莉. 安徽省高等教育财力资源利用效率研究［D］. 合肥：安徽农业大学，2014.

［275］周程程. 中国高等教育资源配置区域非均衡性研究［D］. 湘潭：湘潭大学，2014.

［276］程瑛. 社会转型期我国大学资源竞争研究［D］. 武汉：华中科技大学，2011.

［277］高健. 关于高等教育资源配置问题的研究［D］. 南京：南京航空航天大学，2010.

［278］郑佳. 我国区域高等教育资源优化配置研究［D］. 哈尔滨：哈尔滨工程大学，2004.

［279］段从宇. 资源视角的高等教育区域协调发展研究［D］. 大连：大连理工大学，2015.

［280］周妍巧. 区域高等教育资源积聚配置研究——区域协调发展、制度安排、技术支持视角［D］. 重庆：重庆大学，2012.

［281］夏焰. 中国高等教育投入产出的空间组织研究［D］. 苏州：苏州大学，2015.

［282］PAUL BOU – HABIB. Who Should Pay for Higher Education?［J］.

Journal of Philosophy of Education, 2010, 44 (4): 479 – 495.

[283] NATE J. Can Higher Education Accountability Be Both Fair and Transparent Lessons from Context for Success [J]. Change, 2013, 45 (1): 40 – 47.

[284] LEI, SIMON A. Instttutional Characteristics Affecting the Educational Experiences of Undergraduate Students: A Review of Literature [J]. Education, 2016, 137 (2): 117 – 122.

[285] ZHANG L, BAO W, SUN L. Resources and research production in higher education: A longitudinal analysis of Chinese universities, 2000—2010 [J]. Research in Higher Education, 2016, 57 (7): 869 – 891.

[286] YING Q W, FAN Y M, LUO D L, et al. Resources allocation in Chinese universities: hierarchy, academic excellence, or both? [J]. Oxford Review of Education, 2017, 43 (6): 659 – 676.

[287] SASHA N, SUESSE T F, MACARTHY T J, et al. Maximising resource allocation in the teaching laboratory: understanding student evaluations of teaching assistants in a team – based teaching format [J]. European Journal of Engineering Education, 2017, 42 (6): 1277 – 1295.

[288] KIM J. The Functions and Dysfunctions of College Rankings: An Analysis of Institutional Expenditure [J]. Research in Higher Education, 2018, 59 (1): 54 – 87.

[289] BENDERMACHER G, OUDE EGBRINK M, WOLFHAGEN I, et al. Unravelling quality culture in higher education: a realist review [J]. Higher Education, 2017, 73 (1): 39 – 60.

[290] LIEFNER l. Funding, resource allocation, and performance in higher education systems [J]. Higher Education, 2003, 46 (4): 469 – 489.

[291] NKRUMAH – YOUNG K K, POWELL P. Resource allocation models and accountability: a Jamaican [J]. Journal of Higher Education Policy & Management, 2008, 30 (3): 245 – 259.

[292] OGNJANOVIC I M, GASEVIC D, DAWSON S, et al. Using institutional data to predict student course selections in higher education [J]. The Internet and Higher Education, 2016, 29: 49 – 62.

[293] SCHILLER D, LIEFNER I. Higher education funding reform and university – industry links in developing countries: The case of Thailand [J]. Higher Education, 2007, 54 (4): 543 – 556.

[294] ORR D, JAEGER M, SCHWARZENBERGER A. Performance – based funding as an instrument of competition in German higher education [J] . Journal of Higher Education Policy & Management, 2007, 29 (1): 3 – 23.

[295] GANSEMER – TOPF A M, SCHUH J H. Institutional Selectivity Insttutional Expenditures: Examining Organizational Factors that Contribute to Retention and Graduation [J] . Research in Higher Education. 2006, 47 (6): 613 – 642.

[296] CHOU CHUING P, WANG L T. Who Benefits from the Massification of Higher Education in Taiwan? [J] . Chinese Education & Society, 2012, 45 (5/ 6): 8 – 20.

[297] THOMAS H. Power in the Resource Allocation Process: the impact of "rational" systems [J] . Journal of Higher Education Policy & Management, 2000, 22 (2): 127 – 137.

[298] RYAN J F. Institutional Expenditures and Student Engagement: a Role for Financial Resources in Enhancing Student Learning and Development? [J] . Research in Higher Education, 2005, 46 (2): 235 – 249.

[299] BOWEN W G, MCPHERSON M S. Lesson Plan: An Agenda for Change in American Higher Education. The William G. Bowen Memorial Series in Higher Education [M] . Princetion, N J: Princeton University Press, 2016.

[300] MIDWINTER A, MCVICAR M. University Funding in Scotland: Trends and Developments since 1993 [J] . Scottish Educational Review, 1999, 31 (2): 112 – 121.

[301] CHENG G, WU K M. The Internal Efficiency in Higher Education: An Analysis Based on Economies of Scope [J] . Frontiers of Education in China, 2008, 3 (1): 79 – 96.

[302] ANDERSSON C, ANTELIUS J, MANSSON J, et al. Technical Efficiency and Productivity for Higher Education Institutions in Sweden [J] . Scandinavian Journal of Educational Research, 2017, 61 (2): 205 – 223.

[303] TAYLOR B, HARRIS G. The Efficiency of South African Universities: A Study Based on the Analytical Review Technique [J] . South African Journal of Higher Education, 2002, 16 (2): 183 – 192.

[304] MILLER P W, PINCUS J J. Financing Higher Education in Australia: The Case for SuperHECS [J] . Journal of Higher Education Policy and Management, 1998, 20 (2): 175 – 188.

[305] WAGNER A. Financing Higher Education: New Approaches, New Issues [J]. Higher Education Management, 1996, 8 (1): 7 – 17.

[306] HOLTTA S, Pullainen Kyosti. Management Change in Finnish Universities [J]. Higher Education Management, 1991, 3 (3): 310 – 322.

[307] BUDISH E, CANTILLON E. The Multi – unit Assignment Problem: Theory and Evidence from Course Allocation at Harvard [J]. American Economic Review, 2012, 102 (5): 2237 – 2271.

[308] ZIN G, ESCOBAL G, ESTEVES G, et al. Sharing Game: Influence of gender, cost of response, history of reinforcement, and amount of money in the resource distribution of undergraduate students [J]. Behavior Analysis: Research and Practice, 2015, 15 (1): 65 – 80.

[309] LAYZELL D T, MCKEOWN M P. State Funding Formulas for Higher Education: Trends and Issues. ASHE Annual Meeting Paper [R]. California: ASHE Annual Meeting, 1992.

[310] Applied Systems Inst. Inc. Washington, DC. Overview of the State Allocation Process for Campus – Based Student Aid [R]. Washington, D C: National Commission on Student Financial Assistance, 1983.

[311] MAYO A, Policy Analysis for California Education (PACE). Reforming Education in California: A Guide for Candidates and Citizens [M]. Policy Analysis for California Education, 2010.

[312] WESTPHAL N J. Toward the Study of Functional Linkages in Statewide Agencies for Higher Education [R]. CALIFORNIA ASHE 1985 Annual Meeting Paper, 1985.

[313] BOWEN F M. Making Decisions in a Time of Fiscal Stringency: The Longer – Term Implications [DB/OL]. https: //eric. ed. gov/contentdelivery/servlet/ERICServlet? accno = ED202282, 1975.

[314] HILLMAN E A. Information Strategies for an Institutional Planning Process [R]. Alberta: AIR Forum Paper 1978, 1978.

[315] MEISINGER R J J. College and University Budgeting: An Introduction for Faculty and Academic Administrators. Second Edition [M]. Washington, DC: National Association of College and University Business Officers, 1994.

[316] BOWEN O R. A Governor's View of Higher Education [R]. Denver, CO: Kellogg Foundation, Battle Creek, MI, 1977.

[317] MCMAHON W W, GESKE T G. Financing Education: Overcoming Ineffi-ciency and Inequity [J] . Journal of Policy Analysis and Management, 1984, 2 (2) .

[318] REECE W S. A Theoretical Framework for Educational Output Measure-ment [R] . Toronto, Ontario: the annual Association for Institutional Research Fo-rum , 1978.

[319] HENARD R E. The Use of Surveys of Graduates (Outcome Studies) for Accountability and Academic Planning [R] . Toronto, Ontario: the annual meeting of the American Educational Research Association , 1978.

[320] LEUNG K, TONG K K, Ho S S. Effects of Interactional Justice on Ego-centric Bias in Resource Allocation Decisions [J] . Journal of Applied Psychology, 2004, 89 (3): 405 -415.

[321] ISOPAHKALA - BOURET U. "It's Considered a Second Class Thing. " The Differences in Status between Traditional and Newly Established Higher Education Credentials [J] . Studies in Higher Education, 2015, 40 (7): 1291 -1306.

[322] SCHMIDTLEIN F A, POPOVICH J J J. Higher Education Finance Issues in a Period of Transition [R] . Denver, CO: Working Papers in Education Finance, 1978.

[323] DELANE J A. Earmarks and State Appropriations for Higher Education [J] . Journal of Education Finance, 2011, 37 (1): 3 -23.

[324] BARNETSON J A, CUTRIGHT M. Performance indicators as conceptual technologies [J] . Higher Education, 2000, 40 (3): 277 -292.

[325] ROBERT K. Campus - Based Financial Aid Programs: Trends and Alterna-tive Allocation Strategies [J] . Educational Policy, 2017, 31 (4): 448 -480.

[326] DAR L, LEE D W. Partisanship, Political Polarization, and State Higher Education Budget Outcomes [J] . Journal of Higher Education, 2014, 85 (4): 469 -498.

[327] RYAN J F. Institutional Expenditures and Student Engagement: a Role for Financial Resources in Enhancing Student Learning and Development? [J] . Re-search in Higher Education, 2005, 46 (2): 235 -249.

[328] PICKFORD M. University Inputs, Outputs and Educational Technology [J] . British Journal of Educational Technology, 1975, 6 (2): 61 -70.

[329] CRABB S, STVART E. Retaining female postgraduates in academia: the role of gender and prospective parenthood [J] . Higher Education Research and De-

velopment，2014，33（6）：1099－1112.

　　[330] ANDREW H，LISA A. Dr Who? Equity and diversity among university postgraduate and higher degree cohorts [J]．Journal of Higher Education Policy and Management，2013，35（2）：112－123.

　　[331] WARD K M，ZARATE M E. The Influence of Campus Racial Climate on Graduate Student Attitudes About the Benefits of Diversity [J]．The Review of Higher Education，2015，38（4）：589－617.

　　[332] VOLK C S. Volk. Models of Institutional Resource Allocation：Mission，Market，and Gender [J]．The Journal of Higher Education，2001，72（4）：387－413.

后　记

这是我的博士论文成果，很高兴获得正式出版。回想起博士论文的完成，2018 年 12 月答辩的通过，我的心情有着说不出道不尽的高兴、感慨和感激。

高兴的是多年的读博艰辛终于有了结果。"功夫不负有心人"，我终于完成了博士学位论文的撰写。尽管论文稿本可能还不尽完美，可能还有自己未感悟到的这样那样的缺失，但毕竟是自己付出艰辛劳作的收获，是自己下功夫研究结出的成果。

感慨的是成果来之不易。我深切感受到在职攻读博士学位的艰难，不仅有来自工作岗位的压力，而且有承担家庭事务、乳育幼儿的责任。调查阅读文献资料、撰写论文全部是利用一点一滴的空余时间进行的。几年中，我阅读了上百种图书资料、几百篇期刊论文，做了好多本读书笔记、资料摘录。论文成果凝聚了我太多辛勤的汗水和劳作之苦水。

感激的是导师的耐心指导和众多老师、亲友的关心支持。

首先我要特别感谢我的导师武毅英教授。武老师对我论文撰写迟迟未能完成，给予充分理解、耐心指导和多方关心帮助。论文的选题、写作提纲的拟订、资料的搜集、草稿的修改，都有武老师的悉心教导。她认真、严谨、勤奋的治学态度和对学生的关怀爱护、耐心细致的指导，令我不胜敬佩和深深感激。我的论文撰写能够成功脱稿，离不开武老师多年来的用心指导和帮助。

几年来，我还聆听了潘懋元教授、邬大光教授、史秋衡教授、李泽彧教授等老师的课程和教导，老师们的教导丰富和完善了我的知识体系，对我论文的撰写都有很好的启发和帮助。在这里，我要向所有教导过我的老师们真诚地说一声：谢谢！

几年来，我的父母、爱人和儿子对我的支持和关心，感激之情同样难于言表。不知有多少次，下班后我仍在办公室阅读资料、撰写论文，往往要迟一个多小时才到家，看到父母还在等我吃饭，饭菜冷了再热，我眼眶都湿润了。他们没有怨言和责怪，理解我、支持我、关心我，帮我照看好孩子。双休日、寒暑假，父母、爱人也尽量让我少做家务，帮我多照看孩子，尽量让我腾出时间撰写论文。儿子很黏我，但只要我说让妈妈做作业、写论文，论文完成后一定多带宝贝玩，他总能不情愿或不舍地配合。在我心情低落、遇到困难的时候，总能够得到爱人坚定而有力的鼓励和支持，给予我克服困难、坚持到底的勇气和力量。在这里，我要感谢父母、爱人和儿子的理解和支持。

在我的论文撰写过程中，师门的方宝、王志军、刘红磊、童顺平、杨冬、宫毅敏以及其他众多的师弟师妹们，都在我需要帮助的时候不遗余力地帮助我，提供专业的建议和意见，谢谢你们！

无论是工作上，或是生活中，始终坚定支持我，鼓励、开导和帮助我的两位好友林晶、萧盈，我要说一声：谢谢你们！

在问卷调查期间，我得到了马舜老师、林晶老师、唐腾凤老师、王坤钟老师、廖明同学、葛佳敏、陈佳敏、白胜闯等师生的倾力支持和帮助；在访谈调查期间，龙坚毅老师、程璇教授、同济大学的傅世杰副教授、浙江工业大学的张卫明师兄等给了我许多帮助，访谈高校众多受访的老师和学生也极为支持、配合我的调查，使我获得宝贵信息和资料，内心充满感激，在此，谨对他们的热心帮助、支持表示衷心的感谢。

我还要特别感谢龙坚毅老师，她不仅在工作上给予我指导和帮助，而且在我论文的撰写过程中，教会我用思维导图看问题，给我提供许多宝贵的建议、意见和帮助，还在访谈工作上也给予我非常重要的帮助和支持，不断给予我鼓励和信心。

我会记得这一段博士求学的难忘经历和收获，在未来的人生道路上，在我喜欢的高等教育经济与管理的研究领域里不断努力，继续前行！

拙著经过一番修订，承蒙光明日报出版社接受出版，责任编辑认真审编，在此谨致衷心谢忱。

限于作者阅历和学识水平，书中错漏、不当之处在所难免，希望专家、读者指正。

郑晖阁
2020 年 4 月 16 日于厦门大学